政协委员文库

管理研究与实践

毛蕴诗 ◎ 著

中国文史出版社

毛蕴诗（2012年）

辑一　学术报告

论国际分工市场失效与重构全球价值链／03

————新兴经济体的企业升级理论构建

重构全球价值链：中国管理研究的前沿领域（2015）／23

————基于SSCI和CSSCI的文献（2002—2015）研究

统筹国内外两个市场的天生国际化企业持续成长研究／39

————基于奥马电器的案例分析

企业转型升级：中国管理研究的前沿领域／55

————基于SSCI和CSSCI的文献（2002—2013）研究

企业渐进式升级、竞争优势与驱动因素研究／75

基于核心技术与关键零部件的产业竞争力分析／91

————以中国制造业为例

在华企业围绕空调核心技术的标准竞争／105

————以美日企业与本土企业竞争为例

创新农村生产经营组织，促进农业发展方式转变／122

————对中国台湾高雄美浓农会的认识与启迪

中小企业如何"专而精，精而强" / 128

——台湾中小企业的启示

苹果是什么企业 / 133

——关于乔布斯和苹果的几个命题

基于产品功能拓展的企业升级研究 / 139

在华跨国公司战略选择与经营策略问题研究 / 156

企业升级路径与分析模式研究 / 170

从"市场在中国"剖析扩大消费内需 / 185

制度环境、企业能力与 OEM 企业升级战略 / 201

跨国公司在华投资、撤资、再投资行为分析 / 225

——比较案例研究

强化重组企业功能　降低股市风险 / 235

ERP：管理而非技术 / 241

替代跨国公司产品：中国企业升级的递进 / 246

基于产品升级的自主创新路径研究 / 255

技术进步与行业边界模糊 / 269

——企业战略反应与政府政策含义

跨国公司对华直接投资策略：趋势与特点／290

跨国公司研究与开发相对分散化的动因与方式／311

全球公司重构与我国企业战略重组／321

辑二　主要著述 ——————

毛蕴诗主要著述目录／335

后记／346

辑一

学术报告

论国际分工市场失效与重构全球价值链

——新兴经济体的企业升级理论构建

一、问题提出

新兴经济体企业在经济全球化背景下，如何融入世界经济并发挥作用，是一个极其重要并影响未来世界经济格局的问题。长期以来受国际直接投资的比较优势理论、全球价值链等理论的影响，与之相关的由发达国家企业主导的国际分工观点认为，发展中国家企业主要从事附加值低的业务，而发达国家大企业则承担研发、关键零部件制造、销售、品牌管理、服务等附加值高的业务。其实质在于发达国家跨国公司在全球承担着价值管理的职能。在全球经济格局中，早期的美国耐克公司、阿迪达斯，近期的苹果公司以及其他的许多跨国公司的实践都是如此。它们在其整合全球资源的商业模式下主导国际分工，发展中国家企业只能获得极其微薄的收入。例如，世界知名品牌包售价3000元，由东莞慧达手袋厂卖给香港贸易公司的价格仅为120元，扣掉45元的材料费、20元的人工以及35元的水电租金等，每个包只有20元可赚，如成本没控制好可能只赚5块钱。[①]

但是，许多新兴经济体的优秀企业充分利用自己的优势，迅速成长，甚至从代工企业成长为世界第一的品牌企业；或者通过收购发达国家企业、品牌、技术等方式，整合全球资源。它们的成功实践，打破了发达国家企业在所

[①] 台媒：大陆工厂代工上万元名牌包利润仅5元，新华网，http://news.xinhuanet.com/cankao/2013-05/17/c_132389774.htm.

谓国际分工中的主导地位，成为在全球范围整合资源的主导企业。它们的实践、创新不仅为新兴经济体企业转型升级的研究提供了宝贵而独特的素材，而且在理论上向基于比较优势理论、全球价值链等理论，并与之相关的由发达国家企业主导的国际分工观点提出了挑战。

上述新兴经济体企业实践是对现有理论的挑战，引导作者对重构全球价值链的理论根基、动因、过程与结果进行研究。具体而言，本文先利用企业实践和理论探讨，初步提出重构全球价值链概念的理论和分析框架，分析新兴经济体企业重构全球价值链的动因、路径、效果等层面，为我国企业主导国际分工提供一个全景的理论分析框架。

本文在重新认识全球价值链理论的基础上，提出重构全球价值链的概念并进行理论构建，探讨重构全球价值链的背景、动因、行为与效果，建设新兴经济体企业转型升级的分析框架与理论体系。

二、研究文献回顾

（一）研究文献概览与研究类型、研究内容分布

在经济全球化的背景下，生产过程的分割化与生产任务和活动的国际离散，导致无国界生产体系逐步形成（UNCTAD，2013），在参与生产组织的各国或地区之间形成一个全球生产网络（Ernst，2002，2004），同时也形成了一个基于产品的价值创造和实现的全球价值链（Global Value Chain，GVC）（Gereffi，1999；Humphrey和Schmitz，2000）。

价值链重构（Value Chain Restructuring）的概念最初由Beck等（2001）提出，用来描述网络作用于价值链各个环节导致价值链重组的现象，后来被应用于组织行为层面，指出企业为向价值链的更高位置移动，用各种信息技术方法增强其在价值链上的协调功能（Ramioul，2008）。全球价值链重构对发达国家能产生积极的贡献，由于价值链在全球范围内的延长，有利于发达国家就业人数的增加（Huws等，2009；Meil等，2009）。也有一些学者关注到全球价值链重构可能为发达国家或发展中国家及其企业带来的一些组织与人力资源方面的变革和冲击，包括对特定群体的冲击（Khara和Lund-Thomsen，2012），比如高技能专业工人被淘汰（Huws和Dahlmann，2009）。

重构全球价值链对于发展中国家及其企业存在哪些作用和影响，仅有一些初步的探讨。UNCTAD（2013）指出发展中国家参与全球价值链分工的增长速度越快，出口产品中的国内价值增值越高，该国人均GDP的增长率越高。中国和其他的亚洲供应商在全球服装供应链的重构中成为赢家（Frederick和Gereffi，2011）。

作者团队对2000—2015年的CSSCI和SSCI的文献进行统计分析。从检索结果发现，尽管对制造业在全球价值链转型升级方面有一定的研究（110篇），但并没有聚焦本文研究主题"重构全球价值链"。锁定"重构价值链"或"重构全球价值链"研究主题的国内外论文，统计结果如表1所示，主要是：一是国内外文献非常少，关于全球价值链的研究中，仅有35%（38篇）提及或关注到重构价值链或重构全球价值链的现象，国外文献更是寥寥无几，仅6篇。二是缺乏综述性、体系性的研究文献，目前重构价值链或重构全球价值链的研究类型主要是案例，占37%，理论与实证文献各占26%，没有综述文献。三是侧重微观层面的方式和路径，占40%，对概念、动因等基本问题的研究仅占16%。

表1 2000—2015年国内外重构全球价值链论文概览、研究类型和内容分布

类型	内容	国内	国外	合计
论文领域	重构价值链	24	5	29
	重构全球价值链	7	1	8
	重构价值链与转型升级	1	0	1
	合计	32	6	38
论文内容	概念	2	0	2
	动因	3	1	4
	方式	13	2	15
	绩效／影响	4	3	7
	其他	10	0	10

（二）研究述评和理论缺口

第一，从研究规模来看，目前关注重构全球价值链现象的学者和文献还比较少，且没有明确的定义和内涵。从上述研究可以看出，CSSCI和SSCI刊物对全球价值链的研究很少，而在管理学的顶尖刊物几乎没有。尽管重构全球价值链与转型升级之间有密切的联系，但当前转型升级研究主要聚焦过程的角度，如着重在战略选择和路径，而缺少对其背后的理论加以探讨。现有文献对于重构全球价值链这一概念并没有明确的定义，一是立足于组织行为层面的公司结构变化（WORKS，2005）。二是国际分工带来的价值链在全球分

布而导致的各种宏观的就业问题、或微观的组织与人力资源变化（Ramioul，2008；Huws和Dahlmann，2009）。三是局限在价值链环节移动的层面来理解全球价值链的重构，将其理解为通过国际扩张而向价值链的高端位置移动（Pananond，2013）。也有学者将供应链重构和价值链重构结合在一起来探讨。本文认为，上述三种类型的定义都未能体现新兴经济体及其企业的能动性，也未能反映这些企业对全球价值链进行结构性的改变，甚至在国际分工中掌握了主动权。因此，有必要进行深入的探讨。

第二，在研究范畴方面，侧重组织结构与人力资源层面，未能与全球价值链的结构性变动联系起来。目前在重构全球价值链方面的研究为数不多，主要专注于经济一体化和技术变革背景下，处于全球价值链中的企业的组织结构如何变化（WORKS，2005）、员工就业与工作环境（Ramioul，2008；Meil等，2009；Huws等，2009）、特定群体如高技能专业工人的影响（Huws和Dahlmann，2009）。这些研究主要集中在组织行为的层面。尽管也有一些学者开始关注企业沿着全球价值链移动并改变地位的现象，但仍然基于原有的全球价值链来分析问题，未能与全球价值链的结构性变动联系起来。

第三，在研究对象方面，主要是欧美发达国家及其企业，新兴经济体及其企业的作用还比较缺乏。尽管已有学者对新兴经济体的跨国生产企业尝试改变特定行业的全球价值链结构，开展了有益的探讨（Azmeh和Nadvi，2014），但总体而言，这种关注仅仅停留在从"配合"到"共同领导"的转变，还没上升到"主导地位"的层面。正如上文所提及的，不少新兴经济体的优秀企业充分利用优势，成功地实现转型升级，甚至从代工企业成长为世界第一的品牌企业，或者通过反向收购等方式，整合全球资源，并主导了国际分工。这些实践在理论上向基于比较优势理论、全球价值链等理论，并与之相关的由发达国家企业主导的国际分工观点提出了挑战。

综上所述，在新兴经济体中出现不少转型升级的重大实践与理论建设，但对转型升级的许多研究未能上升到理论层面，缺乏理论框架。许多研究描述升级过程、行为，未能加以深入解释。例如，基于升级的OEM企业反向收购。因此，有必要立足于新兴经济体的实践，结合全球价值链的结构性变动这一本质变化，重新认识全球价值链理论。更具体地说，需结合新兴经济体企业的崛起，打破由发达国家跨国公司所主导的全球价值链及其由它们主导的国际分工，将两者联系起来，才能符合当代企业发展的趋势。

三、研究方法

本文主要采用理论构建法，围绕"重构全球价值链"问题明确概念、提出命题和搭建框架，属于中层理论的构建（Merton，1968）。命题和假设要建立在可靠的理论基础之上（李怀祖，2004）[1]，本文研究的重构全球价值链的相关文献非常缺乏，必须从更上一层次的理论出发加以支持。根据Wagner和Berger（1985）以及陈昭全等（2008）的观点，本文综合采用深化、繁衍、竞争和整合四种发展理论的方法来建立理论。[2]首先采用竞争的方法，基于新兴经济体企业的新视角，对现有的全球价值链理论提出挑战。然后采用深化的方法，在已有全球价值链理论的基础上，对发达国家跨国企业与新兴经济体企业之间关系进行探讨，为现有理论添加新的成分。接着采用繁衍的方法，借鉴国际分工、市场失效、利害相关者权益、权变理论等其他领域理论，应用到新兴经济体企业重构全球价值链的新现象之中。最后采用整合的方法，基于多个理论根基创造新的"重构全球价值链"理论，明晰概念、命题和机制。

在命题提出的过程中，本文使用演绎和归纳相互印证的手段。作者团队在2006—2014年间多次对台湾地区的台南科学园区、工业技术研究院以及十多家代表性企业进行考察访问，包括对捷安特、阿托科技、台积电、台联电、宏碁、华硕等企业的调研，以及在2006—2015年间对珠三角几十家企业的调研，如顺德东菱凯琴、佳士科技、龙昌玩具、哈一代、珠江钢铁、广州互太等。大量的企业实地调研为理论构建积累了素材。

四、理论探讨与构建：重构全球价值链的基本含义与基本命题

（一）重构全球价值链及其基本含义

作者通过观察发现，随着经济全球化进程的加快，新兴经济体企业的崛

---

① 李怀祖：《管理研究方法论（第二版）》，西安交通大学出版社2004年版。
② 陈晓萍、徐淑英、樊景立：《组织与管理研究的实证方法（第二版）》，北京大学出版社2012年版。

起，国际竞争格局发生了深刻的变化。具有创新精神的新兴经济体企业家冲破了由发达国家跨国公司主导的国际分工及其在全球配置资源的格局。因此，根据上述文献研究基础，本文提出重构全球价值链的概念，即处于价值链低中端的新兴经济体制造性企业基于创新驱动，通过积累能力、寻求能力，打破由发达国家企业主导的国际分工立足全球配置资源，向价值链中高端发展促使全球竞争格局发生结构性变化的过程。

这一概念蕴含了几个方面的含义。首先，重构全球价值链的主体是新兴经济体企业，而且是原本处于全球价值链低中端的制造型企业。这实际上也界定了问题的边界。这与当前主流文献有所不同。无论是从全球价值链的形成，还是从全球价值链的发展演化来看，欧美等发达国家及其企业一直占据着主导地位，尽管有相关文献关注到新兴经济体企业尝试改变特定行业的全球价值链结构的现象（Azmeh和Nadvi，2014），但对这种作用的进一步研究还非常缺乏。

其次，重构全球价值链是新兴经济体企业转型升级的结果。该概念强调企业从全球价值链低中端向中高端移动，本质上是企业的转型升级行为。它是对原有全球价值链的改造和重置。

再次，该概念强调重构全球价值链是一个过程，包括驱动因素、行为过程和效果，也体现了新兴经济体企业的打破现状、改变地位、重置资源、扭转格局的过程。

最后，这一概念强调了重构全球价值链的效果。一是打破由发达国家企业主导的国际分工，二是立足全球配置资源，向价值链中高端发展，在这两者基础上，实现全球竞争格局发生结构性变化的过程。

（二）由重构全球价值链的定义与基本框架所提出的基本命题

1. 全球价值链与发达国家企业所主导的国际分工

全球价值链的形成，反映了价值链的空间分化和延伸，体现了垂直分离和全球空间再配置之间的关系（Kogut，1985；Krugman，1995）。在各参与国（地区）之间同时也形成了一个基于产品的价值创造和实现的全球价值链（Gereffi，1999；Humphrey和Schmitz，2000）。因此，全球价值链是国际分工的结果。

从参与主体来看，全球价值链涉及了跨国品牌商、供应商、竞争对手、合作伙伴以及客户等众多参与者，体现了全球范围内的国际分工。而发达国家跨国公司是全球价值链和国际分工中的主导者。跨国公司在跨国经营中为了绕过贸易壁垒、适应当地市场特点、降低运输成本等原因，将价值链的部分环节转移出去，而直接组织、主导了全球价值链的分工协作体系。比如，苹果公司主导国际分工体现在，在全球范围寻找最有生产成本优势的工厂进行代工，以获得最低成本和最高效率，代工组装价仅占比市场售价的1%，而高附加值的环节主要在美日韩，比如IC、分立器件等。

发达国家跨国公司的主导作用，具体体现在以下两个方面。

一是从全球价值链的组成部分来看，发达国家企业占据了重要战略环节。Kaplinsky和Morris（2001）认为，并不是全球价值链上的每一个环节都创造价值，价值链上的战略环节才是最重要的环节，才可能产生丰厚的价值。全球价值链是指在全球范围内为实现产品或服务的价值而连接生产、销售、回收处理等过程的全球性跨国企业网路组织，涉及从采购和运输原材料，到生产和销售半成品和成品直至最终在市场上消费和回收处理的整个过程（UNIDO，2002）。它包括了所有参与者以及生产、销售等活动的组织及其价值和利润分配机制，并且通过自动化的商业流程，以及通过供应商、竞争对手、合作伙伴和客户的互动，来支持企业的能力和效率。全球价值链的提出提供了一种基于网络的、用于分析国际性生产的地理和组织特征的分析方法，揭示了全球产业的动态性特征，考察价值在哪里、由谁创造和分配的（汪斌、侯茂章，2007）。

二是从全球价值链的驱动方向来看，无论是生产者驱动型和购买者驱动型，发达国家企业均处于主导的地位。Gereffi（1994，1999）根据全球价值链驱动方向的不同，将企业嵌入价值链分为生产者驱动型和购买者驱动型两种类型。一方面，在生产者驱动型之中，价值链的主要战略环节在研发和生产领域，是以发达国家跨国制造商为代表的生产者通过投资形成全球生产网络的纵向分工体系，而发展中国家企业则是通过合资、合作或并购等方式参与到生产制造环节中。另一方面，在购买者驱动型之中，以国际品牌制造商、国际零售商为代表的购买者通过全球采购或OEM、ODM等方式，来组织国际商品流通网络。在国家产业分工体系中，发达国家主要处于价值链的上下游，掌握着高附加值的研发和营销环节。而大部分发展中国家则利用廉价的劳动力和低成本制造的能力，通过参与低端产品的制造参与全球价值链。因此，提出如下命题。

命题1：全球价值链是由发达国家企业所主导的国际分工的表现形式

2. 发达国家企业所主导的国际分工的市场失效问题

尽管表面上来看国际分工是全球市场行为，但是由于这一分工是由发达国家企业（跨国公司）所主导，因此国际分工市场存在严重的不完全性。市场的不完全性为发达国家企业在国际分工中掌握主导权和获利，提供了重要前提和机会。最典型的例子是跨国公司基于市场不完全性和垄断优势在对外直接投资中获取较高利润（Hymer，1960）。

实际上，国际分工存在失效本质上是市场失效的体现。发达国家企业所主导的国际分工市场的不完全性问题，主要体现在以下三个方面。

首先，国际分工市场并非一个完全竞争的市场。随着国际分工从产业间，发展到产业内，再到产品内（朱有为、张向阳，2005；张纪，2007），在全球价值链中处于非战略环节的参与企业，仅能提供零部件、半成品或组装、运输等生产服务，难以为市场提供完整的产品。只有掌握主导权的发达国家企业方可通过全球生产体系，为市场供应完整的产品。此外，新兴经济体企业在代工过程中，面临着被发达国家跨国公司随时撤单的风险。因此，这样的国际分工市场具有不完全竞争的特点。

其次，国际分工市场存在严重的市场外部性。发达国家企业主导国际分工、掌握全球价值链战略环节的行为和决策，影响了其他国家的经济主体，但并没有作出相应的补偿或没有取得相应的报酬。这种国际市场外部性也被称为国际外部性（俞海山，杨嵩利，2005）。而发达国家企业的不完全竞争行为，往往使代工企业及其东道国的利益受到损害，因此，对于发达国家企业之外的企业及其东道国而言，这种外部性是负外部性。

最后，由于信息不对称和信息不完备，及发达国家企业的主导地位，全球价值链上的高附加值环节往往集中在发达国家企业，这是发达国家企业拥有对生产过程各个环节的定价权的必然结果。发达国家企业通过掌握产品的关键技术、核心零部件、专利或品牌等关键资源，而掌控了全球价值链各个环节的定价权。其他国家企业由于信息不对称和信息不完备，只能按照发达国家企业的定价来参与国际分工。

Tempes（1996）详细描述了芭比娃娃玩具的产品内国际分工和价值链分布情况，在芭比娃娃玩具的生产流程中，美国公司提供产品模板并承担市场销售业务以及彩绘业务，印度尼西亚、马来西亚、中国等地区的企业承担部件组装业务并提供棉布等原材料。芭比娃娃玩具在美国的零售价约为10美元，其中美国公司获得了8美元的价值，而由中国劳动力所产生的增加值仅有0.35美元。另外，发达国家企业与代工企业的交易往往为前者主导。一旦发达国家企业选择其他代工企业，或订货数量发生重大变化，原代工企业就会承受巨大损失。因此，提出如下命题。

命题2：由发达国家企业主导的国际分工存在严重的市场失效。

3. 由发达国家企业主导的国际分工的市场失效对新兴经济体及其企业的损害

发达国家企业主导的国际分工，造成严重的市场失效，有悖于利害关系者权益，使全球价值链中所处位置低下的企业、东道国政府具有改变其所处地位的动机。利害关系者权益理论认为公司有重要的义务来平衡股东与其他利害关系者，包括员工、供应商、客户和更广泛的社区之间的利益。利害关系者是那些为公司专用化资产做出贡献而这些资产又在公司中处于风险状态的人和集团（Blair，1995），而在全球价值链中，发达国家企业的利害关系者，包括了广大的代工企业及其员工以及东道国政府。

一方面，国际分工市场失效严重损害了代工企业及其员工的利益。有数据显示，东莞贴牌衬衫的出厂价，仅为西方市场最终售价的百分之几。国际分工被发达国家企业所主导而造成的市场失效，具体表现在全球价值链中研发设计、营销服务等高附加值环节都由发达国家企业掌控，我国许多行业和企业核心技术受制于人，缺乏自主创新，企业利润不断降低。作者调研的广东东菱凯琴集团从事OEM的销售人员反映，95%的利润被跨国大卖场赚走了，几美元的产品，到了跨国公司手上就卖到几十美元。从事OEM业务的深圳佳士科技公司的副总经理也表示，在我国售价为100美元的产品，由跨国公司贴牌后到了印度居然能卖超过300美元。由此可以看出，品牌采购商掠去了绝大部分的利润，广大OEM企业仅赚取微薄的收益。另一方面，国际分工市场失效也不同程度损害了东道国利益。具体表现为：一是在生态、环境等方面受到不同程度的破坏，二是以牺牲环境为代价的生产模式难以获取相应的收益回报。《纽约时报》曾撰文批评苹果公司一味攫取利润，漠视其供应商让工人们在极端严酷的环境下工作，甚至发生过137名因用有毒物质清洗苹果手机屏幕使神经系统受损，4名工人在两次iPad工厂爆炸中遇难等安全事故。这实际上是国际分工市场失效所导致的代工企业及其员工的利益受损。苹果公司立足全球配置资源，中国是其全球第二大市场，但是苹果并没有承担"中国公民"的社会责任。苹果公司并没有出台相应的废弃手机回收制度，苹果手机具有电子内置封闭性的特点，废弃手机随意丢弃更是会对环境造成严重的污染。

更有甚者，一些跨国公司如日本公司专门制造卖给中国和亚洲市场的产品。如丰田就有典型的"丰田卖给中国的车"；日本人曾说过一句话："一流产品在国内，二流产品往欧美，三流产品销亚洲，压仓底的产品高价卖给中国人。"[①]这是最为典型的恶意的市场分割行为。

Pananond（2013）分析跨国公司在泰国的子公司的发展案例，指出位于发展中国家的跨国公司子公司不愿意永远停留在价值链的最低点，在本国不断地积累研发经验和创新，通过在更加发达的国家直接投资进行国际扩张，不断向价值链的高端位置移动。相似地，作为发达国家企业的利害关系者，新兴经济体及其企业（尤其是代工企业）由于自身的利害关系者权益未能得到保护，不甘心停留在全球价值链的低下环节，同样具有向高端位置移动的动机。因此，提出如下命题。

命题3：由发达国家企业主导的国际分工，损害了利害相关者的权益，使全球价值链中所处位置低下的企业、东道国政府具有改变其所处地位的动机

4. 全球价值链高端环节存在巨大的利润空间

从全球价值链各个环节的利润分配上来看，全球价值链高端存在巨大的利润空间，而其他环节则利润薄弱。有些学者基于不同国别企业在全球价值链中处于不同环节，具有附加值与利润差异，解释了全球价值链高端为何存在巨大的利润空间。Kaplinsky（1993）认为发达国家和发展中国家在全球价值链中的利润分配存在不公平，这是因为领袖企业对全球价值链的治理能力来源于研发与设计、品牌和营销等竞争力资源，而这些环节进入壁垒高，利润丰厚；与

---

① 环球网汽车频道："丰田员工谈不买日本车的四大理由"，http://auto.huanqiu.com/roll/2015-08/7214035.html.

之相反，发展中国家基本处于进入壁垒低、利润低、竞争激烈的生产环节。

一方面，全球价值链高端巨大的利润空间，为新兴经济体企业转型升级提供了机遇与空间。另一方面，也有学者基于国别利益分配变化，指出发展中国家及其企业不进则退，在全球价值链中所处的位置低下的企业，具有改变其所处地位的动机。比如张二震等（2004）提出，发达国家多以资本、技术和知识参与分工，在利益分配中处于主导地位，而发展中国家常以劳动力、土地等要素参与分工，在利益分配中处于不利地位，并且发达国家的跨国公司还会通过转移价格进一步剥夺发展中国家的利益[1]。Arndt（1997）证明了全球价值链分工在提高其最终产品国际竞争力的同时，改善了资本丰富的发达国家的福利。这在一定程度上说明了全球价值链高端环节不仅为企业带来了巨大的利润空间，还提升了国家福利。

比如，仅次于富士康的全球第二大电脑代工企业苏州伟创力公司，代工利润率早年是3%，通过很多努力目前才上升到15%，而惠普、柯达、爱立信、飞利浦等跨国公司下单客户却可获得50%至60%的毛利率。[2]正是在利润空间的推动因素作用下，新兴经济体企业具备了改变其所处地位的动机。因此，提出如下命题。

命题4：全球价值链高端巨大的利润空间为新兴经济体企业转型升级提供了机遇与空间。在全球价值链中所处的位置低下的企业，具有改变其所处地位的动机

5. 新兴经济体迅速成长的经济与巨大市场与企业转型升级

随着经济全球化，许多新兴经济体的经济发展突飞猛进，形成了巨大消费市场。新兴经济体以其经济快速发展和经济自由度高为特征（Hoskisson等，2000），引发全球经济重心向其转移，新兴经济体，如"金砖四国""钻石11国"所开创的新兴市场成为世界经济发展的主要引擎（陈凤英，2009）。中国是近30年来世界上最大的新兴经济体和增长最快的市场，以中国大陆、台湾和香港组成的中国经济区，从20世纪80年代末以来日益取代日本成为亚洲经济中心（Wang和Schuh，2000）。一个明显表现是从"中国制

---

[1] 张二震、马野青、方勇等：《贸易投资一体化与中国的战略》，人民出版社2004年版。

[2] 新华网：《"中国制造"赢粒糖 跨国公司赚间厂——中国贸易数据背后的现实》，http://news.xinhuanet.com/politics/2011-01/01/c_12938198.htm.

造"（Made in China）到"市场在中国"（Sold in China）的转变。

新兴经济体迅速成长的经济与巨大市场，为其产业和企业在全球价值链上往高端环节转移，实施转型升级，提供了机遇与空间。经济迅速发展带来了巨大市场空间，新兴经济体企业可以通过几种手段来实现升级，一是通过市场培育品牌，二是通过市场培育技术，三是积累转型升级所需要的资金，四是国内外市场互动，优势互补。发展中国家可以凭借国内市场的发育，从而进入区域或全球市场的价值链分工生产体系中，本土企业在此期间能够表现出强的功能与链的升级能力（Schmitz，2004）。刘志彪、张杰（2007）认为，如要摆脱被俘获的地位并自主发展，需要转向国内市场空间，培育国内价值链。事实上，发展中国家的制造企业，在为跨国企业代工的过程中，实现了产品和工艺两个方面的升级（Schmitz，2004）。Gereffi（1999）、Kaplinsky和Morris（2001）的研究也提到，从OEM到OBM的升级路径之中，关键核心能力就是品牌营销能力。杨桂菊（2010）的研究也表明，在OBM和IBM两个阶段，市场营销能力起着关键作用。在实证方面，Schmitz（2004）通过对印度和巴西的研究，发现本国市场专业化的企业，将更愿意发展设计、品牌以及市场渠道等附加值较高的服务职能，而在本国市场获取上述能力后，开始国际化，进入周边国家市场甚至在全球区域内进入多个市场。

中国经济体拥有世界上最大的产业集群，比如广东省的中山灯饰、佛山照明、佛山乐从家具、东莞玩具，以及台湾地区的自行车和纺织。尽管一些产业集群及其企业，因无法突破发达国家和跨国公司的钳制而遭遇到发展瓶颈（Schmitz，2004），也有一些产业集群在转型升级方面获得了成功。比如，台湾自行车产业集群通过两次重大调整与转型，实现产业整体升级。近12年来，台湾自行车出口平均单价年均增幅达12.1%，其2012年的出口平均单价是大陆的7.5倍，是台湾12年前的近4倍。台湾的自行车企业美利达公司通过入股投资的方式获得美国自行车第一品牌Specialized的股权和德国Centurion的品牌、技术和销售渠道等战略性资产。更早的案例还可以追溯到台湾联华电子（UMC）于1998年收购日本新日铁半导体公司并更名为联日半导体（UMCJ），2009年又斥资69亿日元公开收购联日半导体（UMCJ），其所持股份已达50.09%，从而获取日本整合组件大厂，实现了在OEM基础上向OBM

升级。因此，提出如下命题。

命题5：新兴经济体迅速成长的经济与巨大市场也为其企业转型升级提供了机遇与空间

6. 新兴经济体的优秀企业家的创新创业精神

新兴经济体的经济发展与市场成长，离不开优秀企业家的创新创业精神。在企业家精神和创新驱动下，不少优秀的中国地区企业实现转型升级，积极参与全球竞争，提升了竞争能力。深入剖析新兴经济体企业重构全球价值链的动因，可以结合企业的异质性和能动性来考察。新兴经济体企业要打破现有国际分工，并立足于全球来配置资源，甚至改变全球竞争格局，离不开新兴经济体企业的核心竞争力（如Bell和Albu，1999）和动态能力（如Teece等，1997）。现有文献认为新兴经济体企业的链内或链间升级，关键是培养创新能力，同时优化产品、改进工艺流程，以获取更高的附加值。企业进行创新活动取决于核心能力和动态能力，核心能力和动态能力对促进企业的流程升级和产品升级发挥着重要作用（Kaplinsky和Morris，2001），能比竞争对手更快地获取升级绩效。Morrison等（2007）从创新的角度来研究企业升级，认为创新能够带来附加值提升。从新兴经济体企业的创新实践来看，主要表现在以下几个方面。

一是自创品牌意识强，成立不久就自创品牌。如位于东莞的台升家具公司成立初期为美国客户做OEM，4年后决定进入美国品牌家具市场，创立Legacy Classic品牌，以中低端产品切入美国市场并确立品牌知名度。

二是维护品牌意识强，拒绝了外资收购。如位于东莞的佳士科技公司潘磊总经理，在美国林肯电气公司开出其10年也可能赚不到的收购价格的诱惑下，力挽狂澜，做通了众多股东的思想工作，化解了收购风波，目前已在28个国家和地区成功注册了"JASIC"佳士商标。

三是创新研发投入大，成立研发中心，长期保持高比例研发投入。如佳士科技公司2001年主导成立工业设计部，在当时资金吃紧的情况下引进了专业的设计师团队，推动企业迅速由单纯的OEM经营模式过渡到OBM模式。即使在金融危机的2008年，潘磊总经理在全国率先推出了ITPT半导体管，环保节能，当时作为重点，现在市场走向非常好。又如广州互太纺织公司年研发经费投入约占年销售总额的3.3%，人均产值50多万元，远高于同行业平均水平。再如台湾阿托科技公司注重研发投入，先后建成桃园、高雄先进技术研发中心，在十多年内成为市场的领导品牌，营收增长将近30倍。因此，提出如下命题。

命题6：处于全球价值链低中端的新兴经济体的优秀企业基于创新驱动，通过积累能力、寻求能力，实现转型升级，从而打破由发达国家企业主导的国际分工

7.权变理论、升级路径与重构全球价值链

新兴经济体的优秀企业打破原有国际分工，立足全球配置资源，向价值链中高端发展，具体表现为企业升级。由于重构全球价值链可能受到多种因素的影响，因此不同企业可能采用不同的升级路径，来改变在全球价值链中的地位。如Ramioul和De Vroom（2009）发现知识在欧洲服装、食品、软件开发、信息技术研发等行业的价值链重构中的关键驱动作用。UNCTAD（2013）指出，发展中国家在全球价值链中的发展路径主要有六种。第一，参与全球价值链，即和跨国公司签订制造合同，进料加工出口。第二，为全球价值链做好准备，即暂时放缓全球价值链的融入度，优先致力于提高产品在国内的附加价值，替代进口。第三，在价值链上升级，即全球价值链融入度已经很高的国家，增加出口产品中的国内附加值或者参与价值链上更多的业务功能。第四，在价值链上竞争，即一些发展中国家通过出口附加值高的产品参与全球价值链的竞争，国外公司通过并购将其纳入全球生产网络中。第五，转换全球价值链，即放弃出口产品生产，而转向进口成分更多的加工行业，提高全球价值链的融入度。第六，在价值链中飞跃，即少部分发展中国家通过吸引外国直接投资，快速实现了本国高附加值产品的出口。因此，新兴经济体的不同企业采用不同的路径，来重构全球价值链。

基于权变理论，新兴经济体企业要重构全球价值链，可能受到外部环境变化和内部企业家理念的影响。市场空间日益广阔和竞争秩序逐渐规范（王一鸣，2005等），政府大力营造良好技术创新环境，有利于推动企业快速实现升级（Gans和Stern，2003；Vergrat和Brown，2006）。企业家精神与品牌意识能加速企业建立自主品牌进程（Cyert和March，1963），此外还包括勇于创新、积极进取、富于激情、坚持不懈的企业家精神，对民族和员工强烈的责任感，强烈的自主知识产权和品牌意识（Winter，2000；胡钰，2007等），对新兴经济体企业在重构全球价值链中选择不同升级路径有不同的影响。此外，

与合作企业的良好关系有利于低端制造的企业"干中学"和"用中学"的开展（Carayannis，2004；毛蕴诗、汪建成，2006；等），为企业实施升级提供了不同模板和不同路径选择。

在经济全球化，信息技术和互联网迅速发展的时代，基于重构全球价值链的多种驱动因素，权变理论更加适用于分析动态环境下的企业升级，因此具有越来越大的影响力。作者通过对中国大陆、台湾几十家企业的实地研究，综合企业资源与能力、动态能力理论和权变理论的分析，提出了企业升级路径的选择模型，认为企业根据其自身资源与能力和对环境变化的判断，采取不同的升级路径。因此，提出如下命题。

命题7：新兴经济体企业在升级过程中，通过多种升级路径，重构全球价值链

8. 重构全球价值链与全球竞争格局结构变化

新兴经济体的一些优秀企业打破了由发达国家企业主导的国际分工，全球竞争格局也随之发生结构性变化，主要体现在三个方面：一是新兴经济体企业立足全球配置资源，由代工走向全球价值链的高端环节，体现为附加值的提升；二是新兴经济体企业在国际市场逐渐具有话语权，可与发达国家跨国公司较为平等地对话；三是一些新兴经济体企业产品替代发达国家跨国公司产品。

Frederick和Gereffi（2011）利用全球价值链的方法，分析全球服装供应链的重构，认为中国和其他的亚洲供应商在供应链重构中成为赢家，终端市场多元化、亚洲新兴经济体旺盛需求以及区域整合的生产网络让中国的服装供应商不断升级和扩大全球市场份额。Azmeh和 Nadvi（2014）提出亚洲跨国服装生产企业正在改变服装行业的全球价值链结构。来自新兴经济体尤其是"大中国"和南亚的一级供应商逐渐参与更大范围更多功能的价值链上的活动。亚洲跨国制造商在全球价值链中的地位，由原来的配合西方领导企业，逐渐转变为和领导企业合作，形成共同领导，在全球价值链的地理分布及组织结构调整中发挥重要的战略作用。

作者对国内企业调研发现，1992年始建于广东东莞的台升家具集团以从事代工（OEM）起家。自2001年起，它通过并购和开拓海外市场等产业链延伸策略，完成了从OEM到ODM/OBM的转变，成功实现了转型升级，目前是

亚洲最大的家具企业。又如深圳大族激光科技股份有限公司通过产品功能替代或功能拓展，进入传统产品市场的同时，又创造许多新的市场，大幅提升产品附加值，也实现了企业升级。目前已发展成为亚洲最大、世界知名的激光加工设备生产厂商。位于广东东莞的OEM企业龙昌国际控股有限公司通过两次收购，先后获取了设计研发配套企业、品牌企业的技术、销售网络等战略性资产，从OEM向ODM再向OBM升级。广州国光电器股份有限公司通过收购获得"爱浪""威发"和"爱威"等多个音响品牌，实现了在OEM基础上向OBM升级。广州互太纺织控股有限公司基于全产业链的绿色运作，包括环保采购、节能技术研发、节能清洁生产、资源回收再利用等，从而降低投入与提升产品附加值，实现升级。以小家电制造起家的广东珠海德豪润达公司，通过打通LED制造上、中、下游的全产业链，收购研发或品牌企业，获取LED的核心技术和专利、制造能力、品牌与销售渠道等战略性资产，实现了在提升传统小家电的技术含量和附加值的同时，向战略性新兴产业的跨产业升级。与此类似，广东东莞的勤上光电有限公司通过识别机会、迅速对环境变动作出反应，整合资源获取动态能力，在18年的发展历程中进行六次变革，实现技术、产品、服务、市场四个维度的持续转型升级，现已成为我国乃至全球LED照明应用领域的领先企业。因此，提出如下命题。

命题8：新兴经济体企业重构全球价值链导致全球竞争格局发生结构变化

（三）重构全球价值链的基本理论框架

根据上述文献分析与命题，进一步提出新兴经济体企业重构全球价值链的基本理论框架，见图1。首先基于GVC理论、市场失效理论、利害相关者权益理论等理论基础，围绕全球价值链的基本范畴提出命题1、2和3；在此基础上分析了重构全球价值链的三大动因，形成了命题4、5和6；然后结合权变理论提出重构全球价值链的路径选择，即命题7；最后分析重构全球价值链的效果，提出命题8。

五、结论与展望

（一）研究结论

本文基于理论探讨与构建，搭建并初步检验了"重构全球价值链"的理论框架，见图1。

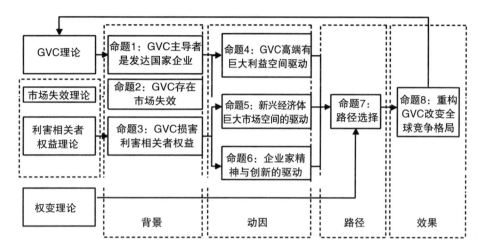

图1 重构全球价值链的基本理论框架

首先，全球价值链的主导者存在角色演变过程。本文结合多个新兴经济体企业实践，发现在全球价值链中存在一个从初期由发达国家跨国公司主导，到新兴经济体优秀企业逆袭主导的演变过程。

其次，新兴经济体企业重构全球价值链，存在多种内外部驱动因素，外部驱动因素主要有全球价值链高端存在巨大利润空间，以及新兴经济体自身巨大的市场空间；内部驱动因素主要有新兴经济体企业的企业家精神与创新驱动。

再次，新兴经济体企业通过多种路径来重构全球价值链，不仅可以从全球价值链低端的生产制造环节延伸到品牌营销、研发设计等高端环节，而且还能提高原本生产制造环节的附加值水平，从而改变全球价值链。

最后，新兴经济体企业重构全球价值链，导致全球竞争格局发生结构变化，体现出三个方面的效果：一是立足全球配置资源，由代工走向全球价值链的高端环节，体现为附加值的提升；二是在国际市场具有话语权，与发达国家跨国公司平起平坐；三是直接替代发达国家跨国公司产品。

（二）理论贡献

在理论贡献上，本研究主要体现在三个方面。

其一，立足新兴经济体企业的实践，对现有全球价值链等理论和观点提出了挑战。全球价值链理论和与之相关的国际分工观点界定了发展中国家企业和发达国家企业分别处于低附加值、高附加值两种截然不同的环节。本文通过理论构建和实践探讨，分析了全球价值链主导者从发达国家跨国公司到新兴经济体优秀企业的演变过程，打破了现有发展中国家企业在全球价值链中"被俘获说"的角色定位，对现有全球价值链等理论和观点提出了挑战。

其二，首次基于新兴经济体的视角提出了"重构全球价值链"的概念，为企业升级实践搭建了新的理论基础，提供了新的研究视角。企业转型升级实践的背后缺乏深层次的理论基础，本文界定了研究边界，明确重构全球价值链的主体是新兴经济体企业，提出企业从全球价值链低中端向中高端移动，本质上是企业的转型升级行为，是对原有全球价值链的改造和重置，搭建了企业升级实践与全球价值链理论之间的桥梁，也是对企业升级理论的扩展。

其三，综合采用竞争、深化、繁衍和整合四种方法，初步构建了"重构全球价值链"的理论，对转型升级提供了一个全面的理论解释。当前国内外研究对于全球价值链和转型升级问题，主要基于战略选择和路径方法等过程的角度，缺乏对该现象背后深层次理论的探讨，缺乏对新兴经济体企业重构全球价值链、转型升级的动因及效果等深层次问题的分析。本文通过明确概念、确定边界、提出命题、搭建框架，初步构建了"重构全球价值链"的理论体系，为新兴经济体企业重构全球价值链、转型升级提供了一个体系化、逻辑性的全面分析框架。

（三）启示与展望

本文对新兴经济体企业来说具有以下三个方面的实践启示：一是要树立国际分工主导者的意识，通过企业家精神与创新驱动来争取国际市场话语权，实现重构全球价值链。二是选择适合自身情况的路径或路径组合，避免走进盲目追求自有品牌、放弃代工断资金链的误区。三是在改变全球竞争格局的过程中，要处理好与发达国家跨国公司的关系，协调兼顾OEM、ODM、OBM的业务组合。

本文主要通过实践与理论初步构建分析框架，还需进一步通过案例分析或大样本统计来进行验证结论的可复制性。此外，本研究对新兴经济体企业的微观层面的动态能力、组织学习等维度尚未深入探讨，将作为后续研究进行有益的探讨。

（原载于《中山大学学报（社会科学版）》2016年）

参考文献

[1] 胡钰：《创新型城市建设的内涵、经验和途径》，《中国软科学》2007年第4期。

[2] 刘志彪、张杰：《全球代工体系下发展中国家俘获型网络的形成、突破与对策——基于GVC与NVC的比较视角》，《中国工业经济》2007年第5期。

[3] 毛蕴诗、汪建成：《基于产品升级的自主创新路径研究》，《管理世界》2006年第5期。

[4] 毛蕴诗、郑奇志：《基于微笑曲线的企业升级路径选择模型——理论框架的构建与案例研究》，《中山大学学报（社会科学版）》2012年第3期。

[5] 汪斌、侯茂章：《经济全球化条件下的全球价值链理论研究》，《国际贸易问题》2007年第3期。

[6] 王一鸣、王君：《关于提高企业自主创新能力的几个问题》，《中国软科学》2005年第7期。

[7] 杨桂菊：《代工企业转型升级：演进路径的理论模型——基于3家本土企业的案例研究》，《管理世界》2010年第6期。

[8] 俞海山、杨嵩利：《国际外部性：内涵与外延解析》，《宁波大学学报（人文科学版）》2005年第5期。

[9] 张纪：《产品内国际分工的内在动因——理论模型与基于中国省际面板数据的实证研究》，《数量经济技术经济研究》2007年第12期。

[10] 张向阳、朱有为、孙津：《嵌入全球价值链和产业升级——以苏州和温州两地为例》，《国际贸易问题》2005年第4期。

[11] Arndt, Sven W. 1997, "Globalization and the Open Economy", North American Journal of Economics and Finance, 8, pp. 71–79.

[12] Beck, M., Costa, L., Hardman, D., Jackson, B., Winkler, C. & Wiseman, J., 2001, "Getting Past The Hype: Value Chain Restructuring In The E-Economy", Booz-Allen and Hamilton.

[13] Bell M., Albu M., 1999, "Knowledge Systems and Technological Dynamism in Industrial Clusters in Developing Countries", World Development, 27（9）, pp. 1715–1734.

[14] Cyert R M, March J G., A Behavioral Theory of the Firm, Englewood Cliffs, NJ, 1963, 2.

[15] Ernst, D., & Kim, L. 2002. " Global Production Networks, Knowledge Diffusion, and Local Capability Formation", Research Policy, 31（8）, pp. 1417–1429.

[16] Ernst D., 2004, "Pathways to Innovation in the Global Network Economy: Asian Upgrading Strategies in the Electronics Industry", East-West Center, Economics Study Area.

[17] Gans J.S., Stern S., 2003, "The Product Market and the Market for 'Ideas': Commercialization Strategies for Technology Entrepreneurs", Research Policy, 32（2）, pp. 333–350.

[18] Gereffi G., Korzeniewicz M., 1994, Commodity chains and global capitalism, London: Praeger.

[19] Gefeffi G., 1999a, "International Trade and Industrial Upgrading in the Apparel Commodity Chains", Journal of International Economics, （48）.

[20] Gefeffi, G., 1999b, "A Commodity Chains Framework for Analyzing Global Industries", Working Paper for IDS.

[21] Hoskisson, R. E., L. Eden, and Chung M. L., et al, 2000, "Strategy in Emerging Economies", Academy of Management Journal, 43（3）, pp. 249–267.

[22] Humphrey, J. and Schmitz, H., 2002, "How Does Insertion in Global Value Chains Affect Upgrading in Industrial Clusters?", Regional Studies, 36（9）, pp. 27–101.

[23] Humphrey, J. and Schmitz, H., 2000, "Governance and Upgrading: Linking Industrial Cluster and Global Value Chain Research", IDS Working Paper 120, Brighton: Institute of Development Studies.

[24] Hymer, S. H. 1960: "The International Operations of National Firms: A Study of Direct Foreign Investment", PhD Dissertation. Published Posthumously. The MIT Press, 1976. Cambridge, Mass.

[25] Kaplinsky, R. 1993. "Export Processing Zones in the Dominican Republic: Transforming Manufactures into Commodities", in World Development, 22 (3), pp. 1851-1865.

[26] Kaplinsky, R., & Morris, M., 2001, "A handbook for Value Chain Research", Report Prepared for IDRC.

[27] Kogut B., 1985, "Designing Global Strategies: Comparative and Competitive Value-added Chains", Sloan Management Review, 26 (4), pp. 15-28.

[28] Merton, R.K., 1968, Social Theory and Social Structure, New York : Free Press.

[29] Morrison A, Pietrobelli C, Rabellotti R., 2007, "Global Value Chains and Technological Capabilities: A Framework to Study Learning and Innovation in Developing Countries". SLPTMD working paper series.

[30] Schmitz, H., 2004, "Local Enterprises in the Global Economy: Issues of Governance and Upgrading", Edward Elgar, (6), pp. 37-70.

[31] Stacey Frederick and Gary Gereffi, 2011, "Upgrading and Restructuring in the Global Apparel Value Chain: Why China and Asia Are Outperforming Mexico and Central America", Special issue of International Journal of Technological Learning, Inonovation and Development, pp. 67-95.

[32] Teece, Pisano, Shuen., 1997, "Dynamic Capabilities and Strategic Management", Strategic Management Journal, (18), p. 7.

[33] UNCTAD., 2013, Global value chains and development, United Nations Publication.

[34] UNIDO. 2002. Industrial Development Report 2002/2003: Competing through Innovation and Learning Vienna.

[35] Wagner, David G. Berger, Joseph, 1985, "Do Sociological Theories Grow?", American Journal of Sociology, Vol. 90, Issue 4, pp. 697-728.

[36] Wang zhi Schuh, G. Edward , 2000, "Economic Integration Among Taiwan, Hong Kong and China: A Computable General Equilibrium Analysis", Pacific Economic Review. p229.

[37] Winter S G., 2000, "The Satisficing Principle in Capability Learning", Strategic Management Journal, 21 (10-11), pp. 981-996.

[38] Work Organisation and Restructuring in the Knowledge Society, WORKS project - Project number: CIT3-CT-2005-006193, http: //www.worksproject.be

重构全球价值链：中国管理研究的前沿领域（2015）

——基于 SSCI 和 CSSCI 的文献（2002—2015）研究

一、问题的提出

作者于2015年1月发表了《企业转型升级：中国管理研究的前沿领域》。文章论证并指出，企业转型升级是新兴经济体面临的重大理论与实践问题，并提出要"重新认识全球价值链及其有关的国际分工理论，立足中国优秀企业丰富的转型升级实践与创新进行理论探讨与建设"。

长期以来，国际直接投资的比较优势理论、全球价值链等理论认为，发达国家及其跨国公司主要从事微笑曲线两端技术研发、核心零部件制造、品牌管理等高附加值的关键环节；新兴工业体和发展中国家及其企业则承担微笑曲线底部附加值低的加工、组装、制造等业务。在全球价值链形成前期，新兴工业体通过利用其低成本要素价格的比较优势，以加工贸易的方式融入全球价值链的生产，获得了发展机遇。但随着发展中国家成本优势凸显，新兴经济体长期依靠高投入、高消耗、高排放、低利润的方式嵌入全球价值链的发展方式随着低成本优势的丧失已难以维持，同时还面临着发达国家工业"俘获"和"压榨"的压力。因此，新兴经济体（主要以中国为代表）及其企业迫切需要围绕全球价值链实现转型升级。

随着新兴经济体的崛起，全球价值链所描绘的格局出现了新的变化发展。长期维持在价值链低端和"微笑曲线"底部的新兴经济体和发展中国家企业出现"逆袭"的迹象，向着全球价值链高端环节升级，打破原有的国际分工，重新构造全球价值链结构。国际分工的变化带来全球要素市场配置方式与生产体系的变化，全球价值链重构带来全球经济体地位在国际市场的重新洗牌，最终导致价值链各环节分工的调整以及利益的重新分配。

近10年来，作者研究团队对中国大陆和台湾数十家企业、地区、产业集群、产业园区、行业协会进行了大量的调研，对企业转型升级的概念、类型、战略和路径、动因、方式、绩效/衡量进行了深入研究。调研发现，中国大陆和台湾存在许多优秀企业，通过创新驱动和能力积累，不仅实现了自身的转型升级以及在全球价值链上的地位改变，而且还进一步促使全球价值链发生质的变化，甚至改变了若干行业的竞争格局。

然而，正如本文后面的文献研究表明，国内外对"重构全球价值链"问题的研究几乎近于空白，没有将其与新兴经济体企业的转型升级联系起来研究，尤其是没有将其放在全球化环境下研究其对全球竞争格局的影响。目前在国外文献中，尽管也有用到"价值链重构""全球价值链重构"等与之相似的概念和描述，但没有给出明确的定义，并且主要偏向于组织行为方面。

本文以国内外对全球价值链和重构全球价值链的研究文献为对象，对SSCI和CSSCI近12年（2004—2015年）以来的文献进行梳理和分析，最终得到国内CSSCI论文6篇，国外SSCI论文3篇，见表1和表2。通过分析可见：一是国内外对重构全球价值链的研究文献明显偏少，仅30篇和20篇，发表刊物级别较低，仅有一篇刊登在较高档次的国际期刊 *Journal of World Business* 上。二是国内外文献对重构全球价值链的研究侧重点完全不同，还没有上升到企业战略层面。国外文献主要关注"全球价值链"的研究，有2815篇，对"重构全球价值链"的研究很少，仅20篇，且大部分侧重在组织行为层面。尽管国内文献在"重构全球价值链"方面的文献有30篇，但仅仅从附加值分配等方面提及了"全球价值链"的"重构"，还没有明确指出新兴经济体及其企业"重构"全球价值链的主观能动性，更没有上升到企业战略层面。三是现有文献对重构全球价值链的内涵和边界等基本问题，缺乏明确的论述。国内外文献中存在"价值链重构""全球价值链重构""重构全球价值链"等多种提法，但其所指常有混淆。国内、外分别各有两篇CSSCI和SSCI论文提到"全球价值链重构"或者"重构全球价值链"的概念，但并没有给出明确的定义与内涵。四是国内外文献对重构全球价值链的理论探讨还远远不够，50篇文献中超半数（26篇）

缺乏理论背景和文献论述，仅6篇有理论探讨，但研究主题侧重在组织行为方面，与本文所指存在偏差。此外，尽管也有一小部分涉及动因、路径和效果的初步探讨（分别为3篇、10篇、12篇），但没有对其内在逻辑关系开展讨论，围绕该问题的理论探讨还远远不够。

表1 2002—2015年国内CSSCI及国外SSCI文献检索结果

	国内 CSSCI	国外 SSCI
全球价值链	750	2815
重构全球价值链	30（6）	20（3）

表2 2002—2015年国内CSSCI及国外SSCI重构全球价值链相关论文的统计分布

分类	论文类型					研究内容				
	理论	实证	案例	综述	其他	概念	动因	路径	效果	其他
国内 CSSCI	5	7	1	0	17	2	2	8	7	11
国外 SSCI	1	2	8	0	9	1	1	2	5	11

作者近期提出了"重构全球价值链（Restructure of Global Value Chain）"的概念，认为"重构全球价值链"是处于价值链低中端的新兴经济体制造性企业，基于创新驱动，通过积累能力、寻求能力，打破由发达国家企业主导的国际分工立足全球配置资源，向价值链中高端发展促使全球竞争格局发生结构性变化的过程[1]。同时，界定了研究边界，明确重构全球价值链的主体是新兴经济体企业，而且是原本处于全球价值链低中端的制造性企业。重构全球价值链实际上是新兴经济体企业转型升级的结果。因此这一"重构全球价值链" 概念和研究属于企业战略层面。下面将重点整理并评述重构全球价值链研究领域的重要观点和文献，指出现阶段研究的特点、存在的不足，以及值得进一步深入探讨的前沿问题。

二、重构全球价值链的概念和内涵

全球价值链（GVC）理论产生于 20世纪 90年代末，Gereffi（1994）首先提出了"全球商品链"（Global Commodity Chain，GCC）的概念，他围绕某种商品的生产形成一种跨国生产组织体系，把分布在世界各地不同规模的企业、机构组织在一个一体化的生产网络中，从而形成了全球商品链。同时，他将企业升级引入全球价值链的分析模式，认为企业的转型升级是一个企业或经济体提高迈向更具获利能力的资本和技术密集型经济领域的能力的过程[2] [3]。2000年，该领域的众多研究者一致同意将"全球商品价值链"称为全球价值链（Global Value Chain，GVC），摆脱了商品一词的局限性，突出了在价值链上企业相对的价值创造和价值获取的重要性。关于"全球价值链"这一概念的界定，Yeats（1998）[4]认为全球价值链是指生产过程的国际化以及国家对生产不同阶段的参与。斯特恩（Sturgeon，2002）[5]从组织规模、地理分布和生产性主体三个维度界定全球价值链的概念。UNIDO（2002）界定全球价值链为实现商品或服务价值而连接生产、销售、回收处理等过程的全球性跨企业网络组织。

在互联网经济发展的大背景下，Beck等首先提出了价值链重构的概念。Beck，Cost，Hardman，Jackson，Winkler和Wiseman（2001）[6]提出网络经济时代的价值链重构（Value Chain Restructuring），用来描述网络作用于价值链各个环节导致价值链重组的现象，指出价值链中的企业有向价值链的更高位置移动的动机与行为，主要应用于组织行为的研究层面。2005年，欧盟设立了"知识社会的工作组织与工作重构"（Work Organisation and Restructuring in the Knowledge Society，WORKS）专项研究项目，组织14个欧洲国家的17所研究机构，研究在经济一体化和技术变革的背景下，处于全球价值链中的企业的组织结构如何变化，如何理解这些变化，以及这些变化对社会组织和员工的影响。这一项目为期四年，项目中提及的"价值链重构"，主要用于研究公司结构的变化，特别是国际组织沿着价值链的业务功能变化以及业务功能之间关系的变化。

随着研究范围由单个组织行为拓展至全球范围内各组织结构的变化，价值链重构走向了全球价值链重构。对于全球价值链重构，Stigler（1996）[7]分析了GVC重构的垂直整合变化，解释了成长的产业趋向于垂直非一体化，衰退的产业趋向于垂直一体化的变化根由。基于Stigler的研究，Milberg和Winker（2010）[8]分析了经济周期与GVC组织方式的变迁关系，给出全球价值链的垂直重构与水平重构的概念。垂直重构是指供应链中层级数量的减少，水平重构是特定层级中供应商数量的减少。在经济衰退中，GVC将由垂直非一体化向垂直一体化转变，最终导致在GVC中来自发展中国家的供应减少，但GVC中外商独资企业出口所受的影响会小于其他企业。田文、张亚青等（2015）[9]则认为GVC重构是指原先形成GVC的比较优势因素发生变化，可以用一国中间产品供应商数量的变化来反映重构的情况。

对现有的国内外研究文献进行分析发现，"重构全球价值链"至今尚未有一个明确、清晰的内涵和边界。全球价值链重构是全球范围内价值与经济利益在价值链各环节重新分配的过程。其中最核心的表现是新兴经济体国家及其企业从价值链低端向价值链更高端位置移动，发生地位和角色的改变。首先，我们认为推动全球价值链重构的主体是新兴经济体国家及其企业，不是发达国家及其占主导地位的跨国企业。其次，从宏观层面上看，全球价值链重构的研究应当以全球化为视角，围绕国际分工和全球资源配置进行，是全球价值链上各参与国企业结构的调整和重置，甚至会带来全球竞争格局的变化。再次，重构全球价值链在微观层面的落脚点是企业行为，因此应该围绕企业转型升级进行研究和理论提升。最后，重构全球价值链的提出既是对原有全球价值链有关观点的挑战，也是对它的推进和完善。作者所明确提出的"重构全球价值链"的概念，为我们进一步探讨其内涵，构建理论提供了一个出发点。

三、全球价值链与国际分工

如果说古典国际分工的边界是产业的话，当代国际分工的边界则在于价值链。全球价值链的分析是在全球网络的视角下，研究国际分工、区域经济发展、产业升级和企业升级问题的理论，它给出了一条新的研究企业升级的线索，也是目前国外学者研究企业升级的主要理论依据。自18世纪60年代国际分工形成以来，国际分工已经历产业间国际分工到产业内国际分工，再到产品内国际分工不断深化的历程，具体如表3所示。

Kogut（1985）[12]指出，不同国家和地区的比较优势决定了不同国家和地区在全球价值链条各个环节在空间上如何进行配置。国家或地区的企业竞争能

表3 国际分工模式的多层次化格局[10][11]

国际分工基本类型	产业间分工	产业内分工		产品内国际分工
		水平型产业内分工	垂直型产品/产业内分工	水平型产品内国际分工
基于价值链视角的界定	不同产业价值链的国际分工	同一产业中不同产品价值链的国际分工	同一产品价值链中上下游价值环节（或工序）的国际分工	同一产品价值链中技术水平和密集度相似环节（或工序）的国际分工
基本分工结构	垂直型	水平型	垂直型	水平型
分工的国别区位结构	发达国家与众多发展中国家之间	发达国家之间发达国家和新兴工业化国家（地区）之间发达国家与部分发展中国家之间	发达国家和新兴工业化国家（地区）之间发达国家与部分发展中国家之间	发达国家之间发达国家和新兴工业化国家（地区）之间发达国家与部分发展中国家之间
分工的主要方式和手段	产业间一般国际贸易	产业内一般国际贸易，公司内贸易，国际直接投资等	一般国际贸易，加工贸易，全球外包，OEM，ODM，国际直接投资，公司内贸易等	一般国际贸易，全球合同外包，国际直接投资，公司内贸易，战略联盟等
分工的基本理论依据	比较优势理论，要素禀赋理论	规模经济理论，竞争优势理论等	比较优势理论，竞争优势理论，规模经济理论，交易成本理论，内部化理论等	
分工的基本演进趋势				

力决定了其确保竞争优势的方式，以及应当在价值链条的哪个细分环节发展和进行资源补充。Kaplinsky和Morris[13]将全球价值链概括为从概念到产品的各种环节的实现过程，包括价值链所有环节全球分工环节的选址和定位。事实上，发达国家的跨国公司作为主导国际分工的主体，永恒追求以总成本最小化的原则在全球范围内配置资源、安排产品生产的不同环节和工序。这种由发达国家及跨国企业主导分工的结果往往使得发达国家集聚了增值较高的知识密集型产品的设计研发、管理服务及营销和品牌管理等环节，通过全球外包、OEM（原产地委托制造或贴牌）等非股权投资方式，把加工制造环节转移给具有成本优势和质量优势的发展中国家的企业，让其承接可替代的加工、组装等低增值环节。张娟（2007）在国际分工体系的基础上绘出了全球价值链环节的分布图，指出发达国家处于价值链上下游高附加值的环节，而发展中国家则处于价

值链的低端环节。

随着信息技术的发展，投资政策自由化以及全球价值链加速转移，包括东亚、东欧以及南美的许多新兴工业化国家以及部分发展中国家的企业，都开始嵌入到模块型全球价值链中，不断增强企业竞争力，并向具有综合能力的合同制造商甚至品牌制造商发展。那些原本定位于 GVC 低端后来却向价值链高端转型的后进国家和地区的企业迅速成长，培育出自身发展的核心竞争力。UNCTAD（2013）在《全球价值链及其发展》的研究报告中指出，发展中国家参与全球价值链分工的增长速度越快，出口产品中的国内价值增值越高，该国人均GDP的增长率越高。

以东亚地区为代表的新兴经济体专业化分工及生产外包，印度迅速成长为软件大国，韩国三星从昔日的低端消费电子品生产商发展成为能与欧美知名跨国公司比肩的国际企业，世界电信级网络供应商中国华为迅速崛起，中国大陆与台湾不少优秀企业通过创新驱动，从代工企业成长为其专业领域的世界第一品牌。这一系列发生在新兴经济体国家制造业的变化昭示了全球价值链的结构正在发生变化，国际市场正在进行重新分工，这种变化体现了企业的转型升级，推动了全球价值链的重构。

四、国际分工及其市场失效

对于新兴经济体国家及其企业参与全球价值链，现有研究存在两种不同的态度。一种持积极正面的观点。这种观点强调参与全球价值链的收益和优势，认为虽然发达国家主导全球价值链分工体系，但发展中国家参与其中能够获取外溢效应，制造企业能从发达国家企业学习到先进的技术、管理、组织创新能力，从而提升自主创新能力（张杰等，2008）[14]。Gereffi（1999）认为从进口零部件的组装，到承担全过程的生产，到自主研发设计，再到自主品牌产品的销售，这个发展中国家企业渐进升级的过程是快速而顺畅的。国内外许多关于全球价值链的研究认为，无论低端融入还是高端融入（张辉，2006），发展中国家关键是首先要切入到全球价值链中，以推进产业升级与企业升级。

另一种观点则表示，在全球价值链中处于价值链低端的企业利益受到剥削，发展受到限制。这种观点强调发展中国家参与全球价值链的局限和劣势，凸显了现存全球价值链治理模式对发展中国家企业的限制，认为这种所谓自然而然的升级过程存在很大的障碍（Schmitz，2004）[15]。黄永明等（2006）[16]指出，我国一些传统的制造企业基本采用为国际客户代工生产的方式参与到全球价值链中，但这种参与方式距离全球价值链上技术研发、产品设计、市场营销、售后服务等关键环节还相去甚远。一般而言，全球采购商或委托代工企业只希望制造供应商完成制造生产，并不存在帮助其实现功能或跨产业升级的动力，更不会主动传授核心技术（Morrison等，2006）。此外，跨国企业也不会鼓励或帮助本土制造企业提高设计和市场能力，以增加产品附加值或竞争力（Schmitz和Knorringa，2000；Bazan和Navas-Aleman，2004）。

第二种观点实际上反映的是由发达国家及其跨国企业主导的国际分工存在市场失效。第一，国际分工市场并非是一个完全竞争的市场。发达国家及其跨国企业与新兴经济体及其后发展企业存在一种俘获与被俘获的关系，主导国际分工的发达国家及其企业对研发设计、市场信息、品牌渠道等高等要素实施了严格控制；发展中国家制造商作为被治理者，仅能发展加工制造业，普遍缺乏竞争能力。梁军（2007）[17]指出在价值链中全球采购商不希望供应商侵犯其核心竞争力，进而限制设计、营销和品牌知识在价值链中的自由流动，并阻碍生产商在设计、营销和品牌方面的升级。也就是说，权力关系可能阻碍升级，并限制知识在价值链中的流动，进而阻碍供应商的功能升级。第二，国际市场分工存在严重的市场负外部性。发达国家将高资源消耗、高污染、低增值的产业转移至发展中国家，给当地生态、环境等方面带来不同程度的破坏。第三，国际分工市场失效带来的信息不对称，使以牺牲环境为代价的发展中国家难以获取相应的收益回报。在全球价值链中，并不是每一个价值环节都能创造等量的价值。其中发展中国家所处的中游制造环节产生的附加值极为有限。毛蕴诗（2012）[18]指出，富士康与苹果之间存在巨大的利润差别，苹果的高额利润一部分来自于对富士康的人力成本的不断压榨。第四，发展中国家的自主品牌遭受到发达国家技术性贸易壁垒的限制。拜耳和杰瑞菲（2001）对墨西哥牛仔裤产业进行研究发现，墨西哥制造商在美国市场上拓展自有品牌需要很大投资，而且风险较高。据我国质检总局统计，我国出口企业中有约三成受到技术性贸易壁垒的制约。

当前对重构全球价值链的理论基础还缺乏深入的探讨，对新兴经济体重构全球价值链而对国际分工及其市场失效问题的研究更远远不够，需要进一步加强。

五、重构全球价值链的驱动因素分析

20世纪90年代Gereffi提出全球商品链分析框架的同时，也提出由生产者驱动和购买者驱动的全球商品链的二元驱动模式，指全球价值链各个环节在空间上的分离、重组和正常运行等是在生产者或者采购者的推动下完成的。Henderson在此基础上进一步研究，他认为生产者驱动是由生产者投资来推动市场需求，形成全球生产供应链的垂直分工体系。拥有技术优势、寻求市场扩张的参与企业和发展地区经济、追求工业进步的政府都可以作为生产者驱动[19]。

有的学者认为，推动全球价值链中企业转型升级的是由于外部环境发生变化。依据权变理论，当企业所处的外部环境发生改变时，企业调整战略以适应环境的变化。特别是在金融危机或是未预见到的经济重大衰退出现时，为了避免绩效的下降，企业需要在它们所处的环境中很快地适应这种急剧的变化（Lee和Mskhija，2009），因而企业选择升级（毛蕴诗、吴瑶、邹红星，2010）[20]。

有的学者认为，全球价值链高端环节巨大的利润空间为新兴经济体国家及企业的转型升级提供了动力。全球价值链高端存在巨大利润空间（Kaplinsky，1993），新兴经济体企业为了追逐利润，存在改变全球价值链地位的动机，基于这种动机往往采用转型升级的手段来实现。在生产者驱动下，企业升级要获取的是技术租金和组织租金，在采购者驱动下，企业升级要获取的是关系租金、贸易政策租金以及品牌租金（Gereffi，1999）。企业升级对各种租金的获取可以体现出对效率、收益等绩效的追逐。

有的学者认为，新兴经济体国家及其企业的转型升级离不开国家、地区和企业的资源禀赋优势和竞争力。新兴经济体企业要打破现有国际分工，甚至改变全球竞争格局，离不开新兴经济体企业的核心竞争力（如Bell和Albu，1999）和动态能力（如Teece等，1997）。现有文献认为新兴经济体企业要实现链条内或链条间升级关键是培养创新能力，同时优化产品、改进工艺流程，以获取更高的附加值。企业进行创新活动取决于核心能力和动态能力，核心能力和动态能力对促进企业的流程升级和产品升级发挥着重要作用（Kaplinsky和Morris，2001）。Morrison等（2007）从创新的角度来研究企业升级，认为创新能够带来附加值提升。

六、重构全球价值链的路径研究

关于企业如何在价值链中实现自我升级，学者们进行了相关阐述。Sturgeon和Lester（2002）[21]发现企业自身条件和所处的环境因素决定了OEM企业具体该如何选择适合自己的升级战略。胡琼洁、夏洪胜（2011）提出要从做强自身产业、创造需求、经营人力以及开发新领域等几个方面的思路推动产业升级。丁宋涛、刘厚俊（2013）[22]指出知识、技术要素的投入有助于提升企业知识要素投入量，可以削弱跨国领航企业自上而下的绝对优势地位，从而提升后发工业国的国际分工收益。胡国恒（2013）[23]运用全球价值链的利益博弈模型考察中国企业的价值链升级和能力，他提出中国本土企业应通过强化自主创新能力并依托本土市场培育自主品牌，加强企业集群和行业整合重构企业初始能力，以全球和本地价值链组合进行企业能力迁移和升级。

现阶段有关全球价值链重构的路径主要是指企业的转型升级路径。Gereffi（1999）、Humphrey和Schmitz（2000）、Kaplinsky和Morris（2001）、吴彦艳（2009）等国内外研究者都对企业转型升级的路径进行了广泛而深入的探讨。作者在2015年1月发表的《企业转型升级：中国管理研究的前沿领域》中已对企业转型升级路径的文献展开了详细的研究和探讨，包括：一是认识传统产业的新特点、新需求，重新定位市场，实现整体升级（李琼瑶，2007等）；二是从替代进口产品，到替代跨国公司在华生产的产品，再到国外市场替代跨国公司产品，实现升级（Reid等，2003；毛蕴诗、李洁明，2005；等）；三是基于行业边界模糊与产业融合，创造新产品、新需求，实现跨产业升级（Humphrey和Schmitz，2000，2002；毛蕴诗、周皓，2008；等）；四是通过技术积累、能力演进，突破关键部件壁垒与限制，实现产业整体升级（Chen和Qu，2003；毛蕴诗、徐向龙、陈涛，2014；等）；五是加大对生产服务的投入与延伸，提升附加值，实现升级（Poon，2004；Robert，Fred和

Eric，2007）；六是降低投入与消耗，降低成本，提升环保标准与附加值，实现升级（Andrew A. King 和Michael J. Lenox，2001；Daniel C. Esty和Andrew S.Winston，2006）；七是通过战略联盟和新型竞合关系，大企业带动小企业，带动产业集群整体升级（Luo，2005）；八是从OEM到ODM到OBM的多种方式组合（Sturgeon和Lee，2001）；九是收购OBM企业品牌，获取战略性资产，实现企业跨越升级（Hamel，Doz和Prahalad，1989）；十是以产业集群、园区为载体，促进企业升级（Pietrobelli和Rabellotti，2004）。

　　大量的企业升级路径研究为重构全球价值链的路径研究奠定了良好的基础。UNCTAD（2013）指出，发展中国家在全球价值链中的发展路径主要有六种。第一，参与全球价值链，即和跨国公司签订制造合同，进料加工出口。第二，为全球价值链做好准备，即暂时放缓全球价值链的融入度，优先致力于提高产品在国内的附加价值，替代进口。第三，在价值链上升级，即全球价值链融入度已经很高的国家，增加出口产品中的国内附加值或者参与价值链上更多的业务功能。第四，在价值链上竞争，即一些发展中国家通过出口附加值高的产品参与全球价值链的竞争，国外公司通过并购将其纳入全球生产网络中。第五，转换全球价值链，即放弃出口产品生产，而转向进口成分更多的加工行业，提高全球价值链的融入度。第六，在价值链中飞跃，即少部分发展中国家通过吸引外国直接投资，快速实现了本国高附加值产品的出口。

七、重构全球价值链的效果研究

　　重构全球价值链的效果主要体现在两个方面，一是对发达国家的影响，二是对发展中国家的影响。研究重构全球价值链对发达国家或发展中国家的影响，有学者持积极观点，他们认为重构全球价值链对发达国家能产生积极贡献。比如，价值链在全球范围内的延长，有利于发达国家就业人数的增加。价值链重构会对雇佣条件和工作环境带来直接和间接的影响，工作外包和业务重新配置的威胁会弱化工会的影响力，导致劳资双方的妥协式谈判（Meil，Tengblad和Docherty，2009）[24]。另外，有学者持消极观点，他们认为全球价值链的延长和复杂化可能会对就业和工作环境产生负面影响。Ramioul

（2008）指出随着价值链在全球范围内扩展延长，同一条价值链上员工的工作环境和就业保障的不公平性增强，深刻影响就业和工作环境。被调查的欧洲公司员工普遍反映工作的复杂度降低，工作强度增大，不安全感增加。还有一些学者关注全球价值链重构可能为发达国家或发展中国家及其企业带来的一些组织与人力资源方面的变革和冲击[25]。

有学者探讨了全球价值链重构对于新兴经济体国家或发展中国家的影响。Frederick和Gereffi（2011）[26]利用全球价值链的框架分析了全球服装供应链的重构，认为中国和其他的亚洲供应商在供应链重构中成为赢家，终端市场多元化、亚洲新兴经济体旺盛需求以及区域整合的生产网络让中国的服装供应商不断升级和扩大全球市场份额。

Azmeh和Nadvi（2014）[27]提出亚洲跨国服装生产企业正在改变服装行业的全球价值链结构。来自新兴经济体尤其是"大中国"和南亚的一级供应商逐渐参与到更大范围、更多功能的价值链上的活动。第一，亚洲跨国制造商能有效发掘生产和贸易机会，在全球布局生产网络。他们及时利用美国和欧盟与其他国家签订的国际贸易互惠协定，在亚洲生产基地的基础上，选择生产成本更低或距离欧美最终消费市场地缘较近的非洲、中东地区和中美洲等各国快速设立生产基地。并根据市场变化，不断地重新挑选和变化东道国，动态地调整和部署全球的生产基地，降低成本，提高效率，有效管理复杂的国际生产网络。第二，在消费者需求变化快、品牌竞争激烈的服装行业，亚洲跨国制造商与他们的国际买家（即西方发达国家的领导企业）紧密合作，为其提供研发设计、市场预测和物流仓储等新功能和服务，成为大型品牌商供应链组织管理中的重要组成部分；同时，有的制造商也开始培育自己的品牌和零售店。由此可见，亚洲跨国制造商在全球价值链中的地位由原来的配合西方企业的领导逐渐转变为和领导企业合作，形成共同领导，在全球价值链的地理分布及组织结构调整中发挥重要的战略作用。

毛蕴诗、郑奇志（2015）认为，重构全球价值链的效果主要体现在，新兴经济体的一些优秀企业打破了由发达国家企业主导的国际分工，全球竞争格局也随之发生结构性变化，主要体现在三个方面：一是新兴经济体企业立足全球配置资源，由代工走向全球价值链的高端环节，体现为附加值的提升；二是新兴经济体企业在国际市场逐渐具有话语权，可与发达国家跨国公司较为平等地对话；三是一些新兴经济体企业替代发达国家跨国公司产品。

八、结论与探讨

目前，对于上述各前沿问题的研究还不够深入，同时也缺乏对这些问题之间逻辑关系的探讨和研究。基于全球价值链理论、市场失效理论、利害相关者权益理论等理论基础，围绕重构全球价值链的基本范畴，毛蕴诗、郑奇志（2015）提出了新兴经济体企业重构全球价值链的基本理论框架，认为重构全球价值链问题应该置于三大背景来考虑，即全球价值链的主导者是发达国家企业国公司，相应的国际分工、存在着市场失效并损害了利害相关者权益。在这个背景下，分析了三大动因，即全球价值链的高端有巨大利润空间驱动、新兴经济体巨大市场空间的驱动，以及企业家精神与创新的驱动。基于三大动因，形成了新兴经济体企业的路径选择，最后产生改变全球竞争格局的效果。在全球化背景下，结合新兴经济体企业的实践和探索，该问题值得进一步研究。本文主要提出以下结论并就若干问题加以讨论：

1. **重构全球价值链是新兴经济体企业的重大实践与理论课题，首先需要就其概念与内涵、研究边界形成较为一致的认识**

正如"企业转型升级"是"中国管理研究的前沿领域"一样，重构全球价值链也是新兴经济体（以中国为代表）面临的重大理论与实践问题。国内外还没有文献对重构全球价值链提出明确的概念和定义。尽管少数文献涉及重构全球价值链，但是并没有针对全球价值链来提出和讨论问题。换言之，并没有立足新兴经济体的实践来研究这一正在改变国际企业竞争格局的重大问题。例如，提出网络经济时代的价值链重构（Value Chain Restructuring），立足于组织行为层面的公司结构变化（WORKS，2005），或因国际分工而产生的全球价值链导致的宏观就业问题、或微观的组织与人力资源变化等（Ramioul，2008；Huws 和 Dahlmann，2009）。作者认为，上述三种类型的定义都未能体现新兴经济体及其企业的能动性，也未能反映这些企业对全球价值链进行结构性的改变、甚至在国际分工中掌握主动权的趋势特征。本文研究表明，就这一重大问题的研究而言，现有研究无论在数量、质量都远远不够，需要加大研究的力度、广度和深度。而且首先就重构全球价值链的定义、研究对象与边界，及其内涵形成较为一致的认识。

2. 从跨国公司主导的国际分工和市场失效视角研究企业转型升级是构建重构全球价值链的理论的重要出发点

现有全球价值链的分析方式，失之于向上追溯并系统讨论全球价值链的深刻背景和外在动因。因此需要"重新认识全球价值链及其有关的国际分工理论，立足中国优秀企业丰富的转型升级实践与创新进行理论探讨与建设"。而从跨国公司主导的国际分工和市场失效出发研究重构全球价值链正是作者（2015）所提出的独特视角，尤其对于以中国为代表的新兴经济体的实践能提供合理的解释。

3. 从全球视野来看，重构全球价值链本质上是国际市场重新分工，全球经济体重新洗牌的过程，研究应围绕全球价值链的结构性变动展开，并构建其理论体系

现有全球价值链的分析方式，失之于向下追溯并系统讨论全球价值链变动带来的全球经济竞争格局的深刻变动。因此需要结合新兴经济体企业的崛起，打破由发达国家及其跨国公司所主导的全球价值链和国际分工所带来的变化趋势。需要将全球价值链的结构变动和国际市场重新分工联系起来研究全球化环境下企业发展的趋势。尽管现已有学者开始关注企业沿全球价值链移动并改变地位的现象，但仍然是基于原有的全球价值链方式来分析问题，未能真实地揭露全球价值链结构性变动和调整的实质。为此本文特别提出了有关重构全球价值链效果的前沿问题。同时，本文也强调指出，要遵循本文提出的若干前沿问题，探讨它们之间的内在联系，形成重构全球价值链的理论体系与分析框架。而从微观层面上看，新兴经济体国家及企业的转型升级是推动全球价值链重构的落脚点。因此，重构全球价值链的研究的重点在于结合企业转型升级进行。

4. 对重构全球价值链的经验研究有待加强，并且通过实证和案例分析探讨其与理论的配适

在研究的50篇国内CSSCI和国外SSCI中，9篇是案例分析，仅占18%，其中8篇是国外SSCI论文，中文CSSCI论文只有1篇。这说明国内对中国企业在重构全球价值链中向高端转型升级的案例研究不充分。针对重构全球价值链的前沿问题开展经验研究是今后的研究方向，包括开发相应的量表，提出可量化的

评价标准等。经验研究对于新兴经济体国家及其企业转型升级的实践具有较高的参考价值，同时也能与重构全球价值链的理论相互验证，或提供修正，使理论更具解释能力。

（原载于《学术研究》2015年）

参考文献

[1] [28] 毛蕴诗、郑奇志：《论国际分工市场失效与重构全球价值链》，中国企业管理案例与质性研究论坛（2015），2015年11月。

[2] Gary Gereffi, International trade and industrial upgrading in the apparel commodity chain Journal of international economics，1999，Vol.48，Issue 1，pp.37-70.

[3] Gary Gereffi, Humphrey, J., & Kaplinsky, R., Introduction：Globalisation, value chains and development，IDS bulletin，2001，Vol.32，Issue 3，pp.1-8.

[4] Yeats J., Just. How big is global production sharing，The World Bank，1998.

[5] Sturgeon T., Lester R., Upgrading East Asian industries：new challenges for local suppliers. Cambridge，Mass. Industrial Performance Center，MIT，2002.

[6] Beck, M., Costa, L., Hardman, D., Jackson, B., Winkler, C. & Wiseman, J.（2001）. Getting Past The Hype：Value Chain Restructuring In The E-Economy . Booz-Allen and Hamilton.

[7] 施蒂格勒著，潘振民译：《产业组织与政府管制》，上海人民出版社、上海三联书店1996年版。

[8] Milberg, W., D.Winkler, Trade Crisis and Recovery-Restructuring of Global Value Chains, Policy Research Working Paper，2010，No. 5294 ，The World Bank .

[9] 田文、张亚青、佘珉：《全球价值链重构与中国出口贸易的结构调整》，《国际贸易问题》2015年第3期。

[10] 朱有为、张向阳：《价值链模块化、国际分工与制造业升级》，《国际贸易问题》2005年第9期。

[11] 张纪：《产品内国际分工：动因、机制与效应研究》，上海社会科学院，2007年。

[12] Kogut B., Designing global strategies：comparative and competitive value-added chains, Sloan Management Review，1985，Vol.26，Issue 4，pp.15-28.

[13] Raphael Kaplinsky and Mike Morris：A Hand book for Value Chain Research，IDRC，2002.

[14] 张杰：《需求竞争条件下全球价值链形成与发展中国家竞争优势的升级困境与突破》，《经济经纬》2008年第2期。

[15] Schmitz H, Local upgrading in global chains：recentfindings, Paper Presented at the DRUID Summer Confer-ence，2004.

[16] 黄永明、何伟、聂鸣：《全球价值链视角下中国纺织服装企业的升级路径选择》，《中国工业经济》2006年第5期。

[17] 梁军：《全球价值链框架下发展中国家产业升级研究》，《天津社会科学》2007年第4期。

[18] 毛蕴诗：《乔布斯——苹果命题——苹果是什么企业》，《清华管理评论》2012年第5期。

[19] Henderson，J, Danger and opportunity in the Asia-Pacific，Thompson, G（eds）.Economic dynamism in the Asia-Pacific，London：Routledge，1998，pp.356-384.

[20] 毛蕴诗、吴瑶、邹红星：《我国OEM企业升级的动态分析框架与实证研究》，《学术研究》2010年第1 期。

[21] Sturgeon T，Lester R，Upgrading East Asian industries： new challenges for local suppliers，Cambridge，Mass. Industrial Performance Center，MIT，2002.

[22] 丁宋涛、刘厚俊：《垂直分工演变、价值链重构与"低端锁定"突破——基于全球价值链治理的视角》，《市场与经济研究》2013年第5期。

[23] 胡国恒：《利益博弈视角下本土企业的价值链升级与能力构建》，《世界经济研究》2013 年第9 期。

[24] Pamela Meil，Per Tengblad & Peter Docherty，Value chain restructuring and industrial relations-The role of workplace representation in changing conditions of employment and work，Work organisation and restructuring in the knowledge society -WORKS project，2009.

[25] Monique Ramioul，Work organisation and restructuring in the knowledge society，Enterprise and Work Innovation Studies，2008，Vol. 4，pp.9-19.

[26] Stacey Frederick and Gary Gereffi，Upgrading and Restructuring in the Global Apparel Value Chain： Why China and Asia Are Outperforming Mexico and Central America，Special issue of International Journal of Technological Learning，Innovation and Development，Vol. 4，No. 1-2-3 2011，pp. 67-95.

[27] Shamel Azmeh，Khalid Nadvi，Asian firms and the restructuring of global value chains，International Business Review，2014，Vol.23，pp.708-717.

统筹国内外两个市场的天生国际化企业持续成长研究

——基于奥马电器的案例分析

一、问题的提出

从20世纪90年代开始，"天生国际化企业"（Born Global Firm）作为一种新的国际化现象已为众多研究者所关注。天生国际化企业并不遵循传统企业先国内、后国外市场的路径，往往在成立之初或成立之后短短几年内就面向国际市场寻求国际客户、利用国际资源，并且其国际销售额占总销售额的一定或更大的比重。

张武保（2010）认为，自外贸体制大变革后开始在集群内涌现大量天生国际化企业[1]，这些企业多以劳动密集型为主，有别于国外技术密集型企业。凭借昔日劳动力和其他生产要素的成本优势，我国以劳动密集为特征的天生国际化企业在国际市场上获得一定的成长和竞争优势。加布里埃尔森等（Gabrielson等，2008）指出，在加速国际化进程中，天生国际化企业先后经历初创阶段、成长与资源积累阶段和脱离依赖独立发展阶段等三个阶段。[2]在前两个阶段，企业在国际市场寻找合适的渠道实现快速扩张，持续加强组织学习，并实现营运、市场等多种能力的构建和对应的资源积累。

然而，金融危机后国际市场需求急剧下降，生产要素成本大幅上涨，过度依赖国外市场的局限性逐渐显露，不少天生国际化企业陷入成长瓶颈。外部环境的急剧变化迫使企业进行战略调整以更好地适应和参与到国际化竞争当中去。加布里埃尔森等（Gabrielson等，2008）认为，天生国际化企业在关键的第三发展阶段，可能会脱离原先的关系，开辟新道路或进入新市场，成为通常意义上的跨国企业。[2]

近年来，国内市场受到更多的关注。早在2010年，广交会新闻发言人陈朝仁在第107届广交会新闻发布会上表示，在22960家中国境内参展企业中，七成企业愿意参加内外贸对接。①2012年欧盟新规及原材料价格上涨导致重庆市家具出口额下滑超过四成，迫使部分企业放弃欧美市场继而转销国内；②2013年，辽宁高新区一家原本只做出口的手工编织制品企业把其20%的圣诞主题产品分配给国内市场，该省不少同行也正进行类似调整；③2014年浙江宁波蔺草企业外销转内销的越来越多，蔺草产品内销价值将以20%左右的年增速迅速增长……④由此可见，越来越多的"中国制造"商品不再仅仅用于出口。金融危机中众多跨国公司遭受沉重打击，其海外市场出现大幅度亏损，而在中国市场的经营业绩却增长迅猛。毛蕴诗等（2010）也指出，中国市场不仅成为国外企业庞大的吸金地，同时也是各国企业开展竞争的战场。[3]我们注意到一些企业在金融危机前已经做好准备，利用国内外两个市场、两种资源进行战略调整，在金融危机到来时仍然能够实现经营绩效的提升。

本文通过案例研究，探讨天生国际化企业在多变环境中基于国内外两个市场采取战略，实现快速和高效的持续成长的过程。分别针对国内外市场分析其在不同成长阶段的战略实施、资源能力构建和经营绩效的关系，并在此基础上进一步探讨天生国际化企业如何利用国内外两个市场的互动促进自身成长，以及成长过程中的关键因素。

二、文献研究

奈特和卡瓦斯基尔（Knight和Cavusgil，1996）、柴提和坎贝尔·亨特（Chetty

---

① 第一财经日报，《广交会七成企业愿内外贸对接》，http://www.yicai.com/news/2010/04/337980.html.

② 重庆市外经贸委，《重庆家具外销受困转攻内销》，http://cdtb.mofcom.gov.cn/article/shangwxw/201407/20140700651091.shtml.

③ 半岛晨报，《部分"大连造"圣诞商品转销国内》，http://epaper.lnd.com.cn/html/bdcb/20121206/bdcb1120114.html.

④ 浙江商务厅，《出口行情趋淡宁波蔺草扩大内销》，http://zhejiang.mofcom.gov.cn/article/sjdixiansw/201411/20141100810564.shtml.

和Campbell-Hunt，2004）以及卢奥斯塔里宁和加布里埃尔森（Luostarinen和Gabrielson，2006）均认为，天生国际化企业（Born Global Firm）是指那些刚成立或成立不久就快速进行国际化的企业组织，一般在成立之初或是两三年之内就利用多国资源并在多国出售产品以获得竞争优势，海外市场销售占其全部销售收入的比例应达25%以上甚至50%以上[4][5][6]。奈特、加里和卡瓦斯基尔（Knight，Gary和Cavusgil，1996）指出，它们的出口前准备活动时段相当短，国际化过程不遵循阶段国际化模式，而是以一种完全不同以往的新型国际化模式出现，即天生国际化模式[4]。奥维亚特和麦克杜格尔盖尔（Oviatt和Mcdougall，1994）首次提出天生国际化企业存在和可持续的四因素模型，包括内部化部分交易、可替代的治理结构、国外定位优势和独特的资源[7]。胡左浩等（2006）则认为，天生国际化企业的驱动要素大体可归纳为外部环境要素和企业内部要素两大类[8]。奈特和卡瓦斯基尔（Knight和Cavusgil，2004），柴提（Chetty，1999），崔登斯（Tradenz，1993），奥维亚特和麦克杜格尔盖尔（Oviatt和McDougall，1997），麦克杜格尔盖尔、尚恩和奥维亚特（McDougal，Shane和Oviatt，1994）以及奥维亚特和麦克杜格尔盖尔（Oviatt和McDougal，1999）对外部环境要素进行总结，指出其包括市场条件的变化、消费者行为的变化、产业环境、通信交通和生产技术的进步等[9][10][11][12][13][14]。马德森和瑟维斯（Madsen和Servias，1997），奈特和卡瓦斯基尔（Knight和Cavusgil，2004），夏尔马和布罗斯特姆（Sharma和Blomstermo，2003），摩恩（Moen，1999），柴提和坎贝尔·亨特（Chetty和Campbell-Hunt，2004）以及陈曦等（2009）对企业内部要素进行总结，指出其包括具有国际化经验和视野的创业者和管理者、组织的学习与创新能力、营销导向、外部资源利用能力、企业战略及定位特点等[15][9][16][17][18][19]。

已有的研究大多数针对天生国际化企业的概念、特征、形成机理、国际化绩效，只有极少数研究着眼于天生国际化企业的成长问题。事实上，与传统企业一样，天生国际化企业也要面临企业成长的问题。朱吉庆等（2008）指出，国际市场认知与开发是天生国际化企业成长的起点与契机[20]。部分学者的研究已涵盖多个理论领域，诸如杨忠等（2007）的生命周期理论[21]、加布里埃尔森等（Gabrielsson等，2008）的天生国际化企业成长三阶段论[2]、薛求知等（2007）的天生国际化企业竞争优势的"优势环"理论[20]、朱吉庆等（2008）的社会资本理论[20]等。在金融危机爆发和全球市场需求发生剧减的背景下，高度依赖国际市场的天生国际化企业通过企业升级来维持生存和发展成为新的研究焦点。刘阳春等（2012）揭示了天生国际化企业基于两个市场的升级战略[23]。张武保（2010）提出我国天生国际化企业不仅要在产品层次上成功完成战略转型，更要在功能上完成升级[1]。覃大嘉等（2011）指出中国天生国际化OEM企业应对金融危机所采用的四种主要战略[24]。

三、研究方法

（一）研究设计与案例选择

本研究从国内外两个市场的视角来探索天生国际化企业的持续成长过程，国内外相关文献的研究甚少。因此，本研究根据理论抽样法（Theoretical Sampling Method）选择研究样本。艾森哈特和格雷布纳（Eisenhardt和Graebner，2007）指出，案例要具有代表性，能阐释所提出的概念或模型[25]。

在前期调研资料的积累基础上，最终选定广东奥马电器股份有限公司（Guangdong Homa Appliances Co., Ltd，以下简称"奥马"）作为研究对象。奥马是中国一家专业研发、生产和销售电冰箱的企业，自成立不久就进行国际化经营，主要为国内外知名冰箱品牌进行代工，出口销售额占比超50%，是典型的天生国际化企业。2007年建立自主品牌，快速拓展国内市场。奥马不仅在业内有较高的知名度，比起其他电冰箱企业也有更快的成长速度和更好的业绩，说明它是一个典型的案例，有调研和信息挖掘的潜力。此外，作为上市公司，研究对象具有相对丰富的公开资料来源，数据清晰，便于进行细致、深入的分析。

（二）资料来源与分析方法

本研究的资料主要有两个来源：

（1）一手资料收集。我们分别于2013年8月、2013年9月以及2014年4月对案例企业进行了座谈、实地调研及电话、邮件访谈。

（2）二手数据收集，包括网络新闻报道、相关出版物及其官方网站以及非正式的观察和观点等。为了保证数据的准确性，本研究剔除了所有未说明数据来源的资料，同时通过交叉核对（Cross-Checking）的方式整理已有数据。本文借鉴内容分析法，对所掌握的资料进行编码、提炼，并进一步演绎、归纳。

在原始资料的编码方面,首先通过初步理论架构的主要类别来编码,包括企业资源能力、国内市场的成长战略、国外市场的成长战略、成长的效果衡量等。其次,根据已有文献的梳理,建立次级类别。例如,技术模仿、关键零部件的研发、产品设计等再归类为"学习及自主创新能力";企业的生产规模、效率、业务流程再造、产品工艺设计、信息化等再归类为"营运能力"。

四、案例分析

(一)奥马的基本情况

奥马是国内一家专业研发设计、生产制造和销售电冰箱的企业,总部位于广东省中山市南头镇。它创立于2002年,当时为国内知名品牌企业生产附属产品的小型企业。2004年开始成为国际品牌的代工商。2006年底在国内启动自主品牌。十多年间从年生产能力仅仅4万台的代工企业一跃成为国内成长最快的新锐冰箱品牌,夺得2009—2013年连续五年中国冰箱出口冠军,2008—2013年连续六年出口欧盟冠军的佳绩,2012年自主品牌冰箱国内市场销量首次突破100万台大关。2013年全球销售额达到425540.41万元。奥马目前有8500名员工,4家规模庞大的生产基地及1家配件厂。公司年产能为750万台冰箱,每年有超过300万台冰箱远销至欧洲、美洲、澳新、南非等世界各地。

(二)奥马统筹国内外两个市场的持续成长的案例分析

1. 国外市场:以国内ODM起步,向国外ODM发展,实现技术、制造与管理能力的提升和资源积累

(1)瞄准利基市场,借产业转移契机,通过国外ODM实现国际市场的规模化扩展

2002年,奥马在广东省中山市南头镇登上白色家电的竞技擂台。基于公司创立团队十多年的冰箱行业经验与管理经验,同时适应企业实际的资源情况,奥马把自身定位为"中国冰箱界的富士康"[①],初始业务是为国内知名冰箱品牌进行ODM,包括海信、TCL、美的、康佳、小天鹅和美菱等。此战

---

① 新浪网:《借全球战略布局,奥马开启二次创业》,http://jiaju.sina.com.cn/news/q/20131226/342997.shtml?qq-pf-to=pcqq.c2c.

略令其找到利基市场（Niche Market），避开与国内知名冰箱品牌的直接竞争，赢得企业成长所需的空间和时间。2004—2005年正值冰箱在全球范围内产业转移，国外知名品牌在前期向中国转移低端产品生产后，已认可中国在产品制造方面的比较优势，逐步调整委托中国ODM产品的结构。奥马抓住契机进入产品标准与中国相似的欧洲市场，成为卡迪（Candy）、伊莱克斯（Electrolux）、惠而浦（Whirlpool Corporation）等国际品牌的代工商，通过国外ODM实现国际市场的规模化扩展。

（2）与世界级大公司合作，通过"干中学"提升研发能力

奥马积极参与到ODM委托企业卡迪、伊莱克斯、惠而浦等国际知名冰箱品牌的全球采购系统中，向国际巨头学习。以惠而浦为例，企业原有的质量水平与它的要求之间存在明显差距。为了满足惠而浦在产品外观、性能上的需要，奥马根据要求建立新的质量管理体系，指定配套的零部件。在此过程也得到了体系和管理方面的指导。2004年成立技术中心，大范围应用技术革新，深入研究GEF节能技术和环保技术，通过"干中学"提升研发能力，达到国际标准来获取全球冰箱竞技场的入场券。

（3）开创性构建通用产品平台，提高设计和制造能力，获取范围经济性与速度经济性

面对来自全球不同国家和地区的委托商及其要求，当时还处于起步阶段的奥马原有的研发体系无法适应多跨度的研发需求，即不同地区不同消费需求导致的不同设计开发理念、工艺路线和产品标准。因此，奥马研发人员大胆创新，在对国内外主要市场的需求进行详细调研的基础上最大限度地寻找出需求共性，然后在产品设计时将共同因素固定化，形成一系列的产品设计基本参数和标准，形成奥马通用设计平台的"基本参数数据库"，未来不同的产品开发只是在基本框架上进行相应的调整。国外订单的增长给奥马带来生产规模、业务流程、生产效率上的挑战。为此，奥马打造了同时适应中国和欧洲产品标准的通用制造平台。该平台以混线生产为核心，即同一条生产线可以同时生产不同型号的冰箱。

奥马通过通用产品平台（见图1），获取范围经济性和速度经济性（毛蕴诗、吴瑶，2007）[27]。一方面，通用设计平台可以提升设计开发的多样性、灵活性和开发速度。例如，一款冰箱的基础设计，含制冷系统的布置、外观设计、内部架构尺寸、比例等，相对结构和位置一经确定就不改变，同一套开发

技术可以派生出多款冰箱。另一方面，奥马在混线生产上的多品种处理能力和生产效率特别突出，型号多，而且效率高，实现了生产组织的一贯性和品质的通用性。一条生产线最多能够同时生产12个型号的产品，而行业内平均一条生产线混线生产一般不超过6个型号。

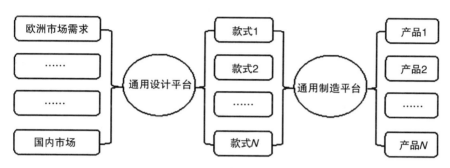

图1 奥马通用产品平台示意图

（4）接轨行业标杆，提前适应国际环保标准，巩固出口领先地位

奥马以技术、质量、环保要求均领跑全球的欧洲冰箱为标杆，提前适应越发严苛的国际标准。2011年逾300万台的出口冰箱中超过75%是出口到对环保要求最为严格的法国、意大利、丹麦、瑞典、芬兰等欧盟国家[①]。欧盟ErP标准在2009年7月1日开始实施，奥马在2009年初主动调整能耗水平，提前适应出口标准；2012年7月1日起，只有符合A+级及以上的产品才能进入欧盟市场，但奥马在2010年A+级及以上出口欧洲产品销量就占出口欧洲总量的48.51%，比新标准足足提前两年。

2. 国内市场：向OBM发展，获取持续成长的重要资源

（1）不断加大研发投入，自主创新成果丰硕

奥马深谙研发能力对于企业获得更高的产品附加值的重要性，致力提高自主创新能力。一方面，企业的研发机构系统化升级。另一方面，不断加大研发投入。2009—2011年研发投入占营业收入比均在3%以上，2013年研发投入

① 中国日报：《绿色风尚篇年度智能冰箱、小家电推介》，http://www.chinadaily.com.cn/hqgj/jryw/2013-01-30/content_8173892.html。

16136.47万元，同比增长34.70%。

奥马取得丰富的自主创新成果。目前拥有专利数88项，包括发明专利5项，实用新型专利45项，外观专利38项；并有15项发明专利申请获得受理。其中，突破传统冰箱设计理念的运用"双冻力"制冷技术的节能电冰箱在由中国家用电器研究院在德国IFA举办的"创新奖"评选中获得"工业设计创新奖"奖项。[1]三门冰箱BCD-225DVZJ星星红获得2013年"艾普兰十大最受大众欢迎产品奖"。[2]此外还拥有节省塑料材料使用的窄边框技术、抽屉式蒸发器固定限位机构、新型的双工位内胆吸塑技术、氦质谱检漏技术、高光注塑隐形边框技术、超声波焊接"Unicom"等多项核心技术。截至2012年，奥马已累计开发60多款产品以满足国外ODM客户的不同需求，自主设计开发3大系列75款产品。

（2）兼顾数量与质量，扩大生产规模，打造高品质的环保型产品

奥马不断扩大生产规模，产能利用率（即产量/产能）一直居于高位，2009—2011年产能利用率分别为79.74%、89.03%、94.35%。2010年6条生产线完成5254批次产品生产，生产冰箱400多万台，单线生产能力远超行业平均水平。2012年公开募集资金到五个项目，建成后产能预计提高62%。

奥马不仅具备过硬的订单处理能力，同时严抓产品质量及环保性。在生产上大力引进意大利、德国等制造的关键先进设备保证产品质量，如意大利CANNON公司的发泡机和吸塑机、OLMA公司的侧板成型机、德国GUILES公司的喷涂线等。在关键零部件压缩机上使用环保无氟碳氢高效压缩机，降温快，用量仅为传统制冷剂的1/3。节能冰箱COP值高达1.7，输入功率仅为70瓦。核心技术方面，"双冻力"技术节能效果优于普通冰箱15%以上，制冷速度加快38%，营养流失量至少降低65%。辅助材料方面，使用普通冰箱没有的超宽超厚的高密度发泡层，锁住冷量，降低功耗。[3]奥马冰箱既能保证良好基本制冷功能，更是环保友好型产品，如DD2-30抽屉式冰箱，产品能耗达到欧洲 A++标

---

① 大河网—河南商报：《奥马冰箱连续五年出口欧盟第一》，http：//newpaper.dahe.cn/hnsb/html/2013—03/08/content_860171.htm?div=-1.

② 中国网：《奥马："冠军之姿"亮相家博会》，http://12365.ce.cn/zlpd/jsxx/201304/18/t20130418_704672.shtml.

③ 中国网：《奥马冰箱：科技创新成就品牌奇迹》，http://biz.ce.cn/news/201307/19/t20130719_987647.shtml.

准；BCD-212MG1三门冰箱每天耗电量仅0.38千瓦·时，获得柏林国际消费电子展"家电创新奖"。2014年3月，奥马推出全欧盟标准对开门冰箱新品，采用R600a做制冷剂及环戊烷做发泡剂，按欧洲A+级和A++能源标准设计，完全满足欧洲RoHS、ErP、REACH、LFGB等各项技术壁垒，全方位衔接欧盟标准。部分新品搭载最新变频技术，具备节能等优点，比普通定频压缩机节能高达30%。[①]

（3）线上线下销售网络并举，增强营销服务，提升品牌附加值

奥马从零开始建设销售渠道和开展营销服务。第一，对自身进行精准市场定位。以县级、乡镇市场为代表的三、四级市场为突破口，提供高性价比的国际品质产品，迅速夺得市场份额。第二，着力铺开线上销售支持与渠道。在全国布局140余个办事处作为销售管理机构，建立较为完善的产品售后服务网络；三、四级市场以地区代理为主，中心城市通过传统家电经销商渠道（含广州宏丽黄埔百货、五金交电公司等）、大型连锁综合超市系统（含沃尔玛、家乐福、乐购、好又多、易初莲花等）、家电连锁（含广东苏宁、珠海泰锋、武汉工贸等）等方式销售。第三，在电商领域表现尤为突出，发展势头迅猛。据京东商城与苏宁易购提供数据，奥马一直稳居电商平台冰箱销量前三，仅次于海尔。[②]2013年1月，奥马联合京东商城发起促销风暴。[③]2014年3月，奥马与区域经销商汇达通开启战略合作，以O2O方式开拓国内农村市场，力争一年内将网络覆盖率提高到90%。汇达通将通过庞大的乡镇网点收集提炼乡镇消费数据，帮助奥马研发生产市场需要的产品。[④]第四，在客户服务方面做足投入。设立各类售后服务网点超过2000家，覆盖全国所有销售区域，保证98%的消费者50公里内有奥马的服务商，对消费者的服务确保24小时服务响应到位。合作开发金软家电售后服务管理系统v10.0，紧密连接2000多家服务网点的使

① 凤凰网：《奥马冰箱：全欧盟标准对开门冰箱新品上市》，http://news.ifeng.com/gundong/detail_2014_03/14/34752528_0.shtml.

② 中国网：《奥马冰箱：科技创新成就品牌奇迹》，http://biz.ce.cn/news/201307/19/t20130719_987647.shtml；中国网：《奥马冰箱专注细节只为最好》，http://biz.ce.cn/news/201307/22/t20130722_990763.shtml.

③ 中国财经网：《奥马冰箱冬季送豪礼新春贺岁"港澳"游》，http://www.fechina.com.cn/category/news/201301/0630570/1.html.

④ 凤凰网：《冰箱"出口冠军"奥马觊觎国内市场》，http://finance.ifeng.com/a/20140306/11817678_0.shtml.

用终端利用信息平台，实现用户信息共享。

（4）借力资本市场，延伸产业链，进一步整合资源

通过设立子公司实现产业链延伸。奥马2009年成立（香港）奥马企业有限公司，协助奥马安排货物海外运输业务，销售冰箱业务、空调机家用电器零配件。2010年奥马收购中山东进实业有限公司，主要为奥马生产加工注塑件等配件。2013年8月成立中山市奥马电器配件有限公司，生产销售家用电器配件、五金塑料制品、模具，成为奥马的注塑子公司。

奥马2012年成功登陆深交所，该次发行筹集资金4.14亿元，计划投放到多门大容量节能冰箱（五厂一期）新建项目、关键部件（蒸发器）新建项目等5大项目，近两年两个扩产募投项目均已完工投产。2013年底，奥马定增募资获得7亿元，投入节能环保型大容量高端冰箱新建、工程技术研发中心和国内市场营销网络建设三大项目，投资总额分别为5.8亿元、3000万元及5000万元，合计投资总额为6.6亿元。[①]

（三）奥马的成长绩效

1. 销售规模不断扩大，利润不断提高

表1呈现了奥马2009—2013年收入及利润情况。近5年企业规模保持快速扩张，过去5年年均增长18.31%，最快增长近三成。利润不断提高，年提升幅度高达38.23%，最高增长率逾五成。

表1 奥马2009—2013年收入及利润情况

单位：万元

	2009 年	2010 年	增长	2011 年	增长	2012 年	增长	2013 年	增长
收入	219324.60	282875.68	28.98%	319258.81	12.86%	345490.76	8.22%	425540.41	23.17%
毛利	26853.86	40691.78	51.53%	60155.08	47.83%	72034.82	19.75%	96384.81	33.80%

资料来源：整理自《广东奥马股份有限公司首次公开发行股票招股说明书》及网站公开数据。

2. 产品附加值提高，盈利能力增强

一方面，提高生产效率，减少投入和消耗，降低成本从而提升附加值。

---

① 凤凰网：《奥马拟募资7亿建节能环保冰箱项目》，http://news.ifeng.com/gundong/detail_2013_11/08/31063282_0.shtml.

由于生产工艺改进，奥马利用压缩机配置优化降低压缩机平均单价，从2009年的159.58元/台降低到 2010年的157.63元/台，导致2010年单台冰箱的材料成本下降 0.84%。DD2-30抽屉式冰箱通过采用双冻力技术及整体系统优化使系统成本下降 20%。另一方面，OBM业务的附加值明显高于ODM业务，OBM业务比重的增加令企业盈利能力增强。目前奥马冰箱整体销售中，海外ODM销售占50%，国内ODM占20%，而国内自主品牌占30%。①

目前，公司自主品牌毛利率达20%以上，国内外代工则在10%左右。2010年由于企业自主品牌冰箱大幅提价带来综合产品单价上升1.61%，2009—2013年企业的销售毛利率分别为12.24%、14.39%、18.84%、20.85%和22.65%，盈利能力稳步上升（见表2）。

表2 奥马2009—2013年不同主营业务收入及利润情况

单位：万元

模式	项目	2009 年	2010 年	2011 年	2013 年
国外 ODM	收入占比	70.44%	64.27%	64.08%	52.90%
	毛利占比	50.05%	52.10%	56.56%	——
	毛利率	8.70%	11.66%	16.63%	——
国内 ODM	收入占比	11.98%	14.94%	10.79%	18.64%
	毛利占比	13.06%	11.23%	7.80%	——
	毛利率	13.34%	10.81%	13.62%	——
国内 OBM	收入占比	17.58%	20.79%	25.13%	28.45%
	毛利占比	36.89%	36.68%	35.64%	——
	毛利率	25.70%	25.38%	26.72%	——
合计	毛利率	12.24%	14.39%	18.84%	22.65%

资料来源：整理自《广东奥马股份有限公司首次公开发行股票招股说明书》及网站公开数据。

3. 形成自主品牌，市场能力大幅提升

奥马国内自主品牌持续扩张，2008—2011年企业OBM业务以年均41.42%的复合增长率高速扩张，2009—2011年自主品牌冰箱销售额分别为44.96万台、60.49万台、81.11万台，分别同比增长56.77%、34.54%、34.09%。在精准的市场定位下，奥马搭建起一系列销售通路，立体线下销售网络有力打开国内

---

① 凤凰网：《奥马：冰箱领军集团门槛1000万台》，http://news.ifeng.com/gundong/detail_2013_12/19/32248569_0.shtml.

市场，围绕品牌进行营销的机构的布局大幅度提升了市场能力。目前奥马与各大B2C平台建立深度合作关系，特别是与京东和苏宁易购已建成战略合作伙伴关系，其中京东奥马更是冰箱品类的最大客户，合作模式以采销模式为主。[1]2013年上半年奥马网销收入超过2亿元，在九大电商平台冰箱销售中排名第二。[2]至于国外市场，企业保持了一贯的明显领先优势。奥马冰箱目前全球累计销量达3000万台，2013年奥马冰箱内外销合计570万台，以348万台销量、13.6%的市场占比位居出口第一，领先排名第二的企业100多万套。[3]

五、结论与讨论

根据对奥马的案例分析，得出统筹国内外两个市场的天生国际化企业持续成长的整合框架，如图2所示。

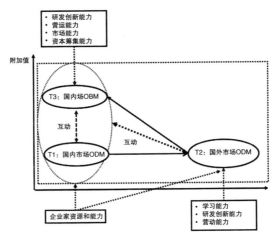

图2 统筹国内外两个市场的天生国际化企业持续成长的整合框架

注：T1、T2、T3分别表示奥马进入不同业务阶段的先后次序；实线单箭头指向代表奥马进入不同阶段的先后顺序；虚线双箭头表示国内外市场、国内市场不同业务的互动状态。

---

① 凤凰网：《奥马拟募资7亿建节能环保冰箱项目》，http://news.ifeng.com/gundong/detail_2013_11/08/31063282_0.shtml.

② 《广东奥马股份有限公司2013年度报告》。

③ 凤凰网：《奥马冰箱：全欧盟标准对开门冰箱新品上市》，http://news.ifeng.com/gundong/detail_2014_03/14/34752528_0.shtml.

天生国际化企业利用国内外两个市场的互动促进自身成长。在国外市场，企业完成初始积累，为开拓国内市场做准备；在国内市场，企业采取发展OBM业务的升级成长战略获取更高附加值。企业在国内外两个市场积累不同的资源能力实现成长，而企业家的资源和能力贯穿天生国际化企业整个成长过程。下面对本文的研究发现作进一步讨论。

1. 通过国外市场ODM实现企业技术进步和管理进步，完成初始资源能力积累

天生国际化企业一开始就参与到国际化经营中，根据购买商的要求进行生产，在这一过程中可以学习发达国家的管理理念、生产工艺等，甚至可以积累制造设计研发方面的资源与经验。企业也可以通过学习，了解最新的市场需求和技术。另外，企业开展国外业务活动过程中，诸如绿色贸易壁垒、技术壁垒等往往在产品标准、产品质量、环保要求等方面形成倒逼机制提升产品的竞争能力。这样，企业一旦进入国内市场，就可能比非天生国际化企业更加具有竞争优势。奥马初期在国外ODM业务向行业领先者学习，企业不断在研发、营运等环节精益求精，并主动严抓环保标准，以满足欧洲等市场的质量和能耗要求。在ODM经验中奥马获取对企业成长有利的资源，积累强大的设计开发能力，自主创新能力得以锻炼和提升，营运能力也快速提高。

2. 国内市场是天生国际化企业获得后续发展优势的重要源泉

毛蕴诗、李洁明（2010）提出"市场在中国"（Sold in China）的概念，来解释金融危机以来，经济全球化出现的另一个重要特征[3]。我国拥有众多的人口和日益增长的消费需求，这为天生国际化企业从出口国外转向扩大内需提供了强大的市场支持。奥马所处的冰箱行业虽为传统行业，在国内却蕴藏新机：农村的家电市场远未饱和，城市和发达地区掀起更新换代浪潮。天生国际化企业应当看到国内市场的良好契机，借这片沃土实现持续成长。

3. 天生国际化企业通过建设自主品牌打开国内市场，获取规模经济性

案例研究表明，国外与国内业务活动共享价值链上多个环节，包括市场调研、设计开发、产品制造等，原材料的标准化和通用化明显降低成本和提高生产效率，奥马由此获取了一定的规模经济性。奥马在国外开展ODM业务的核心技术可直接迁移到国内自主品牌产品的研发和生产制造，因此，更不需要

把国内外市场分割而孤立看待。

4. 国内外两个市场互动、互补所带来的协同优势，有效促进天生国际化企业的持续成长

天生国际化企业可以通过接受国外市场经营的经验和关键资源，然后转向国内市场发展品牌、开拓市场。国外业务已积累的制造甚至设计研发优势为企业把资源聚焦于品牌与渠道建设提供条件。此外，主动调整业务比例，扶持国内市场；优先发展国内OBM业务，主动减少国内代工业务。面向国外国内两个市场的天生国际化企业可以利用两个市场的互相促进、共同发展来促进自身成长。

5. 关键能力支撑天生国际化企业在国内外市场的持续成长

依据传统能力理论代表学者安德鲁斯（Andrews，1971）"能力决定战略"的思想[28]，企业所具备的资源与能力对企业的成长战略具有重要影响。王核成等（2005）认为，在动态机制下不断对自身资源及能力进行调整和提升可促进企业竞争力的发展[29]。天生国际化在国外开展ODM业务时，主要是学习能力、自主创新能力和营运能力的改善。而在国内业务开展OBM业务对市场能力和资本筹集能力提出更高要求。这与刘阳春等（2012）对天生国际化企业基于两个市场的升级路径培育关键资源能力的研究结果基本一致[23]。

6. 企业家资源和能力贯穿于天生国际化企业在国内外市场的成长过程

朱吉庆等（2008）和刘阳春等（2012）的研究均表明，企业家的资源和能力对天生国际化企业的建立具有独特作用[20][23]。进一步地，朱吉庆等（2008）指出，企业家特定能力构成了天生国际化企业形成与成长的基础和源泉，直接作用于企业成长[20]。虽然奥马是一个年轻的天生国际化企业，但其创立团队由一大批原来的科龙集团旗下容声冰箱技术研发、生产、海外市场骨干组建而成，拥有平均15年以上的冰箱行业经验，企业成立之初移植利用容声冰箱的一些技术和部分客服，直接拥有原科龙集团的海外冰箱业务客户体系。这都为奥马取得快速成长提供了有力支持。

（原载于《经济与管理研究》2015年）

参考文献

[1] 张武保：《天生国际化企业的战略转型与竞争力提升——基于东莞勤上光电公司战略成功转型的案例分析》，《国际经贸探索》2010年第5期，第80—84页.

[2] Gabrielson, M., et al. Born globals: Propositions to help advance the theory[J]. International Business Review, 2008, 17（4）: 385-401.

[3] 毛蕴诗、李洁明：《从"市场在中国"剖析扩大消费内需》，《中山大学学报（社会科学版）》2010年第50卷第5期，第182—191页。

[4] Knight G. Born Global[J]. Wiley International Encyclopedia of Marketing, 1996.

[5] Chetty, S., Campbell-Hunt, C. A strategic approach to internationalization: a traditional versus a "born-global" approach[J]. Journal of International Marketing, 2004, 12（1）: 57-81.

[6] Luostarinen, R., Gabrielson, M. Globalization and marketing strategies of born globals in SMOPECs[J]. Thunderbird International Business Review, 2006, 48（6）: 773-801.

[7] Oviatt, B. M., Mcdougall, P. P. Toward a Theory of International New Ventures[J]. Journal of International Business Studies, 1994: 45-64.

[8] 胡左浩、陈曦：《天生国际化企业：理论回顾与展望》，《中国市场学会2006年年会暨第四次全国会员代表大会论文集》，《中国市场学会》2006年第17期。

[9] Knight, G. A., S. Tamer, C. Innovation, organizational capabilities, and the born global firm[J]. Journal of International Business Studies, 2004, 35（2）: 124-141.

[10] Chetty, S. K. Dimensions of internationalization of manufacturing firms in the apparel industry[J]. European Journal of Marketing, 1999, 33（1/2）: 121-142.

[11] Tradenz. Stretching for Growth-Building an Export Strategy for New Zealand. Wellington: Trade New Zealand, 1993.

[12] Oviatt, B. M., McDougal, P. P. Challenges for internationalization process theory: The case of international new ventures[J]. MIR: Management International Review, 1997: 85-99.

[13] McDougal, L.P.P., Shane S., Oviatt, B.M. Explaining the formation of international new ventures: The limits of theories from international business research[J]. Journal of Business Venturing, 1994, 9（6）: 469-487.

[14] Oviatt, B. M., McDougal, P.P. A framework for understanding accelerated international entrepreneurship[J]. Research in Global Strategic Management, 1999, 7（1）: 23-40.

[15] Madsen, T. K., Servias, P. The internationalization of born globals: an evolutionary process?[J]. International Business Review, 1997, 6（6）: 561-583.

[16] Sharma, D. D., Blomstermo, A. The internationalization process of born globals: a network view[J]. International Business Review, 2003, 12（6）: 739-753.

[17] Moen, O. The relationship between firm size, competitive advantages and export performance revisited[J]. International Small Business Journal, 1999, 18（1）: 53-72.

[18] Chetty, S., Campbell-Hunt, C. A strategic approach to internationalization: a traditional versus a "born-global" approach[J]. Journal of International Marketing, 2004, 12（1）: 57-81.

[19] 陈曦、胡左浩、赵平：《我国的天生国际化企业特征与驱动力探寻——基于对江浙地区的四家中小型企业的跨案例比较研究》，《中国软科学》2009年第4期，第125—139页。

[20] 朱吉庆、薛求知：《西方国际创业理论及其发展动态评介》，《研究与发展管理》2008年第5期，第65—71页。

[21] 杨忠、张骁、陈扬、廖文彦：《"天生全球化"企业持续成长驱动力研究——企业生命周期不同阶段差异性跨案例分析》，《管理世界》2007年第6期，第122—136页。

[22] 薛求知、周俊：《国际新创企业竞争优势形成机理研究》，《外国经济与管理》2007年第5期，第1—8页，第31页。

[23] 刘阳春、李田、毛蕴诗：《基于升级的我国天生国际化企业后续成长战略》，《广东社会科学》2012年第5期，第39—48页。

[24] 覃大嘉、吴东旭、毛蕴诗：《金融危机对中国天生国际化OEM企业的影响及其战略反应研究》，《学术研究》2011年第9期，第61—69页。

[25] Eisenhardt, K. M., Graebner, M. E. Theory building from cases: Opportunities and challenges[J]. Academy of management journal, 2007, 50（1）: 25-32.

[26] Seung H. O., P., Yadong, L. Guanxi and organizational dynamics: Organizational networking in Chinese firms[J]. Strategic management journal, 2001, 22（5）: 455-477.

[27] 毛蕴诗、吴瑶：《基于时间因素的竞争与丰田生产方式解析》，《现代管理科学》2007年第3期，第1页。

[28] Andrews, KR. New horizons in corporate strategy[J]. McKinsey Quarterly, 1971, 7（3）: 34-43.

[29] 王核成、孟艳芬：《基于能力的企业竞争力研究》，《科研管理》2005年25卷第6期，第103—107页。

企业转型升级：中国管理研究的前沿领域

——基于 SSCI 和 CSSCI 的文献（2002—2013）研究

一、问题提出

近十多年来转型升级（Transformation and Upgrading）一直是中国经济调整结构、促进发展的主题，是当今中国管理领域的重大实践，也是新兴经济体最重要的企业行为。"转型升级"这一热门词汇，频繁出现在我国新闻报刊、政府公文之中。许多优秀的中国企业（包括台湾企业）在转型升级实践中不断创新，积极参与全球竞争，提升了竞争能力。它们的成功，也印证了新兴经济体企业转型升级的巨大空间。

作者研究团队对国内企业调研发现，1992年始建于广东东莞的台升家具集团以从事代工（OEM）起家。自2001年起，它通过并购和开拓海外市场等产业链延伸策略，完成了从OEM到ODM/OBM的转变，成功实现了转型升级，目前是亚洲最大的家具企业。又如深圳大族激光科技股份有限公司通过产品功能替代或功能拓展，进入传统产品市场的同时，又创造许多新的市场，大幅提升产品附加值，也实现了企业升级。目前已发展成为亚洲最大、世界知名的激光加工设备生产厂商。

位于广东东莞的OEM企业龙昌国际控股有限公司通过两次收购，先后获取了设计研发配套企业，品牌企业的技术、销售网络等战略性资产，从OEM向ODM再向OBM升级。广州国光电器股份有限公司通过收购获得"爱浪""威发"和"爱威"等多个音响品牌，实现了在OEM基础上向OBM升级。广州互太纺织控股有限公司基于全产业链的绿色运作，包括环保采购、节能技术研发、节能清洁生产、资源回收再利用等，从而降低投入与提升产品附加值，实现升级。以小家电制造起家的广东珠海德豪润达公司，通过打通LED制造上、中、下游的全产业链，收购研发或品牌企业，获取LED的核心技术和专利、制造能力、品牌与销售渠道等战略性资产，实现了在提升传统小家电的技术含量和附加值的同时，向战略性新兴产业的跨产业转级。与此类似，广东东莞的勤上光电有限公司通过识别机会、迅速对环境变动作出反应，整合资源获取动态能力，在18年的发展历程中进行六次变革，实现技术、产品、服务、市场四个维度的持续转型升级，现已成为我国乃至全球LED照明应用领域的领先企业。

再如，台湾地区自行车行业通过战略联盟和建立新型竞合关系，经过两次重大调整与转型，实现产业整体升级。近12年来台湾自行车出口平均单价年均增幅达12.1%，其2012年的出口平均单价是大陆的7.5倍，是台湾12年前的近4倍[①]。台湾的自行车企业"美利达工业股份有限公司"通过入股投资的方式获得美国自行车第一品牌Specialized的股权和德国Centurion的品牌、技术和销售渠道等战略性资产。更早的案例还可以追溯到台湾联华电子（UMC）于1998年收购日本新日铁半导体公司并更名为联日半导体（UMCJ）。2009年又斥资69亿日元公开收购联日半导体（UMCJ），其所持股份已达50.09%，从而获取日本整合组件大厂，实现了在OEM基础上向OBM升级。

然而，初步考察表明，国内外对这一问题的研究远远不够，特别是没有将其放在全球化环境下研究其对世界经济格局的影响。本文以国内、国外对企业转型和企业升级的研究文献为对象，从研究文献的类型与研究问题两个维度，对SSCI和CSSCI上近12年（2002—2013年）来发表的此类研究文献进行梳理、分析研究。就近12年来国内外的企业转型升级的研究特点进行归纳总结和述评，并进一步结合其研究问题讨论有关值得进一步探讨的前沿问题。

---

① 数据资料根据中经网统计数据库、台湾"经济部贸易局"、台湾地区自行车输出业同业公会整理。

二、研究文献概览与研究类型、研究内容分布

企业转型升级（Transformation and Upgrading）在英文文献中并没有相对应的术语。英文文献中有企业转型（Transformation）或组织转型，有企业升级（Upgrading），但是没有企业转型升级。但是，国内文献中三种术语都有使用。为此，在检索方法上，我们对以下五类文献进行分别检索：（1）国内企业转型的研究；（2）国内企业升级的研究；（3）国内企业转型升级的研究；（4）国外企业转型的研究；（5）国外企业升级的研究。

对于国内文献的研究，我们利用中国知网数据库，在专业检索中分别输入TI="企业转型"、关键词="企业升级"和关键词="企业转型升级"，并将来源类别限定于CSSCI（中文社会科学引文索引），文献类别限定于期刊。

对于国外文献的研究，我们利用Web of Science数据库，在高级检索中分别输入TI=（enterprise or firm or organization or corporate or compan* or business）和TI=（transform*）和TI=（enterprise or firm or organization or corporate or compan* or business）和TI=（upgrad*），并将来源类别限定于SSCI（社会科学引文索引），文献类型限定于Article，Web of Science类别限定于Management、Business、Economics。

接下来，我们进一步根据论文摘要和内容对检索结果进行评估，筛选出与研究主题相符的学术期刊论文，纳入本研究的文献范围。

在论文的分类和统计上，我们首先基于前期的文献研究和相关领域的专家讨论，设计了文献数据记录表格，将对应的信息填入表格，对于难以确定的一些信息，则通过专家意见法来讨论确定。具体而言，在论文分析维度的选择上，包括论文类型和论文内容两种。论文类型根据学术论文的一般方式进行分类，即分为理论、实证、案例、综述和其他五种。而论文内容，则根据国内外企业转型升级的主流研究，分为概念、动因、方式、绩效/衡量和其他五种。其中，转型升级的方式涵盖了转型升级的类型、战略和路径等。在分别对国内企业转型、国内企业升级和国内企业转型升级研究的检索结果中发现，国内对企业转型和企业升级的研究没有加以严格区分，大多数的学术论文在运用企业转型和企业升级的概念时，实际上阐释的是相同的内涵。因此，本文将这三方

面的研究作统一的统计处理。

表1所示为2002—2013年企业转型升级国内、国外研究论文概览、研究类型、研究内容的分布情况。图1则为2002—2013年企业转型升级国内和国外研究论文的数量分布。结合表1、图1我们可以得出以下分析结论。

表1 2002—2013国内、国外企业转型升级论文概览、研究类型、研究内容分布

		国内	国外
论文领域	转型	39	72
	升级	32	15
	转型升级	107	0
	合计	178	87
论文类型 (转型／升级)	理论	71	15
	实证	9	7
	案例	40	45
	综述	4	2
	其他	54	18
论文内容 (转型／升级)	概念	2	4
	动因	35	28
	方式	113	27
	绩效／衡量	3	6
	其他	25	22

资料来源：作者根据国内外文献整理。

（1）总体而言，国内外对企业转型升级的研究论文数量明显偏少，特别是国外研究论文数量明显少于国内研究。如表1所示，从国内情况看2002—2013这12年间在CSSCI上共有178篇学术论文是以企业转型升级为研究主题，平均每年14.8篇。但是，就研究论文的时间分布而言，即使是在2011—2013年发表论文数量最多也只有38篇。从国外情况来看，2002—2013年这12年间，在SSCI上共有87篇论文是以企业转型升级为研究主题，平均每年7.3篇（见图1）。可见，从数量上看，企业转型升级领域的研究显然还远不够充分。

（2）2008年全球金融危机以来，国内每年研究论文的数量呈明显上升趋势。然而，国外对企业转型升级的研究的数量在全球金融危机前后几乎没有变化，如图1所示。

（3）国外论文发表的英文刊物级别低，仅有3篇学术论文刊登在国际A类期刊上，分别为*Organization Science*，*MIS Quarterly*，*Journal of International Business Studies*。若与其他管理学研究的前沿领域进行对比，这个特点尤为明显。例如，2001—2010年这10年间对"管理学研究中的社会网络范式"的研

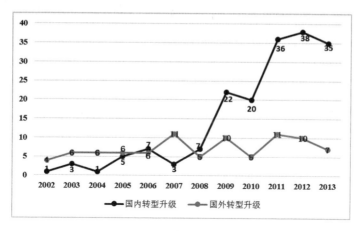

图1 2002—2013年企业转型升级国内外研究论文的数量分布

究（张闯，2010），在12本顶级管理学国际期刊上共有254篇相关论文发表，平均每年25.4篇，并呈稳定上升趋势。发表论文超过20篇的期刊依次是AMJ（47）、SMJ（32）、OS（30）、ASQ（26）、JMS（25）和AMR（24）。

（4）就研究论文的类型分布来看，国内外的研究倾向和数量也存在较大差别。从研究内容看国内学者对企业转型升级方式研究最多，共有113篇（占比63.5%，这可能包含有较多的案例研究在内），而国外学者仅有27篇。其次是理论研究，国内学者对企业转型升级的理论探讨有71篇，而国外仅有15篇。而在有关转型升级的动因方面，国内研究也略多于国外。另外，有关企业转型升级的经验研究，包括案例研究与实证研究，国内外论文大体相近，但总体数量偏少，特别是实证研究均在10篇以下。国外研究论文类型最多的是案例研究，有45篇，与国内的40篇数量相近。

（5）另一个明显的特点是国内外学者对于企业转型升级概念方面的研究很少，分别为2篇、4篇。同样，对于绩效衡量方面的研究也很少，国内外分别为3篇、6篇。

三、研究文献回顾与前沿问题研究

（一）"企业转型升级"概念的界定以及转型与升级之间的关系

正如本文前面所指出，企业转型升级在英文文献中并没有相对应的术语。然而，在中国国内研究中，企业转型升级是使用频率最高的术语。但是，在国内学术研究中使用术语"转型""升级"也不在少数。因此，作者在此首先对"企业转型升级"的概念作出界定。

最早明确提出企业升级（Upgrading）概念是在20世纪90年代末，Gereffi（1999）将其引入全球价值链（Global Value Chain，GVC）分析模式，认为企业升级是一个企业或经济体提高迈向更具获利能力的资本和技术密集型经济领域的能力的过程。Poon（2004）也指出企业升级就是制造商成功地从生产劳动密集型低价值产品向生产更高价值的资本或技术密集型产品这样一种经济角色转移过程。Kaplinsky（2001）认为企业升级就是企业制造更好的产品、更有效地制造产品或者是从事需要更多技能的活动。Humphrey和Schmitz（2000）从企业层面来讲，升级是指企业通过获得技术能力和市场能力，以改善其竞争能力以及从事高附加值的活动。

当企业面临发展瓶颈时，可以采用战略转向、回归原点、重新思考，在经营战略上作根本性的改变，积极寻找转型（Transformation）的方向。对企业转型的研究，部分学者是从产业转型的微观层次进行分析。Porter（1991）认为，企业的成功不仅取决于企业在产业内竞争地位的高低，而且取决于是否处在具有盈利能力的产业。所以追求持续成长的企业必须保持对自身生存环境的敏感，当原有产业已难以为企业提供足够的成长空间时，适时进行转型便成为企业的明智选择（王德鲁等，2006）。还有学者将企业转型理解为组织变革和企业再造，强调企业转型是组织在认知上、思考上以及行为上的全新改变（Blumenthal和Haspeslagh，1994），是企业在经营环境发生变化时，为求生存发展、突破经营瓶颈，而通过组织调整或目标转换的战略，改变组织结构，创造出适应未来的新经营模式（Klein，1996）。我们认为企业转型是当企业面临生存危机、突破现状的一种手段。通过持续不断的改革，迫使组织领导者思考未来的经营方向为组织注入新的活力，让企业更具竞争力与应对环境转变的弹性。

因此，企业转型升级是企业为提高持续竞争能力以及产品、服务的附加价值，寻找新的经营方向而不断变革的过程，是产业转型升级的微观层面和最终落脚点。

（二）转型升级的动因研究

企业升级之所以是新兴经济体的独特现象，是因为新兴经济体企业面临着比发达国家更大的升级压力，同时也蕴含着巨大的升级空间。

王吉发、冯晋、李汉铃（2006）认为企业转型既有外生动因，如外部环境的变化和企业在行业内的地位变化，也有内生动因，如其他行业的吸引和资源冗余。毛蕴诗（2010）提出我国企业转型升级的压力主要表现在以下六个方面：出口退税加工贸易政策调整、人民币升值、原材料价格上涨、生产附加值低和反倾销、质量环境认证等贸易、技术壁垒。对于发展中国家嵌入全球价值链的企业，其在价值链内升级的动力可归结于三种：企业所在集群的集聚效应、企业所嵌入价值链领导企业的推动以及企业的技术创新。集聚效应是间接推动企业升级，而后两种起直接推动作用（龚三乐，2011）。

国内外学者多从企业内外部两个方面考察企业升级的影响因素。影响企业升级的内部决定因素主要是由资源基础理论来判断的，而外部决定因素主要是由权变理论来判断的。

资源基础管理论关注企业竞争优势的来源，企业可以通过将它的有价值的、稀缺的、不可模仿的资源进行配置来获取竞争优势（Barney，1991）。关键资源的拥有和关键能力的获取为企业升级奠定基础（Makadok，2001）。关键资源包括资本积累（Forbes，2002；王一鸣，2005；等）和人力资源（Carayannis，2004；王一鸣，2005；等）。成功升级的企业具备良好的资金资源，凭借着充裕的资本积累，得以在研发设计、宣传推广等方面进行大力投入，从而提高技术创新水平、推广企业产品品牌形象，最终建立自主品牌。此外，人力资源也是企业转型升级的关键因素。成功升级的企业采取成立企业内部培训中心，与外部高校、培训机构进行合作等方法，创建了人才输送渠道，为企业培养高层次的技术人才和管理人才。此外，注重外部人才特别是管理和技术人才的引进，优化企业人力资源质量。企业的关键能力包括自主创新能力（Amsden，1989；Gereffi，1999；刘常勇，1998；刘志彪，2005；等）和营销服务能力（Yam等，2006；等）。自主创新能力体现在自主创新成果、创新管理能力、研发机构和人员状况、产学研开展情况等多个方面。企业成功升级需有较强的自主创新能力，不断在研发、设计方面进行创新，不断提升产品的技术含量和品牌形象，才可摆脱残酷的成本和价格竞争，逐步实现企业升级。营销服务能力体现在销售、服务网络建设、销售队伍规模、宣传推广活动开展等方面。在营销推广上的强力投入，才可使OBM业务获得较为快速的发展。营销服务能力是影响企业升级的显著因素。

权变理论对企业升级的影响主要在于外部的环境变化和内部的企业家理念。一方面，市场前景广阔、消费心理日渐成熟、市场竞争秩序日益规范（王一鸣，2005；等），为企业升级提供了广阔的外部空间，政府大力营造良好技术创新外环境，有利于推动企业快速实现升级（Gans和Stern，2003；路甬祥，2005；刘新民，2005；Vergrat和Brown，2006；等）。另一方面，企业家精神与品牌意识能加速企业建立自主品牌进程，企业的抱负是影响企业转型升级的重要因素，而企业抱负则是企业家精神和企业文化的外在表现形式（Cyert，March，1963），此外还包括勇于创新、积极进取、富于激情、坚持不懈的企业家精神，对民族和员工强烈的责任感，强烈的自主知识产权和品牌意识（Winter，2000；Barton，1992；王一鸣，2005；郭咸纲，2005；胡钰，2007；等），对企业选择不同升级路径有不同的影响。此外，与合作企业的良好关系有利于低端制造的企业"干中学"和"用中学"的开展（Carayannis，2004；Rycroft，2004；毛蕴诗、汪建成，2006；等），为企业实施升级提供了不同模板和不同路径选择。

在信息技术和互联网迅速发展的时代，权变理论更加适用于分析动态环境下的企业升级，因此具有越来越大的影响力，被广泛应用于企业升级的研究。

毛蕴诗、郑奇志（2012）通过对中国大陆、台湾几十家企业的实地研究，综合企业资源与能力、动态能力理论和权变理论的分析，提出了企业升级路径的选择模型。该模型认为，企业（家）根据其自身资源与能力和对环境变化的判断，采取不同的升级路径。这些路径可以与微笑曲线、对偶微笑曲线相匹配。

（三）基于全球价值链的研究

Porter（1985）指出，"每一个企业都是在设计、生产、销售、发送和辅助其产品的过程中进行种种活动的集合体。所有这些活动可以用一个价值链来表明"。企业的任务是创造价值，公司的价值创造过程主要由基本活动和辅助活动两部分完成，这些互不相同但又相互关联的生产经营活动，构成了一个创造价值的动态过程，即价值链。在经济全球化的背景下，生产过程的"分割化"与生产"任务和活动"的"国际离散"（International Dispersion），导致

"无国界生产体系"（Borderless Production Systems）逐步形成（UNCTAD，2013），并在参与生产组织的各国（地区）之间形成一个"全球生产网络"（Ernst，2002，2004）。因此在各参与国（地区）之间同时也形成了一个基于产品的价值创造和实现的"全球价值链"（Global Value Chain，GVC）（Gereffi，1999；Humphrey和Schmitz，2000）。

全球价值链是指在全球范围内为实现产品或服务的价值而连接生产、销售、回收处理等过程的全球性跨国企业网络组织，涉及从采购和运输原材料、到生产和销售半成品和成品直至最终在市场上消费和回收处理的整个过程（UNIDO，2002）。它包括了所有参与者以及生产、销售等活动的组织及其价值和利润分配机制，并且通过自动化的商业流程，以及通过供应商、竞争对手、合作伙伴以及客户的互动，来支持企业的能力和效率。全球价值链的提出提供了一种基于网络的、用于分析国际性生产的地理和组织特征的分析方法，揭示了全球产业的动态性特征，考察价值在哪里、由谁创造和分配的（汪斌、侯茂章，2007）。并不是全球价值链上的每一个环节都能创造价值，价值链上的战略环节才是最重要的环节（Kaplinsky，Morris，2001）。

根据全球价值链驱动方向的不同，可以将企业嵌入价值链分为生产者驱动型和购买者驱动型两种类型（Gereffi，1994，1999）。生产者驱动型是指价值链的主要战略环节在研发和生产领域，是以发达国家跨国制造商为代表的生产者通过投资形成全球生产网络的纵向分工体系，而发展中国家企业则是通过合资、合作或并购等方式参与到生产制造环节中；购买者驱动型是指以国际品牌制造商、国际零售商为代表的购买者通过全球采购或OEM、ODM等方式组织的国际商品流通网络。在国家产业分工体系中，发达国家主要处于价值链的上下游，掌握着高附加值的研发和营销环节。而大部分发展中国家则利用廉价的劳动力和低成本制造的能力，通过参与低端产品的制造参与全球价值链。

（四）转型升级的战略与路径研究

对于企业升级战略的研究，国外学者主要是从关注核心竞争力和动态能力的角度开始的（张辉，2004）。Bell和Albu（1999）认为，要研究企业的升级，一是关注核心竞争力的研究，从核心竞争力角度关注企业所具备的而其他企业难以复制的、为最终消费者提供所需要价值的能力，具有适用性、价值性和难以模仿性；二是关注动态能力的研究（Teece等，1997），动态能力是指企业组织长期形成的学习、适应、变化、变革的能力，强调企业必须努力应对不断变化的环境，更新发展自己的能力，而提高和更新能力的方法主要是通过技能的获取、知识和诀窍的管理、学习，通过动态能力的发展实现企业升级。如曹群（2006）运用动态能力的观点研究了产业集群的升级，他认为产业集群的动态能力主要是由识别能力、学习能力、网络能力和整合能力的有机结合构成。

然而从核心竞争力和动态能力的角度出发，较多关注的是企业内部的升级，往往忽略了企业所处的环境以及企业与企业之间的关联和联系。全球价值链（Global Value Chain，GVC）的分析是在全球网络的视角下，研究国际分工、区域经济发展、产业升级和企业升级问题的理论，它给出了一条新的研究企业升级的线索，也是目前国外学者研究企业升级的主要理论依据。

Gereffi（1999）基于对亚洲纺织服装产业的研究，从全球价值链的资源配置角度将升级分为四个层面：（1）企业内部的升级——从生产低价到高价的商品，从简单到复杂的产品，从小量需求到大量订单；（2）企业间的升级——从生产标准化的产品到个性化的产品；（3）本土或国家内部升级——从简单的组装到更加复杂的OEM甚至是OBM，在当地或者国内有更多的前向或者后向联系；（4）国际性区域升级——从双边的、非对称的、区域内的贸易到充分的区域间合作，在商品价值链上的各个环节都有充分的劳动合作。

在此基础上，Humphrey和Schmitz（2000；2002）从微观的角度进一步明确了企业升级的四种类型：（1）过程升级（Process Upgrading）。通过对生产体系进行重组，更有效率地将投入转化为产出。（2）产品升级（Product Upgrading）。引进更先进的生产线，比对手更快地推出新产品或改进老产品，增加产品的附加值。（3）功能升级（Functional Upgrading）。获取新功能或放弃现存的功能，比如从生产环节向设计和营销等利润丰厚的环节跨越。（4）跨产业升级（Inter-sectoral Upgrading）。将一种产业的知识运用于另一种产业。

这种四层次的升级分类方法受到了很多学者的认同。Kaplinsky和Morris（2001）还进一步探究了四种升级类型之间的内在联系。他们通过实例研究发现，很多企业在升级过程中表现出一种相近的阶梯式发展路线。即在一般情况下，企业升级是从过程升级开始，然后逐步实现产品升级和功能升级，最终到价值链的升级，不过中间也有跨越，甚至是倒退的情况。如图2所示。

	过程升级	产品升级	功能升级	跨产业升级
轨迹	↓ ————————————————————————————————→			
示例	OEA ↓ OEM →	ODM →	OBM →	链的移动
附加值	附加值增加 ————————————————————————————→			

图2 企业升级的过程

资料来源：Kaplinsky，R.，Morris，M. A Handbook for Value Chain Research，2001.

这种呈阶梯式发展的升级规律基本上可以通过东亚众多国家工业化进程来加以佐证，但也有学者指出，全球化的结果使得价值链条的升级轨迹变得并不是不可逆转的，例如当技术出现突破性创新的时候就是一次突破常规升级轨迹的好时机（张辉，2004）。

之后，还有学者提出，相较于其他三种升级类型而言，功能升级会带来更加持久和稳定的竞争优势。因为在生产制造环节的竞争要远远大于具有更多知识和组织深度环节（比如产品设计和创新、链管理，分销和零售等）的竞争，而通过功能升级可以降低企业生产专业化中的劣势（Giulian，Pietrobelli和Rabellotti，2005）。

Amsden（1989）认为，对于新兴工业国家（地区）的企业来讲，实现升级和自主创新的路径便是由简单的委托代工制造（OEM）到研发设计（ODM），并最终建立自主品牌（OBM），但对于每个企业个体来说，在进行实际的创新和升级过程中，又会根据企业的具体情况而采取不同的操作策略。朱海静、陈圻和蒋汨波（2006）认为，OEM企业升级有以下三种途径：一是走技术路线，即从OEM转型到ODM，甚至DMS、EMS等高级形态；二是走品牌路线，即从OEM与ODM相结合转型到OBM，或直接从OEM转型到OBM；三是基于技术关联性的OEM多元化，进入更具增值潜力的行业。余向平和吕宏芬（2006）提出了比较完整的我国OEM企业战略转型的路径，如向

ODM、OBM转型，反向OEM，或者多元化拓展，一体化向上游拓展等。值得注意的是，OBM并不是企业转型升级的终极目标，把OBM作为产业垂直升级的最高境界是一种理论误区（陈明森、陈爱贞、张文刚，2012）。很多企业本身已具有相当的品牌知名度，但为了发展和利用生产能力或开拓市场，仍会从事OEM或ODM代工生产（于明超，2008）。而同时，OBM企业也可以向着更高的国家或国际标准发展，以提高产品质量，增强国际竞争力，实现升级（毛蕴诗、吴瑶、邹红星，2010）。

聂正安、钟素芳（2010）则着重研究OEM企业升级的微观机制，将OEM阶段作为研究对象，提出"阶段内升级"的理论和策略，认为OEM内部存在一个不同附加值的等级或梯度。企业可通过工艺和产品创新进入更高附加值的OEM深化或高级阶段。

根据权变理论，企业升级没有固定的升级模式可以遵循。Amsden（1989）认为，就每个企业个体来说，在进行实际的创新和升级过程中，又会根据企业的具体情况而采取不同的操作策略。Sturgeon和Lester（2002）发现企业自身条件和所处的环境因素决定了OEM企业具体选择哪条适合于自己的升级战略。程新章、胡峰（2005）认为企业是处于全球价值链不同治理模式中的单位，企业升级要根据其在全球价值链中所处的地位采取不同的战略。毛蕴诗、姜岳新、莫伟杰（2009）通过对东菱凯琴与佳士科技的比较案例研究，发现具有不同能力状况和组织准备的企业可以选择适应于自身的不同升级战略。企业的多种升级路径可同时存在或跨越且不同升级路径对企业内部资源与能力的要求不同（毛蕴诗、吴瑶、邹红星，2010）。陈明森、陈爱贞、张文刚（2012）通过对我国221家制造业上市公司的实证分析，认为企业升级应采取与自身能力和行业特性相适宜的差异化策略。生产者驱动型产业应以技术路线为主，购买者驱动型产业应以营销路线为主，混合驱动型产业可相机选择或技术路线或营销路线或二者兼而有之。

（五）转型升级的衡量研究

Kaplinsky和Morris（2001）最早从全球价值链的视角对升级实践和升级绩效进行了区分和解释。如表2所示。在一些对企业升级的实证研究也多是采用了Kaplinsky和Morris（2001）提供的创新和升级的指标，或是根据这些指标作出的调整。

表2 企业升级实践和升级绩效

升级类型	升级实践	升级绩效
过程升级		
价值链环节内	R&D；物流或质量改进；引进新机器	更低成本；提高质量和配送效率；盈利能力提高；专利申请数量提高
价值链环节间	R&D；供应链管理流程改进和学习；电子商务能力提升	成本下降、质量提升；更快抵达市场；通过价值链提升盈利能力提高；专利申请数量提高
产品升级		
价值链环节内	R&D；供应链管理流程改进和学习；电子商务能力提升	新产品销售额比重上升；品牌产品销售额增加
价值链环节间	设计和营销部门扩展；部门间增强新产品发展	品牌产品增加；在保持市场份额不变的情况下增加产品单价
功能升级	进入新的附加值较高的活动当中（如ODM/OBM）	增加新的关键功能；盈利能力提高；员工技能和薪酬提升
跨产业升级	进入新价值链进行生产；在新价值链增加新功能	盈利能力提高；新市场的产品销售比重提高

资料来源：Kaplinsky，R.，&Morris，M. 2001. A Handbook for Value Chain Research. Report Prepared for IDRC.

毛蕴诗、吴瑶（2009）在全球价值链理论、核心竞争能力理论以及动态能力理论的基础上总结出企业升级的衡量标准（见表3）。

表3 企业升级的理论依据及衡量标准

研究理论	升级的含义	升级的衡量
全球价值链	过程升级：通过对生产体系的重组，更有效率地将投入转化为产出	生产效率提高，产品质量提高
	产品升级：引进先进生产线，更快推出新产品，增加产品附加值	对旧产品的改进和新产品的快速推出，产品生命周期缩短，产品技术含量增加，产品功能增强，产品单价提高
	功能升级：获取新功能或放弃现存功能	从生产向设计和营销等利润丰厚环节跨越，如OEM到ODM再到OBM
	跨产业升级：将一种产业的知识运用于另一种产业	产品功能增加，产品技术含量增加，产品单价提高
核心竞争能力	形成难以复制的独特竞争战略，为最终消费者提供所需价值	形成技术、人才、品牌、管理等方面的核心竞争力
动态能力	长期形成的学习、适应、变化、变革的能力，应对不断变化的环境，更新发展自己的能力	技能的获取、知识和诀窍的管理、学习

资料来源：毛蕴诗、吴瑶：《企业升级路径与分析模式研究》，《中山大学学报（社会科学版）》2009年第1期，第178—186页。

龚三乐（2007，2011）认为，全球价值链内企业升级的绩效包括三个方面的内容：核心能力提升、价值链地位提升以及社会效益提升，并据此建立有关升级绩效水平评价的指标体系，包括3个一级指标和11个二级指标（见表4）。

表4 升级绩效水平评价指标体系

绩效类型	具体提升内涵	绩效判断指标
核心能力提升	基于生产的核心能力提升；基于研发的核心能力提升；基于营销的核心能力提升	全要素生产率；研发收入占总收入的比重；创新专利数；自有产品销售额占总销售额的比率
价值链地位提升	价值链嵌入环节攀升；价值链控制力提高；租金获取份额增加	增加值率；利润率
社会效益提升	改善劳动力收入不合理状态；改善就业弹性下降趋势；促进环境保护工作	人均工资收入；单位产值劳动力使用数；就业弹性系数；"三废"排放量；环保投入

资料来源：龚三乐：《全球价值链内企业升级的动力对绩效的影响研究》，暨南大学博士学位论文，2007年；龚三乐：《全球价值链内企业升级绩效、绩效评价与影响因素分析——以东莞IT产业集群为例》，《改革与战略》2011年第7期，第178—181页。

（六）升级的经验与案例研究

对于升级的经验研究，由于企业升级是近年来新兴经济体实践的独特产物，因此国内外学者对于企业升级路径的实证研究主要集中在新兴经济体和传统制造业。

在问卷研究方面，研究的数量和规模都比较少。如前文的文献概览部分所述，2002—2013年这12年间SSCI上对于企业转型或企业升级的问卷实证研究仅有15篇，而CSSCI上仅有9篇。相关的代表性研究主要集中于对企业升级动因的研究。张珉、卓越（2010）基于7个产业的99家跨国采购商、本国采购商和生产商的问卷调查，考察了GVC治理模式、升级与企业绩效三者的关系，包括不同GVC治理模式下采购商对代工企业升级的强调和支持、不同GVC治理模式下代工企业升级的升级，以及GVC治理模式与本国代工企业的绩效等。周长富、杜宇玮（2012）以国际代工特征显著的江苏省昆山市为例，选取了500家制造企业样本，从微观层面实证研究了代工企业转型升级的可能影响因素，包括出口倾向、企业规模、技术创新强度和工资水平。顾慧君、杨忠（2012）通过对江苏地区134家企业的调研，探究了在金融危机背景下，企业转型过程中外部资源的影响，以及高管团队异质性对外部资源与企业转型两者之间的调节作用。周骏宇、杨军（2013）基于369家广东外贸企业的问卷调查，运用结构方程模型分析了当前广东外贸企业转型升级面临的困难、进行转型升级的意愿路径和对扶持政策的需求。

在案例研究方面，虽有一定的数量，但总体上不够充分。相关的代表性研究侧重于对企业升级路径的研究。梅丽霞和柏遵华等（2005）研究了台湾PC产业集群20年的升级发展历程，认为大陆的OEM企业应该效仿台湾PC产业的OEM企业，首先应该积极嵌入全球价值链，再从OEM逐步发展到ODM、OBM，从低成本导向转变为创新导向，从资本、技术的积累逐步向价值链的高端环节攀升，最终实现产品和工艺流程升级到功能升级的转换。黄永明等（2006）依据全球价值链升级框架，系统分析了我国纺织服装企业面临的升级障碍和路径选择问题，提出了基础技术能力、市场扩张能力以及二者相结合的三种升级路径。张青（2007）以兖矿集团煤炭的横纵向延伸过程为案例，探讨了价值链延伸对企业升级的作用。杨桂菊（2010）比较分析了捷安特、格兰仕和万向集团在OEM、ODM和OBM三个不同阶段的核心能力、存在的问题和升级战略，发现合作研发是中小企业突破OEM阶段的有效手段，高层领导的企业家精神是实现ODM到OBM的关键因素，而自主品牌建设是OBM到IBM阶段的有效途径。毛蕴诗、姜岳新、莫伟杰（2009）选择了东菱凯琴和佳士科技两家采用不同升级战略的OEM企业进行了比较案例分析，探究了制度环境和组织资源与能力对OEM企业升级战略国的影响过程。毛蕴诗、温思雅（2012）以广东奥飞动漫有限公司为例，提出企业可以通过技术应用领域的扩展和产品使用领域的拓展，实现基于产品功能拓展的企业升级。

此外，现有的案例研究基本都是以成功企业作为对象，缺少对企业升级失败案例的研究，更没有针对成功案例与失败案例的比较研究。

（七）转型升级的风险

Gereffi（1999）认为发展中国家的本土企业的升级是一种快速而自然完成的过程：进口零配件进行装配—自主完成整个生产过程—自主研发设计产品—在地区或全球市场上销售自主品牌的产品。但以Schmitz（2004）为代表的一些学者则认为，发展中国家企业受到价值链治理模式的限制，难以实现这种"自动"的升级过程。因为发展中国家的企业往往嵌入被国际大购买商或跨国公司驱动和控制下的全球价值链中，从事低端的生产制造，难以获得自主创新能力，也就更难以实现价值链的攀升。在全球价值链中，被俘获的关系将会使企业出现较快的生产领域的提升，而在非生产领域的提升却很少。

张辉（2006）认同Schmitz的观点，认为纳入全球价值链的企业虽然有了学习的机会或自我不断强化的结果，但是其转型升级之路并不是一帆风顺的。即嵌入全球价值链给发展中国家企业的升级带来机遇的同时，也伴随着风险。

段文娟、聂鸣和张雄（2007）将全球价值链下产业集群升级风险按其来源分为内生性风险与外生性风险两类。其中，内生性风险升级受阻的内在原因，表现在产业集群升级与创新动力不足，自我锁定在低附加值环节，过分强调外部关联而忽视产业集群内部网络关系建设等方面。外生性风险指升级受阻的外在原因，表现在发展中国家产业及其产业集群在发达国家控制的全球价值链中的升级，受到价值链中领导型企业或治理者的各种限制与阻拦，尤其是那些侵犯到领导型企业或治理者的核心竞争力的升级活动受到严格控制（Schmitz和Knorringa，2000；Sturgeor和LeSter，2004；文娉，曾刚，2005）。内生性风险形成的根本原因在于集群企业的自身能力不足，外生性风险存在的原因在于全球价值链运行的内在规律。

周枝田（2010）认为，企业转型升级的成功与否在一定程度上取决于企业面对的政策法律环境、企业的转型定位、转型的力度与速度、组织成员观念的改变和人力资源、财务资源的配置是否恰当等，而这些因素若不能有效控制，就会反过来变成企业转型升级的潜在风险。他进一步提出OEM企业嵌入全球价值链体系的主要风险来自产能过剩及商品价值下跌的压力、陷入激烈的红海竞争、创新能力与生产能力的提升不匹配。

陈明森、陈爱贞、张文刚（2012）通过对我国221家制造业上市公司的实证分析，提出由于我国多数企业技术能力和营销能力偏低，导致无法实现更高层次的升级，被"锁定"在低附加值的制造加工环节。因此难以获得核心技术，所获得的学习机会也有限，进一步阻碍自身能力提升，加剧锁定困境，形成恶性循环。

因此，发展中国家企业进行转型升级既需要有崇尚冒险的企业家精神作为前提（陈明森、陈爱贞、张文刚，2012），同时也要在参与全球价值链分工中积极培育自身的核心能力（段文娟、聂鸣、张雄，2007）。

四、结论与探讨

结合全文的研究，提出以下主要结论并就若干问题加以探讨。

1. 研究论文总体数量明显偏少

从数量上看，国内外对企业转型升级领域的研究显然还远不够充分，研究论文数量明显偏少，特别是国外研究论文数量明显少于国内研究（见图1）。如表1所示，2002—2013年间在CSSCI上国内共有178篇学术论文是以企业转型升级为研究主题，平均每年14.8篇。而国外2002—2013年间，在SSCI上有87篇论文是以企业转型升级为研究主题，平均每年7.3篇。包括中国在内的新兴经济体的企业转型升级丰富实践，为中国学者的研究提供了宝贵的素材，我们应该加大研究的力度，为我国企业转型升级提供建议与参考。

2. 从研究内容来看，其理论研究还远不够深入，许多前沿问题值得探讨

从问题导向的角度来看，现有研究对企业转型升级的概念、动因、全球价值链、战略/路径、转型升级的风险等6个方面进行了一定的探讨，但其理论研究还远不够深入，研究质量有待提高。特别是在如何结合我国情况进行研究方面还有许多工作要做。例如，现有关于企业转型升级路径的研究大多停留在动态能力理论、全球价值链理论的层面，只概括了企业成长的一般轨迹，多着眼于OEM向ODM或OBM提升的传统路径。另外，相当多的研究是沿着过程升级、产品升级、功能升级和跨产业升级进行，而这种升级分类方法与升级路径存在根本区别。可以认为，上述6个方面的问题仍然是企业转型升级所要研究的前沿问题。当然，除此之外还有不少相关问题值得进一步研究。

3. 从研究的方法来看，对新兴经济体企业转型升级的经验研究有待加强，并上升到理论层面的探讨

由于很少实证研究，国内外学者对企业转型升级的动因、影响因素、升级路径以及升级效果的内涵因而其衡量的研究仅仅处于起步阶段。很少有学者对企业转型升级进行独立的量表开发，提出一套可量化的评价标准，并嵌入企业转型升级的实证研究与匹配分析。

在案例研究方面，现有研究基本是以成功企业作为对象，然而现实中存在较多转型升级失败的案例。未来的研究可以增加对失败案例的研究，尤其是针对成功案例与失败案例的比较研究。通过正反案例之间的参照对比，进一步探析企业

转型升级的影响因素及作用机理,使企业转型升级的理论更具解释力和实践性。

4. 如果把企业转型界定在业务层面而不必涵盖组织层面,那么转型与升级的内涵是一致的。既没有必要,也没有可能将二者截然分开

正如文献研究指出,国外并无转型升级术语(转型与升级是各自使用的),而国内则从未对于企业升级、企业转型、企业转型升级三个概念进行界定与梳理。因而存在转型与升级的混淆(毛蕴诗,2009),这主要体现在组织转型与业务转型的混淆上。甚至还存在升级与创新的混用(包玉泽、谭力文、刘林青,2009)。如果我们把企业转型界定在业务层面而不涵盖组织层面,那么企业行为中的转型与升级是紧密联系在一起的。既没有必要,也没有可能将二者截然分开。

5. 立足新兴经济体的实践重新认识全球价值链理论,进行理论探讨与建设

全球价值链理论在企业转型升级研究中得到了较广泛的应用。尽管如此,但Porter(1985)的价值链实际上仅仅提出了企业价值活动的构成,并不是围绕企业转型升级而提出的概念。而基于该理论的全球价值链则只是单从一个维度对企业活动进行描述,并未指出价值链各环节的附加值高低情况,因而无法衡量企业转型升级的效果,对企业转型升级的解释能力较为有限。事实上由台湾企业家施振荣(1996)提出的微笑曲线模型是新兴经济体企业转型升级实践的独特产物。微笑曲线在原来单一价值链维度的基础上增加了附加值维度,因此更能解释新兴经济体企业转型升级的现象。

在经济全球化背景下,新兴经济体正在以什么方式融入世界经济是一个极其重要并影响未来世界经济格局的问题。文献研究和案例研究全球价值链的国际分工观点认为,发展中国家企业主要从事微笑曲线底部附加值低的业务,而发达国家则承担研发、关键零部件制造、销售、品牌管理、服务等微笑曲线两端附加值高的业务。早期的美国耐克公司、近期的苹果等许多公司的实践都是如此。它们在其整合全球资源的商业模式下主导国际分工。例如,美国《纽约时报》、华泰联合证券研究所等多家机构曾对苹果公司产品的供应链、价值链、利润与成本进行解剖。一台售价499美元的iPad,平均成本仅为260美元,而负责组装的富士康公司每台仅得到11.2美元。iPhone的利润在各个国家或地区间的分配中,苹果公司占据了58.5%的利润,韩国公司、美国其他公司分别占据4.7%、2.4%的利润,而中国大陆劳工成本只占了1.8%。又如,中国DVD

全球产量第一，但是出口均价不到45美元，专利费就高达20美元，除去成本，每台利润不到1美元。

但是，许多优秀的中国企业充分利用自己的优势，成功地实现转型升级，甚至从代工企业成长为世界第一的品牌企业。它们的成功实践，打破了发达国家企业在所谓国际分工中的主导地位，成为在全球范围整合资源的主导企业。它们的实践、创新为新兴经济体企业转型升级的研究提供了宝贵而独特的素材。中国学者应该加大在这一领域的研究力度，重新认识全球价值链理论，并进行理论探讨，为形成与建设一个系统、全面的企业转型升级理论而努力。

（原载于《学术研究》2015年第1期，第72—82页。施振荣著，

林文玲采访整理：《再造宏碁——开创、成长与挑战》，

台北：天下远见出版股份有限公司1996年版，第296—298页）

参考文献

[1] Gereffi G.International Trade and Industrial Upgrading in the Apparel Commodity Chain[J]. Journal of International Economics，1999，48（1）：37-70.

[2] Poon T. S. C. Beyond the Global Production Networks：a Case of Further Upgrading of Taiwan's Information Technology Industry[J]. International Journal of Technology and Globalisation，2004，1（1）：130-144.

[3] Kaplinsky. R.，Morris M.A Handbook for Value Chain Research[M]. Ottawa：IDRC，2001.

[4] Humphrey J.，Schmitz H.13. Chain Governance and Upgrading：Taking Stock[J]. Local Enterprises in the Global Economy：Issues of Governance and Upgrading，2004：349.

[5] Porter M. E.Towards Adynamic Theory of Strategy[J]. Strategic Management Journal，1991，12（S2）：95-117.

[6] 王德鲁、张米尔、周敏：《产业转型中转型企业技术能力研究评述》，《管理科学学报》2006年第6期。

[7] Blumenthal B.，Haspeslagh P.Toward Adefinition of Corporate Transformation[J]. Sloan Management Review，1994，35（3）：101-106.

[8] Bell M.，Albu M. Knowledge Systems and Technological Dynamismin in Dustrial Clusters in Developing Countries[J]. World Development，1999，27（9）：1715-1734.

[9] 龚三乐：《全球价值链内企业升级绩效、绩效评价与影响因素分析——以东莞IT产业集群为例》，《改革与战略》2011年第7期。

[10] Forbes N.，Wield D. From Followers Toleaders：Managing Technology and Innovation in Newly Industrializing Countries[M]. Psychology Press，2002.

[11] 王一鸣、王君：《关于提高企业自主创新能力的几个问题》，《中国软科学》2005年第7期。

[12] Amsden A. H. Asias Next Giant-how Korea Competes in the World-economy[J]. Technology

Review, 1989, 92 (4): 46-53.

[13] 刘志彪：《全球化背景下中国制造业升级的路径与品牌战略》，《财经问题研究》2005年第5期。

[14] Gans J.S., Stern S. The Product Market and the Market for "ideas": Commercialization Strategies Fort Echnology Entrepreneurs[J]. Research Policy, 2003, 32 (2): 333-350.

[15] Cyert R.M., March J.G. Abehavioral Theory of the Firm[J]. Englewood Cliffs, NJ, 1963, 2.

[16] Winter S. G.The Satisficing Principle in Capability Learning[J]. Strategic Management Journal, 2000, 21 (10-11): 981-996.

[17] Leonard - Barton D. Corecapabilities and Corerigidities: A Paradox in Managing new Product Development[J]. Strategic Management Journal, 1992, 13 (S1): 111-125.

[18] 毛蕴诗、汪建成：《基于产品升级的自主创新路径研究》，《管理世界》2006年第5期。

[19] 毛蕴诗、郑奇志：《基于微笑曲线的企业升级路径选择模型——理论框架的构建与案例研究》，《中山大学学报（社会科学版）》2012年第3期。

[20] Ernst D. Pathways to Innovation in the Global Network Economy: Asian Upgrading Strategies in the Electronics Industry[R]. East-WestCenter, Economics Study Area, 2004.

[21] Humphrey J., Schmitz H.Governance and upgrading: linking industrial cluster and global valuechain research[M]. Brighton: Institute of Development Studies, 2000.

[22] Humphrey J., Schmitz H. How does insertion in global valuechains affect upgrading in industrial clusters? [J]. Regional studies, 2002, 36 (9): 1017-1027.

[23] Giuliani E., Pietrobelli C., Rabellotti R.Upgrading in global valuechains: lessons from Latin American clusters[J]. World development, 2005, 33 (4): 549-573.

[24] 陈明森、陈爱贞、张文刚：《升级预期、决策偏好与产业垂直升级——基于我国制造业上市公司实证分析》，《中国工业经济》2012年第2期。

[25] 毛蕴诗、吴瑶、邹红星：《我国OEM企业升级的动态分析框架与实证研究》，《学术研究》2010年第1期。

[26] Sturgeon T., Lester R.Upgrading East Asian industries: new challenges for locals uppliers[J]. Cambridge, Mass.Industrial Performance Center, MIT, 2002.

[27] 毛蕴诗、姜岳新、莫伟杰：《制度环境企业能力与OEM企业升级战略——东菱凯琴与佳士科技的比较案例研究》，《管理世界》2009年第6期。

[28] 毛蕴诗、吴瑶：《中国企业：转型升级（修订）》，中山大学出版社2009年版。

[29] 黄永明、何伟、聂鸣：《全球价值链视角下中国纺织服装企业的升级路径选择》，《中国工业经济》2006年第5期。

[30] 张青：《煤炭企业价值链延伸与升级的案例研究》，《管理世界》2007年第4期。

[31] 杨桂菊：《本土代工企业竞争力构成要素及提升路径》，《中国工业经济》2006年第8期。

[32] 毛蕴诗、温思雅：《基于产品功能拓展的企业升级研究》，《学术研究》2012年第5期。

[33] 张辉：《全球价值链下地方产业集群转型和升级》，经济科学出版社2006年版。

企业渐进式升级、竞争优势与驱动因素研究

一、引言

长期以来，我国企业处于全球价值链的底端环节，以组装加工为主，产品技术含量和附加值较低，在国际市场的竞争力不足。企业升级是指企业进入资本或者技术含量更高的领域[1]。Kaplinsky和Morris把升级的内涵总结为更好地制造产品、制造更好的产品或者是从事技术含量更高的活动[2]。在成本上升、人民币升值、国际贸易保护主义抬头、环保要求提高、发达国家回归制造业等背景下，加上金融危机、欧债危机等经济危机的冲击，企业面临的升级压力逐步加大，升级成为企业必然的战略选择。如何突破技术、品牌、渠道的瓶颈，向价值链两端延伸，是我国当前迫切需要关注和解决的实践问题。

从战略管理的角度来看，企业升级涉及模式的选择、路径的演进、关键资源的配置以及升级的结果。现有研究已经对升级的模式[3]、路径[1][4]、资源要素[5]进行研究。然而，以往研究主要从升级的对象区分企业升级模式（如按流程、产品、功能和产业划分），较少从升级的程度来区分企业升级的模式。一些企业通过持续的学习从价值链的底端向两端逐步延伸，一些企业则是通过新建或者并购品牌优势或技术优势企业直接实现向价值链两端的升级。Humphrey和Schmitz的研究也提到这两种升级模式，前者为渐进式（Incremental）升级，后者为突破式（Discontinuous）升级[3]。所谓的渐进式主要是根据集群发展状况和市场治理结构进行相机选择，沿着全球价值链逐步攀升，升级的实现主要通过"干中学"（Learning by Doing），以及价值链的领导企业分配任务和技术溢出；而突破式则是直接嵌入全球价值链的高端，或

者进入新的价值链。

渐进式升级对新兴经济体的企业，特别是那些处于成长初期、资源匮乏的中小企业，具有一定的实践意义。Gereffi所分析的东亚服装业的升级也是渐进式的升级，它从OEA到OEM再到ODM最后到OBM，从全球价值链的底端逐步往技术和品牌两端延伸[1]。台湾阿托科技从单纯销售商开始，经历了四次升级，实现向自主生产商、技术领先者、系统服务提供商、企业公民的升级，遥遥领先于竞争对手。Aghion等的研究认为，企业进行创新不仅是为了摆脱竞争，更重要的是获得熊彼特增长[6]。渐进式升级也表现为企业竞争优势的不断提升，实现企业成长的可持续性。然而，现有研究还比较少讨论渐进式升级的路径、所涉及的关键资源要素及其所带来的效果，特别是渐进式升级对企业竞争优势的影响。基于此，本文以台湾阿托科技为研究对象，探讨企业渐进式升级的演进路径、对企业竞争优势的影响及其驱动因素。

二、文献回顾

（一）渐进式升级

Gereffi将企业升级定义为迈向"更具获利能力的资本和技术密集型领域"[1]。Kaplinsky和Morris则把企业升级区分为价值链某个环节的升级（如提高生产过程和新产品研发效率、提升产品质量）、改变在价值链上的位置和转向附加值更高的全新价值链[2]。毛蕴诗、吴瑶将企业升级总结为"提高竞争能力和提高产品、服务的附加值的过程"[7]。概括来看，大部分学者都关注企业升级所带来的竞争力提升和附加值提升。

Humphrey和Schmitz根据企业升级的对象区分了流程升级（Process Upgrading）、产品升级（Product Upgrading）、功能升级（Functional Upgrading）和跨产业升级（Inter-sector Upgrading）[3]。按照这种分类方法，企业通常是多种升级方式交叉进行。而从动态的角度来看，企业升级在程度上存在差别。Marquish按照创新程度将技术创新分为渐进式创新、系统创新和突破式创新[8]。在后面的研究中，学者沿用渐进式创新和突破式创新两种分类[9]。渐进性的创新是指对现有的技术进行局部的改进，是一种较为稳妥的创新方式；而突破性创新是指在技术上有重大突破的创新，有可能使企业获取行业垄断地位或者成本领先的地位。同样地，对企业升级的研究也可以将其划分为渐进性升级和突破式升级。根据Humphrey和Schmitz的观点[3]，渐进式升级是循序渐进的升级，通过干中学、互动和分工合作来实现，而突破式升级则是进行全新的领域，通过当地技术平台或者组织交替跨越式地进入新附加值领域。

（二）渐进式升级与企业竞争优势

Besanko等认为，当公司的表现超过同行平均水平时，它就具备了竞争优势[10]。这种超同行的表现可以体现为更优的业绩表现、生产函数或者产品服务。Porter提出了两种竞争优势——成本优势和差异化优势，竞争优势来源于以低于竞争对手的价格或者提供独特的效益来为客户创造价值[11]。Barney总结了企业竞争优势的来源，包括资源的价值（Valuable）、稀缺（Rare）、不可模仿（Inimitable）、不可替代（Nonsubstitutable）[12]。

一些研究认为，企业升级可以给企业带来熊彼特租金、技术技能和组织能力的增强，以及在全球价值链上的位置提升[2][13]。虽然现有研究较少详细分析企业升级与竞争优势之间的关系，但是大部分的研究都分析了竞争压力对企业升级的推动作用[1][3]。此外，企业在全球价值链上位置的提升以及话语权的提升也体现了企业竞争优势的提升。但是，现有研究还较少讨论渐进式升级与企业竞争优势之间的关系。从渐进式升级的内涵来看，渐进式升级伴随着企业竞争优势的逐步提升，但是对于这两者如何互动演化，以及企业竞争优势表现为哪些方面还需要更多的探索性研究。

（三）渐进式升级的影响因素

由于企业升级的外延涉及产品、技术、管理、产权和制度，因此其影响因素涉及多个方面[14]。此外，创新能力对企业升级有关键的影响作用，一些研究也将技术创新的影响因素作为企业升级的影响因素[14]。毛蕴诗等通过案例研究将企业升级的外部因素总结为市场环境、技术创新环境和技术联盟与合作关系，内部因素总结为生产制造能力、创新技术能力、企业家精神、资本能力、创新人才、营销能力和管理整合能力[5]。孔伟杰关于企业升级的影响因素模型包括企业创新、企业规模、出口贸易、市场结构、政府财政扶持、产业集聚效应、品牌效应、企业负责人的受教育程度、行业技术水平、企业先进技术设备的影响，实证结果表明企业创新能力和企业规模是企业升级的主要影响因素[14]。

Humphrey和Schmitz对比了产业集群和全球价值链背景下渐进式升级的实现机制[3]。他们认为，集群内部的学习、互动创新有利于渐进式升级，在全球价值链上，干中学和分工合作可以推动渐进式创新。然而，他们的研究没有对渐进式升级的影响因素作出系统的梳理和讨论。除了学习和互动创新，企业家精神和制度压力等因素也会对渐进式升级有推动作用。由于研究现象比较重要且缺乏强有力的理论与实证依据，因此有必要通过定性研究挖掘渐进式升级的影响因素。

三、案例研究方法与研究设计

本研究涉及渐进式升级的内涵及其效果和影响因素，而案例研究通常是基于多渠道的数据来源、对某种现象进行丰富的实证性的描述[15]，因此本文采用案例研究的方法。同时，单一案例能够进行更加深入的案例调研和分析[16]，故采用归纳性的单一案例研究方法。

（一）案例研究对象的选择

对于案例对象的选择，Eisenhardt和Graebner建议采用理论抽样[16]，Yin建议选择有代表性的、典型的案例[15]。本研究最终选取了台湾阿托科技股份有限公司（下称"阿托科技"）作为研究对象。阿托科技是一家中小型化工企业，在化学药水行业不断完善产品线、提高专业化水平和深化技术水平，成为了"小而专、专而精、精而强"的企业。从成立至今，阿托科技已经进行了四次升级。此外，本文作者经常到台湾调研，对台湾企业较为熟悉，与案例企业也有较好的合作关系，能够进行跟踪性的调研。

（二）案例企业简介

阿托科技是跨国公司阿托科技集团（下称"阿托集团"）在台湾的子公司。阿托集团目前是全球最大的化学原料、制程技术和专用设备的供应商，提供表面处理制程技术、化学品、设备和服务给半导体、IC封装、导线架、印刷电路板、电子零组件、航空、车辆等产业，2008年全球销售额达7.46亿欧元。①阿托

---

① www. atotech. com.

集团的总部设在德国柏林，分布遍及亚洲、美洲、欧洲35个国家，设有40个地区服务中心、16座化学和设备工厂、17个技术中心、10个研发中心和1个纳米研发中心，全球员工超过3600人。

阿托科技1994年在台湾设立，当时是阿托集团在台湾地区的办事处；1997年提升为子公司，负责集团总部在台湾的市场开发与销售。目前，阿托科技设有台北总公司、桃园和台南两个分公司、桃园观音生产厂、观音和高雄研发中心。阿托科技不仅在业内有较高的知名度，比起集团的其他子公司也有更快的成长速度和更好的业绩，说明它也是一个典型的案例，有调研和信息挖掘的潜力。

（三）资料采集方法

Eisenhardt和Graebner认为，采用案例方法不要有任何预设的框架和理论，因为这会影响研究者的研究视角，出现研究者偏差[16]。本文也没有预设理论框架，而是根据多年的跟踪调查总结出案例企业升级的过程和特点。本研究的调研始于2006年，先后于2006年5月17—18日、2008年11月17日、2011年11月30日、2013年1月15日进行了四次实地调研。参与本研究的人员有10名，每次调研有3—4人参与。其间，我们与公司黄盛郎总经理（下称"黄总"）、厂长、环安卫①副经理、研发主管等高管人员进行了面对面访谈。在调研之前，我们通过电子邮箱发出访谈提纲。平均每次谈话持续时间为2—3个小时，并都做了笔录。在征得被访谈者同意的前提下，一些访谈做了录音记录。在调研过程中，我们参观了该企业的总部、生产工厂、研发中心、整体解决方案设备，我们还收集了公司的永续经营报告书、产品资料、宣传册、"一百万小时无工安事故庆祝大会"②等资料。在资料整理过程中，通过与黄总的电话联系对关键性问题进行确认，通过电子邮件联系获取企业的内部报告与深入资料。此外，我们还查阅了相关网站和媒体报道，收集了大量的二手资料。

（四）案例分析方法

1. 数据分析方法

本文借鉴了扎根理论的资料分析法，对所搜集的资料进行编码、提炼，并通过归纳和演绎，最终发展成为理论。本研究的数据分析过程主要有三步：

---

① 台湾地区的说法，环安卫是指环境、安全和卫生部门。
② 工安为台湾地区说法，即工业安全，主要是工厂的安全管理。

第一步是对现有资料进行分解、提炼、概念化和范畴化。第二步是发现初始范畴之间的逻辑关系。第三步是将所得到的概念范畴进行概念化和理论化，找到核心范畴，并根据核心范畴的内涵和性质进行分析，得出核心范畴之间的关系，并与原始资料进行互动比较。对最后归纳的几个范畴进行分析，可以得到如下的"故事线"：创新投入、组织学习、企业家精神和制度压力推动了渐进式升级，最终转化为竞争优势，如表1所示。

表1 本文编码结果与范畴划分

逻辑关系	核心范畴	主范畴	副范畴
研究对象	渐进式升级	产品升级	单一产品、多样化产品、系统产品
		价值链延伸	销售功能、生产功能、研发功能、服务功能、标准功能
效果	竞争优势	品牌竞争力	销售规模、品牌知名度
		国际竞争力	国际认证数量、技术尖端程度
前因	创新投入	研发投入	研发中心数量、研发经费、研发人员数量
		新产品开发	新产品数量、新产品销售额
	组织学习	开发式学习	技术引进、产品改进
		探索式学习	新知识获取、联盟学习
	企业家精神	商业经验	国际化经验、专业技能
		环境洞察力	信息敏感能力、行业发展的判断能力
		资源整合能力	内部整合、外部整合
	制度压力	规制压力	环保法规、创新支持政策
		规范压力	行业规范、下游压力、模范压力
		认知压力	绿色环保意识、永续经营意识

2. 效度

（1）构念效度

为了对所要探讨的概念进行准确的操作性测量，本文采用多元证据来源的三角检证、信息提供人审查、交叉检验的方法[15]。首先，基于文献综述对企业渐进式升级的关键要素和构念进行初步的提炼。其次，通过跟踪访谈、现场观察、企业内部报告、档案记录、邮件沟通、电话沟通、二手资料收集等多种渠道获得证据来源，并进行三角检证，形成合理的证据链。再次，将论文草稿交给阿托科技的黄总审阅，在获得他对本文理论框架的建议后进一步的修正；同时，我们利用MBA课程、研究生学术讲座的机会，报告我们的研究结果并进行研讨，吸取各种挑战性的观点，不断加深对研究问题的理解。最后，本文第一作者和第二作者就一些关键议题的理解进行了交叉检验，确保构念的准确性。

（2）内部效度

为了保证案例的内部效度，保证构念间因果关系的合理性，本文采用了纵向案例研究方法。本文根据工作的便利性，选择了2006年、2008年、2011年、2013年四个时间点到企业进行访谈调研和现场观察，并根据资料、文献和事件发生的前后顺序分析构念之间的因果关系。

（3）外部效度

本研究还对另一家企业（东菱凯琴，家电企业）的升级过程进行对比，发现它的升级过程也可以归纳到本文所提出的框架里，这说明本文的概念框架可以类推到相似的企业。

3. 信度

案例的信度主要是指案例的可复制性和分析结果的稳定性。在编码过程中，本研究也由6位有企业管理研究背景的人员参与编码，有不同意见时及时进行讨论直到达到一致意见。人员的持续性和多样性保证了本文资料收集和编码的客观性。在面对面的半结构化访谈中，我们确保了每次的访谈调研都有至少3个访谈人员参加，其中1个为主访谈者，2个为辅访谈者和笔录人员。同时，我们还通过分析录音资料确保访谈信息的完整和真实性，保证访谈和记录过程的信度。

四、案例分析

（一）阿托科技渐进式升级的演进路径

第一次升级：从单纯销售商转向自主生产商

背景：1997年金融危机后，全球经济形势衰退，台湾经济深受影响。此后，台湾在2001年的经济增长率仅为-1.9%，跌至5年来的最低水平。[①]阿托科技产品所供应的印刷电路板行业（PCB）也出现大幅下滑，全球PCB产值在2001年只有339亿美元，同比下跌22.5%，台湾PCB产值只有3.9亿美元，同比下跌15%。PCB产业的下滑加剧了化学药水行业的竞争程度，成本领先和客户反应速度成为了竞争的关键要素。

---

① 见翟伟平：《台湾地区化学工业发展近况》，《上海化工》，2002年第19—20期。

升级过程：2001年，阿托科技在台湾桃园县观音乡投资建造生产基地，投资总额超过3800万法郎，定位于为台湾PCB厂商提供设备及化学材料。阿托科技的业务也由此实现了升级。第一是提供多样化的产品，与客户的生产技术紧密配合，准确反映顾客的需求。第二是以最高生产标准制造产品，让全体雇员参与到流程持续改善的过程中，确保产品优质。第三是利用全球生产网络、送货系统和区域性运输实现准时交货，提高客户响应速度。第四是开拓附加值更高的OEM业务，帮助客户代工生产。

第二次升级：从单纯制造商转向技术领先者

背景：随着台湾劳动力价格的提高，台湾生产的成本优势逐步下降。一些产业逐渐向周边地区转移，台湾岛内面临"产业空心化"的问题，留守企业正在夹缝中求生。台湾当局从20世纪90年代开始加大了对研发创新的政策支持力度。[①]

阿托科技内部也发生了一些变化。首先是母公司的战略调整。阿托集团调整了大中华圈的业务发展战略：中国大陆发挥廉价的劳动力优势并承接制造部分的转移，香港发挥国际营销与融资的优势，台湾则作为向技术高端发展的据地。其次是客户对产品质量、性能、设计的个性化要求提高，要求更快速、有效的技术和研发服务。最后，阿托科技意识到"量产代工"将不再是台湾的竞争力，唯有不断地开发前瞻关键技术才能提升产品附加价值。

升级过程：2004年，阿托科技投入600万欧元在台湾观音乡成立第一座在台研发中心，专攻印刷电路板方面的技术。此次投资项目包含土地增购、厂房扩建，仪器设备与生产实验线及环保设备购置，也是阿托集团在继德国、美国及日本后投资的全球第四座研发中心。观音技术研发中心成立后，阿托科技积极引进国外专家。阿托科技特别注重与其他企业和客户进行技术联盟，与联合华通、楠梓电、欣兴、南亚等15家印刷电路板厂商签订技术合作方案，还与南亚电路板合作研发无铅制程技术并成功地替换日本的IC载板制程技术。研发中心还与台湾学术研究单位合作，积极进行各项制程、化学品、材料及设备的联合开发。

随后，阿托科技持续升级，于2008年和2011年分别投资建立第二和第三座研发中心。这两座研发中心的投资额及功能定位如表2所示。

---

① 例如，台湾地区"经济部"在1997年实施了台湾中小企业创新育成中心计划，1999年启动"小型企业创新研发计划（SBIR计划）"。

表2 阿托科技的研发中心情况

研发中心	投资时间	建成时间	投资额	主要服务领域
观音	2004 年	2004 年	600 万欧元	印刷电路板技术研发中心
高雄	2008 年	2009 年	200 万欧元	表面处理的研发中心，应用于汽车、航空、机械等行业
观音	2011 年	尚未正式开幕	450 万欧元	半导体技术研发中心

研发中心的累计收入不断增加，2008年研发贡献达200万台币，占当年销售总收入的7.1%。

第三次升级：从单纯制造商转向系统解决方案的服务提供商

背景：随着技术的不断完善，化学药水业的竞争愈发激烈。同时，客户的需求呈现多样化，从对产品价格和质量的关注延伸到了对服务的关注。

升级过程：从2007年开始，阿托科技高质量和稳定的化学药水搭配了精良的控制设备，为客户提供系统解决方案，包括系统保养、操作成本及预算价格制定、投资及财务咨询、成本效益分析、环境生态评估、废水回收、制程最优化计划、营运成本效率分析等。公司派出专业的工程师技术团队到现场为客户提供周到的服务。同时，专门搜集客户在使用制程设备所遇到的问题以及对药水功能的改进建议，在材料规格、表面处理技术、新产品研发、环保制程等方面作出技术改进。阿托科技还与汽车产业的客户进行深度沟通与交流，提供最合适的系统解决方案。由此，阿托科技已从单纯的化学药水生产商升级为以技术研发为主，并为用户设计系统解决方案的服务提供商。

第四次升级：从系统服务提供商转向低碳运作的企业公民

背景：随着国际绿色环保意识的高涨，化学药水行业面临着绿色转型的压力。台湾当局在2008年颁布"永续能源政策纲领"，2009年开始研议碳足迹标签的机制，要求标记碳排放量。欧盟陆续实施了ELV、WEEE/RoHS、REACH、EuP/ErP等指令，[①]对产品的环保要求日渐提高。随着人民生活水平提高和媒体的广泛宣传，社会自发环保活动愈演愈烈，逐渐

---

① EuP—能耗产品环保设计指令，ErP—能源相关产品指令，ELV—报废车辆指令，WEEE—废旧电子电气设备指令，RoHS—电子电气设备中限制使用某些有害物质指令，REACH—化学品注册、评估、许可和限制法规。

影响人们的环保认知。

升级过程：从2009年开始，阿托科技开始低碳运作，对企业产品和内部流程进行全面的改进。2011年，公司发行了《环保责任及永续发展策略》报告书。阿托科技推行5R的环保政策，亦即Reduce（减废）、Reuse（再利用）、Recycle（循环）、Research（研发）、Responsibility（社会责任）。[①]

在产品方面，阿托科技开发了多种环保产品，包括开发节能设备、能减少或替代有害化学物质使用的设备、无污染的产品、化学再生设备。这些产品和服务能有效地减少废水、污染，节约用水、能源、设备，节省化学品，降低废品率，实现了成本节约和品质改善。例如，公司开发的Horizon系列节能设备能为用户省54%的用水量、6%的用电量，比传统水平设备减少槽积污垢达67%，减少化学药剂量达67%，制程的整流效率由84%提高到88%。

在内部管理方面，阿托科技推行"绿色设计、绿色生产、绿色服务、绿色生活"的理念。公司优先采购绿色包装、绿色设计、可回收、低污染或省能源的原材料；将环保、安全、性能、产品品质与企业获利视为同等重要的项目在新产品开发、产品的生产、销售、运输、使用和善后处理等环节中加以评估考核；对作业程序、效能进行改进，减少能源使用及废弃物产生，推行废弃物能资源[②]的整合回收和再利用；采取定期检测地下水、废水、废弃物、空污排放、噪声，设立"无纸化办公"、"绿色环保日"、节能制服等管理制度和措施。

阿托科技的绿色环保产品产生了巨大的环保效益，也因此荣获台湾地区"行政院环保署"颁发的2008年"事业废弃物与再生资源清理及资源减量回收再利用——绩效优良奖"。公司的制程技术、化学药品已经实现无污染，如无铅、无镍的汽车、卫浴环保制程。台湾目前已有50条阿托科技"UNIPLATE"型号的生产线，每条生产线可减少用水量达5200吨/年，以用水成本10元/吨和废水处理费用30元/吨计算，一年可以为台湾地区节约成本1040万元。

（二）阿托科技渐进式升级的特征

从时间维度来看，阿托科技自2004年开始持续升级，这些升级活动是交

---

① 第5个R（社会责任）是在访谈过程中，黄盛郎总经理认为应该增加的方面，公司对外宣传只采用4R。

② 包括贵金属废液、硫酸铜废液、废栈板及其他资源物品。

又进行的，比如它目前同时向技术领先者和低碳运作升级。从产品深度来看，公司从单一产品发展到多样化产品再到系统产品，比如它的表面防护电子材料就分为热固型防焊油墨、热烤型防焊油墨、软板用防焊油墨等12种产品和多个辅助产品。从行业范围来看，阿托科技没有进入全新的价值链，而是一直在化学药水行业内向价值链的两端延伸，并通过低碳运作实现价值链的向上提升（如图1所示）。

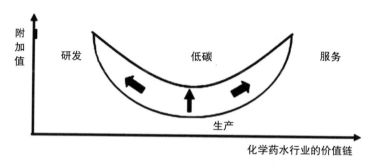

图1 阿托科技升级活动的演进方式

（三）阿托科技渐进式升级对竞争优势的影响

1. 品牌竞争优势不断提升

阿托科技在台湾市场的影响力不断扩大，成为行业的领先品牌。公司研发的黑氧化替代制程在台湾已有50%以上的市占率。阿托科技在2011年的营业收入达到了34亿台币（如图2所示），是1995年的37倍，年均复合增长率达到23.7%。

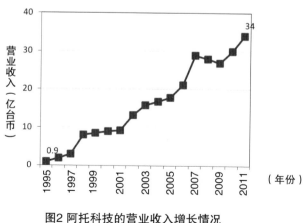

图2 阿托科技的营业收入增长情况

2. 国际竞争优势不断提升

目前，阿托科技已取得品质管理方面的ISO9001国际认证，环境管理方面的ISO14001认证，实验室方面的IEC/ISO17025、TAF/ISO17025认证，环安卫方面的OHSAS18001、ISRS认证。在台湾，通过ISO9001认证的有几万家企业，ISO14001只有几千家，OHSAS18001则只有几百家取得，而同时获得这些认证的就只有几家。阿托科技是第一家获得这么多认证的台湾企业，已经具备一定的国际竞争力。

（四）渐进式升级与竞争优势的协同演进历程

阿托科技的竞争历程可以分为5个阶段：准备竞争、投入竞争、成本竞争、摆脱竞争和超越竞争。这些竞争阶段的演变也伴随着竞争优势的提升（如图3所示）。

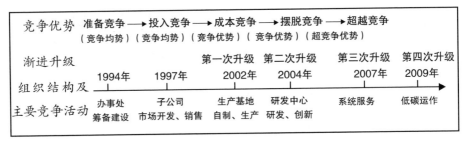

图3 阿托科技渐进式升级的过程

通过第一次升级，阿托科技建立了自主生产基地，实现量化生产，充分利用当地资源要素，形成成本竞争优势。第二次升级后，阿托科技拥有了研发能力，能够根据客户需求调整和开发产品，形成技术竞争优势，也由此摆脱成本的竞争。第三次升级后，阿托科技的产品和服务实现了系统化的配合，形成服务竞争优势。第四次升级后，阿托科技进一步优化企业运营的效率，全方位地节省企业成本，并将这种低碳环保的思想通过采购和销售影响供应商和客户，也由此从过去的竞争转向了竞争与合作（co-opetition）。

（五）阿托科技渐进式升级的驱动因素

1. 持续创新投入推动企业的渐进式升级

在升级过程中，阿托科技持续投入创新资源。持续投入创新资源虽然会形成较高的资产专用性和路径依赖，却正好形成企业的优势资源和知识。

第一个是投入新产品开发。公司规定每年必须有1/4的产品为新产品，也就是说每个产品的平均生命周期只有4年，并制定新产品的销售额需占每年的总营业额25%以上的计划。

第二个是不断增加研发投入，包括建立研发中心、投入研发经费、引进和培养研发人员。阿托科技建立了三座研发中心，数量在行业内处于领先水平。同时，阿托科技每年的研发贡献维持在较高的水平，在2010年研发费用[①]为1700万台币，占营业收入的0.6%，研发贡献达2.35亿台币，占总收入的比例约为7.8%（见表3）。研发投入使阿托科技每年得到政府30%的研发退税补贴。此外，阿托科技还储备了大量的研发人员，研发人员比例达16%，并通过邀请国外专家来台工作或交流补充研发人才。

阿托科技在升级过程中巧妙地运用组织学习来推动企业升级。在开发式（Exploitation）学习方面[②]，阿托科技注重从其他子公司获取内部知识。阿托集团在德、美、日的研发中心定位于尖端的配方研发，韩国和中国大陆的研发中心定位于技术服务和工艺改善，中国台湾阿托科技则是一方面从德美日引进前瞻技术，另一方面嫁接中韩的量产工艺技术，开发适合本地需求的产品。在探索式（Exploration）学习方面，[③]阿托科技非常重视新知识的获取。黄总提出了T字理论，竖的I代表自己专精领域的才能，横的I代表其他领域的新知识和新技能。此外，阿托科技与上下游组建了印刷电路板协会，协会成员来自电路板、电子封装、电子组装产业，涉及全制程、设计及加工、设备及工具、原物料、化学品、环保设备及废弃物回收等全产业链环节，这给公司创造了开放式的学习平台。

表3 台湾阿托科技2007—2010年研发费用及研发贡献收入

单位：百万台币

项目	2007年	2008年	2009年	2010年
研发费用	64	12	56	17
研发费用占营业收入的比例	2.2%	0.4%	2.1%	0.6%
研发贡献收入	140	150	201	235
研发贡献收入占营业收入的比例	4.8%	5.4%	7.4%	7.8%

---

① 此处所指的研发经费主要包含土地增购、仪器设备、扩建厂房、生产实验线及环保设备等，在财务报表中计入固定资产，不计入费用。研发费用是财务报表上面的研发费用，主要是研发活动过程中发生的能源、工资、设备折旧、认证费用等，与研发经费的概念不同。

② 开发式学习强调利用思考、实验改进等方法来获得知识，这种知识来自于企业内部。

③ 探索式学习则强调利用试验、实践等来获取新知识，更多地强调利用企业的外部知识。

2. 企业家精神加速企业的渐进式升级

在企业家精神的推动下，阿托科技比同行更快地捕捉到行业和政策变动的信息，更早地采取升级行动，更有效地保障升级的效果。这种企业家精神体现在两个层面，一个是以黄总为代表的高管团队，另一个体现为企业战略方面的创新导向。熊彼特在《经济发展理论》中提到，真正的企业家应该是：有眼光的，能够发现潜在的利润；有敏锐的洞察力，能够识别和抓住机会；有胆量，敢于承担风险；有组织能力，能够充分组织和调动企业的内外部资源[17]。黄总有着丰富的专业知识、从业经验、管理经验和国际化经验，这四种特征在黄总的身上都有所体现。

3. 制度压力加速企业的渐进式升级

制度环境中的法律、文化、观念、社会期待等成为企业的行为规范，组织的结构和行为实践需要与这些规范保持一致，以获得合法性[18]。在渐进式升级过程中，阿托科技不断受到三种制度压力：规制压力、规范压力和认知压力。规制压力来自于台湾当局对技术创新的政策支持与鼓励，①以及国际环保标准的更新。规范压力来自于行业内的竞争以及一些社会团体、行业协会、民间所开展的自发性环保行动，②这些都推动了行业发展的规范化。最后，在环保意识以及在台湾民众忧患意识的影响下，企业升级已经成为台湾企业自然接受的样板或行动脚本，对企业升级产生了认知压力。

五、结论与启示

本文分析了阿托科技渐进式升级的特征、效果及其驱动因素，主要结论如下：

1. 渐进式升级是持续、多次、交叉和循序渐进的升级活动

渐进式升级也是企业迈向资本或者技术含量更高领域的方式。本文的案例企业有四次典型的升级活动，分别在不同的年份开展。这些升级活动是交叉持续进行的，企业可能会同时进行着多项升级活动，而这些活动的持续时间也是不同的。从难易程度来看，阿托科技渐进式升级是先易后难、循序渐进的。

---

① 这些措施包括创新体系建设、融资环境建设、人才培养机制建设、配套服务体系建设。
② 例如成立于1995年的台湾企业永续经营协会就致力于推动企业的永续经营，见http：//www.bcsd.org.tw/.

而在驱动因素方面，持续的创新投入和组织学习是企业渐进式升级的基础，企业家精神和制度压力则可以加速渐进式升级的过程。

2. 围绕着原有行业进行产品升级和价值链延伸也可以形成持续的竞争优势

阿托科技的案例表明，企业可以通过渐进式升级逐步获取要素优势、能力优势和知识优势，获得战略性租金，并将其转化为竞争优势。根据Kaplinsky和Morris的观点，企业在集群和全球价值链的情境下进行升级都面临租金获取的壁垒（Barriers）[2]，因此处于价值链低端的企业如果要直接嵌入高端或者迈向新的价值链，需要有较多的投资，也面临较大的变革阻力。特别是对中小企业而言，若跨越不同、独立且交叉弹性低的市场，很难在各个市场中自由移动生产与销售资源，这也会导致新的经营风险、加速财务状况恶化、分散企业资源、削弱主营业务和市场势力。

3. 渐进式升级对传统产业利用原有优势、实现转型升级有广泛的应用价值

渐进式升级充分利用了原有的行业知识和原有的资源能力，比直接嵌入价值链高端或者进入新行业的突破式升级更稳健和更容易实现。毛蕴诗、温思雅（2012）的研究也认为传统产业通过产品功能拓展也可以实现升级[19]，这里所指的产品功能拓展也属于渐进式升级的范畴。由此看来，一些传统的行业如玩具业、纺织业、自行车制造业等可以在原有优势的基础上，根据新的环境形势，渐进性地进行各种升级活动，不断向价值链两端延伸，成为"专而精、精而强"的优势产业。

应该指出的是，本文基于案例所归纳的结论是否能应用于其他行业、地区的企业还有待进一步的研究。本研究采用的是单一案例研究方法，虽然单一案例能对所研究的问题进行深入细致的把握和分析，但是由于缺乏对比，较难提出普适性的理论命题，未来可以采用对比案例、多案例研究或者问卷调查等方法来弥补这个局限。

（原载于《东南大学学报（哲学社会科学版）》2014年第2期，

第31—34页）

参考文献

[1] Gereffi G. International Trade and Industrial Upgrading in the Apparel Commodity Chain[J]. Journal of International Economics，1999，48（1）：37-70.

[2] Kaplinsky R，Morris M.A Handbook for Value Chain Research[J].IDRC Workingpaper. 2001.

[3] Humphrey J，Schmitz H. Governance and upgrading：linking industrial cluster and global value chainresearch[R]. IDS Working Paper，2000.

[4] 杨桂菊：《代工企业转型升级：演进路径的理论模型——基于3家本土企业的案例研究》，《管理世界》2010年第6期，第132—142页。

[5] 毛蕴诗、姜岳新、莫伟杰：《制度环境、企业能力与OEM企业升级战略——东菱凯琴与佳士科技的比较案例研究》，《管理世界》2009年第6期，第135—145页。

[6] Aghion P.，Harris C.，Howitt P.，Vickers J. Competition，Imitationand Growth with Step-by-Step Innovation[J]. The Review of Economic Studies，2001，68（3）：467-492.

[7] 毛蕴诗、吴瑶：《企业升级路径与分析模式研究》，《中山大学学报（社会科学版）》2009年第1期，第178—186页。

[8] Marquish D. The Anatomy of Successful in novation[M]. Cambridge：Winthrop Publishes，1982.

[9] Ettlie J E，Bridges W P，O'keefeR D. Organization Strategy and Structural Differences for Radical Versusincremental Innovation[J]. Managemen Tscience，1984，30（6）：682-695.

[10] Besanko D，Dranove D，Shanley M. Economics of Strategy[M]. NewYork：John Wiley&Sons，1996.

[11] Porter M. E. Competitive Advantages[M]. NewYork，Free Press，1985.

[12] Barney J. B. Firm Resources and Sustained Competitive Advantage[J]. Journal of Management. 1991，17（1）：99-120.

[13] Brach J，Kappel R T. Global Value Chains，Technology Transferand Local Firm Upgradingin non-OECD Countries[R]. OECD Working Paper，2009.

[14] 孔伟杰：《制造业企业转型升级影响因素研究》，《管理世界》2012年第9期，第120—131页。

[15] Yin，R.K.Case Study Research：Designand Methods（3rded.），Thousand Oaks，CA：Sage Publications，2003.

[16] Eisenhardt，K.M.，Graebner，M. E.Theory Building from Cases：Opportunities and Challenges. Academy of Management Journal，2007，50：25-32.

[17] 约瑟夫•熊彼特：《经济发展理论》，商务印书馆1990年版。

[18] DiMaggio P. J.，Powell W.W.，The Iron Cage Revisited：Institutional Isomorphism and Collective Rationalityin Organizational Fields. American Sociological Review，1983，48（2）：147-160.

[19] 毛蕴诗、温思雅：《基于产品功能拓展的企业升级研究》，《学术研究》2012年第5期，第75—82页。

基于核心技术与关键零部件的产业竞争力分析

——以中国制造业为例

一、引言

从产值来看，中国是名副其实的工业大国。2010年，中国制造业产值已经超过美国，占全球制造业总产值的19.8%，跃居"世界第一"。然而，"中国制造"的产品虽多，但"中国创造"的产品却少之又少。核心技术与关键零部件制造能力缺失使中国企业只能处在组装、加工等价值链低端环节，在国际市场竞争中处于弱势地位，利润空间非常狭小，产业发展一直受制于人。以电脑行业为例，我国主要是电脑周边设备组装加工，虽然电脑零部件自主配套率高达95%，但利润率却不到5%。相比而言，拥有CPU核心技术的英特尔和拥有Windows操作系统的微软，由于握有核心技术和占据关键零部件高位，每年利润率都在20%以上。

从当前世界高新技术产业和技术掌控的格局来看，在许多产业的核心技术与关键零部件领域，西方发达国家企业控股和独资垄断的趋势非常明显，攫取了全球产业链绝大部分的利润；我国很多产业技术的对外依存度超过50%，核心技术缺失以及以其支撑的关键零部件制造能力有限，已经成为我国企业面对国际市场竞争时难以回避的障碍，严重制约了中国企业和产业的国际竞争力的提升。中国企业如何集中力量实现核心技术突破，是本文研究的目标与重点。文章将运用相关理论，剖析核心技术、关键零部件与企业竞争力的关系，结合中国企业核心技术与关键零部件创新存在困境，提出推动核心技术突破，实现提升产业竞争力的几点建议。

二、文献研究

技术和产业是经济发展的两个重要支撑，技术对经济发展的促进是通过产业生产和发展来实现的。洪勇和苏敬勤（2007）[1]从产业与技术协同角度，提出了"核心技术链"概念，他们认为，在产品生产过程中，对支撑产业活动效益和发展具有关键作用的少数核心技术形成核心技术链。这些核心技术包括关键制造技术、核心元件技术和产品架构技术，以核心元件即关键零部件技术最为重要。其中，关键制造技术是指关键设备的开发与设计技术，以及核心元件制造或终端产品加工过程中所使用的技术；核心元件技术是指核心元件（即关键零部件）的开发与设计技术；产品架构技术是指在终端产品实现过程中的系统设计技术和重要组装技术。

作为某业界或某领域同类产品市场竞争最关键的一种或多种技术（马俊如，2005）[2]，核心技术不仅能促使企业产品升级换代，而且其概念、方法、原理还可以嫁接、移植、影响和带动其他技术创新，由此出现技术集群式发展（全裕吉、陈益云，2003）[3]。在产品中，核心技术表现为专利、技术诀窍、产业标准等不同形式的知识，它可以重复使用，并且在使用过程中价值不仅不会减少，反而具有连续增长、报酬递增的特征（王江，2003）[4]。从产业层面来看，核心技术往往表现为产业共性技术。1988年，美国国家标准和技术研究院制定的《综合贸易和竞争法》法案中最早出现"产业共性技术"的概念。1990年，美国政府联邦公报（Federal Register）对"共性技术"进行了进一步定义。综合国内外定义，产业共性技术是"与技术基础设施和竞争前技术紧密联系的，可以为产业内多个企业产品研发和工艺创新提供技术平台的，在国家、产业和企业技术竞争中处于基础性和先导性地位的，对整个产业技术发展具有深度影响的那一类技术"。最典型的共性技术是影响现代人全部经济与社会活动的信息通信技术（Information and Communication Technology，ICT）。按照重要程度，产业共性技术可以分为关键共性技术、基础共性技术和一般共性技术[5]。关键共性技术是对整个国民经济具有重大影响的技术，这类技术影响面最广，经济和社会效益最明显。关键共性技术突破与应用能推动产业装备水平不断提高，产品竞争力不断加强，产业结构不断升级，从而为整个国民经济的健康发展提供最重要的技术支持。

一般来说，产业关键共性技术主要体现在产业核心技术产品（即关键零部件）上，很大程度上决定着企业产品的品质和功能，掌握核心技术及以其支撑的关键零部件制造对企业竞争力提升至关重要。普拉哈拉德和哈默尔（Prahalad和Hamel，1990）[6]认为，企业核心竞争力的积累过程伴随企业核心技术和核心技术产品的发展过程。拥有核心技术产品研发和制造能力是现代企业核心竞争力的表现，是产业竞争力的标志（全裕吉、陈益云，2003）。赵晓明、胡德金（2003）[7]以机床行业为例的研究发现，关键零部件同时具有技术密集、资本密集以及管理密集特征，对机床性能起决定作用，关键零部件研发是推动机床行业发展关键。秦远建、王娟（2007）[8]以汽车行业为例的研究发现，关键零部件技术水平已成为控制整个汽车零部件行业的战略制高点，为了抢占和控制这一战略制高点，发达国家汽车巨头无一例外投入巨资，加大关键零部件创新力度，以确保在这些领域的领先地位。在我国，研发投入不足使中国汽车产业缺乏核心技术，主导汽车产业发展的核心技术依然掌握在外资手里，这大大制约了我国汽车产业竞争力的提高（闫伍超，2008）[9]。

掌握核心技术与关键零部件制造是企业获取和保持超额利润的重要原因，企业发展离不开核心技术与关键零部件发展。1992年，台湾宏碁创始人施振荣提出了微笑曲线（Smiling Curve）概念。从全球产业价值链利润分配看，不同环节利润价值相差巨大，其中，处于"微笑曲线"左端价值高位的便是产品的研发与关键零部件制造。卡普林斯基和莫里斯（Kaplinsky和Morris，2000）[10]、汉弗莱和斯密兹（Humphrey和Schmitz，2002）[11]认为，领先的跨国公司基于自身优势占据了价值链两端的关键性环节，通过全球价值链治理获取绝大部分价值，决定了各环节利润分配。目前，我国许多产业关键零部件依然被外资企业掌控，中国企业在制造产业链中仅能赚取极低的组装价值。售价499美元的苹果iPad，平均成本260美元，其中，苹果开发的A4处理芯片26.8美元，16G存储芯片29.5美元，韩国LG公司制造的9.7英寸触摸显示屏95美元[12]，与中国有关的只有11.2美元的组装费（富士康）①，iPad组装成本与关键零部件成本之间差距达8倍。压缩机作为空调器的心脏，是空调成本最高的部件，占

---

① IT时代周刊：《鸿海代工利润持续走低 郭台铭提前打通业务链"最后一公里"》，http://www.ittim.ecom.cn/index.php?m=content&c=index&a=show&catid=14&id=1479.

空调整机材料成本的30%—40%^①，压缩机价格走势在一定程度上决定空调整机的价格走势，甚至直接影响空调整机供求关系。在电子及通信设备制造业，具有典型技术集约型特征的领导企业掌握着核心芯片技术和整机设计技术，产品附加价值占据行业利润的60%。^②

核心技术作为关键零部件发展的有力支撑，决定着全新关键零部件产品出现、关键零部件性能提升与成本下降水平，直接决定了核心技术的最终价值和关键零部件产品的整体性能。虽然外围技术（核心技术之外的辅助技术）也很重要，但由于获取相对容易，企业难以在此拉开和保持技术领先优势，因而，核心技术领域成为企业竞争的主战场。一个企业即便没有整体竞争优势，也可以通过拥有少数几个核心技术或关键能力而获得成功。企业可以通过核心技术发展带动技术整体发展，提高企业产品技术优势，外围技术可以采取委托开发、合作开发和技术购买等多种形式获取（邓晓岚、陈功玉，2001）[13]。

一般而言，自主知识产权和自主品牌是企业核心技术产品的标识。在发达工业化社会中，特别是知识经济兴起、技术扩散迅速的今天，企业可以通过积极申请专利实现对自身核心技术的合法垄断性保护，避免知识产权的侵吞和竞争优势的丧失。作为一种市场力量，专利可以使专利权人在一定时期内在某一技术领域形成垄断地位从而限制市场竞争，获得高额利润（刘林青、谭力文，2005）[14]。一系列发明专利的技术集成可以形成产业技术标准，使专利竞争逐步演化成为标准竞争。当前，技术标准竞争日益成为市场竞争的一个新特征和企业建立核心竞争优势的一个重要途径（波特，1990）[15]。国外领先企业已将标准竞争作为一种基本竞争战略，通过标准竞争建立其他方式难以获取的核心竞争力（王德全，2008）[16]。企业先以专利做载体，将自己的技术标准变成行业技术标准、国家技术标准、国际技术标准，然后再借助对标准技术专利所有权的控制，将标准技术商业变成标准技术产品，最终使行业标准、国家标准和国际标准的推广过程变成了专利所有企业标准技术产品的推广过程，在此过程中，专利拥有企业会获得巨大的市场竞争优势和巨额的市场回报。

---

① 新浪网：《空调内销出口两旺　节能步伐加快》，http://tech.sina.com.cn/e/2007—09—06/13441723020.shtml.

② 任保平、洪银兴：《新型工业化中经济效益提高的途径：一种产业链视角的分析》，《西北大学学报（哲学社会科学版）》2005年第1期，第47—54页。

在技术能力相对落后的条件下，单靠核心技术自主研发是难以赶上和超越发达国家先进水平的，当然也就更谈不上专利战略和标准战略。哈默尔（Hamel，1991）[17]、科格特（Kogut，1988）[18]指出，通过建立合资企业和技术联盟，企业可以迅速获取自身不具备的关键技术知识和能力。然而，从我国的实践来看，无论是中外合资还是技术联盟，都没有产生预期的技术溢出效应，本质是由于双方企业实力极度不对称，导致中方企业缺乏与外方企业技术合作创新的基础，外方企业缺乏与中方企业共享核心技术的激励（李达伟，2009）[19]。现实中，外方为了保护其在技术上的控制权，一般只转移外围技术，核心技术上中方就难以接近了，使得中方陷入了核心技术依赖困境（刘强，2008）[20]，合资企业也就沦为跨国公司的组装车间和销售代理。

文献研究发现，现有研究大多强调掌握核心技术及其所支撑的关键零部件制造是企业获取竞争优势的重要途径之一。因此，在多数产业面临核心技术和关键零部件制造能力缺失与技术创新不足的困境下，中国企业亟须找到合适的路径推动核心技术突破，进而实现产业竞争力提高。

三、中国企业在核心技术与关键零部件领域的现状

尽管中国制造业产值位居世界第一，但仍处在有"制造"无"创造"状态，一直以来，中国制造业以劳动密集型产业居多，资本密集和技术密集制造业发展与美国、日本等发达国家存在很大的差距。在全球价值链中，"中国制造"一直处于微笑曲线的低端环节，较少涉足核心技术与关键零部件领域，核心技术很大程度上来自于国外，附加值远远低于发达国家。在"三高三低"（高投入、高消耗、高污染，低质量、低技术、低附加值）以及缺乏自主知识产权和自主品牌的现状下，"大而不强"成为"中国制造"的典型标签。如何摆脱"大而不强"标签，实现中国制造业转型升级，是当前"中国制造"急需思考的问题。因此，研究"中国制造"现状，尤其是核心技术与关键零部件现状，为我国走向工业强国提供针对性建议意义十分重大。

（一）由于缺少核心技术和关键零部件制造能力，我国很多产业受制于人

一般而言，核心技术主要体现在产品关键零部件中，比如，汽车的发动机、空调的压缩机，这些关键零部件占产品总价值的30%—40%。近些年，我

国企业纷纷将"掌握核心技术"作为自己市场营销的重点,实际上多数只是掌握而非占有核心技术,在许多产业关键零部件市场,由于发达国家跨国公司控制核心技术标准和拥有技术知识产权,跨国公司已然形成全球垄断。以中国汽车产业为例,90%的发动机、变速箱、电子电控等关键零部件市场被跨国公司控制,由于需要购买国外核心技术和关键零部件,中国自主品牌汽车企业虽然获取了1/3的市场份额,却只能获得1/10的产业利润。[1]早在20世纪80年代,我国汽车企业就开始自主研发自动变速器,但时至今日,我国汽车企业仍然没有掌握自动变速器最核心技术。我国汽车企业很早就开始研发和生产发动机,但是发动机最核心的技术仍然需要购买德国博世的高压共轨直喷技术,真正实现核心技术自主研发道路还很漫长[21]。

由于缺乏核心技术,我国打印机行业生存发展空间也正遭受挤压。在针式打印机方面,我国没有掌握关键零部件(打印机机芯)的设计、生产和制造技术,目前,我国生产的打印机的机芯全部来自国外。在喷墨和激光打印机方面,国产品牌激光打印机多是在国外打印机基础上的二次开发产物。在全球产业分工体系中,惠普、爱普生、佳能等几大主要打印机生产企业垄断世界打印机市场,国内打印机企业基本上都是从事组装生产,处于产业链末端。国外打印机制造厂家通过"一低一高"(低价出售高科技含量打印机、加装加密芯片高价配套低技术含量耗材),挤压国内企业生存发展空间。

近些年,标准竞争成为跨国公司国际市场竞争的利器,中国温州生产的打火机曾经占据全球市场80%的份额,欧美国家跨国公司通过制定打火机全球技术标准,就使市场份额迅速下降。美国联邦通信委员会(Federal Communications Commission,FCC)通过制定ATSC(Advanced Television System Committee,先进电视制式委员会)数字电视标准技术规范,也让中国彩电企业每年增加支付技术专利费10亿美元。[2]虽然我国很多产业(比如空调、彩电、DVD等)产销量早已全球第一,但是由于缺少核心技术知识产权,中国企业在国际标准制

---

① 中国行业研究网:《2013年中国自主品牌汽车只占1/3市场》,http://www.chinairn.com/news/20130615/141653982.html.

② 比特网:《美国2007年3月1日起只售数字电视》,http://www.chinabyte.com/245/3000745.shtml.

定中的话语权非常有限，中国企业主导或参与制定的全球家电国际标准不足千分之三。[①]

（二）由于缺少核心技术知识产权，我国许多品牌企业利润微薄

我国很多行业中已经出现不少世界品牌，但是由于缺少核心技术知识产权，世界级品牌却难有世界级利润。根据ATSC专利所有者要求，中国企业每出口一台CRT彩电到美国，利润只有2—3美元，却需要向汤姆逊、LG、索尼等企业缴纳技术专利费41美元/台[②]。我国出口的DVD平均售价44.56美元，要交纳的技术专利费高达20美元，每台利润不到1美元[③]。当前，尽管我国本土的空调零部件企业已经在较多方面实现了对国外企业的替代，但是在变频高效旋转式压缩机、涡旋式压缩机、高效率直流风扇电机、半导体器件、新型制冷剂等关键零部件领域仍然缺少核心技术专利，存在着被日美跨国公司掌控的尴尬局面。杜邦、霍尼韦尔、大金三家企业拥有R410A专利，它们以环保为名，推动全球空调机制冷剂从R22晋级到R410A。要完成这一升级，中国空调企业每年需向他们支付数十亿元专利费。我国汽车产业中，仅有30%的知识产权属于中国企业[④]，自主汽车品牌的核心技术和关键零部件依然基于对购自跨国公司知识产权的改造。

近些年，我国虽然在车用动力蓄电池自主研发方面不断突破，但是，蓄电池最关键技术专利依然掌握在发达国家跨国公司手中。比如，包敷碳技术专利为加拿大魁北克水电公司所有，如果我国企业要采用这项技术，就必须向其缴纳1000万美元的技术"入门费"和每吨2500美元的技术使用费[⑤]，如果我国电动车产业不能实现核心技术突破，那么未来存在继续为跨国公司"打工"的风险。联想集团由于在核心技术领域竞争力不强，只得奉行竞争性低价战略，

① 比特网：《欧盟新环保指令逼中国家电脱胎换骨》，http://news.chinabyte.com/100/2623100.shtml.

② 新浪网：《我国彩电空调出口冰火两重天》，http://finance.sina.com.cn/chanjing/b/20070803/00583847249.shtml.

③ 慧聪网：《我国DVD企业所需缴纳的专利费项目》，http://info.homea.hc360.com/zt/dvdzhuanlifei/.

④ 人民网：《发展自主企业知识产权属于自主品牌的只有30%》，http://auto.people.com.cn/GB/1050/12207358.html.

⑤ 新华网：《莫让电动车重演影碟机专利费悲剧》，http://news.xinhuanet.com/auto/2010-06/23/c_12250959.htm.

利润微薄。据联想财报信息显示，截止到2012年3月底的一年间，联想利润率不足2%，而惠普的利润率则超过7%[①]。

2012年我国发光二极管（Light-Emitting Diode，LED）行业总产值为2059亿元，但纵观全球LED知识产权格局发现，我国LED专利主要集中于中下游领域，中游封装、下游应用环节的专利占申请总量的64%[②]，而LED产业链上游的外延片及芯片核心技术专利缺失，主要由日本的日亚化学公司、丰田合成公司、美国科锐公司、飞利浦流明公司及德国的欧司朗公司等5大厂商主导。外延片及芯片制造厂商攫取了产业链70%的利润，我国LED行业发展前景也不容乐观。

（三）由于缺少核心技术和创新，合资企业更像是跨国公司的组装车间和销售代理

改革开放以来，通过积极实施引进来战略，中外合资企业快速发展，极大地推动了我国产业的规模扩张，很多合资企业成为产业发展的龙头。2011年我国进入《财富》世界500强的汽车企业（东风汽车、上海汽车和一汽集团）都是合资企业。与市场规模扩张相比，中外合资汽车企业的技术创新动力则明显不足。2009年，我国研发投入占销售额比重最高的两家合资汽车企业（东风汽车和上海汽车）仅为2.3%和1%[③]，而大众、通用、本田、丰田、福特等跨国公司的研发投入占销售额比重均在4%以上。很多时候，我国合资车企更像是跨国车企的组装车间和销售代理。

在合资企业中，核心技术知识产权被外方牢牢掌握，合资产品研发是在外方技术框架下进行的，虽然合资中方逐渐参与了一些技术本土化的工作，但是在核心技术方面，外方仍然对中方采取高度隔离政策，中方很难全面深入地接触到外方核心技术。合资外方不仅以技术转让费等形式获取巨额隐形利润，为了保持对核心技术的控制和独占，合资企业还从外方母公司采购关键零部

---

① 搜狐财经：《联想的超越：规模还是质量（续）？》，http://business.sohu.com/20130824/n385076417.shtml.

② 中国新能源网：《我国LED发明和上游专利比重小》，http：//www.china-nengyuan.com/news/46315.html.

③ 凤凰网：《车企研发费用排行出炉 中国企业入围》，http://auto.ifeng.com/news/internationalindustry/20101214/489212.shtml.

件，而采购成本比欧美市场还高40%—50%。大众向中国市场销售零部件获得的利润就占其中国总利润的30%以上[1]。同时，合资汽车企业还通过开设4S店方式占取高额产业利润，合资企业将零部件在出厂价上加价30%销给4S店，4S店再加价30%或更高卖给车主。例如，别克君威2.5V汽油泵汽配城价格520元，4S店价格1259元；奥迪1.8T飞轮齿圈汽配城价格2300元，4S店价格4300元[2]。进入4S店，一辆整车拆开可以卖两辆车的价钱。

（四）一些行业的核心技术和关键零部件制造能力有待进一步突破

中国制造业中，大多数企业以加工、组装为主，产品利润率极低。中国大多数产业价值链的"战略环节"被跨国公司所控制，例如高端数控系统、空调涡旋压缩机、LED核心芯片以及高端制造装备等。经过30多年发展，中国家用空调产业取得了骄人成绩，格力、美的、海尔、志高、奥克斯等本土企业已经占据国内空调市场75%以上的份额，并且这个比例还在不断扩大。以广东美芝和上海日立为首的压缩机企业通过多年技术引进和消化吸收已经实现了压缩机国产化，美的和格力等龙头企业也不断加速对上游零部件产品整合。但是，即便如此，以下事实仍不容忽视。艾默生、三洋、日立和大金等日美企业凭借专利封锁和技术保密几乎垄断了涡旋压缩机市场，这意味着几乎所有的中国本土企业3匹以上的空调大部分仍需使用日美"心脏"。尽管格力作为中国空调行业中拥有专利技术最多的企业，其收购的凌达压缩机公司在去年开始也基本完成了1—3匹全系列产品的研发和生产。但它的变频涡旋压缩机仍需从广州日立采购，定速和数码涡旋压缩机也只能采购艾默生和大连三洋的优势产品。中国至今仍没有一家本土企业完全掌握了涡旋加工制造等工艺核心技术。伴随着变频日渐在中国成为市场主流，以大金、三菱、日立、松下为首的日系企业控制了高能效以及3匹以上大功率变频压缩机市场的份额。中国空调产业变频核心技术仍有待进一步突破。

LED产业链的上游是LED外延片和芯片的设计与生产，它们属于典型的高

---

① 搜狐网：《大众背水一战能否走出零部件高成本困局？》，http://auto.sohu.com/20050606/n225833846.shtml.

② 凤凰网：《4S店暴利链："原厂件"竟在汽配城拿货 价差达数倍》，http://auto.ifeng.com/news/domesticindustry/20091208/166865.shtml.

技术、高成本、高利润、高风险的"四高"环节。然而，LED外延片和芯片市场的核心技术，一直以来都被国外几大产业巨头所垄断。目前，我国LED产业技术尚处于发展初级阶段，企业只掌握了小功率芯片技术，80%的大功率芯片还要依靠进口[①]，尤其是高亮度产品性能仍旧落后于世界领先水平。提高技术水平、构建自主专利防御体系是我国LED产业发展面临的核心挑战。

（五）创新主体分散和联盟创新动力不足，企业缺少研发经验积累和资源共享

由于缺少科学的行业发展战略规划，我国汽车产业发展长期以整车企业为主，零部件企业一直未得到足够重视，导致零部件企业过度分散，创新动力明显不足。近些年，我国企业希望通过与跨国公司建立技术联盟实现核心技术突破，但由于缺少技术研发能力和联盟创新经验，一直难以实现核心技术突破。2008年11月，国家发改委曾牵头一汽、上汽、东风、长安等12家整车企业联合成立中发联投资有限公司，与世界自动变速器巨头博格华纳成立博格华纳双离合器传动系统有限公司，计划2011年共同研发生产双离合器变速器核心产品，这个当时世界上联合最广的自动变速器项目时至今日，还未开工建设。

从国际经验来看，开发一款新车一般要做上百次的碰撞试验、极端条件试验和百万公里试驾，这需要企业有台架试验室、风洞、噪声实验室、试车跑道等一系列实验检测设备和手段。在技术创新中，技术研发数据积累非常重要，这些数据不仅是技术研发的经验积累，更是突破式创新的基础，借助高质量的数据库，研发人员可以很快做出新产品方案。因此，在跨国汽车企业中，研发人员1/3—1/2的时间在建立研发数据库，在我国企业中，由于缺少信息开放与资源共享机制，企业普遍缺少研发经验积累和企业间技术资源共享，导致技术研发资源重复建设问题十分严重。

四、政策建议

针对中国企业在核心技术和关键零部件领域内的现状，建议从以下几个

---

① 中国LED网：《LED照明投资商机凸显 核心技术亟待突破》，http://www.cnledw.com/info/newsdetail-27851_3.htm.

方面实现核心技术突破，提升产业竞争力。

1. 加快产业技术路线图制定，明确核心技术突破方向和关键零部件创新目标

经验研究表明，制定产业技术路线图对明确产业核心技术的突破方向，实现关键零部件创新目标非常重要。近些年，我国家电企业之所以能够在核心技术方面不断取得突破，在国际标准制定中开始崭露头角，与我国家电行业的产业技术路线图制定密切相关，而一些行业关键技术突破效果不佳也与产业核心技术创新方向不明有很大关系。我国早在20世纪80年代就开始新能源汽车的研发，但是新能源汽车产业技术路线图制定工作直到近几年才开始有所推进。相比而言，德国政府强调要从能源系统整体优化角度看待电动汽车产业未来发展，很早就将基础设施与智能充电作为电动汽车发展重点，启动了涵盖零部件、整车、基础设施、运营系统、智能充电等8个区域示范项目，这使得西门子、博世等一批德国企业在柏林、伦敦、新加坡等电动汽车示范项目建设中展示出较高的全套充电设施研发生产能力。

2. 借助合资企业技术研发平台，协同各种创新力量，培育核心技术自主创新能力

近些年，上汽利用与通用合资成立的泛亚汽车技术中心成功实现了自主品牌研发能力的提升。在泛亚中心，数千名中国工程师拥有"数据发布权"，可以进入通用汽车全球数据库，借助通用汽车共享数据库进行产品研发，每年约5%平台技术人才"合理流失"到上汽自主品牌研发中心①。东风汽车也借助与康明斯合资建立的技术平台，实现了核心技术自主创新能力的积累，由于对共同研发的发动机拥有共有知识产权，即便康明斯母公司要使用这款发动机，也要向合资公司支付技术专利费。国际经验表明，借助国家科技组织动员，组织各种创新力量对可能发生革命性变革的科学前沿和关键领域进行攻关，是培育核心技术自主创新能力的可行路径，美国70%的原始创新来自于政府支持的基础研究[22]。同时，促进军用技术和民用技术的双向转化也能提高核心技术自主创新效率。瑞典萨博汽车公司把"二战"时期美国首先应用

---

① 新浪网：《汽车合资企业研发中心从中国制造到中国创造》，http://auto.sina.com.cn/news/2008-04-01/1406360708.shtml.

到军用飞机上的涡轮增压器运用到汽车产业，宣告了汽车产业一个新时代的诞生。

3. 整合创新主体，建立国内技术联盟，加快研发资源共享与海外研发中心建设

借鉴日本经验，政府和行业协会组织可以通过组建多层次技术联盟、建立共享数据库的方式，鼓励科研设施与技术信息联盟进行共享。早在20世纪七八十年代，日本就专门立法把整车企业控制的关键零部件企业独立出来，使之形成充分竞争，引导零部件产业走向创新之路。日本方面通过政府、企业、学校三方的出资支持，将本国电动汽车领域最具实力的31家企业汇集到京都大学，组建技术联盟，让300多位核心研发人员脱离原单位，参与到电动汽车核心技术的攻关当中。美国政府则非常支持科研活动资料开放，每年由国防部、商务部、航空航天局和能源部公开的科技报告多达60多万份。韩国现代汽车研发能力的提升很大程度上得益于其在欧洲、美国和日本的研发中心，很多车型都是先在欧美进行研发，再拿回韩国。我国的长安汽车也借助其在意大利都灵的研发中心，与国外公司联合开发新车，大大地降低了新车研发成本。

4. 建立广泛跨国技术联盟，跟踪国际前瞻性研究，构建核心技术自主研发体系

得益于与众多跨国公司建立广泛的一对多技术联盟，长城汽车成为国内最早掌握核心动力技术的企业之一。比如在发动机、变速器设计方面，长城与马勒、里卡多、博格华纳、吉孚、NTC等建立了合作关系，而在四轮驱动技术上则与博格华纳、吉凯恩合作，在整车设计上与法国达索、日本YARK合作。同时，长城汽车技术中心坚持对国际法规标准进行前瞻性研究。目前，长城汽车已经构建了美、日、欧三大法规管理体系，收集了179个国家及目标出口市场的法规标准，并与英国车辆认证局（Vehicle Certification Agency，VCA）、德国莱茵TüV集团等国际知名认证机构开展深入合作，与30多个国家官方机构建立了长期联系。一汽无锡柴油机厂通过与奥地利AVL公司建立技术联盟，派遣技术人员出国全程参与CA6DL"奥威"重型柴油机研发，学习先进开发理念、设计思想和研发模式，逐渐摸索出了适用于自身的一套高效实用的开发体系，使开发速度提高50%，设计周期缩短2/3，试制和试验周期缩短1/3。

5. 构建共性技术平台，集中资源实现核心技术和关键零部件领域的突破

汽车技术复杂，零部件众多。目前我国单个汽车企业的规模还不足以支撑新一代汽车开发所需的所有技术基础和成本支出，所以，应当把汽车产业分散的技术力量和科技资源组织起来，共建汽车产业共性技术平台，以实现更快、更好的创新效果。2007年12月，中国汽车工程学会等12家单位联合组建"汽车轻量化技术创新战略联盟"，旨在开展汽车轻量化材料应用共性关键技术研究，攻克和自主掌握轻量化核心关键技术，提升汽车行业轻量化材料应用水平。联盟单位包括行业机构、科研院所、汽车企业及相关材料供应商，目前已经启动高强度钢板等5类共计11个轻量化汽车用钢技术规范的制定工作，已完成9款车型33辆车的拆解、分析与测量工作，累积数据量超过250GB。类似于汽车产业，在其他产业内甚至跨产业建立以政府或龙头企业为引导，各个相关企业参与的产业共性技术研发平台也非常重要。应当加大投资力度，健全投入产出机制，搭建共性技术平台，研发产业共性技术尤其是关键共性技术，为相关产业的多个企业服务，提供不同应用的技术支撑。通过产业共性技术平台的构建，产业内企业的重复竞争将获一定程度的减少，分工将得到进一步的细化与优化，在此基础上整合资源投入技术研发，力求国内企业在核心技术和关键零部件制造上有所突破，拥有完全自主知识产权，最终助力于产业竞争力的提升。

（原载于《经济与管理研究》2014年第1期，第64—72页）

参考文献

[1] 洪勇、苏敬勤：《发展中国家核心产业链与核心技术链的协同发展研究》，《中国工业经济》2007年第6期，第38—45页。

[2] 马俊如：《核心技术与核心竞争力——探讨企业为核心的产学研结合》，《中国软科学》2005年第7期，第4—6页。

[3] 全裕吉、陈益云：《从非核心技术创新到核心技术创新：中小企业创新的一种战略》，《科学管理研究》2003年第3期，第5—8页，第27页。

[4] 王江：《从"DVD专利事件"看企业核心技术的重要性》，《东北大学学报（社会科学版）》2003年第1期，第34—36页。

[5] 操龙灿、杨善林：《产业共性技术创新体系建设的研究》，《中国软科学》2005年第11期，第77—82页。

[6] Prahalad, C. K. and G. Hamel. The Corecompetence and the Corporation[J]. Harvard Business Review，May–June 1990：71–91.

[7] 赵晓明、胡德金：《研发关键零部件是推动我国机床行业发展的关键》，《工业工程与管理》2003年第1期，第1—4页。

[8] 秦远建、王娟：《我国汽车关键零部件技术创新产学研合作研究》，《汽车工业研究》2007年第10期，第8—11页。

[9] 闫伍超：《中国本土汽车关键零部件企业成长战略研究》，复旦大学，2008年。

[10] Kaplinsky，R.，Morris，M.．A Handbook for Value Chainresearch[M]. Prepared fo r the IDRC，2000：38-39.

[11] Humphrey J.，Schmitz H.， How does Insertioning Lobal Value Chainsaffect Upgradingin Industrial Clusters?[J]. Regional Studies，2002，36（9）：27-101.

[12] 毛蕴诗、郑奇志：《基于微笑曲线的企业升级路径选择模型——理论框架的构建与案例研究》，《中山大学学报（社会科学版）》2012年第3期，第162—174页。

[13] 邓晓岚、陈功玉：《企业的核心技术与自主创新》，《科技进步与对策》2001年第1期，第119—121页。

[14] 刘林青、谭力文：《专利竞争优势的理论探源》，《中国工业经济》2005年第11期，第89—94页。

[15]Porter，M.．The Competitive Advantage of Nations[M]. Basingstoke：Macmillan，1990.

[16]王德全：《我国企业的技术标准竞争战略研究》，中国海洋大学，2008年。

[17] Hamel，G.．Competition for Competence and Iinter-partner Learning with in Internationa Lstrategicalliances[J]. Strategic Management Journal，1991，12：83-103.

[18] Kogut，B.．Jointventures：Theoretical and empirical perspectives[J]. Strategic Management Journal. 1988，9：319-332.

[19] 李达伟：《中外企业技术联盟的知识共享机制研究》，大连理工大学，2009年。

[20] 刘强：《中外合资企业中方技术学习的困境及对策研究》，苏州大学，2008年。

[21]毛蕴诗：《以关键技术为突破口提升我国产业竞争力》，《国际商报》2012年3月12日第A03版。

[22] 温家宝：《关于科技工作的几个问题》，《求是》2011年第4期，第3—11页。

在华企业围绕空调核心技术的标准竞争

——以美日企业与本土企业竞争为例

一、问题提出

中国许多产品的产量早已居全球第一，但由于缺乏核心技术知识产权，本土企业在标准制定中没有话语权。中国是DVD的生产大国和出口大国，市场份额占全球第一，但其核心技术主要掌握在以日本财团企业为主的"6C联盟""3C联盟"手中。他们通过专利整合形成了DVD核心技术标准联合垄断，向我国DVD生产商索取高额的专利许可费用。我国每出口一台DVD就要交纳20美元技术专利费，而平均出口售价为44.56美元，利润不到1美元。可以说，在DVD的标准竞争中，中国企业是失败的。

1997年至今，中国家用空调一直稳居世界生产和销售第一，近几年本土企业对核心技术和关键零部件的掌握也取得一定突破，但美日企业在核心技术知识产权和标准竞争方面仍处于领先的地位。2009年，新的定速空调强制性能效标准出台，定速空调准入等级由5级提升到2级，该标准的制定对中国本土企业产生重大挑战，淘汰了一批本土企业，使行业重新洗牌，改变了竞争格局。而助推标准升高的正是以松下、大金、三菱为首的在华美日企业联盟，由此可见，在空调领域的标准竞争早已打响。

理论研究与实践证明，标准竞争一直是行业竞争的制高点。近年来，围绕核心技术的知识产权和标准结合，形成对市场的垄断力量，更成为学术界关注的重点和焦点。发达国家和跨国公司特别是一些垄断企业通过国家标准战略、企业标准战略、国际标准组织和规则，将知识产权和标准体系糅合在一起，拥有高科技各个领域标准的发言权，制定有利于自己的标准，维护有利于自己的标准秩序（朱瑞博，2011）。王益民和宋琰纹（2007）认为，知识产权和技术标准战略不仅增加了发达国家在全球市场上的竞争优势，而且诱导了技术后进国家在战略路径上的跟踪模仿和过度依赖，抑制了这些国家自主创新能力的提高，从而使经济发展越来越依附于发达国家。

对于空调产品来说，集中体现核心技术的关键零部件占产品成本较大比重，此时，标准竞争显得尤其重要。美日企业正积极参与中国的标准制定与本土企业展开高层次的竞争，中国如何在具有市场优势和关键技术突破的基础上通过标准竞争获取竞争优势成为赢得竞争的关键所在。本文从空调价值链入手，围绕空调核心技术和关键零部件分析美日企业的标准竞争策略，并提出我国本土企业的应对措施。

二、相关理论与文献综述

（一）标准竞争主要理论综述

国际标准化组织（ISO）对于标准的定义是："一种或一系列具有强制性要求或指导性能，内容含有细节性技术要求和有关技术方案的文件，其目的是让相关的产品或者服务达到一定的安全级别或者进入市场的要求。"关于标准的文献中，一些学者通常将其划为两类，一是政府标准化组织或政府授权的标准化组织建立的标准，也可称为法定标准。二是由市场选择的标准，也可以叫作事实标准（毛蕴诗等，2008）。

张泳、郭炜（2006）认为，标准竞争战略指的是为了在竞争中得到优势，企业针对影响行业标准的一些行为和策略进行全局性和长远性的规划，是与行业标准的形成和转化紧密关联的一种组织活动方式。标准竞争战略并不关注在现有体系下企业如何赢得竞争优势，而是利用其对外部标准的影响，建立起对企业战略上的长久竞争优势地位。标准竞争战略的核心问题，在于将自己的技术建立成为行业标准或者成为行业标准的一部分，从而以标准拥有者的身份获取高额的利润以及长远的竞争优势。

标准竞争战略与一般的企业战略相比，具有诸多不同之处。一般企业战略的最大特点在于通过最大化地配置企业内部资源来增强竞争力，这是某种特定外部环境之下的企业内在反应。而标准竞争战略的目标在于如何影响外部制度环境，最典型的标准就是行业标准，通过影响甚至控制行业标准而建立领先的竞争优势。当这种标准竞争上升到国家标准的水平时，参与制定其他国家的行业标准，将直接促使企业产品成功打入甚至占领他国市场，这也是本文重点研究的角度。

标准之间的竞争是企业在市场或委员会中，通过与同行业其他企业相竞争和博弈，使自己的核心技术成为市场标准的过程。标准之内的竞争是企业通过研发、筹供、生产、销售等各个环节的不断优化及相互配合，形成企业的关键技术，乃至全球技术标准的过程。Gessler（2002）认为，正式化标准的形成包含五个连续的发展阶段（各阶段在发展过程中有交互作用），在这五个阶段中存在标准之间的竞争和标准之内的竞争：（1）正式标准化过程，是正规的成文标准刚产生的阶段。（2）已通过标准的市场传播阶段。符合标准的产品能在市场中竞争，在不同的标准之间也产生竞争。（3）标准研发阶段。在正规标准流程开始后研发活动仍不会结束，还会为创建标准的后续几代衍生标准提供参考，这一阶段标准之间和标准之内的竞争都存在。（4）阶段之间的相互配合。（5）管制与竞争的对抗阶段。这五个阶段的概念模型为我们对标准竞争的研究提供了参考，从标准之间竞争和标准之内竞争的角度考察企业标准形成机制和标准竞争战略是比较全面的。

（二）标准形成机制

1. 基于委员会竞争的标准形成机制

技术标准委员会是以国家、企业协会、民间组织等为主体，由支持不同标准的相关厂商在一起讨论标准的确立，所组成的正式或民间组织（舒兆平、毛蕴诗，2009）。它的主要作用是在市场之外，在产品开发、上市之前确定标准，代表制造商、辅助产品制造商、用户和政府，进行协商和筛选。Carl Shapiro（2011）通过对这些标准制定组织长期观察发现，正式的标准组织对开发、制定新的技术起到非常关键的作用。现有的比较有影响力的国际标准组织有国际标准化组织（ISO）、国际电工委员会（IEC）、国际电信联盟（ITU）及国际标准化组织认可的制定国际标准的其他国际组织（Shapiro，2011）。

2. 基于市场竞争的标准形成机制

熊彼特学派的观点认为，标准形成本质上就是一个市场机制的选择过程。Morris和Ferguson（1993）经研究发现一个企业可以通过控制技术体系的标准而主导整个体系和产业链。我国学者吴文华等（2006）认为，当某种技术获得足够的市场份额，以至于能够对该市场取得控制或施加影响时，该标准即可视作事实标准，一般为行业中占主导地位的企业制定，具有独占性和私有性。通过备选方案之间的竞争，市场通常能快速地确定标准，诸如录像机（VCR）和个人计算机（PC）等产品标准的成功，很大程度应归功于市场竞争的速度和效率。Shapiro和Vrian（1999）认为，企业在委员会中通过协商形成法定标准，但最终仍是由市场来决定真正的胜利者和事实标准，标准竞争是不兼容的技术之间争夺市场支配权的战斗。

3. 政府干预下的市场与委员会的混合机制

政府干预下的混合机制是政府和企业通过影响委员会机制和市场机制进而影响标准的制定，即将市场过程与政府指导相结合，推动本国标准成为全球标准，从而为本国利益服务。权威部门的作用更多地体现为标准推动而不是标准决策。毛丰付、张明之（2005）对信息技术产业中的标准竞争进行了研究，他们认为取得标准制定权至关重要，标准背后的竞争隐含着对经济霸权的争夺和国家利益的维护。

在混合机制中，企业联盟是比较常见的形式，即由民间企业通过协商谈判设定，影响并经过官方标准化组织的确认，从而形成法定标准。标准竞争能否取胜，包括对生产能力、创新能力、知识产权、渠道以及品牌、关键零部件等各种能力的掌控。各产业链或相同技术的竞争对手之间建立企业联盟，以整体的力量赢得标准竞争的胜利。企业通常会在基础技术和产品上和其他企业联合，而在核心产品上采取封闭战略，混合战略是目前市场上最为常见的一种竞争战略（陈志宏，2004）。

（三）标准竞争实证研究

舒兆平（2007）探讨了移动通信运营商基于价值网的标准竞争战略，他认为，随着新技术的出现和新标准的产生，技术融合、产业融合、业务转型、政府参与等带来了对传统价值链的延伸，运营商单靠自身无法为用户提供个性化的信息服务，提出了运营商应主动参与标准的竞争，发挥其主导作用，以客户需求为中心对价值网进行有效整合，从而获得标准竞争优势的运营商标准竞争战略。

微软公司是标准竞争中最为成功的案例之一。在PC操作系统行业，微软占尽先机，为IBM个人电脑提供磁盘操作系统，并保留了其独占权，随后凭借IBM巨大的市场优势，将DOS系统推向全球，成为全球标准操作系统，并通过捆绑销售、战略联盟、技术创新等一系列手段，进一步巩固其全球事实标准的地位。毛蕴诗等（2008）从标准之间竞争的角度论证了微软的成功，探讨了其利用标准竞争获取竞争优势的战略，并提出中国企业和政府可以通过借鉴微软在标准竞争上的成功，寻求企业的振兴与发展。

三、围绕空调核心技术与关键零部件的标准竞争分析

（一）围绕核心技术与关键零部件的标准竞争分析模型（见图1）

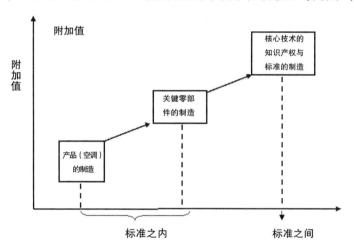

图1 围绕核心技术与关键零部件的标准竞争分析模型

对于技术含量高的产品，关键零部件占其成本的较大比重，如汽车的发动机、DVD的机芯，占产品价值的30%—40%，此时核心技术的知识产权在产品的附加值中占很高比重，而基于核心技术的标准竞争将对竞争格局产生重大影响。本文根据文献综述以及这一类产品的结构，提出围绕核心技术与关键零部件的标准竞争分析模型，并以空调为例进行分析。

如图1所示，从对产品的制造，到关键零部件的制造，再到对核心技术知识产权和标准的控制是企业所有附加值逐渐提升的过程，当今市场竞争的重点也紧紧围绕着这三个方面。其中，产品市场和核心技术、关键零部件是标准之内的竞争，知识产权的获取和标准的制定则是标准之间的竞争。对标准的控制相对于标准内竞争具有更高的附加值，一个企业甚至可以通过控制技术体系的标准而主导

整个体系和产业链（Morris和Ferguson，1993）。在高新技术领域，标准间竞争决定着企业的兴衰成败、产业技术轨道的发展以及产业竞争格局的分布（薛卫、雷家骏，2008）。市场竞争格局通过标准竞争确定以后，围绕产品、技术、服务和品牌的一般竞争才得以展开。因此，标准间竞争已成为行业竞争的制高点。

（二）空调产品关键零部件及价值链分析

1.空调市场竞争格局

表1 2012年在华家用空调品牌竞争格局

中国企业	2012年（万台）	市场占有率
格力（中国）	3567	34.3%
美的（中国）	2530	24.3%
海尔（中国）	706	6.8%
志高（中国）	480	4.6%
奥克斯（中国）	473	4.6%
格兰仕（中国）	239	2.3%
TCL（中国）	338	3.3%
科龙（中国）	246	2.4%
长虹（中国）	161	1.5%
海信（中国）	140	1.3%
外国企业	2012年（万台）	市场占有率
松下（日本）	382	3.7%
LG（韩国）	309	3.0%
三星（韩国）	166	1.6%
富士通（日本）	182	1.8%
夏普（日本）	64	0.6%
三菱电机（日本）	52	0.5%
大金（日本）	41	0.4%
其他	311	3.0%
总计	10391	100%

资料来源：通过松下公司等多个公司资料搜集。

2011年，中国空调产销规模双双破亿，站上了1.1亿台的历史新高位，中国作为世界空调制造基地的地位在不断地加强。2012年，虽然经历了经济下行、政策退市等负面影响，但中国空调仍然取得了过亿台的销售规模，其中，在华本土品牌的市场占有率高达90%，格力、美的和海尔所占市场份额达70%，可谓中国空调业的三大军团。

尽管从市场占有率上看，本土企业已经占据绝对优势，但在核心技术和关键零部件的控制方面美日企业处于领先地位，尤其是在3匹及以上空调领域的核心技术。而且随着变频空调日益成为市场主流，变频技术已经成为衡量一个企业核心竞争力的关键指标。变频压缩机、直流风扇电机、变频控制器芯片、电子膨胀阀、新型环保制冷剂等一系列与变频技术相关的关键零部件，是企业获得利润的重要来源。下面本文针对空调企业的产业链和价值链进行分析。

2. 产业链及其价值构成分析

一台普通空调包括300多个基本零部件，我们习惯将这些零部件归类为：压缩机（包括旋转压缩机、涡旋压缩机、摆动压缩机）；电机（包括内外侧的直流电机、风叶）；热交换器（包括铜管、铝箔）；阀泵（包括截止阀、四通阀、电磁阀、电子膨胀阀、热力膨胀阀）；电子元件（包括智能功率模块、半导体器件）；材料（制冷剂、金属材料、化工材料、磁性材料）。

在所有零部件中，除去压缩机、控制芯片、IPM智能功率模块、制冷剂以外的大部分空调零部件已经成功实现国产化，而所除去的这些正是产业最关键的零部件。包括变频高效旋转式压缩机、涡旋式压缩机、高效率直流风扇电机、半导体器件、新型制冷剂等关键零部件的成本占整机34%左右。表2所示为一台典型的中国企业生产的3匹变频空调的核心零部件成本所占比例。

表2 3匹变频空调核心零部件成本比例分析

零部件成本	成本构成比例
压缩机	18%
变频器	9%
制冷剂	4%
风扇电机	3%
其他零部件	66%

资料来源：通过松下公司等多个公司资料搜集。

3. 关键零部件的竞争格局

（1）关键零部件之一：变频旋转式压缩机

目前市场上3匹及以下的家用空调都使用的是旋转式压缩机。3匹以上大多使用涡旋压缩机。表3所示为中国市场2012年各品牌的竞争格局。

经过十多年的技术吸收，包括上海日立和广东美芝在内的最顶尖的本土企业在压缩机吸排气测试损失分析、压缩机CFD模拟及优化设计、压缩机噪声和结构分析以及疲劳分析等方面已经取得长足的进步。但是在变频压缩机的驱动控制方面、变频压缩机的评价试验基准等方面仍和美日优秀企业存在一定差距。

表3 变频旋转压缩机品牌竞争格局

企业	市场占有率
美芝	26.6%
海立	24.3%
凌达	11.5%
松下	10.3%
LG	6.8%
瑞智	6.3%
三菱	6.1%
三洋	5.2%
其他	2.9%
总计	100%

资料来源：产业在线，2012年。

由于缺少对上游压缩机零部件的掌控，像海尔、海信、志高等本土企业在生产变频空调特别是高能效产品时，大多采用日系供应商的高效变频压缩机等关键零部件。以2012年一台典型的日资企业生产的3匹高效变频压缩机为例，售价给中国空调厂商的价格为820元左右，材料成本基本占据63%左右，劳工费、管理费、制造折旧费和加工费等14%，而技术援助费3%、商标使用费2%，这之后的绝对利润仍然在18%左右，在制造业这一利润已经非常可观了。

（2）关键零部件之二：涡旋压缩机

涡旋压缩机由于其独特的设计，成为空调市场最节能也是加工工艺和技术难度最高的一种压缩形式。目前市场上，3匹以上的家用或轻商用空调都使用涡旋式压缩机。以艾默生、三洋、日立、大金为首的美日公司几乎控制着该领域95%以上的市场份额，如表4所示。

表4 涡旋压缩机品牌竞争格局

压缩机厂家	市场占有率
艾默生	37%
三洋	31%
日立	17%
大金	11%
其他	4%

资料来源：产业在线，2011年。

这几大公司经过数十年全球范围的竞争和发展，形成了各自独特的技术特点和优势。以一台典型的日资企业生产的5匹变频涡旋压缩机为例，销售给中国空调企业的产品价格在1550元左右，其关键的两大部件：马达和涡旋的材料采购和制造成本加起来在42%左右，除此以外的其他零部件占18%。除去制造设备折旧费以及各种管理运营费用以外，涡旋压缩机利润可达25%，而拥有某些特殊专利的压缩机利润可能更高。

（3）关键零部件之三：变频控制器

变频控制器是空调系统的大脑，被誉为至关重要的"黑匣子"技术，目前也基本掌握在日本和美国企业手里，大部分中国企业尚未掌握。变频控制器主要包括电力转换和IC控制两大部分。电力转换部分主要采用集成的IPM模块，而IC控制负责电机控制和系统整机控制。中国在IPM开发方面起步较晚，目前基本依赖国外品牌。IPM模块的品牌竞争格局如表5所示：

表5 IPM模块品牌竞争格局

IPM厂家	市场占有率
三菱	58%
飞兆	18%
三垦	16%
三洋	9%
其他	9%

资料来源：通过松下公司等多个公司，搜集。

负责IC控制的变频芯片主要有MCU和DCP两种，目前国内基本无成熟的芯片，依赖国外品牌。控制芯片已经成为国内空调行业最为薄弱的环节。芯片的市场竞争格局如表6所示：

表6 控制芯片品牌竞争格局

芯片厂家	市场占有率
瑞萨	47%
TI	16%
IR	14%
NEC	6%
三洋	3%
东芝	2%
富士通	4%
其他	8%

资料来源：通过松下公司等多个公司资料搜集。

以一台典型的3匹变频空调为例，其变频控制器的总成本在330—400元，核心零部件IPM模块的价格在12美元左右，而控制芯片的价格在2—3美元。变频市场刚起步时，IPM模块价格最高可达25美元。这些半导体器件的材料成本都非常低。但由于中国制造业在生产工艺和制造水平上的缺失，导致多年来这一领域一直受制于人。在国内变频空调市场规模化爆发下，下游市场的扩张极易受到这些上游供应商的要挟，自2010年下半年以来就曾出现过高达上百万个变频控制器核心零部件的供应缺口，只能期待外资供应商扩大产能来解决。

（4）关键零部件之四：制冷剂

如果说压缩机是空调系统的心脏，控制芯片是空调系统的大脑，那制冷剂则是空调系统的血液。其重要性也可见一斑。R22制冷剂以前是家用空调行业中应用最广泛的制冷剂。但其发展受到臭氧层破坏的制约，使用量正在被逐步冻结和削减。以R410A为主的第二代制冷剂作为过渡产品，正在被越来越多地使用。而这一代的制冷剂虽然成功地减少了臭氧层消耗，但是在全球气候变暖问题上的缺点却暴露出来，在此背景下，各国企业早已纷纷展开了终极制冷剂的研究，各种替代技术和替代路线伴随着背后的国家和集团利益正在登上未来技术发展的舞台。

4. 利润链的分解和产业价值链

宏碁集团创办人施振荣1992年提出微笑曲线（Smiling Curve）的概念，被广泛应用于企业与产业的价值分析，其实质是附加价值曲线。产业价值链的分析有助于了解产业价值产生的关键环节以及价值分配模式，进而确定不同企业所处的价值链条中的地位。综合上述核心零部件技术的成本和利润分析，我国空调产业的产品价值链已经呼之欲出：

从空调产品价值链（图2）的主要环节来看，中国企业占据价值链的中间环节和右侧，在劳动密集型的中间制造、产品组装和装配环节，以及曲线右边的物流品牌运作、销售渠道等占有较大份额。价值链条的洼地是技术含量较低的热交换器、阀、泵等。而在价值链的右端，像苏宁和国美等大卖场以及零售商等，相对制造和装配环节，可以获得更多的利润，他们和品牌空调厂商的利润分配可能会根据各自在产业中所处的地位存在差异，总体来讲，随着品牌运作和销售渠道的建立附加价值逐渐提升。在价值链的最左侧是空调的核心技术和关键零部件，日本、美国等企业生产的变频旋转压缩机、涡旋压缩机、直流风扇电机、控制芯片、IPM模块、制冷剂等核心零部件技术含量高，附加值高。

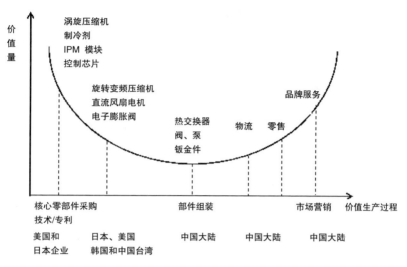

图2 中国家用空调产品产业链价值分布的国别构成分析

（三）核心技术和关键零部件背后的知识产权和标准竞争行为

1. 知识产权的建立——以涡旋压缩机和制冷剂为例

空调产业价值链体现出关键零部件和核心技术是附加值较高的部分，特别是高端上游核心零部件产品包括涡旋压缩机、大功率和高效变频旋转压缩机、变频控制芯片和替代制冷剂。美日跨国企业通过专利申请等途径对这些核心技术进行知识产权保护，增加技术壁垒，并进一步将这些技术加入各国行业标准之中，使产品附加值提高。

（1）涡旋压缩机

1983年，日立开发了世界第一台涡旋空调压缩机并申请了相关专利。其后三菱、大金、谷轮、松下也纷纷开始了涡旋压缩机的研发和批量生产。从20世纪90年代开始，这些跨国公司纷纷在华建立生产基地，经过几十年的技术沉淀和积累，都具备了优越的产品技术和工程开发经验。以谷轮公司为例，其在中国生产组装基地设在苏州，但是其核心涡旋部件仍然从美国进口。涡旋部件是谷轮公司的核心技术所在，凝结了谷轮压缩机最高效的设计和最精尖的制造技术。

在美日等跨国公司，涡旋的制造设备和生产工艺属于公司最高机密，除公司核心设计人员以外，包括管理层在内的任何人都不能进入工厂窥探这些机密。此外，大多数在华跨国公司都会与中国员工签订不竞争协议，以保护公司的产品技术和知识产权。跨国公司正是通过技术保密、知识产权保护等措施，将核心技术牢牢把持在自己手里，从而获取竞争优势，并且限制后发竞争对手的进入。

（2）制冷剂

1931年，美国杜邦公司合成氟利昂（CFC），人类从此进入了一个可以调配温度的时代。杜邦公司早在1990年便在美国申请了专利，1995年又在中国申请了专利。专利中基本上覆盖了各类组成物中所有的比例范围，使得其权利要求和保护的范围非常宽广，后来者几乎不可逾越。近几年杜邦公司又在开发新型制冷剂HFO-1234yf，并申请了相关专利，而霍尼韦尔公司也发布了3种新的混合物：HDY-1替代R22，HDY-6替代R410A，HDY-11替代R407C，并积极推动这些新技术产品的市场化。

众所周知的R410A专利掌握在杜邦、霍尼韦尔和大金3家企业手中。一台空调所需的R410A制冷剂价格最高时可达到R22的5倍多。目前中国生产的变频空调广泛使用R410A制冷剂，产销已经达到上千万台，为此向制冷剂专利拥有企业缴纳了大量的专利费。目前日本大金公司已经向中国大陆企业免费开放了下一代制冷剂R32的15项基本专利，但这些基本专利的技术和商业价值有待考量。新一轮的知识产权、标准和市场竞争已然启动。

2. 美日企业标准竞争策略分析

美日企业在华标准竞争的最大诱因是看重中国这块全球最大的空调消费市场蛋糕，不断追求市场领先地位和利润是参与标准竞争的动力所在。毋庸置疑，日本和欧美发达企业在参与标准竞争方面具有成熟的技巧和运作能力，凭借核心技术和知识产权优势，积极参与中国的技术标准制定。下文阐述了美日企业是如何通过标准竞争策略获取市场竞争优势的。

（1）直接参与标准制定

在阐述美日跨国巨头如何直接参与中国标准制定的具体策略前，先简单回顾一下过往中国家用空调行业的重大行业性标准及对行业的影响。家用空调行业标准主要包括：能效标准、性能标准、产品标准、检测标准、安全标准、环保标准六大方面。在安全、性能、检测标准方面，各国基本等同或等效采用

ISO或IEC国际标准，只是因为国情习惯等的不同而略有修改。能效标准、产品标准、安全标准等方面往往是各企业关心的重点。近几年来，中国一些重大行业标准的标准制定和行业影响总结归纳如下：

① 2008年9月1日实施的GB21455—2008《转速可控型房间空气调节器能效限定值及能源效率等级》。标准起草单位包括中国标准化研究院、清华大学、北京工业大学、格力、美的、海尔、海信、艾默生、大金、三菱、松下、国际铜业协会、中国家用电器研究院等主要起草机构15家。该标准为我国首部变频空调国家标准，将变频空调能效分成5个等级，此标准颁布后，变频空调自此结束了没有能效评定准则的尴尬历史，加速了变频空调进入市场的脚步。这一国家标准的颁布也意味着新一轮的产业升级开始，使得之前一直专注于变频技术的企业受益。而此后的2009年也正式成为变频空调技术在中国的启动元年。

② 2010年6月1日实施的GB12021—2010《房间空调器能效限定值和能效等级》。标准起草单位包括中国标准化研究院、北京工业大学、格力、美的、海尔、志高、艾默生、松下、大金、三菱、国际铜业协会、中国家用电器研究院等主要起草单位约30家。该标准规定2级能效为新的准入门槛，原有的3、4、5级产品被强制淘汰。这次能效标准的提高结束了空调能效低耗电大的历史，并对品牌格局产生了一定影响。掌控核心零部件以及高效换热器和风道等关键技术的龙头企业更显优势，而弱势企业则面临被挤出市场的风险。

③ 2013年修订中的GB9237《制冷和供热用机械制冷系统安全要求》。该标准将对各类制冷剂的使用安全、充注量限值等进行明确规定，该标准的改订将直接关系到未来不同类型制冷剂（特别是碳氢类的微可燃性制冷剂）在中国市场使用的合法性。

④ 2001年颁布的GB18429《全封闭涡旋式制冷压缩机》。由于当时基本上没有中国企业掌握涡旋的核心技术，因此该标准基本上是由艾默生、大金和三洋等美日企业共同起草制定的。

从这些重大标准的起草单位列表中，我们看到了前文提及的跨国公司的名字，他们积极地参与标准的制定起草工作，通过提倡节能环保的方式助推利于自己的标准。通过这些标准的顺利实施，对行业的走势和竞争格局产生影响。

日本企业参与变频标准的制定，更早可以追溯到2005年。在上海由大金、三菱、富士通、夏普、日立五家日资企业联合率先开始制定基于《上海市变频房间空调能源效率限定值》，此举开创了全国变频标准化工作之先河。在该标准中，不仅对该类技术产品进行了明确的定义，同时规范了相应的测试方法和性能评价体系。该标准的技术核心实际是沿用日本JRA4046标准的思路，这次地方区域标准的成功制定为2008年全国性标准的制定，起到一定的示范带头作用。

由于中国标准化管理体制中，对跨国公司的参与没有太多的限制，对参与的形式、范围和程度也没有明确的规范。因此常常会使得标准倾向于朝技术水平更优的企业倾斜。

（2）加强与政府的合作与交流

在2008年定速空调能效标准提高的过程中，美日企业联盟通过对节能技术的潜力评估，成本和技术的分析，国际标准和前沿技术的发展趋势等各个角度进行了充分和有效的论证，帮助政府对自己节能政策的制定更加有信心。当然，正是由于跨国公司的参与，使中国的节能减排取得了更大的进步，这是跨国公司在标准化参与中积极和值得肯定的方面。

在中国家电界，美日跨国公司以参与标准制定为目的，与中国政府在标准的前期研究、修改制定、信息交流和实施等各领域展开深入和广泛的合作。同时，这些企业通常会积极参加政府和行业组织的各类技术论坛推广和拓展其产品和技术。毫无疑问的是，在节能减排等政策背后所隐藏的巨大市场机会是这些跨国公司最看重的。这类形式的合作参与虽然不能直接为公司带来效益，但潜移默化的效果将会在未来不断体现出来。

在国际上，跨国公司也越来越多地利用其特有的市场和政治力量对中国政府施加影响，《京都议定书》《蒙特利尔公约》等国际公约都对包括空调在内的制冷行业产生自上而下的影响。由此可见，政府和政策维度，也是跨国公司参与中国标准化的重要途径和突破点。

（3）技术联盟

在日本实施标准化战略过程中，其所有企业是高度统一和团结的。早在2006年，日本内阁就成立了以首相担任本部长的战略本部，开始研究制定日本的国际标准综合战略，此举表明日本已经开始十分重视国际标准竞争。在日本市场，包括大金、东芝、三菱和松下等都是竞争关系，在国内标准制定时，不同公司之间也存在巨大争议。但同时，这些企业又都隶属于日本冷冻空调工业协会这一更高级别的协调组织。该协会现任会长来自大金公司，副会长包括来自东芝、日立、三菱重工等企业的高管。他们最主要的职责之一就是搜集和提供海外公司的标准信息，推进国家间的交流，参与国际会议和技术论坛，以及同各国政府标准化委员会保持紧密的沟通。此时，所有日本企业是统一而团结的技术联盟关系。而且，这些企业之间很多空调系统、压缩机、制冷剂等核心技术专利是互相交换以及许可的。这一互取百家之长的做法，使得日本整个产业的核心竞争力在全球范围内更加凸显。

四、本土企业的标准竞争策略

中国本土企业虽然在市场占有率上具有优势，但由于缺乏核心技术知识产权和标准制定的参与权，在附加值高的领域无法获得更大发展。而美日跨国公司则通过技术、市场、政府等多维度成功地在中国实施了带有行业特点的标准竞争策略。对此，本文作者提出了中国企业的应对措施。

1. 整合创新主体，建立技术联盟

本土企业组成战略联盟是突破关键技术封锁的一条有效途径，也是实现自主技术标准国际化的关键策略。我们应该借鉴日本经验，由政府和行业协会组织组建多层次的技术联盟，建立共享数据库，鼓励技术信息联盟共享。国外发达国家企业技术创新的实践已经证明，企业技术联盟是实现企业技术创新有效的模式，应该集中力量充分发挥每个企业的技术特长，削减大量的重复性工作，提高合作创新的工作效率。一旦格力和美的，包括海尔、海信、志高等企业缔结成技术联盟，将会产生巨大的合力，开发速度、设计周期等都会大幅提高，真正提升创新的效率。

2. 发挥企业主动性，积极参与国际标准制定

国际标准是各国制定标准的依据，WTO/TBT协议有明确规定，世界上各个国家制定的技术法规、标准必须以已经有的国际标准为基础。因此，中国的产品要想走向世界，必须参与到国际标准的制定。日本的产业界对国家标准化的意识是非常高的。变频标准在2002年已经被日本申请成为ISO标准，这为其在全世界打开了市场。从世界范围来看，日本是这场标准战役的最大赢家，随着能效等级要求的不断提升，全世界大部分地区都选用变频技术替代定速技术。

2011年在澳大利亚召开的第75届国际电工委员会理事大会上，中国正式成为继法国、德国、日本、英国、美国之后的第6个常任理事国。这是我国在2008年成为ISO常任理事国之后，在国际标准中取得的又一次重大突破。中国空调企业需要更多地参与国际标准化工作，积极地参与国际标准化技术交流活动，促使IEC及ISO接受更多中国企业的提案和申请。我们还必须加强对发达国家法规标准的研究，了解这些国家的法规标准建立背后的故事和论证。国家可以积极促进和鼓励各企业以及行业协会等，制定各自的参与国际标准化活动的发展规划，特别是具有较强研发能力的龙头企业，还应该积极推动在国内举办标准化国际会议，这些都是发挥企业主动性并占领国际标准的很好的方式。

3. 充分利用国内市场支持本土企业技术标准

我国拥有全球最大的空调消费市场，这为中国的产品标准成为国际标准或事实标准创造了得天独厚的条件。市场是标准竞争的重要资源，巨大的国内市场支持我国企业在标准制定中发挥作用。国内企业可以借助于市场优势建立起自主知识产权的标准，快速占领国内市场。我国各产业链的龙头企业包括空调器、压缩机、化工企业等应该充分利用市场优势，建立起统一合作的产业技术联盟，开发具有自主知识产权的制冷剂应用技术，进行整机生产线的改造，建立适用于新制冷剂零部件的制造工艺，早日实现产品的量产目标，赢得市场先机。

在替代制冷剂这场和跨国巨头标准之间的竞争中，全球目前没有绝对完美的解决方案，没有技术上的孰高孰低，因此争夺市场的占有率就显得更加重要。拥有足够市场份额的企业在替代制冷剂的争夺战中，往往会拥有更大的话语权。我国本土企业格力和美的，年销售空调在3000万台以上，如果形成标准并在战略上达成一致，将很容易在国内市场上推广和普及。

4. 加大关键零部件研发投入，培育核心技术自主创新能力

与发达国家和企业对研发的投入相比，中国企业仍要继续加强针对核心技术和关键零部件的资金投入。同时应打破重销售轻技术的观念，培养和引进核心技术人才，加强对技术人员的奖励机制和工资改革，培育核心技术自主创新能力。

最近几年，我们看到了国内优秀本土企业在关键技术方面的投入和取得的成效：如美的推出的变频压缩机及室内外风机全直流化的变频技术，格力荣获国家科技进步奖的1赫兹变频空调，志高的云空调变频技术，奥克斯推出热

霸变频空调，海尔除甲醛空调等。这些领导企业的模范带头作用可以掀起技术竞争的热潮，带动产业链的技术创新、产品升级，创造产业链的竞争优势。从这些成效中可以看出，我国在技术的自主创新发展中呈现良好的态势。在此基础上，我们要继续加大对技术研发的支持，摆脱掉跨国公司加工工厂的角色，实现真正的自主创新。

（原载于《学术研究》2014年）

参考文献

[1] A review on test procedure，energy efficiency standards and energy labels for room air conditioners and refrigerator‐freezers Review Article Renewable and Sustainable Energy Reviews，Volume 14，Issue 7，September，2010.

[2] Carl Shapiro. Navigating the Patent Thicket：Cross Licenses，Patent Pools，and Standard Setting. Innovation Policy and the Economy，Volume I，Adam Jaffe Joshua Lerner，and Sott Stern，eds.，MIT Press，2011.

[3] Morris，C.R.，Ferguson，C.H.（1993）. How architecture wins the technology wars. Harvard Business Review 71，86-96.

[4] Shapiro，C. and H. Varian（1999），Information Rules，Boston：Harvard Business School Press.

[5] Vert，Gregory；Stock，Molly；Jankowski，Piotr；Gessler，Paul. Transactions in GIS，Jun2002，Vol. 6 Issue 3，p.259，p.17

[6] 陈志宏：《全球化下的中国企业标准竞争战略》，《世界经济研究》2004年第11期。

[7] 毛丰付、张明之：《ICT产业标准竞争与国家利益》，《世界经济与政治论坛》2005年第2期。

[8] 毛蕴诗、舒兆平、吴瑶：《从微软看标准之间的企业全球竞争》，《经济理论与经济管理》2008年第2期，第65—69页。

[9] 舒兆平：《基于价值网的移动通信运营商标准竞争战略研究》，《现代管理科学》2007年第9期，第51—54页。

[10] 舒兆平、毛蕴诗：《企业技术标准形成机制研究——以移动通信为例》，《技术经济与管理研究》2009年第6期，第44—47页。

[11] 王益民、宋琰纹：《全球生产网络效应、集群封闭性及其"升级悖论"——基于大陆台商笔记本电脑产业集群的分析》，《中国工业经济》2007年第4期。

[12] 吴文华、曾德明：《移动通信产业技术标准形成机制比较及启示》，《科技进步与对策》2006年第8期，第33—36页。

[13] 薛卫、雷家骕：《标准竞争——闪联的案例研究》，《科学学研究》2008年26卷第6期，第1231—1237页。

[14] 张泳、郭炜：《标准竞争战略研究：基于企业战略的分析》，《科技管理研究》2006年第2期，第220—222页。

[15] 朱瑞博：《战略性新兴产业培育的知识产权与标准竞争战略研究》，《上海经济研究》2011年第4期，第79—88页。

创新农村生产经营组织，促进农业发展方式转变

——对中国台湾高雄美浓农会的认识与启迪

提高农民收入、缩小城乡差距是我国需要破解的经济发展难题。台湾农业转型升级的经验值得我们借鉴。据海峡两岸官方机构统计，2010年台湾农民人均收入200799新台币[①]（约合人民币44000元），分别是大陆、广东农村居民人均纯收入5919元、7890元的7.4倍[②]、5.7倍。可见农村、农业在我国、广东省存在很大的发展空间。2012年、2013年初，笔者对台湾高雄市美浓镇和美浓农会进行了实地调研。调研发现，美浓农会的经营运作实践对提高农村组织化程度、促进农业转型升级起到积极的推动作用。

一、台湾高雄市美浓镇、美浓农会的基本情况与经验

美浓镇位于台湾高雄市的中部，是南台湾文化气氛最浓厚，农业蓬勃发展的好山好水之地。从日本占据时期以来，美浓平原就因狮子头水圳的开凿而成为高雄市最大的谷仓。现在美浓的稻米产量仍为整个屏东平原之冠，农业是美浓建庄以来持续不断发展的命脉。目前，美浓区面积120平方公里，人口4.2万人。

美浓农会始建于1919年，为独立的财团法人，实行自给自足、自负盈亏。农会聘请的员工由农会的经营收益支付薪酬。美浓农会一开始为当地唯一金融机构，后来发展并扩大经营范围。现在，农会的主要职责包括：信用，主

---

① 台湾农委会公布数据。
② 数据来源：《经济日报》，《2010年城乡居民收入稳定增长》。

要是为农会里的农户提供金融服务，解决农民生活和生产资金；供销，主要是负责宣传营销，解决农产品销售；推广，主要是良种及农业技术推广及农产品质量安全控制；保险，通过政府的资助为农民提供农业保险，包括养老、医疗、助学奖学等。另外，还增设了医疗部、农业仓库等。

在调研中，我们发现美浓镇、美浓农会的几点经验很值得借鉴：

1. 整合农业产业链，推动产业整体升级

（1）引进良种，培训水稻的栽培管理，严格控制农产品质量，迈向绿色产品

美浓是台湾稻米主产区。美浓农会为提高美浓米的声誉，在生产环节采取了若干措施。一是率先在美浓试种1997年台湾农业改良场培育出的优质米品种高雄145，并于2004年台湾稻米评鉴比赛中荣获第二名，由此打开美浓稻米的名气。2004年，高雄145才在台湾全岛推广。这中间的时间差为美浓赢得了经验和口碑。农会将争取2014年在美浓试种新水稻良种高雄147，并争取购买其品种权，在美浓种植、试销一段时间后再推广。

二是严格控制农产品质量，迈向绿色产品。美浓农会设有推广部，专门负责选定优良品种、推广种植技术、指导农民安全使用农药化肥、对农产品的质量检验监控等。农会通过举办培训班，请来专家培训农民，既提高了农民素质，也对水稻新品种进行了推广。农会也承担农产品质量全过程监控的职责。以美浓稻米为例，由于南台湾地区农民种植的稻米会交由美浓农会统一销售，收割后的稻米直接运送到农会的仓库，再运往各市场最终送至消费者手上。若在各市场上查验出稻米存在农药残留现象，该批次稻米就会被销毁，给农民带来极大的经济损失，也将严重影响"美农米"品牌形象。为了保证米的质量，农会设有农药快速检验站，采收前对每一块稻田都进行抽检，保证稻米质量安全。美浓农会经常在水稻的栽培管理、用药安全、推广良种等方面开展宣讲会。另外，农会也常常举办大型活动，对萝卜、番茄开展种植推广活动及技术指导。

（2）统一营销，打造"美农米"专属品牌

由于农会多年来的坚持和努力，美浓地区所产稻米品质优良，在台湾市场上有着好的口碑。农会将该地区的每一位农民团结在一起，向政府申请，从而成功获得"行政院"农业委员会批准核定一百公顷水稻生产专业区，获得包

装、宣传费用补助。在该生产专业区中产出的稻米，统一由农会以每公斤新台币20元的价格收购，再装成小包装米进行推广，成功打造出美浓地区"美农米"专属品牌。两公斤小包装美农米价格达150新台币（约合33元人民币），远高于市场（5年白米平均批发价）每公斤30.68新台币。美农品牌稻米礼盒"美浓香钻——高雄147"，内含300g稻米两包，售价更是高达130新台币（约合每公斤216新台币）。美浓农会打造的美农米品牌深受市民欢迎，2011年，美农米荣获高雄十大首选农特产精品第一名。

（3）发展特色农业，推动农产品从种植向加工、销售延伸

美浓的特色产品白玉萝卜个小味鲜价值高，价格是普通萝卜的3倍。但是其生产和采摘期集中在11月、12月（采摘期只有2周）。美浓农会采用多渠道混合销售模式，很好地解决了萝卜的销售问题。

第一是在Facebook上建专门的主页营销推广。近年来在种植期吸引消费者到美浓认股田地，所认购的田地上作物归股东所有。农会还推出田间小天使有偿服务，Facebook为白玉萝卜季的认股股东提供所认购田地上作物的生长情况，让股东和农民一起关注农作物的成长，增强收获时的幸福与满足。

第二是举办白玉萝卜促销节（以及摘小番茄的活动）。除了让来参加活动的消费者亲自体验拔萝卜外，农会还组织当地老年妇女教游客煮排骨汤、晒制萝卜干、腌萝卜和制作雪里蕻等。这些可由全家人参与的活动，获得了大众的追捧。白玉萝卜认购异常踊跃，从年初开始就有消费者咨询年底的田地认股，且有不少人重复认购。

第三是文化营销、情感营销与现代流通手段相结合。消费者通过认股田地，还与农民建立了联系的纽带、朋友关系。消费者会更加关心农民朋友的收成情况，想要吃什么也可通过农民朋友快递宅配。

第四是生鲜销售与加工并重。农会组织农民对萝卜进行分拣，品质好的卖到市场，品质差一点的加工成萝卜干，避免在短时间内大批销售的压力和减少损耗。

（4）推动传统农业向农事体验、农业休闲旅游、创意农业延伸

美浓山清水秀、物产丰富。而都市人越来越倾向亲近大自然、亲近农民。美浓农产品一年有3季收获。第一期以水稻为主，第二期大部分是休耕培养地力，第三期秋冬季节是农民收入最主要的季节，主要种植白玉萝卜、小番

茄、红豆。美浓农会针对当地的特点与消费者行为的转变，引导农民从传统的单家独户耕种、销售的模式，转型到农事体验、农业休闲旅游等经营模式。美浓农会通过规划土地分块、分股让都市人来认股田地，举办节庆招徕游客。例如，拔萝卜节是从幼稚园的小朋友在一小块土地拔萝卜开始，现在已经形成拔萝卜的族群。他们大多是三四十岁的父母亲及其幼稚园的小朋友和小学生。以2011年为例，举办了十几场拔萝卜活动，共吸引近千都市人参与或成为白玉萝卜田地的股东，有30%的白玉萝卜被股东和游客买走。同样，摘小番茄的活动也吸引了许多都市人参与。

最近美浓推广农事体验活动，这就是吸引消费者来到美浓居住，可以跟农民一起生活一起工作。比如说来这里住3天，与农民一起施肥、采果，农家怎样生活，他就跟着怎样生活。

这些活动使得民宿租用客房大大增加，10月、11月整个美浓都是人挤人的样子。餐饮业等也齐齐获利，带动了美浓的旅游。其实美浓有很多固定的观光景点，比如说有客家文化村、东门楼有中正湖。经验表明加入农业休闲旅游活动和这些观光景点有很好的互补作用。

2. 美浓农会的经济性和社会性运作实践大大提高了农村组织化程度，营造了良好的社会环境和创业发展氛围

美浓农会的经济性首先体现在它是独立的财团法人，自负盈亏，是一个典型的市场主体。美浓农会的社会性则体现在农会又受政府委托为农户提供保险、金融、技术与推广、产品质量安全控制、代管收购稻谷、代销肥料、代销食盐以及其他仓储等业务。

美浓农会的社会性推动了农村的基本保障制度完善；成为政府与农户之间的联系纽带，营造了良好的社会环境和创业氛围。首先，美浓农会设有保险部。政府通过农会为每个农民办理养老保险、健康保险等。农会为每个农民办理了健保卡，农民凭卡可以很便宜地看病。在养老方面，农民只需缴很少的钱，到年满65岁后每月从政府那里得到7000元新台币老农津贴。因为交的费用很少，入保审查严格，并有明确标准。其次，农会还办理其他许多与农民相关的业务。例如，农会的信用部经营的对象一般都是农民。农会通过获取政府的一些补助，农民付很低的利息就能取得用于农业的资金。再如，农民子女从高中到大学都可向农会申请奖学金，每年经费700万—800万元新台币。实际上该项费用是政府补助的，只是要通过农会去办理。应该讲，全台湾的农民的子女都可以申请。当然它有一些限制，比如说你的父母亲年所得超过114万新台币，就不可以申请。

美浓农会的运作实践大大提高了农村组织化程度，营造了良好的社会环境和创业发展氛围。通过农会的努力，使得从事农业生产有可观的回报。不仅为农作物提供了稳定的销路，也进一步提高了农民的收入，造就了许多年收入超过100万新台币的农民。正是由于农民的收入不断提高，而城市高消费和高失业率，越来越多的年轻人回流美浓。据介绍，美浓近5000户农户中青年农友500多人。2011年有100余人（其中大专以上约30人）、2012年有250人（其中大专以上约85人）。像农会推广股最近就新招聘进了一批平均二十几岁的年轻人。美浓算是返乡青年较多的一个地方，就是说有较多第二代。

与他们的父辈相比，尽管他们在种植技术方面不如老农，但他们有知识，有新思路新方法，掌握现代技术应用，因此与父辈形成了良好的互补共赢关系。年轻人应用现代信息技术进行网上推广、销售，引入宅配等现代流通渠道，创新了农产品销售模式，进一步开拓农产品销售市场。年轻人易于接受科学施肥、用药的管理方法，他们逐步改变了父辈传统的耕作方式，提高了农村的生产力。年轻人的回归一扫沉沉的暮气，给农村带来了生机和活力。

二、创新我省农村生产经营主体、促进农业转型升级的建议

2013年中央1号文件《关于加快发展现代农业 进一步增强农村发展活力的若干意见》，提出创新农业生产经营体制，稳步提高农民组织化。为此提出如下建议。

1. 以市场为导向，发展多种形式的农村生产经营组织

美浓农会的经验虽然可贵，但其发展已经历了近百年的历史。建议在全面调研广东省农村组织现有发展情况的基础上，制定培育和发展农业生产经营主体的规划。例如，壮大和培育现有的股份合作社、专业合作社、供销合作社、龙头企业、家庭农场、专业大户等新型主体，发展多种形式的生产经营。使之成为兼具经济性与社会性的农业生产经营组织。对于有些主体，可以逐步赋予和培育其技术推广、促进城乡商品流通、社会化服务等功能，推动农业的转型升级。

2. 转变观念，多种方式推动农业转型升级

美浓农会的经验表明传统农业有很大升级空间。关键在于通过理念创新、生产经营模式创新、渠道创新、跨产业升级带动了农业发展方式的转变。为农民带来高额回报。例如，在适合开展休闲农业和农事体验的区域，由政府投入必要的硬件建设资金，促进农业产业链的延伸。在商品化程度高的农产品主产区，政府适当扶持农业龙头企业，重点研发推广农产品加工、深加工及商品化技术，实施品牌战略，提高农产品的附加值。同时，促进产学研结合，大力推广良种，推广科学的种植、养殖方法。支持农村经营主体创新农产品销售模式，帮助扩展到农村的物流企业的发展，建立农产品电子交易平台，发展农产品宅配服务，缩短农产品供应链，降低成本和保障食品安全。省有关部门，如发改委、财政厅、农业、旅游、科技等部门要出台相应的政策，支持创新农业生产经营体制，推动农业转型升级。

3. 以特色农业来带动其他产业的发展

我省农业资源丰富，有许多富有特色的农产品。建议各地因地制宜，制定相应的规划。在发展特色农业的同时，带动其他产业的发展。

4. 加大建立农村社会基本保障制度的力度，制定措施吸引农村青年回乡创业

当前，我省农村因缺乏青壮年劳动力而出现农田丢荒，或农田被广西、贵州等外地农民租种。租种的短期行为导致农田被过度利用、地力下降等现象。此外，农村青年流失，使农村缺乏生机活力，必将对统筹城乡一体化发展造成障碍。为此，需要逐步提高农村的基本社会服务、社保、医保水平，解除农村青年的后顾之忧。尽管建立农村社会基本保障制度是一个长期的过程，但是仍然可以长短结合制定措施吸引农村青年回乡创业发展。

例如，成立青年农民创业基金，或出台政策支持青年农民在专业合作社内开展资金合作，鼓励他们开办家庭农场，组建专业化生产企业。通过政府机构和较成熟的农村经济主体对青年农民进行农事生产、农业创业、现代信息技术应用等培训。帮助农民开拓市场，建立高效的农产品销售渠道。在农村倡导形成有别于宗族文化的农村新文化，让农村青年的精神需求得到满足。

（《广东参事馆员建议》2013年第13期）

中小企业如何"专而精，精而强"

——台湾中小企业的启示

中小企业不一定要做大，绝大多数中小企业也不可能做大。德国和日本的成功经验都证明了走"专而精，精而强"之路是中小企业的正确路径选择，也是促进产业整体升级的重要举措。

2011年12月初，笔者赴台调研，走访了台湾企业领袖协进会及其多家成员企业。台湾企业领袖协进会是台湾精英中小企业的民间组织，其成员企业在发展过程中具有一定的相似性。它们都没有盲目追求规模，而是根据自身条件，持续创新，实现了"专而精，精而强"的发展。这些企业的成功经验很值得正在探索转型之路的大陆企业借鉴。

（一）专注特定技术，以一项技术支撑开发出多种产品

专注于某一专门领域的中小企业可以通过不断实现对特定技术的创新，处于该领域的领先地位。它们通过对特定技术应用的深化与推广，开发出具有竞争力的多种产品，以一项技术支撑多样产品，不断拓展企业的生命周期。

台湾微细科技股份有限公司（简称"微细科技"）董事长1999年自创企业，从事发泡材料TPE（热塑性弹性体）的研发、生产。2000年在安平成立第一家工厂，完成了从单纯科研机构向制造企业的转变。2001年微细科技即成为美国著名体育用品公司维尔胜的材料供应商。2003年公司的TPE瑜伽垫生产成功，并被耐克选为瑜伽垫的供应商。2008年，"微细科技"研制成功防水、不腐烂、可回收再利用的TPE微晶木。到2011年，TPE发泡技术实现了革命性的创新，微细科技可以提供从最柔软的瑜伽垫到最坚硬的微晶木等各种产品和材料，在成功研制无胶水贴合的瑜伽垫并实现量产的基础上，创立自主品牌JohnMat。目前，微细科技已成为全球TPE瑜伽垫生产代工的龙头企业之一，

全球市场占有率达10%。

目前微细科技生产的TPE发泡材料已应用于瑜伽垫、防护装置、鞋垫、曲棍球棒、自行车、汽车、电子、包装、室内装修、家具等产业的产品。持续的创新使微细科技的一项技术支持众多产品的生产，可以满足众多行业的市场需求。特别需要指出的是，微细科技研发的TPE发泡技术所生产的产品可以100%地回收，使其主要客户群体已包括耐克等世界著名企业。

（二）专注特定技术，深化技术价值，实现产品升级

台湾光阳工业股份公司是台湾最大的摩托车制造商（简称"光阳机车"），2010年销售量为19.3万辆。光阳机车在成立时主要为日本本田生产零部件，主要业务以OEM/ODM为主。与本田的合作为其提供了学习机会，其技术研发实力不断提升。1992年，光阳机车创立自主品牌KYMCO，进入OBM阶段。自主品牌包括轻便摩托、越野摩托、电动摩托等产品。与此同时，其OEM/ODM业务则向高端发展，为国际知名企业德国宝马、日本Kawasaki、欧洲ArcticCat代工，研发生产先进零部件。在为宝马引擎的代工过程中，光阳机车不断进行技术学习，持续创新，将许多汽车方面的生产制造观念，导入摩托车、引擎等生产中，开发出更多轻量化、马力更高的车款。在日渐成熟且竞争激烈的摩托车市场上仍然牢牢占据一席之地。

（三）专注自主品牌与品牌拓展，开发深加工产品，整合产业链条

目前在台湾大米市场占有率达一半的联米企业，成立于1967年。联米企业的"专而精，精而强"之路可归纳为以下两点。

1. 产业链条的延伸与品牌拓展——农产品的深加工

几十年来联米企业一直专注于稻米的生产和大米的深加工。它以"中兴米"作为中心品牌，进行产品拓展与品牌延伸，开发出钟爱一生、梦美人、台粳9号、五谷米、鱼沼越光米、益全香米、胚芽米、有机米、稻香世家、米师傅、东香米等十多个稻米产品和品牌。另外，公司还开发深加工产品如米咖啡、米冰淇淋、牛轧糖、米蛋糕等。

2. 产业链的整合与产品质量的提升

联米企业整合了整个产业链。在产业链条上游与农民建立了稳定的关系，签订契约，以较高价格保障收购稻米的质量和数量。在产业链条下游，与家乐福、全联福利中心、大润发量贩等多家销售商实现联合，整合下游销售渠

道。在产业链的大米加工方面，联米企业不断引进先进技术、设备，提升产品质量。1988年，公司在彰化县设厂，采用电脑化全自动设备；联米二厂建成台湾首座低温冷藏仓储，引进日本最新碾米设备、洗净技术和无洗米设备，并于同年通过英国UAKSISO9001认证。公司对米的质量评价全面实现电脑化，可通过科学仪器衡量超过20种米的口感指标。2007年，联米企业引进日本品种梦美人米，同时通过500多项农药检测并成功回销日本，在日本各大超市销售。联米企业还把稻米与文化相结合，于2009年建成介绍米文化的稻米博物馆中兴古堡，后又成立联米文化基金会，推广当地的农业文化。

（四）专注绿色环保与可持续发展理念，持续创新、超越竞争

台湾阿托科技股份有限公司（简称阿托科技）是法国最大的企业——达道达尔公司在台湾的子公司，成立于1997年，是一家为众多产业提供表面处理流程技术、化学品、设备和服务的化学公司。公司于2001年在桃园观音工业区设立生产工厂，2002年底实现量产；2004年投入600万欧元成立先进技术研发中心；2008年追加投资200万欧元成立第二座金属表面先进技术研发中心，以服务南部客户，提升台湾汽车、螺丝和电子产业的国际竞争力。

阿托科技长期以来一直重视研发投入、持续创新。公司每年研发费用投入达营业额的7.5%以上，每年的研发贡献均维持较高的水平。2010年研发费用为1700万台币，研发贡献达2.35亿台币。长期以来阿托科技每年平均推出新产品大约占整个产品的1/4。

近年来，阿托科技提出以绿色环保技术为支撑的可持续发展理念。公司不断改进设备和流程工艺，陆续获得各项国际认证，国际竞争力不断提升。在台湾，像阿托科技这样同时获得包括品质管理、环境管理、实验室等国际认证的只有少数几家企业。在内部，阿托科技首先在采购、生产、销售服务、公司基础设施、人力资源等方面全面贯彻和实施低碳理念，现已实现化学药品无污染，如无铅、无镍的流程技术。对客户，阿托科技致力于为其提供绿色产品和绿色服务，主要包括协助客户节能减排，提供有害化学物质的替代品，提供无污染的产品，提供化学再生设备，以实现对环境的零影响为目标。其开发的各种产品已可满足不同法规要求，如欧盟ELV（报废车辆指令）、WEEE（废旧电子电气设备指令）、REACH（化学品注册、评估、许可和限制法规）等。台湾目前已有50条阿托科技Uniplate系列的生产线，每条生产线可减少用水量达5200吨/年。

用阿托科技董事长黄盛郎的话说："一个真正成功的企业发展战略是摆脱竞争。"阿托科技正是凭借其先进的理念从激烈的竞争中脱颖而出，成为化学品业真正的强者。

（五）中小企业实行精细化管理

在精细化管理方面，阿托科技是中小企业的典范。公司将各项管理工作进行细分，并且制度化、规范化，不断精益求精。

1. 产品管理的精细化

公司对研发新产品的种类、系列、技术、标准都有明确的定位、详细规划和实施计划。例如，规定新产品销售额必须占每年总营业额1/4以上，不断丰富产品线和细分市场。为确保产品的优良品质，对各种产品的制造标准和所要通过的认证也都有具体计划和保证措施。

2. 生产管理的精细化

对原物料包装形态、容量、材质有严格的规定，并主张使用"可回收再制材质"容器包装。在生产环节，对作业程序、效能进行改进，提高资源回收再利用率。严格按照国际认证标准，如ISO9001品质管理系统、IEC/ISO17025实验室认证的要求，对生产和研发的设备、流程进行改造。

3. 安全管理的精细化

规定最高主管要亲临现场巡视，对部门每日和年度的安全宣导均有明确规定。规定员工每年接受环境、安全、卫生教育不少于100小时，并重视提升员工对环境、安全和健康的认知与紧急应变能力。因此自建厂以来，公司没有任何重大公共安全意外发生，目前已创下连续超过百万小时无意外灾害和零工作伤害的纪录。

4. 员工管理的精细化

制定了较为详细的《员工行为准则》，责权利明确、到位。例如，"不得与竞争者从事任何形式的合作""避免与供应商、经销商或代理商之股东、眷属、员工或其亲友之间有着特殊的关系""不能与竞争对手独处一室"等规定。切实将公司理念落实到每一个人，例如，为了落实"低碳环保"的理念，为员工购买节能衫、设立"绿色环保日"等。

5. 客户管理、服务的精细化

通过全球化生产、送货系统以及区域性的运输，准时将产品交到客户手中；协助客户弹性、机动生产，加速交易过程，节约流通成本和库存成本。为了向客户提供个性化服务，将技术人员派往客户公司，以提供系统的解决方案。

大陆也不乏优秀的中小企业。例如，广东顺德的东菱—凯琴就是小家电行业的"隐形冠军"，公司生产的电热水壶全球产量第一，深圳市大族激光科技股份有限公司的主要产品激光信息标记，国内市场占有率高达80%。该公司目前是亚洲最大的激光加工设备生产厂商。

然而，还有不少中小企业缺乏持续创新的观念和动力。也有一些中小企业以上市为目标，把更多的精力放在扩大规模、谋求上市上，而不是把企业做强。因此我们认为，台湾企业所走的"专而精，精而强"之路，非常值得我们学习和借鉴。

（原载于《清华管理评论》2012年第5期，第18—20页）

苹果是什么企业

——关于乔布斯和苹果的几个命题

苹果是什么企业。有人会认为是手机制造企业，也有人会认为苹果是计算机企业。然而，一项全球调查结果让人有些吃惊。苹果是在互联网行业排在第一位的企业；微软则是介于互联网与软件之间的企业。而如果我们要把联想归个类的话，则只能说，它属于硬件制造企业。

全球经济连续几年低迷，欧洲债务危机重重。然而苹果在全球市场独领风骚。苹果在全球创造了巨大的新市场，最近成为全球市值最高的公司。2011年7月27日苹果的现金和有价证券总额达762亿美元，甚至超过了美国政府现金738亿美元。

对于乔布斯和他的苹果，已有许多的介绍、意见和评论。特别是在他刚刚去世前后，新闻报道更是铺天盖地。现在，我们或者可以冷静思考。在乔布斯传奇的背后，可以进行哪些深入的探讨和理论的总结。本文的观点见于以下关于乔布斯和他的苹果所得出的若干命题。

命题1：顾客不是上帝，乔布斯的苹果才是顾客的上帝

全球消费者狂热地崇拜乔布斯和苹果，追捧其产品。这与教科书告诉我们的，"顾客是上帝"大相径庭。相反，它表明乔布斯的苹果才是顾客的上帝。即使乔布斯已然仙逝，对苹果的顶礼膜拜依然。

乔布斯设计产品并不需要像许多公司那样做大量顾客调查。他"从不依靠市场研究"。1982年，苹果办公室，当被问道是否要市场调查时，乔布斯回答说："不，因为人们不知道他们想要什么，直到你把它摆在他们面前"。乔

---

① 林其玲：《乔布斯：神话男人的身份进化》，《中国民航报》2011年9月2日。

布斯说："许多公司选择缩减，但我们信的是：如果我们继续把伟大的产品推广到他们的眼前，他们会继续打开他们的钱包。"[1]

事实上，顾客往往并不知道他们需要什么。因为存在信息不对称，顾客对产品、对企业的了解甚为有限。中国消费者更是如此。而且，在许多情况下顾客是不成熟、不理性的。或许只有顾客在挑选商品的时候才会有上帝的感觉。

命题2：企业、企业家可以通过产品创新、管理创新创造市场、引导市场

苹果的系列产品iMac、iPod、iPhone、iPad，刮起了一股又一股的购买旋风。苹果的案例更加有力地证明了如下观点："企业、企业家可以通过产品创新、制度创新、组织创新创造市场、引导市场。"

在相当多的情况下，企业通过发现、创造新的需求，创造市场[1]，因而改变市场活动的方向。由于人们的需求极其广泛，存在不同层次，并且不断发展变化。不仅自发的需求在变化，派生的需求更是不断更新。因此，企业通过产品创新创造市场始终存在大量的机会与可能。这方面的例子可以举出许多，诸如20世纪以来杜邦公司所发明的一系列化纤产品，电子领域的彩色电视机、电子计算机、数码照相机、索尼的随身听等的发明都创造了规模巨大的新市场。"乔布斯和他的同事的开发并非是针对目标人群的普通产品的改进，而是消费者还没有意识到其需求的全新设备和服务"。

命题3：苹果是应用行业边界模糊，实现跨产业升级的典范

自20世纪90年代以来，数字化技术、通信、计算机技术和互联网的迅速发展，以及与之相关的技术融合，使诸多行业之间的边界正在由清晰趋向模糊。出现了电子产品、电信、文化、娱乐、传媒、出版、银行、证券、保险、零售、物流、旅游、酒店以及医疗卫生保健等行业之间相互渗透和融合。

产业融合使资源在更大范围内得以合理配置，大大降低了产品和服务成本；融合扩大了网络的应用范围，使各种资源加入网络的可能性增大，产生了网络效应；而且融合导致了生产系统的开放性，使得消费者成为生产要素的一部分。这三方面效应的共同作用，为企业带来巨大的收益递增机会。产业交叉

---

[1] 柯兹纳认为，企业家竞争过程在短期内通过发现推动市场均衡倾向的功能居于重要地位，在长期中通过发现、发明和创新实现经济增长和促进经济发展具有更为重要的意义。当然，长期的企业家过程可以理解为连续的短期过程或短期过程的扩展。其实，真正的发现必然含有或多或少的创造性成分。

融合使过去不相关的业务变得相关，突破了无关多元化的概念，突破了传统产业链的观点。产业交叉融合进一步提升服务业的内涵，提高服务业的技术含量，提高其附加价值，激活了很多原本死气沉沉的市场，形成许多新的服务、新的业务、新的业态，甚至新的产业、新的经济增长点。

乔布斯对完美的狂热和积极追求彻底变革了六大产业：个人电脑、动画电影、音乐、移动电话、平板电脑和数字出版。第七个产业则是零售连锁。从产品的使用功能看，苹果的iPad跨越了传统的通信、计算机应用，而延伸到文化、娱乐、传媒、金融、证券、艺术等领域。

从产品的研发看苹果跨越了传统的制造、触屏显示器、无线天线、使用界面和传感技术、闪速存储器、主电路板、IT、文化创意、艺术等领域。

近年的趋势表明，新产品的开发必须结合多种不同的技术，跨越多重技术领域。例如，数字电视与多媒体的开发技术已远不只限于显示系统领域，其他的技术，如材料压缩技术、传送技术、激光微波及电脑绘图、可加速信号处理的电路系统技术都成为不可缺少的技术。又如，生物传感技术用于手表制造，可随时测出人体的血压、心跳等指标。这样能使企业的产品与其他企业的类似产品形成明显的差异，从而取得有利的市场地位。

苹果产品的研发、产品应用都跨越了多重领域，实现了跨产业升级，在全球创造新的经济增长亮点。

命题4：苹果立足全球整合资源

通用电气公司CEO韦尔奇早就指出："能在全球整个最大的范围，集合全世界最佳设计、制造、研究、实施以及营销能力者就是全球竞争中的赢家，因为这些要素不可能存在于一个国家或一个洲之内。"苹果在拓展产品功能的同时，也在不断地整合全球资源。

苹果的IC/分立器件供应商主要集中在美国，部分分布在欧洲，少数在韩国、日本等亚洲国家和地区；存储器、硬盘/光驱供应商较集中；被动器件的高端领域被日本厂商垄断，中国台湾厂商主要提供片式器件等相对标准化、成熟化的产品；PCB供应商主要集中在中国台湾、日本；连接器、结构件、功能件厂商主要是欧美、日本、中国台湾公司；显示器件主要由日本、韩国、中国台湾厂商提供；ODM/OEM主要由中国台湾厂商承担。

综合上述资料，从各国厂商从事苹果产品价值链的主要环节来看，日本、韩国、德国、美国、中国大陆和中国台湾等企业为苹果公司的主要生产基地。各部件中，处理器、存储器、基带芯片等IC，以及液晶面板、触摸屏等成本占比较高。按照各环节附加值的高低不同，可以画出以下价值链分布图：

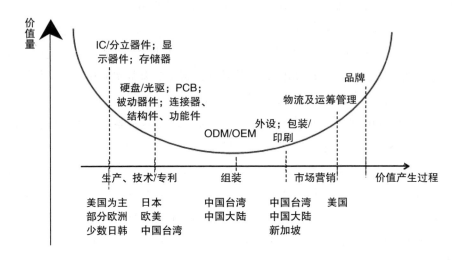

图1 苹果产品（iPhone）全球价值链的价值分布图

从韩国、日本、中国台湾等地的供应商处采购零部件，然后交与富士康、和硕联合、广达等中国台湾代工企业，它们在中国大陆的工厂则源源不断制造出iPhone、iPad、Macbook再输往全球。

命题5：乔布斯的成功既有必然性，也有偶然性

乔布斯与比尔·盖茨一样，两人的成功既有必然性，也有偶然性。从偶然性方面看，共同点都是中途退学，执着、有创业激情；乔布斯的激情所在是打造一家可以传世的公司。假设乔布斯离开苹果后，苹果的绩效不是那么差，乔布斯也可能没有再回到苹果的机会。微软获得的巨大成功是举世公认的。考察微软的成长历史可知，微软的成功自有其必然性的一面。《微软的秘密》一书剖析了微软成功的七个方面，其中就有必然性的因素。

第一，微软的成功当然要归因于比尔·盖茨这样一位敢冒风险、充满激情，敢于从哈佛大学退学的创业者。比尔·盖茨是个"不折不扣的幻想家"；"聪明得令人敬畏"；"他很疯狂"。第二，微软的成功当然要归因于比尔·盖茨这样既懂技术，又懂经营管理的企业家。早在1975年微软成立之初，比尔·盖茨"就以非凡的洞察力意识到了——计算机工业真正的摇钱树在软件之中"。第三，微软的成功也归因于美国容量巨大的国内市场。反观日本，国内市场狭小是制约企业成长的一大障碍。自20世纪80年代以来就很少出现过新的世界级企业。这本身就包含着必然与偶然的两个方面。第四，比尔·盖茨创业之时正是IT行业大发展的时期。可以说，微软的成功完美地顺应了时代潮流的发展趋势。第五，美国有其独有的硅谷机制，在短短的20年就创造出一批世界级企业，微软就是成千上万企业中的幸运儿。

但是，微软的成功也摆脱不了偶然性因素的影响，包括《微软的秘密》在内的许多著作提供了微软成功的偶然性证据。在鼎盛时期的硅谷，每天有上百家企业诞生，也有上百家企业失败，微软就是这些企业中的幸运儿。微软的幸运还体现在其强大的竞争对手IBM、苹果公司的战略失策、战术失误，不仅使微软免遭封杀的厄运，还使幸运之神多次眷顾微软。1981年，微软有幸为最早的IBM的PC提供了很快就畅销全世界的操作系统（DOS），而IBM未能保留对此产品的独占权。另外，如果微软的竞争对手苹果在1984年而不是迟至1994年，就将其Macintosh操作系统授权给其他计算机硬件销售商，它可能就已成为操作系统的主要生产商了。IBM无视市场的变化而犯下了几个战略性的错误：未能控制个人计算机的两个关键部件：操作系统和微处理器，IBM以75000美元的价格让比尔·盖茨买断了个人电脑操作系统DOS的经营权，同时又容忍英特尔（Intel）轻易获取了对微处理器的领先控制权。[①]

因此，比尔·盖茨这位富有远见的总经理，以及当时的绝佳市场机会、苹果与IBM犯错误等因素构成的组合，为微软的成功打下了良好基础。这些因素均折射出必然性与偶然性的特点。

命题6：苹果太Business了

乔布斯讨厌那种自称为企业家的人。

苹果iPhone可谓是手机中的一个神话，让全世界"果粉"为之疯狂。iPhone从一代开始就颠覆了整个手机行业，硬件加软件的组合模式也引领了潮流，iPhone4的出现更是让苹果公司业绩再创新高。

---

① [美]戴维·贝赞可、戴维·德雷诺夫、马克·尚利等：《公司战略经济学》，北京大学出版社2000年版。

苹果今年第一季度财报显示，公司的业绩依旧非常强劲。第一财季营收为463.3亿美元，同比增长73.3%。净利润则高达130.64亿美元，同期相比大幅增长118%，这一业绩大大高出华尔街预期。而本季度业绩能够持续快速增长，主要得益于iPhone的销售增长。iPhone所有产品售出3700万台，比去年同期增长128%，其销售业绩占到苹果本季度整体收入的53%。

有分析称，苹果的高利润，既与其产品本身的高品质有关，但与其压榨代工企业代工费也不无关系。美国《纽约时报》曾对苹果公司新款手机iPhone4的供应链进行解剖，一部售价600美元的iPhone4，所需材料成本约为187.51美元。其中，约80美元的材料是韩国的产品，美国、德国和日本一些公司则提供另一些材料。而苹果公司在每台iPhone4上的获利高达360美元，占到利润的六成。

与苹果的高利润形成鲜明对比的是，将这些元件进行组装的富士康等中国组装企业，每台iPhone4只得到6.54美元的酬劳。相关数据显示，苹果利润率已经突破30%，富士康母公司鸿海科技集团的利润率则从2006年的5.9%降到目前的2.0%。

但是数据也显示，受益于iPhone出货量的强劲增长，鸿海集团去年12月营收达3170亿元新台币（合106亿美元），连续第三个月创下历史新高。

2008年至2010年财报显示，富士康的人力成本不断被压缩。如2009年公司员工数同比增加9.7%，员工成本总额支出同比却减少28%，人均成本同比减少34%。业界认为，在整个电子产品产业链上，越是人力成本堆叠的行业越是毛利低。富士康和苹果之间巨大的利润差别，也只是行业规则的一种体现。

乔布斯已然仙逝，我们无权责怪，特别是乔布斯的思维显然是集中在产品之上。然而，对于苹果这样一个世界级企业，我们未免要说："苹果太企业了。"沿着苹果的利润链展开，我们只能得出结论，富士康出现的"13跳"，毒苹果环境代价，苹果都是幕后推手。在经济全球化的今天，苹果作为一个世界级企业应当在全球范围，而不是在它总部所在的母国来思考、处理社会责任、劳工权益、环境保护之类的重大问题。

基于产品功能拓展的企业升级研究

一、问题的提出

在经济全球化背景下，企业所面临的竞争压力越来越大。由于出口退税政策调整、人民币升值、原材料价格上涨、发达国家贸易壁垒增多、环境问题严重，以及长期处于全球价值链的底部、附加值低，中国企业的转型升级被提到了战略高度（毛蕴诗、吴瑶，2009）。[1]

现有的企业升级研究集中在与技术提升、品牌建立有关的企业功能升级。Humphrey和Schmitz（2002）将功能升级（Functional Upgrading）定义为"获取新功能或放弃现存的功能"。[2]这些新功能主要是指研发和品牌功能，从OEM到ODM再到OBM是典型的升级路径。

然而，企业升级不仅仅局限于企业功能升级。苹果的iPhone手机自2007年上市以来不断升级，至2010年底销量超过了7.3亿台。iPhone成功的关键在于它融合了网络、商务、娱乐、休闲等多种功能，跨越了传统的通信、计算机应用，延伸到文化、娱乐、商务、传媒、金融、艺术等领域。此外，台湾的自行车厂商也在自行车的交通功能上增加了一系列的休闲娱乐功能，使自行车的使用领域扩展到了健身、休闲、社交等领域，成为一种玩具甚至是一种时尚。台湾自行车产业优势曾一度被大陆夺去，但在2009年台湾自行车出口平均单价是大陆的6倍，是台湾自己10年前的3倍。其主要原因是大陆厂商依然停留在制造加工环节，而台湾厂商则不断地拓展自行车的产品功能。

上述两个案例说明了产品功能拓展也是一种有效的企业升级方式。这种方式不同于传统的产品技术升级或者企业功能升级，相关的研究也较少，因此本文将对这种模式进行研究。

二、文献综述

（一）企业升级的研究

Gereffi和Tam在1998年参加美国社会学协会的年会时提出产业升级的概念。Gereffi（1999）提出，产业升级是通过组织学习形成资本或技术的相对优势，提高企业甚至是国家在全球贸易网络中的地位。[3]企业升级是产业升级的微观层面（Humphrey和Schmitz，2000）。[4]Gereffiet等（2001）提出，企业升级是企业加入当地和全球的价值链，最大化地创造价值和学习，使企业一系列能力得以提升。[5]Kaplinsky和Morris（2001）认为企业升级即包括在价值链上某个环节的升级，从价值链上的一个环节向另一个环节的升级，整个价值链的提升，以及进入一个新的价值链。[6]Brach和Kappel（2009）认为，企业升级主要是指技术技能和组织能力的增加，以及企业在全球价值链上的升级。[7]国内在20世纪80年代就提出"企业升级"的概念，但是没有形成系统的学术研究。2000年以后，国内才开始有学者引入全球价值链的理论研究企业升级（张辉，2004；吕文栋等，2005；宣烨等，2011）。[8][9][10]此后，国内学者逐渐综合产

表1 国内外学者对企业升级的研究

学者	升级的方式	价值链的升级
Humphrey 和 Schmitz（2000，2002）	过程升级：重组生产体系或者引进更先进的技术，从而更有效地将投入转化为产出	价值链上的某个环节或者环节之间
	产品升级：引进更先进的生产线，从而增加产品的附加值	价值链上的某个环节；不同价值链之间
	功能升级：获取新功能（设计、营销）或放弃现存的功能，从而提高活动的技术含量	价值链上的不同环节（迈向附加值高的环节）
	跨产业升级：将一种领域的知识应用于另一个领域	新的价值链
Gereffi（1999）、Gereffiet 等（2001）、Brach 和 Kappel（2009）	提高企业甚至是国家在全球贸易网络中的地位	价值链上的不同环节
	加入当地或全球价值链，进行组织学习	价值链上的每个环节
	提升企业能力	价值链上的每个环节
张辉（2004）、吕文栋等（2005）	沿着全球价值链往上升级	价值链上的不同环节
宣烨等（2011）	过程升级	价值链上的某个环节或者环节之间
	功能升级	价值链上的不同环节

资料来源：作者根据国内外文献整理。

业集群理论、全球价值链理论和产业升级理论来研究企业升级，较多的研究集中在OEM企业、劳动密集型企业的升级。从国内外研究现状来看，企业升级的研究还主要集中在基于全球价值链的企业功能升级。

（二）产品功能拓展与企业升级

产品创新是根据顾客的满意度，对产品进行改良，改变顾客原来的使用经验和消费形态（Atuahene-Gima，1996）。[11]以往对产品创新的研究主要是从技术、流程的角度研究（Armbruster等，2008），[12]较少从产品功能的角度分析。产品创新不仅仅是技术改变，也包括产品功能的改变。Schumpeter（1934）认为，产品创新是"采用一种新产品（也就是消费者还不熟悉的产品）或一种新特性"。[13]这种新特性就是指产品的使用领域或者功能。产品功能创新是"为消费者提供一套新颖的利益，但是提供这种创新的不一定是新设备或者新产品"（Ziamou和Ratneshwar，2003），[14]"动态市场需求和市场创新导向下以对象新的功能配置的首次商业化为目标的创新活动"（陈圻，2007a）。[15]

近年来国内学者开始关注产品功能的作用。陈圻（2007b）[16]认为产品功能决定了产品的竞争力，并通过问卷调查和案例研究证明产品功能创新是产品竞争力的主要影响因素，但是没有就产品功能创新的理论、产品功能创新如何促进企业升级做进一步的讨论。毛蕴诗、吴瑶（2009）[1]指出，微软Windows软件在操作系统的基础上涵盖数字多媒体、家庭联网和通信等方面的功能，产品功能不断增强使企业获得了更高的利润。毛蕴诗、汪建成（2006）[17]认为企业可以选择边界模糊的产业作为升级方向，延伸产品和服务，打破产品生命周期和传统业务在时空上的约束，形成新的业务增长点。虽然这些研究都有提到产品功能增强可以提高企业附加值，但是都没有形成系统的理论。Porter（2005）曾提到"以新的方式组合各种功能"，[18]这是一种产品功能拓展的观点。基于此，本文将会对现有的企业升级理论进行梳理，并通过文献研究和案例研究，探讨产品功能拓展与企业升级的关系。

三、基于产品功能拓展的企业升级策略及维度

产品功能拓展是指在原有功能的基础上加入新的功能、新的元素，使产

品拓展到传统的功能领域之外的领域，扩大了产品的应用范围、应用空间和附加值，使产品具有更高的使用价值。功能拓展不仅实现了技术研发在不同行业的应用，也实现了产品跨产业的使用。创新必须满足两个前提：新颖性和有用性（O'Quin和Besemer，1999）。[19]产品功能拓展实际上是新颖和熟悉的平衡：拓展的新功能可以吸引消费者的注意力，原有熟悉的功能可以避免消费者对产品产生误解或者是由于太新而难以接受。因此，原有功能可以借助新的功能来提高竞争力，新的功能可以借助原有功能进入市场。

Ward（2004）认为，创新的形成有三种：一是进行概念组合，二是进行概念类比，三是进行问题界定。[20]陈圻（2007b）将产品功能创新分为功能组合创新和功能匹配创新，前者包括功能集成创新、功能专一化创新和标识功能创新，后者包括功能均衡创新和功能协同创新。[16]汪涛等（2010）把产品创新分为核心系统创新和周边系统创新，前者主要是指改进和完善原有的主要设计性能，后者主要是指加入新的功能或者采用新的外观设计。[21]根据他们的观点，对产品的各种功能进行组合、类比、梳理都可以达到产品功能的拓展。对产品层次的分类，郝旭光（2001）将其分为核心产品、有形产品和附加产品，[22]Philip Kotler（2007）则分为核心利益、基础产品、期望产品、附加产品、潜在产品，[23]经济学则关心互补品、替代品与商品的影响。根据上述的研究，本文将产品功能的拓展途径分为四种：拓展互补或替代功能；拓展冗余功能；拓展模块化功能；拓展跨产业功能。

（一）梳理客户需求，重新定位产品，拓展互补或替代功能

汪涛等（2011）认为，消费者对于产品周边系统的创新有重要的作用。[21]产品功能拓展也要做到消费者导向，根据消费者的需求变化对产品的功能进行重新定位。通过在材料、设计、工艺上实现技术跨越，加入互补或替代功能，使产品的使用更加方便，也能实现企业升级。产品功能的互补性缘于它们有一致的使用场所或者目标市场（Sridhar等，1999）。[24]例如，吉列的剃须刀和刀片就是拓展了产品的互补功能，获得了良好的市场效果。数码相机将胶卷和相机融为一体，成功地占领摄影市场。替代品是一种威胁，拓展产品的替代功能不仅加强了产品功能，同时也降低了替代威胁。例如，现在的电动汽车拓展了传统汽车所具有的"混合动力"功能，从而既可充电又可加油。空调扇结合空调与电扇的优点，能够适当加湿和扩大送风范围，

从空调的替代品变为空调的互补品。

产品价值链（commodity chain）是指产品从概念形成到退出使用的整个生命周期中的所有价值创造活动，包括产品的设计、生产和营销活动（Gereffi，1999）。[3]产品功能的拓展不仅意味着为顾客创造更多的价值，同时也意味着产品附加值的提高。拓展产品的互补或替代功能，可以使产品价值链整体上移。

（二）开发产品使用领域，拓展冗余功能，延伸产业链

产品往往有很多未开发的功能，通过产品创新可以创造市场和引导市场。冗余功能包括两种：一是不需要的、多余的功能，二是未利用的、可能会带来增值机会的功能。由于不同功能之间具有技术相关性，可以使用相同载体或在时间上轮换使用（陈圻，2007b），[16]这使功能具有一定的冗余性。开发产品使用领域，发挥产品的冗余功能，可以延伸产业链从而实现企业升级。3M公司的报事贴就是一个很好的例子。1968年，3M工程人员Silver博士发明了一种很独特的、可简单除去或重新贴上的黏贴剂，但在当时没有任何用途。1974年，另一位3M科学家Art Fry建议把这种黏贴剂用于制作诗集的书签。1977年，Fry将这种技术制造成便条纸，供3M公司总部使用。1980年，3M在美国正式推出报事贴便条纸，风靡全球并成为80年代最受欢迎的消费产品。如今，3M报事贴产品超过600种，那种不太黏的黏贴剂也从工业制造领域，向办公用品，再向商务、广告等领域拓展。台湾微细科技股份有限公司将发泡技术用于TPE高分子材料的合成，用途从博弹板向博制板、博硬板、博彩板、微晶木等领域扩展，其冗余功能在瑜伽、运动产品、汽车、3C电子、包装、家居等领域不断开发。拓展产品的冗余功能也能使产品价值链整体上移（如图1所示）。

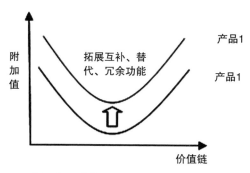

图1 产品功能拓展下的价值链升级

（三）界定现有问题，重新组合功能系统，拓展模块化功能

创意的流失在于忽视了问题的本质，只关注如何解决问题（Ward，2004）。[20]产品功能之间不是孤立的。界定现有问题，对现有的功能进行系统重组，有利于更好地了解顾客从而提供更好的服务。模块化功能是由一系列相关的功能组成，对生产和设计的要求更多，具有一定的系统性和完整性。例如，万向集团从万向节的生产转向汽车底盘、悬架系统、制动系统、传动系统、排气系统等模块化产品的生产。市场上也出现越来越多模块化产品，如组合音响、组合家具、组合电器等。通过拓展模块化功能，扩大和完善产品的功能系统，企业的价值链变为几个产品价值链的叠加，从而实现价值链整体上移（如图2所示）。

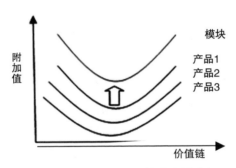

图2 产品功能拓展下的价值链升级

（四）利用行业边界模糊，融合其他产业的新特性，拓展跨产业功能

现有的研究较少关注跨产业升级。拓展跨产业功能是实现跨产业升级的重要途径，它是指借鉴另一个产业的知识，使产品功能拓展到传统使用领域之外的领域，扩大产品的应用范围、应用空间和附加值。跨产业功能拓展有四种常见的方式。第一种是向文化产业拓展。与动漫形象有关的服装、玩具、文具、电子游戏等产业都开始向动漫文化领域拓展，用文化提升品牌内涵和知名度。第二种是向信息产业拓展。出版业、金融业等行业基本上都实现了向手机网络、互联网等信息领域的拓展，在3C融合的趋势下越来越多的消费电子产品向信息产业拓展。第三种是向服务产业拓展。星巴克、哈根达斯不只是提供餐饮食品，更提供高品位的体验和服务。第四种是向其他传统产业拓展。东莞龙昌玩具将传统玩具与电子产品进行融合，大大提高了产品附加值。

拓展跨产业功能属于产品核心系统创新，这是一种突破性的创造，比产品周边系统的创新更难（汪涛等，2011）。[21]拓展跨产业的功能，在原产品的价值链上加入了新产业的附加值，实现产业的跨越，产品价值链可以实现整体上移（如图3所示）。

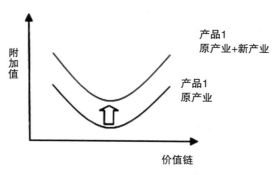

图3 产品功能拓展下的价值链升级

四、产品功能拓展与企业升级的模型及案例

（一）产品功能拓展的内部动因

企业家精神是影响产品功能拓展的重要因素。企业家的活动不仅包括创建新组织，也包括识别、创造和开发未来产品服务的机会（Venkataraman，1997；Scottt和Venkataraman，2000）。[25][26]产品功能拓展也属于企业家的活动。企业家精神会使决策者具有创业敏感性，迅速地捕捉到产品功能拓展机会的存在；利用原有知识，发现产品功能拓展的机会；具有先动性，采取一系列的行动创造产品功能拓展的机会。

高层管理能力影响产品功能拓展策略的制定。高层管理团队是企业战略的主要制定者。高层管理团队的领导风格、领导愿景、领导行为会影响企业战略的制定（Westly和Mintzberg，1989）。[27]Davis（1997）认为，CEO或者高管团队是企业的管理家，他们的动机是追求委托人利益的最大化。[28]毛蕴诗、姜岳新、莫伟杰（2009）指出管理整合能力是企业升级的关键内部因素。[29]高层管理能力影响着企业创新文化的形成（Ireland等，2003）[30]，能减少拓展产品功能所遇到的阻力。最后，高层管理能力也决定了利用和整合资源的程度和效果。

技术创新能力是产品功能拓展的基础。技术创新对于跨越多重技术领域，实现产品功能拓展有非常关键的作用，否则很难将其他领域的功能融入原来的产品。先进的技术创新能力不仅使企业快速推出新产品，而且还可以创造新的需求、新的市场。苹果公司就是不断坚持创新，将各种功能整合到一个产品上，通过产品功能拓展创造了新需求。

（二）产品功能拓展的外部动力

收入水平的变化会引起消费者支付能力的变化，从而引起商品性质的变化。商品性质的变化是产品功能拓展的前提。在20世纪六七十年代，由于人们的收入水平较低，自行车是一种高档消费品。随着收入的提高，自行车变成了普通商品，市场对它的需求达到饱和状态。如今，人们的收入水平大幅提高，厂家对高品质、高品牌的自行车加大投入，这种自行车成为一种高档消费品，产品功能向健身领域、休闲领域拓展。

消费观念的变化会影响消费者的偏好，也能导致对某种功能需求的增加。消费观念取决于社会文化风俗、人们的习惯、社会生活方式等。张新安（2010）的研究表明，中国消费者购买决策的主导因素是社会规范和他人意见。[31]近年来国际油价上涨，"节能减碳""绿化地球"的观念相当风行，消费者对自行车的需求迅速增加。另外，随着消费者意识到健康、社交、自我实现的重要性，这要求自行车除了交通功能以外，相应地增加健康、社交、自我实现的功能。台湾自行车就是顺应这种消费观念的变化，拓展休闲娱乐、自我实现等功能，成功实现升级。

产业融合是一种由于技术进步、放松管制与管理创新，导致各产业边界处出现了技术融合、业务融合、市场融合，从而使得传统行业边界出现模糊的现象。行业边界模糊将产生新产品或新服务，满足消费者对产品简单化的需求。从价值链的观点来看，产业融合使无关的、非价值链上的业务活动有越来越强的相关性并形成价值网（毛蕴诗、王华，2008）。[32]产业融合、行业边界模糊使融合的产品具备了多类产品的特征与功能，产生了替代性和互补性产品集成（Martha等，2001）。[33]随着技术的发展，各种功能可以通过同一个载体来提供，这为产品功能拓展提供了技术上的可行性。例如，20世纪90年代以来，由于信息技术的发展，通信行业的功能已经实现向文化娱乐、传媒出版、金融证券、保险、零售、物流、旅游服务等功能拓展。

（三）产品功能拓展推动企业升级的理论分析

1. 产品功能拓展策略推动企业内外部资源的整合

异质性的资源并不能直接为企业带来价值、创造机会，需要企业进行有效的整合（Sirmone等，2007）。[34]资源拼凑理论（Baker和Nelson，2005）[35]也指出，企业在最初可能只能将一些一般性的资源进行拼凑，但是它可以创造性地组合这些资源。产品功能拓展是一种立足全球范围的资源整合活动。从资源的类型来看，它涉及各种利害相关的资源，如内部的设备、技术、员工、股东，外部的客户、供应商、战略合作伙伴等。相关的资源整合活动包括：（1）通过引进生产线或者是提高设计技术、生产技术等使产品功能向高附加值的方向发展，或者是使不同功能之间得以组合；（2）调整组织结构，以配合产品功能拓展的研发设计、生产、营销活动；（3）加强客户关系管理，以客户为导向完善产品功能；（4）整合中介组织、经销商、业务伙伴、联盟、社区团体，保证前向的营销宣传环节，从而成功地把拓展后的产品推向市场。

2. 内外部资源整合促进企业能力的积累与演进，最终实现企业升级

在内外部资源整合下，企业最终实现转型升级。首先，内外部资源整合促进组织学习，形成能力积累和提升。企业在不断对内外部资源和能力进行构建、调整、整合和重构中会形成动态能力，以适应持续变化的环境（Tecce和Pisano，1994）。[36]根据资源拼凑理论，企业在拼凑资源的过程中会不断地进行组织学习，组织学习又会促进资源的积累和能力的形成。在产品功能拓展的过程中，企业的生产制造能力、创新技术能力、企业家精神、资本能力、创新人才、营销能力、管理整合能力等不断提升，并决定着企业的升级战略（毛蕴诗、姜岳新、莫伟杰，2009）。其次，产品功能拓展提升了产品的附加值。这主要从两方面来提升：第一，实现了技术在不同领域的应用，发挥了技术研发的规模经济性，从而提高企业研发投入的经济效益；第二，大大地提升了产品的应用范围、应用空间和附加值，使产品拓展到传统的功能领域之外的领域，产品的功能也更加完善、更强、更新颖，具有更高的附加值。最后，拓展跨产业的功能使企业进入附加值更高的领域，开拓新的业务增长点，实现跨产业升级。

（四）产品功能拓展推动企业升级的案例

奥飞动漫股份有限公司（以下简称奥飞动漫）位于广东省汕头市澄海区

奥迪工业园，是中国第一家上市动漫企业，各项财务指标均高于行业平均水平。虽然奥飞动漫的案例可能不带有普遍性，但是极端的情况往往能提供研究的机遇（Eisenhardt和Graebner，2007）。[37]单一案例也往往能够更加深入地进行分析（周长辉，2005），[38]因此本文以奥飞动漫为例，分析产品功能拓展如何推动企业升级。

表2 奥飞动漫近几年的业务收入及研发投入情况

单位：万元

业务	2005年		2006年		2007年		2008年		2009年		2010年	
	收入	比例	收入	比例	收入	比例	收入	比例	收入	比例	收入	比例
动漫玩具	1708	8.4%	11201	41.6%	28129	56.6%	27501	61.0%	40890	69.2%	60249	66.6%
非动漫玩具	8633	91.6%	15671	58.2%	21125	42.5%	16140	35.8%	11431	19.3%	14497	16.0%
动漫影视片	/	/	33	0.1%	229	0.5%	403	0.9%	6431	10.9%	14904	16.5%
动漫图文作品	/	/	/	/	205	0.4%	724	1.6%	239	0.4%	586	0.6%
电视媒体	/	/	/	/	/	/	/	/	/	/	287	0.3%
其他授权	/	/	/	/	/	/	351	0.8%	93	0.2%	/	/
合计	20342	100%	26906	100%	49688	100%	45119	100%	59083	100%	90523	100%
研发投入	—	—	860	3.2%	1912	3.85%	2124	4.71%	2702	4.57%	3300	3.65%

资料来源：根据奥飞动漫的招股说明书及年报数据整理，2005年研发投入数据暂缺。

表3 奥飞动漫的企业升级相关资料

企业	奥飞动漫	成立时间	1993年	所在行业	动漫玩具
公司规模	截至2011年9月30日总资产为15.6亿元。2011年上半年实现营业收入4.78亿元，同比增长54.66%，高于行业平均水平				
企业家精神	冒险性：1986年，创始人蔡东青以800元起家，买了一台手压机开始生产塑料喇叭，开始创业之路；2004年开始走自主创新的路径，打破了之前大部分动漫企业"内容先行，衍生品收回成本"的模式，采用"衍生品先行，内容辅助"的模式 前瞻性：蔡东青制定了三步走战略。第一步做产业的运营商，第二步成为中国最大的动漫供应商，第三步是整合所有产业资源布局，成为中国的迪士尼。计划从玩具开发销售到未来将向现代商业零售渠道、童装童鞋、动漫乐园、网络游戏、互联网等新的领域拓展布局 行动领先：90年代初创新性地把四驱车引入教育渠道				
高层管理能力	总经理蔡东青、副总经理蔡晓东具有多年的玩具从业经验和丰富的社会资本 副总经理蔡立东在2000年进入公司海外事业部至今，历任部门经理、部门总监，拥有丰富的海外市场拓展经验 副总经理李凯曾就职于美的集团制冷公司、美的集团洗衣机公司、美的集团小天鹅公司，历任HRM、运营与人力总监，拥有10年的人力资源工作经验 副总经理兼财务总监邓金华具有多年的从业经验，曾在美的等企业任职，熟悉内部财务管理、成本控制 董事会秘书兼资本战略总监郑克东具有丰富的信托投资经验				

企业	奥飞动漫	成立时间	1993 年	所在行业	动漫玩具
技术研发能力	研发投入：研发投入占公司营业收入的比重超过 3%。 自主创新：建立和培养了一支动漫研发队伍；知识产权拥有量在国内玩具行业名列第一 合作模仿创新：与万代、迪斯尼、虹猫蓝兔等动漫企业合作，促进模仿创新；与广东省工程技术研究开发中心合作，开始自主研发				
环境变化	收入水平：国内儿童玩具消费偏低[1]；家庭收入的上升 消费观念：独生子女政策所带来的家长对儿童需求的重视，高端玩具逐渐受到青睐；社会对文化产业的重视 产业融合：新技术如电子技术在玩具生产中广泛运用，产品的性能不断加强；芬兰 ROVIO 公司的"愤怒的小鸟"将手机游戏与玩具等衍生产品结合起来获得巨大反响，喜洋洋将动漫、电影与玩具等衍生产品结合起来，收入超过 3 亿元				
产品功能拓展策略	拓展互补或替代功能：利用玩具与动漫影视片、动漫图文的互补关系，拓展玩具的动漫功能 拓展冗余功能：四驱车玩具与四驱车竞技比赛相结合，悠悠球玩具与学校团队比赛项目相结合，拓展产品的潜在社交功能，将玩具设计技术应用于婴童车制作，拓展技术的冗余功能；拓展玩具的娱乐和教育功能 拓展模块化功能：动漫影视采用系列剧（将初次播放、续集、真人版、剧场版、舞台剧模块化）的方式，拓展模块化功能 拓展跨产业功能：向文化产业拓展（动漫产业）；向传统产业拓展（电子产业，制造电子玩具，电视媒体业，印刷业，进入动漫图文）；向服务业拓展（举办体验活动，计划开办动漫乐园）				
内外部资源整合	加强与国内外优秀动漫企业合作，引进其他企业的动漫形象 2009 年登陆中小企业板，采用股票市场治理 整合优质资源，如收购嘉佳卡通频道、服饰企业等；联合华南师范大学教育科学学院建立了中国首家幼儿早期教育研究中心，开发幼儿市场 在产业链的上游部分，增强原材料控制能力；同时，在衍生品的联动下，加强动漫内容的研发制作 在下游则拓展互补市场，如形象授权和衍生品销售；2010 年设立英国销售子公司				

---

[1] 据奥飞动漫招股说明书显示，2008年我国儿童人均玩具消费约为10美元，而日本儿童人均玩具消费支出288美元，美国为290美元，英国为323美元，世界为34美元。

企业	奥飞动漫	成立时间	1993 年	所在行业	动漫玩具
企业升级	**能力提升** 营销能力：销售规模从 2005 年的 2 亿元上升到 2010 年的 9 亿元，增长 3.5 倍。在国内，建立三级营销渠道，139 家区域总经销商，进入了 13000 多家百货商场、卖场和玩具销售店。在国外，在东南亚、欧美、港台地区、东北亚、中东、南亚等均有销售，采用传统的贸易模式与代理制相结合的营销模式 质量管理能力：通过德国、中国的多项质量认证 生产能力：制造能力不断加强，产能不断扩大 自主研发能力：OEM 业务的销售比例不断下降，自主品牌的销售比例不断提升 **产品附加值提升** 2011 年上半年，动漫玩具、动漫影视的毛利率分别为 33.34%、72.87%；随着电子玩具比重的增加，传统玩具的毛利率也高于行业平均水平，达 23.81% **跨产业升级** 动漫玩具销售收入从 2005 年的 1708 万元上升到 2010 年的 6.02 亿元，增长 35.3 倍，占总收入比重从 8.4% 上升到 66.6%，而这期间非动漫玩具仅增长 0.67 倍 开拓了动漫影视片、动漫图文作品、电视媒体等新领域，使其成为新的业务增长点，实现了跨行业发展。特别是动漫影视片从无到有，超过非动漫玩具成为第二大业务				

资料来源：Wind 资讯、奥飞动漫公司网站。

从奥飞动漫的案例可以发现，在内部因素（企业家精神、高层管理能力、技术创新能力）和外部环境因素（收入增加、观念变化、产业融合等）的推动下，奥飞动漫形成了产品功能拓展策略。奥飞动漫的产品功能拓展策略包括拓展互补功能、拓展冗余功能、拓展模块化功能、拓展跨产业功能。在这些策略的推动下，奥飞动漫进行内外资源整合，采用全产业链运营模式，充分整合内外部资源。在整合资源的过程中，奥飞动漫不断地进行组织学习，促进能力的积累与演进。最后，奥飞动漫在产品结构、产品利润方面都实现了提升，不仅提升了产品附加值，同时实现了跨产业升级。

根据上面的分析，本文提出产品功能拓展促进企业升级的模型（如图4所示）。

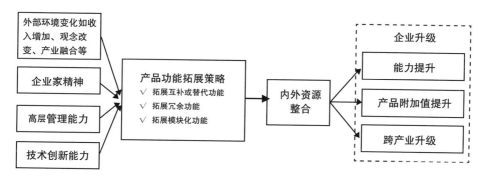

图4 产品功能拓展促进企业升级的模型

五、结论与启示

本文对奥飞动漫的升级案例进行分析，构建产品功能拓展促进企业升级的整合分析框架，试图探讨产品功能拓展促进企业升级的作用机理。研究发现：

1. 产品功能拓展是企业主动应对外部环境变化做出的战略反应

居民收入水平的变化会引起产品性质的变化，可能使产品从奢侈品变为普通品，甚至是劣质品。同时，随着居民收入的增加，高端、高品质、个性化的产品大受欢迎。奥飞动漫也是在居民生活水平提高的前提下，不断地向高端领域拓展产品功能。

消费观念的改变不仅引起了消费者产品偏好的变化，也推动了功能偏好的变化。社会对文化产业的重视提高了奥飞动漫的组织合法性，消费者对奥飞动漫的产品有较高的认可度。另外，独生子女政策使家长对儿童的需求更加重视，对玩具的需求增加，并对玩具的娱乐、教育等功能给予了重视，这对于奥飞动漫的产品功能拓展有一定的导向作用。

产业融合在技术和行业管制上给予了产品功能拓展更大的空间。在技术上，奥飞动漫已经实现了与电子技术的融合，推出了众多智能玩具；在行业上，产品功能实现了向动漫影视、动漫图文、影视媒体等领域的拓展。

2. 企业家精神、高层管理能力和技术创新能力决定了产品功能拓展策略的形成

在创意认知中，企业家精神起着重要的作用。奥飞动漫形成了创新的公司文化，对创意研发人才给予重视。公司的创始人蔡东青表现出了企业家的冒险性、创新性、行动领先性（Miller，1983），[39]这些对于公司从传统玩具向动漫玩具的转型有重要决定作用。

高层管理能力决定了产品功能拓展的实施的可能性。产品功能拓展需要充分利用企业的技术经验和产品市场经验。高层管理团队不仅是企业技术经验和市场经验的主要来源，也决定了这些缄默知识为企业所创造的价值。奥飞动漫是一家上市家族企业，创始人兼公司高管蔡东青和蔡晓东具有多年的玩具从业经验，弟弟蔡立东也具有多年的海外市场拓展经验，职业经理人李凯、邓金华、郑克东分别具有丰富的人力、财务、资本运营经验，公司高管表现出较强的管理能力。

同样，技术创新能力是产品功能拓展的基础。奥飞动漫正是掌握了动漫制作、动漫玩具开发与设计、电子技术，才不断地向动漫玩具和电子玩具领域拓展。

3. 产品功能拓展的实施是立足全球范围的一系列整合资源和提升能力的过程

外部环境的变化触动了企业的惯例，企业家精神、高层领导能力则推动了企业的搜寻行为。产品功能拓展是企业搜寻的策略，也是一系列整合全球资源和提升能力的过程。奥飞动漫采用全产业链运营模式，加强上游的原料采用、内容研发、产品设计等环节的管理，在下游环节则拓展销售互补市场、加强销售渠道建设，使动漫玩具、动漫影视、动漫图文的销售形成了联动效应。除了整合原有的价值链以外，奥飞动漫还整合了外部资源，如与国际知名动漫企业合作、并购战略资产、建立战略联盟等。苹果在拓展产品功能的同时，也是不断地整合全球资源：从韩国、日本、中国台湾等地的供应商处采购零组件，然后交与富士康、和硕联合、广达等台湾代工企业，它们在中国大陆的工厂则源源不断制造出iPhone、iPad、Macbook再输往全球。

4. 产品功能拓展对于传统产业利用原有优势、实现产品升级有广泛的应用价值

产品功能拓展为导向的企业升级路径是建立在原有的研发、生产、渠道、营销知识，以及原有的资源能力基础上的资源整合活动。这种升级策略比

进入一个全新的行业更加稳健，更能运用企业原有的优势。目前对转型升级的认识有一些误区，认为转型升级就是引进外资、设备、技术，转向高技术、高附加值的产业。一些企业放弃了传统的劳动密集型行业，转去做高附加值的行业。实质上传统的劳动密集型行业如玩具业、纺织业、自行车制造业等是国民经济发展的基础，这些行业通过产品功能拓展可以实现产品升级，最终推动产业升级。台湾自行车将产品定位为高档的娱乐休闲品，利用原有的技术、市场基础，通过采用新材料、新工艺生产新一代的自行车。奥飞动漫的传统玩具利润率高于行业水平，其原因就是利用传统的电子技术，开发电子玩具和智能玩具，实现了产品升级。企业应充分利用传统产业的资源和优势，通过科技创新实现传统产业之间的产品功能整合，推动传统产业的转型与升级。

5. 产品功能拓展可以推动服务业、文化产业与制造业的融合，实现产业链延伸与升级

随着全球化进程的加快，企业竞争不断加剧，逐渐演变为跨国界、跨产业的竞争，仅靠质量和成本无法实现企业的永续经营。成功的企业不仅销售产品和服务，更是在销售它独特的文化。制造业若只靠输出劳务、生产产品，只能赚到微薄的利润。在传统产品上增加文化的元素，使顾客为购买文化而购买产品，不仅提高了产品的竞争力，同时也实现了制造业产业链的延伸。奥飞动漫就是在传统玩具上加入动漫文化，实现了企业升级。此外，服务业若能够向文化产业拓展，也可以实现产业链的延伸与升级。迪士尼乐园就是成功地将文化产品（即迪士尼动画片）融入主题公园中，成为世界上最成功的游乐园。最后，服务业和文化产业也可以实现向制造业的延伸。服务业和文化产业可以结合制造业，开发文化衍生产品，创造和引导文化需求，实现良性循环。迪士尼的盈利模式是通过动画片的制作与播放，不断提高品牌知名度来吸引游客，在获得门票收入的同时，在主题公司中出售旅游纪念品获得二次盈利，而纪念品的发售又进一步宣传了迪士尼文化，再次提高品牌知名度，实现二次升级。

由此可见，产品功能不仅可以在传统产业之间拓展，也可以在传统产业与新兴产业之间，或者传统制造业、新兴产业与服务业之间拓展，最终实现跨产业升级。这不仅创造了新的产品、新的市场，同时也促进了产业结构的调整与升级。

（原载于《学术研究》2012年第5期，第75—82页）

参考文献

[1] 毛蕴诗、吴瑶：《企业升级路径与分析模式研究》，《中山大学学报（社会科学版）》2009年第1期。

[2] Humphrey, J.and H.Schmitz. "How does insertion in global value chain saffect upgrading in industrial clusters?" Regional Studies, Vol. 36, No.9, 2002, pp.1017−1027.

[3] Gary Gereffi. International Trade&Industrial Upgrading in the Apparel Commodity Chains. Journal of International Economics, Vol. 48, 1999, pp.37−70.

[4] Humphrey, J.and H.Schmitz. Governance and upgrading: Linking industrial cluster and global value chain research, IDSWorking Paper No.120, Institute of Development Studies, University of Sussex, Brighton, 2000.

[5] Gereffi, G.and J. Humphrey, et al. "Introduction: Globalisation, Value Chains and Development." IDSBulletin, Vol.32, No.3, 2001, pp.1−8.

[6] Raphael Kaplinsky, Mike Morris. A Hand book for Value Chain Research. Prepared for the IDRC, 2001.

[7] Brach, J.and R.T.Kappel. "Global Value Chains, Technology Transfer and Local Firm Upgrading in Non−OECDCountries." OECD working paper, Vol.110, 2009.

[8] 张辉：《全球价值链理论与我国产业发展研究》，《中国工业经济》2004年第5期。

[9] 吕文栋、逯春明、张辉：《全球价值链下构建中国中药产业竞争优势——基于中国青蒿素产业的实证研究》，《管理世界》2005年第4期。

[10] 宣烨、孔群喜、李思慧：《加工配套企业升级模式及行动特征——基于企业动态能力的分析视角》，《管理世界》2011年第8期。

[11] Atuahene−Gima, K.Market or ientation and innovation, Journal of Business Research, Vol.35, No.2, 1996, pp.93−103.

[12] Armbruster, Heidi, Andrea Bikfalvi, Steffen Kinkel and Gunter Lay, "Organizational Innovation: The Challenge of Measuring Non−technical Innovationin Large−Scale Surveys", Technovation, Vol.28, 2008, pp.644−657.

[13] Schumpeter, J.A.The Theory of Economic Development: An Inquiry into Profits, Capital, Credit, Interest and the Business Cycle, Oxford University Press, London.1934.

[14] Ziamou, P.L.&S. Ratneshwar. "Innovationsin Product Functionality: When&Why Are Explicit Comparisons Effective?" The Journal of Marketing, Vol. 67, No.2, 2003, pp.49−61.

[15] 陈圻：《产品功能创新战略理论框架》，《科学学与科学技术管理》2007年第12期。

[16] 陈圻：《中国式蓝海战略——产品功能创新战略及其竞争力评价》，科学出版社2007年版。

[17] 毛蕴诗、汪建成：《基于产品升级的自主创新路径研究》，《管理世界》2006年第5期。

[18] Michael Porter, Competitive Strategy. 陈小悦译，华夏出版社2005年版。

[19] O'Quin, K.and S.P.Besemer, Creative Products, Encyclopedia of Creativity M.A., Runcoand S.R.Pritzker（eds.）.San Diego, CA: Academic Press, 1999, pp. 267−278.

[20] Ward T.B..Cognition, creativity, and entrepreneur ship.Journal of Business Venturing, Vol.19, 2004, pp.173−188.

[21] 汪涛、何昊、诸凡：《新产品开发中的消费者创意——产品创新任务和消费者知识对消费者产品创意的影响》，《管理世界》2010年第2期。

[22] 郝旭光：《整体产品概念的新视角》，《管理世界》2001年第3期。

[23] Philip Kotler, Marketing Management（11th Edition）. Pearson Prentice Hall, 清华大学出版社2007年版，第408页。

[24] Sridhar Samu, H.Shanker Krishnan, Robert E.Smith. Using Advertising Alliances for New

Product Introduction: Interactions between Product Complemen tarity and Promotional Strategies.The Journal of Marketing, Vol.63, No.1, 1999, pp.57-74.

[25] Venkataraman, S.1997.The distinctive do main of entrepreneurship research: Aneditor's perspective.InJ.Katz&R.Brockhaus (Eds.), Advancesin entrepreneurship, firmemergence, andgrowth, Vol.3: 119-138.Greenwich, CT: JAI Press.

[26] Shane, S.&Venkataraman, S..The Promise of Entrepreneurship Asa Field of Research.Academy of Management Review, Vol.25, 2000, pp.217-226.

[27] Westly, F., Mintzberg, H.Visionary Leadership and Strategic Management.Strategic Management Journal, Vol.10, 1989, pp.17-32.

[28] Davis, J.H., Schoorman, F.D, Donaldson, L.Towarda Stewardship Theory of Management. Academy of Management Review, Vol.22, No.1, 1997: 20-47.

[29] 毛蕴诗、姜岳新、莫伟杰:《制度环境、企业能力与OEM企业升级战略——东菱凯琴与佳士科技的比较案例研究》,《管理世界》2009年第6期。

[30] Ireland, R.D., Hitt, M.A.&Sirmon, D.G..Amodelofstrategicentrepreneurship: The constructand its dimensions. Journal of Management, Vol.29, 2003, pp.963-989.

[31] 张新安:《中国消费者的顾客价值形成机制:以手机为对象的实证研究》,《管理世界》2010年第1期。

[32] 毛蕴诗、王华:《基于行业边界模糊的价值网分析模式——与价值链模式的比较》,《中山大学学报(社会科学版)》2008年第1期。

[33] Martha A, Garcia-Murilloand Maclnnes I.FCC organizational structure and regulatory convergence[J].Telecommunications Policy, Vol.25, 2001, pp.431—452.

[34] Sirmon, D., G.Michael A.Hitt, R.and Ireland, D.Managing Firm Resourcesin Dynamic Environmentsto Create Value: Lookinginsidethe Black Box.Academy of Management Review, Vol.32, No.1, 2007, pp.273-292.

[35] Baker, T.&Nelson, RE.Creating something from nothing: Resource construction through entrepreneurial bricolage.Administrative Science Quarterly, Vol.50, 2005, pp.329-366.

[36] Tecce, D.andPisano, G.The Dynamic Capability of Firms: An Introduction. Industrial and Corporate Change, Vol.3, No.3, 1994, pp.537-556.

[37] Kathleen M.Eisenhardt, MelissaE.Graebner.Theory building from cases: opportunities and challenges.Academy of Management Journal., Vol.50, No.1, 2007, pp.25-32.

[38] 周长辉:《中国企业战略变革过程研究:五矿经验及一般启示》,《管理世界》2005年第12期。

[39] Miller, D. "The Correlates of Entrepreneurshipin Three Typesof Firms." Management Science, Vol.29, No.7, 1983, pp.770-791.

在华跨国公司战略选择与经营策略问题研究

一、引言

20世纪70年代世界贸易成为国际间经济的主要联系，之后，自80年代，国际直接投资迅速增长，并成为世界经济的首要联系，90年代以来，世界进一步由国别经济向世界经济转化。与此同时，跨国公司迅速兴起，成为经济全球化过程中大公司生存的基本形式。跨国公司与国际直接投资是生产和资本国际化的产物，是企业国际化经营的高级阶段。按照联合国贸发会议《2002世界投资报告》的统计，目前全球有跨国公司65000家，这些跨国公司拥有85万个国外子公司。这些国外子公司雇佣了5400万员工，销售额达到19万亿美元。跨国公司国外子公司创造了世界国内生产总值的11%以及全球出口额的1/3。

2001年12月11日，中国正式加入世界贸易组织（WTO）。对于跨国公司，中国将进一步对外开放国内市场，按照国际规则健全市场经济体制。在这一背景下，必然有更多的跨国公司进入中国。中国因此也成为研究跨国公司最佳场所，而目前研究跨国公司的各种主题中，全球化与当地化无疑是当今的重要主题[1]。研究跨国公司在华战略选择，以及在特定战略指导下经营策略的问题具有重要的意义。

二、文献综述

近20年来对于跨国公司的研究已经远远超出了探讨"如何成为跨国公司"，而是深入研究帮助MNC建立连贯的竞争战略。Porter[2]沿着公司价值链各活动所处的环境构造、各活动之间的协调（即不同子公司之间是如何真正相互依赖的）两个关键维度提出了4种战略类型。Bartlett和Ghoshal[3]对此持不同的观点，他们提出的两个维度分别是子公司之间的协调与一体化和子公司对所处国家环境的适应程度，并将组织分为3类：全球性组织、多国组织和跨国组织，各自采用不同的战略。同时指出跨国组织是在需要同时追求效率和敏感性的环境下赢得竞争的最佳结构/战略。Prahalad和Doz[4]则从跨国公司对外部环境的反应出发，沿一体化压力和当地化压力两个维度将跨国公司的战略分为一体化战略、多重心战略和当地化战略（见图1a）。

这些研究或者强调产业结构的重要性，或者探讨跨国公司管理者面对的不同战略选择，分析全球化背景下跨国公司全球战略的基本框架是一体化—当地化框架（Integration-Responsiveness，IR）。全球活动的一体化指的是在持续经营的基础上对分散在不同地域的活动进行集权管理。当地化经营是指主要针对地方性的竞争和消费需求，由某一子公司自主做出的资源配置决策。一体化—当地化模型提出后，受到了学术界的广泛关注，许多学者在这一框架下进行了大量实证研究，他们通过在一体化和当地化方格中识别战略来验证和完善由Prahalad和Doz提出的初始概念。

Roth和Morrison[5]对147位全球性行业的美国CEO进行问卷调查。通过对这些企业进行聚类分析，得出3个类别，这3个类别与IR框架的3种战略相似，不过统计上并未能得到肯定的判断。但通过理论上的分析以及从其他一些指标进行分析，得出的结论与Prahalad和Doz的分类比较一致。Johnson[6]随机选择了1800家美国建筑设备制造商，对其CEO进行问卷调查，有效问卷为346份。其研究结果同样也支持IR模型的3种战略：多重心战略、一体化战略和敏感性战略。Martinez和Jarillo[7]采用非随机抽样（选取各行业最重要的企业），选取50家在西班牙的子公司（这些子公司分布于8个产业，其中每个产业至少包括5家公司；有26家欧洲公司，19家美国公司以及5家日本公司）。采用访谈的方法获取资料，要求被访者对其所在跨国公司目前、3年前以及未来的状况进行评价。这一方法与Prahalad和Doz的研究方法是一致的，一方面研究了跨国公司目前采取的战略，同时也动态地研究了其战略的变化过程。在此实证研究的基础上，他们对Prahalad和Doz的框架稍稍进行了改变，模型的纵轴仍然是一体化，但用当地化取代了适应性。而当地化这一概念的提出来自于反映适应性的6个问题。他们提出3类子公司的战略：积极型子公司一体化程度高，适应性也高；自治型子公司适应性高，一体化程度低；接受型子公司一体化程度高，但适应性低。实证分析的结果也将样本聚类为3类，分别与以上3种战略相对应（见图1b）。

Taggart[8]全面地评估了一体化—当地化模式，并选择了美国在英国的子公司作为研究对象，有效样本为171个，通过聚类分析，共得出了跨国公司子公司的4种战略，其中，他将"积极型"战略命名为"受限独立型"，并新增加了一种称为"静止型"的战略（见图1c）。

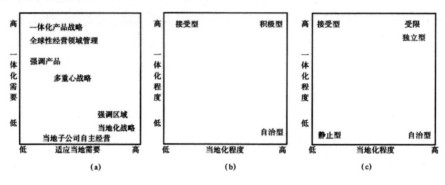

图1 IR模型的提出与发展

纵观上述研究，对于跨国公司一体化—当地化的研究更多的是关注在此分析框架下可供跨国公司选择的战略的类型。而对于各国跨国公司的战略选择的差异以及战略选择与绩效的关系、不同战略选择的具体策略表现方面则有所忽视，本文将主要从这些方面展开研究。

三、研究假设

文献研究表明，多位学者通过对母公司的调查，将跨国公司的战略分为一体化战略、多重心战略和当地化战略。而Martinez和Jarillo[7]通过对跨国公司子公司的调查，将跨国公司子公司的战略分为3种：受限型、积极型和自治型，而Taggart[8]同样通过对跨国公司子公司的调查，但是却将跨国公司子公司的战略分为4种：受限独立型、受限型、自治型和静止型。本文将一体化—当地化程度视为一个维度，可以得出第1个假设。

H1：在华跨国公司在一体化—当地化框架下有3种基本战略选择，分别是高一体化战略、高当地化战略和中庸战略。

同时追求效率和对当地环境的适应是最佳的战略。有效率的管理者必须对全球一体化和当地化同时做出反应，这一理念甚至被归纳为一句有名的成语"思考全球化，行动当地化"。在前人的几个重要研究中，更多的是关注于对跨国公司全球战略的类型，而鲜有研究战略选择与绩效之间的关系。只有Johnson[6]研究了跨国公司战略选择与绩效之间的关系，并得出了两者不相关的结论。尽管在理论上分析"高一体化—高本地化"战略应该是跨国公司最佳的战略选择，但实证结果并未得到证实。之所以会出现这种结果，本文认为是由于采用了财务指标衡量跨国公司的绩效，而跨国公司由于战略需要，各子公司的财务指标未必能真实反映其绩效。Kumar[9]等利用主观绩效指标衡量在华跨国公司的绩效为本文提供了一个很好的方向。在此基础上，推演出第2个研究假设。

H2：选择不同战略类型的在华跨国公司在绩效方面体现出显著的差异。

Young[10]将跨国公司在美国的子公司按来源地分成两类进行比较，发现来源地会对子公司角色产生影响。Taggart[8]讨论了子公司战略角色因母国国别等的不同而出现差异，并且发现美资公司并不比其他国家的子公司有更为复杂的战略。Dore[11]对日本和美国企业管理方式的比较发现，日本跨国公司总部拥有更大的权力，而美国企业总部的权力相对较小，权力较大的总部可以要求子公司执行总部的战略计划，因而母公司与子公司间的一体化程度较高。另外，由于中国是转型经济国家，与日本相比，北美国家与中国的文化距离更大，因此来自北美的跨国企业更可能放任子公司发展，子公司在华自由发展有可能使其更适应当地环境，因而其当地化程度也就越强。据此，给出以下假设。

H3：各国在华跨国公司的战略选择有所差异，美国在华子公司往往拥有较高的当地化程度，而日本在华子公司往往拥有较高的一体化程度。

一体化指的是在持续经营的基础上对分散在不同地域的活动进行集权管理；战略协调指的是在实施战略过程中对跨越国界的资源配置进行集中管理；当地化经营是指主要针对地方性的竞争和消费需求，由某一子公司自主作出的资源配置决策。选择不同全球战略的跨国公司必然会在人力资源、营销、研发、财务等经营策略上有所差别。如当地化程度较高的公司，基本控制自身的产品范围，而且，子公司在研发、生产和销售上往往也自给自足。而一体化程度较高的公司往往只执行价值链中部分环节（如只有营销或者是销售，或只有制造），并与其他关联公司高度一体化。因此，本文的第4个假设如下。

H4：选择不同战略类型的在华跨国公司在经营策略方面存在显著的差异，在关键职位人员任用、公司政策制定、产品销售与供货来源的地区分布等策略方面会体现出显著的差异。

四、变量衡量与问卷设计

（一）一体化与当地化战略

一体化与本地化维度采用以下两个变量来确定。

（1）在华分支机构对母公司全球标准化管理的适应程度——许多学者在其研究中都曾经采用过这一衡量方法，并证明是测度一体化的灵敏指标。在全球范围进行标准化管理有利于协调和统一，相反，与母公司的管理模式缺乏一致性则倾向于差异化和本地化管理。

（2）在华子公司或分公司的自主决策的程度——Hedlund[12]是最早将一体化与在国外子公司或分公司的决策程度联系起来的学者。一般的观点是自治通常鼓励差异化和根据当地情况调整管理模式。有些研究证明，当战略偏向一体化时跨国公司会集中管理决策，如在R&D职能方面。

（二）绩效

组织成功的衡量本身具有复杂性，可以通过许多方法来衡量。较为经常使用的是一系列财务指标，包括利润、成长率和市场份额。然而，跨国经营的绩效衡量则会受到更多因素的影响。在华分支机构的赢利能力变化、成长性和市场份额受母公司战略约束；因此仅仅采用利润指标没有考虑母公司的管理差别、支付转移和专利权税支付。公司间的转移支付使集团利益最大化，而不是使在华分支机构的利益最大化。而且，在华分支机构绩效的变化是由母公司的全球战略下的市场方针决定的，而不反映在华分支机构本身的成功程度。此外，上述诸如ROI或市场份额指标难于考虑行业之间的区别。特别是，在华跨国公司因所在行业不同，如家电业、制药业、汽车制造业等在华面临的竞争压力有很大差别，因而公司间难以比较。

因此，本文采用在华跨国公司对其在中国所确定目标实现程度的认知为指标（1—实现所有目标，5—没有实现目标）。该指标建立在子公司的判断上，因而具有主观性。但是，这一方法可以将在华投资成功与初始动机及跨国公司对在华经营的预期结合起来评估。这一主观指标在许多研究中也被证明能够恰当地反映外国分支机构的绩效[13]。

（三）在华经营策略

由于选择了不同战略，在华跨国公司在具体的经营策略上也会体现出差异性，它们会在制造、销售、研究与开发、原材料及零部件采购、人力资源管理、会计与财务、政府与公共关系等方面采取不同的策略。本文将从CEO、技术经理、销售经理、人事经理、R&D经理、财务经理等关键职位人员的任用，整体经营方针与战略、投资、财务、R&D、市场销售广告、人事薪酬等公司政策的制定，产品销售与供货来源的地区分布这三大策略衡量跨国公司在华经营策略。

以上通过文献研究得到了变量的操作性定义。调研问卷首先以中文设计出初稿，经两位管理专家和两位经理人员阅读并修改后进行预测试。在预测试中，将问卷发放给多位在华跨国公司的高层管理者，要求他们填写问卷，并识别含义不清的题项，修改后定稿。将问卷翻译成英文版，经过一位母语是英语的协助者阅读并校正后，另一位母语是中文的协助者将问卷英文稿重新翻译成中文，并与原中文稿进行对照，对不准确的地方进行修改，最后定稿英文问卷。

五、问卷调查概况与样本特征

（一）问卷调查总体及回收情况

本次问卷发放的总体是跨国公司在华投资的制造业公司，采取了7大工业国及2002年财富500强（重复部分剔除）在华投资数据。其中，7大工业国的美国、英国、法国、意大利和加拿大的跨国公司在华投资企业，采用的是同创未来信息咨询有限公司出版发行的《中国企业名录》系列光盘数据，共采集到10365家公司；德国跨国公司在华投资企业采用的是德国驻华大使馆贸促处编录发行的《在华德商名录2003》，共采集到403家公司；日本跨国公司采用的母公司资料、数据来自《海外进出企业总览》（日本东洋经济报社会社编，2002），688家日本母公司在华投资1205家企业；财富500强在华投资企业采用的是《2002—2003跨国公司在中国投资报告》（王志乐主编，中国经济出版社2003年版）中数据，共采集1181家公司（已剔除掉与7大工业国跨国公司在华子公司数据中重复的部分）。

根据上述数据库中所列在华跨国公司的信息，共发出问卷13154份，回收问卷550份，回收率为4.18%。为了准确评价样本企业近3年的经营收入，剔除了2002年以后成立的企业，这样就保证了所分析的样本企业的经营时间至少在1年以上，可以对经营绩效做较合理的评估。经过这样的处理后，研究的样本企业数为503家。尽管有效问卷回收率偏低，但从样本企业的规模、在华地区分布、所属母国分布、所在行业分布等信息来看，仍然具有较好的代表性。同时，本文也是现有文献中对在华跨国公司所做的最大规模的问卷调查，回收的有效问卷数量达到503份，提出的结论具有较好的代表性。

（二）样本特征

下面描述503家样本企业的母国国别分布、所属行业分布、雇员规模、营业收入、成立时间、在华区域分布等指标的基本特征（见表1和图2）。

表1 样本企业特征

在华跨国公司母国国别（前6位）		
国别	样本数	所占比例（%）
美国	174	34.9
日本	154	30.9
英国	54	10.8
德国	37	7.4
法国	27	5.4
加拿大	11	2.2
在华跨国公司行业分布（前8位）		
行业	样本数	所占比例（%）
电子	79	15.9
机械	54	10.8
化工橡胶	46	9.2
家用电器	30	6.0
轻工业	30	6.0
汽车	28	5.6
食品	27	5.4
通信设备	24	4.8

在华跨国公司的雇员规模		
雇员规模／人	样本数	所占比例（%）
<500	310	61.6
500—1000	64	12.7
>1000	106	21.1
缺失	23	4.6
在华跨国公司 2002 年营业收入（元）		
2002 年销售收入／万元	样本数	所占比例（%）
>1000	82	16.3
1000—5000	91	18.1
>5000	227	45.1

资料来源：根据问卷调查数据整理。

在华跨国公司的外方投资者来自美国（174家）、日本（154家）、英国（54家）、德国（37家）和法国（27家）的较多，特别是美国和日本的企业数均超过总样本的30%。

在华跨国公司主要从事的行业是电子（79家）、机械（54家）、化工橡胶（46家）和家电（30家）、轻工业（30家）、汽车（5.6%）、食品（5.4%）、通信设备（4.8%）等。

样本企业中，雇员人数最多的有16000人，最少的只有7人，平均雇员数为920人。2002年营业收入最多的有166亿元，最少的只有33.37万元，平均营业收入6.71亿元。

样本企业建立的时间集中在20世纪90年代（见图2）。在1990年以前（不包括1990年）初始投资中国的样本企业仅占11.5%，1990—1999年间成立的企业占76.0%，2000—2001年成立的占12.5%。其中在华跨国公司成立数量最多的年份是1995年，有75家（15.4%），其次是1994年，有50家（10.3%）。

从地区分布来看，样本企业明显聚集在3个经济带：以北京、天津、山东为代表的环渤海经济区（101家）；以江苏、上海、浙江为代表的长三角经济带（72家）；以广东省为代表的珠三角经济带（299家）。位于这3个经济区域的跨国公司共472家，占样本企业总数的93.80%。这表明样本企业基本覆盖了珠三角、长三角和环渤海3个吸引外商直接投资的主要经济区域，也具有较好的代表性。

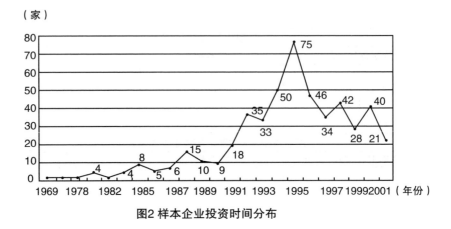

图2 样本企业投资时间分布

六、分析结果

（一）在华跨国公司的战略类型

聚类分析（Clusteranalysis）是一种多变量分析方法，可以将数据分成几个差异性最大的群组，而群组内的相似程度最高。本文采用K—Means的方法进行聚类分析，发现可以将样本企业分为3个群组，其中第1群组包括202家企业，第2群组包括160家企业，第3群组包括143家企业。家族意图量表中每一题项在各群组的平均值如表2—表5所示。

表2 在华跨国公司一体化—当地化战略选择的聚类分析结果

群组	1	2	3	F 值
样本数	202	160	143	
管理模式	1.82	3.22	3.48	540. 549**
自主决策程度	1.67	1.57	3.47	399.119**
主观绩效	2.93	3.01	3.35	7.013**

注： ** $P < 0.01$。

群组1在管理模式维度上以母公司模式为主，在战略决策方面受母公司较高程度的控制，将这一战略命名为"母公司管理模式倾向的受限型"；群组2在管理模式维度上以中国模式为主，而在战略决策方面受母公司较高程度的控制，将这一战略命名为"中国管理模式倾向的受限型"，群组3在管理模式维度上以中国模式为主，而在战略决策方面受母公司的控制程度较小，将这一战略命名为"中国管理模式倾向的自主型"（见图3）。

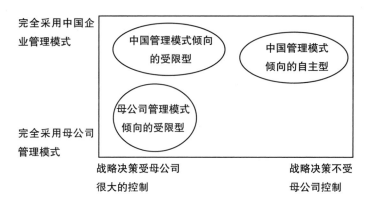

图3 在华跨国公司的战略类型

（二）在华跨国公司的战略选择与绩效的关系

在华跨国公司对其在华目标实现程度的平均认知程度是3.08（1—实现所有目标，5—没有实现目标），这意味着在华跨国公司总体来说对其绩效不太满意。

对3类公司的绩效进行均值比较，结果表明三者之间存在显著的差异（p<0.01）。进一步的分析表明，选择"中国管理模式倾向的受限型"和"母公司管理模式倾向的受限型"战略的公司绩效水平相近并且无显著差异，但选择"中国管理模式倾向的受限型"和"母公司管理模式倾向的受限型"战略的公司绩效水平显著高于"中国管理模式倾向的自主型"公司的绩效水平。

（三）跨国公司在华战略选择的国别差异

卡方检验的结果表明，来源于不同国家或地区的跨国公司在"中国管理模式倾向的受限型""中国管理模式倾向的自主型""母公司管理模式倾向的受限型"3种战略类型的选择上并无显著差别。

表3 在华跨国公司一体化—当地化战略的国别比较

国别	样本数	管理模式	标准差
德国	32	2.72	0.851
英国	52	2.77	1.131
日本	152	2.63	0.779
美国	177	2.86	0.944

注：由于来自荷兰、瑞典、瑞士、韩国、意大利、澳大利亚、新加坡、中国香港、中国台湾等国家或地区的样本企业较少，因此本表不作列示。

以国家/地区作为分类变量，对在华跨国公司的管理模式选择和战略决策自主程度进行单因素方差分析，结果同样在管理模式选择方面表明存在显著的差异（F=2.481，p<0.01），而在战略决策自主程度维度不存在显著差异。

进一步的分析表明，在管理模式维度上，在样本数量超过30的4个国家中，日本企业的一体化程度最高，152家来自日本的企业的平均得分是2.63；美国企业的当地化程度最高，177家来自美国的企业平均得分为2.86；德国和英国居于两者之间，来自德国的32家企业的平均得分是2.72，来自英国的52家企业的平均得分是2.77（见表3）。其他部分国别/地区，如意大利、澳大利亚、新加坡、荷兰等，由于样本企业的数量偏小，不便于进行比较。

（四）不同战略选择的具体策略体现

本文主要从关键职位人员任用、产品销售和供货来源的地区分布、公司政策制定等方面分析在华跨国公司选择不同战略在具体策略方面的体现（见表4）。

表4 不同战略选择的具体策略体现

关键职位人员任用	卡方值	公司政策的制定	卡方值	产品销售与供货来源的地区分布	卡方值
CEO	50.180**	整体经营方针与战略	88.648**	产品销往母国或海外子公司的比例	2.267
技术经理	29.922**	投资	7.818*	产品销往中国国内市场的比例	5.646
销售经理	17.711**	财务	31.097**	产品销往其他市场的比例	1.069
人事经理	16.975**	研究开发（R&D）	33.809***	供货来自母公司或其海外子公司比例	1.635
R&D经理	45.524***	市场销售广告	10.606**	供货来自中国公司的比例	4.415
财务经理	35.807***	人事薪酬	27.084***	供货来自其他公司的比例	2.097

注：***$p<0.001$，**$p<0.01$，*$p<0.05$。

1. 关键职位人员作用

卡方检验表明，选择不同一体化—当地化战略类型的在华跨国公司在CEO（p<0.001）、技术经理（p<0.001）、销售经理（p<0.01）、R&D经理

（p<0.001）、财务经理（p<0.001）、人事经理（p<0.01）的任用方面体现出显著的差异。

2. 产品销售和供货来源的地区分布

卡方检验表明，选择不同一体化—当地化战略的在华跨国公司在产品销售的地区分布和供货来源的地区分布方面没有体现出显著的差异。即一方面，将产品销往母国或其海外子公司、中国国内市场销售或其他市场的比例与一体化—当地化战略选择无显著的关系，另一方面，供货来自母公司或其海外子公司、中国公司或其他公司的比例与一体化—当地化战略选择也无显著的关系。

3. 公司政策制定

选择不同一体化—当地化战略类型的在华跨国公司在整体经营方针与战略（p<0.001）、投资（p<0.05）、财务（p<0.001）、研究开发（R&D）（p<0.001）、人事薪酬（p<0.001）、市场销售广告（p<0.01）受母公司的控制方面存在显著的差异。具体而言，与采用高当地化战略类型的在华跨国公司相比，采用高一体化战略的在华跨国公司的母公司倾向于在整体经营方针与战略、财务方面实施较大的控制，而在研究开发（R&D）和人事方面倾向于较少的控制。

七、结论

基于上述分析，可以发现本文所提的假设1、假设2与假设4基本上都得到了验证，即在华跨国公司存在不同的战略选择；不同的战略选择与经营绩效的关系显著，选择不同战略类型的在华跨国公司在经营策略方面存在显著的差异。但假设3只得到了部分验证，即在华跨国公司的战略选择与母公司的国别来源并无显著的关系，但国别来源对在华跨国公司在管理模式的一体化与当地化程度上却有显著差别。具体而言，可以得到以下几点结论：

1. 聚类分析表明，在华跨国公司存在3种基本的战略类型，即：高中国企业管理模式—高战略决策自主权的"中国管理模式倾向的自主型"战略、高母公司管理模式—高战略决策自主权的"母公司管理模式倾向的受限型"战略和高中国企业管理模式—低战略决策自主权的"中国管理模式倾向的受限型"战略。超过四成的企业选择了"母公司管理模式倾向的受限型"战略，选择另外两种战略的公司各占三成左右。

2. Johnson[6]研究了跨国公司战略选择与财务绩效指标间的关系，结果表明两者之间不存在相关性。而本文采用"对在华目标实现程度的主观认知"作为绩效衡量指标，研究结果表明，选择不同战略的在华跨国公司在绩效方面体现出显著的差异，"中国管理模式倾向的受限型"和"母公司管理模式倾向的受限型"公司的绩效水平显著高于"中国管理模式倾向的自主型"公司的绩效水平，即选择前两种战略的跨国公司与选择第3种战略的跨国公司相比在华目标的实现程度更高。

3. 在华跨国公司的战略选择在国别上并不存在显著差异，但在管理模式的一体化—当地化程度上却有所区别：来自美、日、英、德4大工业国的跨国公司的管理模式维度上，一体化程度最高的是日本，当地化程度最高的是美国，英国、德国居中。这与大多数前人的研究结果是一致的，日本跨国公司倾向于一体化程度较高的战略，而美国跨国公司倾向于当地化程度较高的战略。

4. 选择不同战略的在华跨国公司在关键岗位人员，包括CEO、技术经理、销售经理、研究开发（R&D）经理、人事经理、财务经理的任用上存在显著差异。在整体经营方针与战略、投资、财务、研究开发（R&D）、人事薪酬等公司政策的制定方面，受到母公司的控制程度也存在显著的差异；在产品销售区域分布、供货来源地区分布上并不存在显著差异。

（原载于《管理科学学报》2009年第2期，第117—125页）

参考文献

[1] Buckley P.Is the international business research agend arunning out of stream?[J]. Journal of International Business Stud2–124，《管理科学学报》2002，33：365–373。

[2] Porter M. Changing patterns of international competition[J]. California Management Review，1986，28：9–40.

[3] Bartlett C A，Ghoshal S. Managing Across Borders：The Transnational Solution[M]. Boston：Harvard Business School Press，1989.

[4] 帕拉哈拉德，伊夫·多茨：《跨国公司使命》，华夏出版社2001年版。
Prahalad CK.Doz Y.The Multinational Mission：Search of Balance Between Localization and Integration[M]. Beijing：HuaxiaPress，2001.（in Chinese）

[5] Roth K，Morrison A J.A nempirical analysis of the integration–responsiveness frameworking lobalindustries[J]. Journal of International Business Studies，1990，21（4）：541–564.

[6] Johnson JHJR. Anempirical analysis of the integration−responsiveness framework: US construction equipment industry firmsing lobalc ompetition[J]. Journal of International Business Studies, 1995, 26 (3): 621−635.

[7] Martinez J I, Jarillo J C.Co−ordination demands of international strategies[J].Journal of International Studies, 1991: 22 (3): 429−444.

[8] Taggart J.A nevaluation of the integration−responsiveness framework: MNC manufacturing subsidiariesinthe UK[J].Management International Review, 1997, 37 (4): 541−564.

[9] Kumar B N, Mao Yunshi, Birgit E.Globalstrateg icmanagement of german MNCsin China: Pattern sanddeterminants of sustaina blecom petitive advantage in the aftermathe of the Asiancrisis[J]. 2002: 64−80.

[10] Young S.Business strategy and the internationalization of business: Recentapproaches[J]. Managerial and Decision Economics, 1987, 8 (1): 31−40.

[11] Dore R.Stock Market Capitalism: Welfare Capitalism[M]. London: Oxford University Press, 2002.

[12] Hedlund G.The hypermodern MNC: Aheterarchies: Newapproaches?[J]. Human Resource Management, 1981, 25: 9−36.

[13] 毛蕴诗、汪建成：《日本在华跨国公司的竞争地位与竞争优势研究》，《管理科学学报》2005年第8卷第3期，第90—96页。

Mao Yun−shi, Wang Jian−cheng. Study of competitive position and competitive advantage of Japanese MNCs' subsidiariesin China[J]. Journal of Management Sciencesin China, 2005, 8 (3): 90−96. (in Chinese)

企业升级路径与分析模式研究

一、问题的提出

我国长三角和珠三角一带以低端制造的中小型企业为主，近年来由于原材料价格和劳动力成本上升、能源供应紧张、人民币升值、出口退税下调、环保成本提高等因素的影响使得原本产品附加值低的企业的内在劣势逐渐显现出来。特别是在2008年爆发的全球金融危机对我国企业造成了巨大的冲击。在中国东莞，以合俊为代表的一批玩具加工企业的倒闭拉开了厂家倒闭潮的序幕，大量员工失业，全球价值链低端的企业在面临外部环境动荡时表现出来的低风险承受力令人堪忧。据2008年10月29日《中国新闻周刊》汇总的数据：上半年国内已经有617万家中小企业倒闭。而在中国深圳，一些高新技术企业竞争实力相对较强，具有一定的抵御金融风暴的能力。2008年前三季度深圳市高新技术产品增加值1771.9亿元，占全市工业增加值的60%以上。本土高新技术继续保持较高的增长速度，成为深圳市高新技术产业的中坚力量。温家宝在广东调研时指出：深圳企业在危机面前相对较好，就是因为产业升级抓得早。因此，应对金融危机就有了准备，也有了能力[1]。

丰田汽车公司是一个高成长、高绩效的公司。日本东京大学藤本（Fujimoto，1999）教授对其进行了长达几十年的研究，出版了《丰田制造系统进化论》，分析了丰田能力构建过程，得出丰田汽车公司是一个"准备好了的企业"（Toyataasa/Pre-pared Organization）的结论。面对全球经济环境变

---

① 根据新华网2008年11月15日报道，http://news.xinhuanet.com/newscenter/2008-11/15/content_10362860_1.htm.

化，中国企业准备好了吗？企业升级的路还有多远？从企业层面研究升级问题，分析企业升级的路径和模式，对于我国企业明确升级方向、提高应对竞争和危机的能力，使它们在危机来临前能够有所准备，具有重要的现实指导意义和理论价值。

二、文献综述

（一）企业升级的概念界定

最早明确提出企业升级的概念是在20世纪90年代末，格列夫（Gereffi，1999）将其引入全球价值链（Global Value Chain，GVC）分析模式，认为它是一个企业或经济体提高迈向更具获利能力的资本和技术密集型经济领域的能力的过程。潘（Poon，2004）也指出，企业升级就是制造商成功地从生产劳动密集型低价值产品向生产更高价值的资本或技术密集型产品这样一种经济角色转移过程。开普林斯基（Kaplinsky，2001）认为企业升级就是企业制造更好的产品、更有效地制造产品或者是从事需要更多技能的活动。汉弗莱和施密茨（Humphrey和Schmitz，2000）认为，从企业层面来讲，升级是指企业通过获得技术能力和市场能力，以改善其竞争能力以及从事高附加值的活动。概括来看，企业升级就是企业提高竞争能力和提高产品、服务的附加价值的过程，是产业升级的微观层次。

（二）国内外关于企业升级的理论研究

对于企业升级的研究，国外学者主要是从关注核心竞争力和动态能力的角度开始的（张辉，2004）。贝尔和阿尔布（Bell和Albu，1999）认为，要研究企业的升级，一是关注核心竞争力的研究，从核心竞争力角度关注企业所具备的而其他企业难以复制的、为最终消费者提供所需要价值的能力，具有适用性、价值性和难以模仿性；二是关注动态能力的研究（Teece和Pisano，1997），动态能力是指企业组织长期形成的学习、适应、变化、变革的能力，强调企业必须努力应对不断变化的环境，更新发展自己的能力，而提高和更新能力的方法主要是通过技能的获取、知识和诀窍的管理、学习，通过动态能力的发展实现企业升级。

然而从核心竞争力和动态能力的角度出发，较多关注的是企业内部的升级，往往忽略了企业所处的环境以及企业与企业之间的关联和联系。GVC的分析是在全球网络的视角下，研究国际分工、区域经济发展、产业升级和企业升级问题的理论，它给出了一条新的研究企业升级的线索，也是目前国外学者研究企业升级的主要理论依据。

企业升级是20世纪90年代末才被真正引入GVC理论分析的框架中的。Gereffi（1999）较早认识到产业升级的层次问题，从资源配置的角度出发，他将升级分成四个层面：企业内部升级、企业之间升级、本土或国家内部升级和国际性区域升级。Humphrey和Schmitz（2000，2002）在此基础上从价值链的角度出发，从微观的角度明确了企业升级的四种模式：（1）过程升级（process upgrading）。通过对生产体系进行重组，更有效率地将投入转化为产出，从而实现过程升级。（2）产品升级（product upgrading）。引进更先进的生产线，比对手更快地推出新产品或改进老产品，增加产品的附加值。（3）功能升级（functional upgrading）。获取新功能或放弃现存的功能，比如从生产环节向设计和营销等利润丰厚的环节跨越。从OEM到ODM再到OBM的转换常常被视为功能升级的路线。（4）跨产业升级（intersectoral upgrading）。也就是说企业将用于一种产业的专门知识应用于另一种产业，这是一种在东亚地区普遍存在的升级方式。Kaplinsky和Morris（2001）也认可这四种产业升级类型的划分，他们通过实例研究发现，很多产业在升级过程中表现出一种相近的阶梯式发展路线，认为在一般情况下，企业升级是从过程升级开始，然后逐步实现产品升级和功能升级，最终到价值链的升级，不过中间也有跨越甚至是倒退的情况。这种分类方式得到了学者较多的认同，并据此对发展中国家的企业升级现状进行研究。

而集群研究的学者则多将产业集群升级与GVC相结合，研究GVC治理模式在企业升级中的作用。GVC可以研究不同的价值链中各个环节实现价值增值以及治理模式的影响（Humphrey和Schmitz，2004），即GVC治理模式对企业升级的影响、GVC下企业升级的动力机制及其途径等方面。

到目前为止，国外对企业升级的研究尚未形成一个独立的体系，他们大多停留在竞争力理论、动态能力理论、全球价值链理论的理论框架层面，只概括了企业成长的一般轨迹，很少有学者指出企业在升级过程中会根据自身情况采取混合的升级模式。

对此，国内学者的研究走出了各种理论的界限，综合产业集群理论、产业升级理论和全球价值链理论来研究企业的升级方向。曹群（2006）运用动态能力的观点研究了产业集群的升级，他认为产业集群的动态能力主要是由识别能力、学习能力、网络能力和整合能力的有机结合构成。梅丽霞、蔡铂和聂鸣（2005）以及梅丽霞和柏遵华等（2005）研究了台湾PC产业集群20年的升级发展历程，认为大陆的OEM企业应该效仿台湾PC产业的OEM企业，首先应该积极嵌入全球价值链，再从OEM逐步发展到ODM、OBM，从低成本导向转变为创新导向，从资本、技术的积累逐步向价值链的高端环节攀升，最终实现产品和工艺流程升级到功能升级的转换。唐海燕、程新章（2006）从产品升级、过程升级、功能升级三个层面研究温州打火机企业的升级路径。毛蕴诗、汪建成（2006）提出产品升级概念，并总结了5种基于产品升级导向的自主创新路径：替代跨国公司产品的产品升级、利用行业边界模糊的产品升级、适应国际产业转移的产品升级、针对行业标准变化的产品升级以及通过加快模仿创新的产品升级。

（三）简要评述

根据上述文献的回顾、梳理可知，国内对企业升级的相关研究还处于初级阶段，主要是对国外理论的学习和应用，尚未形成系统的理论框架；对企业升级的认识还停留在比较基础的层面，一般都是强调企业升级的必要性，并在一定范围内归纳总结出升级的方向和一些企业的升级路径，很少有对企业升级的衡量以及路径选择的全面、系统分析。从国外研究状况来看，全球价值链理论、竞争能力理论以及动态能力理论为研究企业的升级提供了很好的理论基础，具有十分重要的借鉴意义。然而，细心观察可知，这些理论缺乏对企业升级在存量和增量上的区分。从存量上看，企业升级是现有企业的能力、价值的提升；从增量上看，是升级企业的新创，是企业在技术、能力提升的基础上开发新产品、新服务、新品牌、新市场等的过程。本文在参考现有文献的基础上，综合考虑企业升级的增量和存量因素，提出企业升级的衡量标准，并形成企业升级路径的系统分析框架。

三、企业升级的衡量

根据前文分析，在全球价值链理论、竞争能力理论以及动态能力理论的基础上总结出企业升级的衡量标准（如表1所示）并对此进行分析。

表1 企业升级的理论依据及衡量标准

研究理论	升级的含义	升级的衡量
全球价值链	过程升级：通过对生产体系的重组，更有效率地将投入转化为产出	生产效率提高，产品质量提高
	产品升级：引进先进生产线，更快推出新产品，增加产品附加值	对旧产品的改进和新产品的快速推出，产品生命周期缩短，产品技术含量增加，产品功能增强，产品单价提高
	功能升级：获取新功能或放弃现有功能	从生产向设计和营销等利润丰厚环节跨越，如 OEM 到 ODM 再到 OBM
	跨产业升级：将一种产业的知识运用于另一种产业	产品功能增加，产品技术含量增加，产品单价提高
核心竞争能力	形成难以复制的独特竞争战略，为最终消费者提供所需价值	形成技术、人才、品牌、管理等方面的核心竞争力
动态能力	长期形成的学习、适应、变化、变革的能力，应对不断变化的环境，更新发展自己的能力	技能的获取、知识和诀窍的管理、学习

资料来源：根据上述文献整理而得。

（一）产品技术含量增加与附加值增加

产品技术含量增加与附加值增加，要求企业发展、运用先进技术，提高产品质量，用附加价值高的产品替代附加价值低的产品。在国内市场上，如家电行业中彩电业厂商紧跟外资企业的步伐，产品从传统彩电升级到技术含量稍高的纯平彩电，然后是"朝阳产品"背投、等离子电视等。国内企业不断积极升级产品，提高产品技术含量，把产品定位在高附加价值上，与跨国企业在华生产的产品针锋相对，形成激烈的竞争，获取市场份额。这些产品相对于出口加工或出口一些低价值的产品而言有着更高的附加价值。

（二）产品功能增强

产品功能的增强也是企业升级的一种表现形式。如微软等企业的产品升级，就建立在功能升级的基础上。1985年，微软的Windows 1.0版问世，接着陆续开发了Windows 2.0版本等，到1990年5月，Windows 3.0正式投入商业应用。1992年4月Windows 3.1版推出，到1993年，升级为Windows 3.2。这些操作系统简称为Windows 3.X，它们运行在DOS之上，受到DOS操作系统的限制。1995年8月，Windows 95面世，改变了在DOS下的运行模式。1998年，微软推出功能更为强大的Windows 98。2000年3月的Windows 2000中文版以及随后在2001年11月9日正式推出了包括家庭版和专业版的Windows XP，界面更加灵活、便捷，涵盖数字多媒体、家庭联网和通讯等方面的功能。虽然这些产品的核心部分在相当长一段时期内并没有发生根本的改变，但其通过补丁、升级不断完善而更新产品、增强功能，扩大了生产与销售规模及市场的覆盖面。这种升级方式减少了竞争对手，增强了企业对市场的支配能力和垄断优势，有助于企业获得更高的利润，成功实施这一策略的企业均能在激烈的市场竞争中保持相当理想的利润率。

（三）从OEM到ODM再到OBM

OEM（Original Equipment Manufacturing）即"原始设备制造"，指拥有优势品牌的企业委托其他企业进行加工生产，它通过向这些企业提供产品的设计参数和技术设备支持，来满足自己对产品质量、规格和型号的要求，产品生产完后贴上自己的商标出售。ODM（Original Design Manufacturing）指"原始设计制造"，是委托方全部或部分利用受托方的产品设计，配上自己的品牌名称进行生产销售的加工合作方式。OBM（Original Brand Manufacturing）即"自主品牌制造"，指企业形成自己的独立品牌，参与国内国际竞争。

具体来讲，企业在与发达国家企业开展OEM业务时，通过对生产过程的学习，慢慢积累起自己的制造经验，同时通过反求工程，对引进的设备、工艺进行摸索、探求、仿制和改进。形成自己的设计和初步研发能力之后，逐渐过渡到ODM，向产业链的上游扩展。随着企业实力的进一步增加，企业可以向OBM发展，ODM形成的自有知识产权为自有品牌的发展提供了必要的支撑。这样，在实现从OEM、ODM到OBM演进的同时，企业也成功实现了技术和产品的不断升级。

（四）由单一产品、单一业务到产品系列、业务解决方案，形成新的产品、新的服务乃至新的市场

1. 由单一产品形成系列产品

在多产业融合和行业边界模糊的背景下，企业从生产单一产品到生产多元化产品直至形成系列产品的过程，是企业应对激烈竞争、实现产品扩展和企

业升级的关键。尽管系列产品可能与原单一产品有相似之处，但其特征可能已有实质性的改变，其功能已有数量级的改变，拓宽了产品的业务领域和范围，因而会创造一个全新的市场（毛蕴诗，2005）。台湾统一企业集团最初以生产面粉起家，后来逐步将业务拓展到饲料、油脂、食品饮料、乳品等与民生相关的综合食品行业；进而产业领域横跨食品、药品、电子、生化科技等，并形成了系列产品，伴随多元化产品的形成，强化了其自主品牌。尽管这一扩展方式与原有业务有很大联系，但是产品升级的业务扩展在许多情况下可视为一个全新的产品扩展，这一扩展方式在许多行业，特别是在高新技术、信息产业中已显得越来越重要。信息产业的微软、英特尔、IBM，医药行业的许多公司都是依靠产品的不断升级，形成产品系列，获得扩展。

2. 由单一业务到业务解决方案

现代企业的竞争最终的赢家是顾客，了解顾客、为顾客提供更好的服务，有助于提高企业快速反应能力和持续竞争能力，为企业升级带来源源不断的动力。特别是在高新技术领域，这种由新产品、新服务而创造的新的业务增长点，从而占领新的市场的例子有很多。台湾阿托科技有限公司是一家精密化学公司，主要生产印刷电路板、IC制造工艺中所需的化学药水，并提供针对相关客户的技术解决方案。阿托科技对新产品的开发要求十分严格，每年根据顾客需求推出1/4的新产品上市，并派专门团队指导顾客的技术开发和生产，与顾客的生产技术紧密配合。阿托科技从最初的卖产品的企业成为产品和服务的集成商，这一转变为阿托科技带来了丰厚的利润，在金融危机面前仍然能增加研发投入、逆势成长[①]。

（五）形成战略性资产、创造性资产，从而形成核心竞争力

以资源为基础的战略管理理论认为，能为企业带来持续竞争优势的资产为战略性资产。企业要获得持续的竞争优势，就需要形成那些难以为竞争对手效仿的、属于企业专用的战略性资产。创造性资产是英国学者邓宁（Dunning）提出的一个概念，指在自然资产（自然资源和未经培训的劳动力）基础之上开发出来的其他资产。它们可以是有形的，如物质资产和财力资产；也可以是无形的，如专有技术、商标、组织能力、管理能力、制度文化等。

---

① 据作者于2008年11月17日在中国台湾阿托科技有限公司调研所得。

战略性资产与创造性资产的开发是企业提升核心竞争力的主要因素，也是企业升级的较高层次。对于后发地区的企业，通过对外直接投资，增加国际竞争经验，开辟海外市场，或是借助兼并收购发达地区的企业，学习吸收其先进技术和管理经验，增强企业的核心竞争力。如联想收购IBM的PC业务，正是为了获得IBM的品牌价值、PC业务核心技术、海外市场、人力资源，提升了国际化经营水平，是企业寻求这两种资产以获取核心竞争力的典型。

四、企业升级的路径

（一）替代跨国公司产品，提升企业技术实力

发展中国家和地区的企业技术能力提升路径，是一种基于技术追赶的先跟随模仿，再消化吸收，后突破超越，最终自主创新的提升过程。日本比较技术史学家林武（1989）提出的"技术从依附到自立的五阶段"理论：掌握操作技术阶段—对引进机器设备的维护保养阶段—修理和一系列小改进阶段—设计及规划阶段—国产化阶段，这一模式是对后发国家技术追赶过程的先驱性研究。毛蕴诗、李洁明（2005）从产品升级的角度，通过研究我国一些成功家电企业的升级路径，提出替代跨国公司产品，提升企业技术实力，指出企业技术能力升级遵循一定的依赖路径：引进成熟技术、消化吸收—模仿创新、合作创新—自主产品创新，有助于技术的积累，有助于企业的升级。并指出产品的替代路径可以是：替代外国进口的产品—替代跨国公司在华生产的产品—替代国外市场上跨国公司的产品。我国的海尔、格兰仕、长虹都是沿着这样的路径实现了技术创新和自主研发，带来了产品的升级。以长虹彩电为例，其在20世纪80年代初，引进松下的生产线，生产TA机芯的彩电（引进、消化吸收），90年代初，与日本东芝合作创新，研制NC-2和NC-3机芯的彩电（模仿创新，合作创新阶段），2000年长虹自主完成了数字高清电视、数字高清背投产品的开发工作（自主创新阶段）。

（二）通过技术跨越，直接进入先进技术领域

在全球化竞争的背景下，发达国家的企业占据了较多的世界前沿技术和关键技术，拥有技术标准制定的话语权。而我国企业起步较晚，技术实力相对落后，如果采取技术跟随战略，继续重复别人走过的技术发展环节和路线，则始终

处于被动局面，当全球产业结构发生变化时，这些企业往往面临危险的处境。所以，我国企业应当集中力量在某些产业技术环节上实行"技术跨越"，在学习领先技术的基础上，积极开展研发，才能在一定程度上占据国际分工的主动权。从目前的产业比较优势来看，应当沿着从劳动密集到熟练劳动—资金密集，再到熟练劳动—技术密集的演进路线，最后跨越"资金密集"，直接发展到技术和知识密集产业占主导地位的顺序演进。技术跨越主要通过以下几种方式实现：

1. 通过技术引进吸收，实现技术跨越

引进技术的关键是能吸收先进的技术和新的知识，在此基础上跨越技术发展的某些阶段，开展自主创新，直接进入先进技术领域。日本的汽车工业、韩国的半导体产业均是通过技术引进，吸收先进技术经验，避免重复的研发投入，实现技术跨越的。通过技术引进吸收的技术跨越，成本相对较低、时间相对较短，这对于后发国家的企业来说是一种很好的选择。

2. 通过并购实现技术跨越

一些先进国家的企业由于经营困境或者经营战略目标调整，使得技术后进国家的企业获得许多机会进口技术。在进入障碍较少时，可以通过并购直接进入并取得技术的跨越发展（熊建明、汤文仙，2008）。发达国家已有许多企业通过技术关联性并购的方式实现技术跨越升级。美国AT&T公司正是其对美国第二大有线电视公司TCI和IBM的全球网络系统的成功收购，实现了两次技术升级和跨越。我国的金风科技收购德国VENSYS公司，也是从实现技术跨越式发展的角度考虑。

3. 企业联盟推动跨越式发展

单个企业往往力量单薄，难以具备实现技术跨越的资金和研发实力。所以，通过企业联盟共建产业链，可提高联盟企业的整体研发实力，实现产业和企业升级。以通信行业为例，我国是通信大国，但却不是通信强国，第一代和第二代移动通信的技术标准都掌握在欧洲和美国手中，我国通信技术企业在发展的过程中处于被动地位。而中国企业自主研发的第三代移动通信标准TD-SCDMA成功地成为国际标准，正是技术跨越的典型例子。TD-SCDMA的成功告诉我们，可以在新技术领域运用后发优势，站在别人的肩膀上实现能力的跃升，缩短与先进技术的差距，甚至实现超越。TD-SCDMA的成功，包括近50家企业，历经了4年的研究测试，从设备制造商、终端厂商、芯片制造商，再到测试仪器商等结成产业联盟，共同推进该技术标准的形成。

（三）跨越多重技术领域的嫁接，实现产品功能技术的交叉

近年的产品发展趋势表明，新产品的开发必须结合多种不同的技术，这样才能使企业的产品与其他企业的类似产品形成明显的差异，而产品差异是满足顾客个性化需求、提高产品附加价值的重要途径。例如，彩色电视机的开发技术远不仅限于显示系统领域，而是通过跨越多重技术领域的技术嫁接，如材料压缩技术、传送技术、激光微波及电脑绘图、可加速信号处理的电路系统技术都对于新一代电视机的开发有着重大作用。又如，生物传感技术用于手表制造，可随时测出人体的血压、心跳等指标。另一个例子是在新产品开发中大量使用专利，如日本企业推出一个新的车型，往往包括了数百件专利的使用。企业跨越多重技术领域，可以将其中一个市场上获得的知识和能力应用于另一个市场，实现产品功能技术的交叉。在中国台湾，一些企业借助台湾工业技术研究院的跨领域技术平台，整合各种交叉技术，生产满足顾客个性化需求的产品，实现企业升级。

此外，对于从事多类技术相关产品贴牌生产的企业，它们也可以通过现有的技术力量，从自身的条件出发，将生产功能相似产品的技术进行嫁接，形成自有产品和品牌。

（四）从OEM到ODM再到OBM的多种方式组合

1. 第一种路径：OEM—ODM—OBM

结合弗贝斯和威尔德（Forbes和Wield，2001）提出的工艺—产品—专有技术坐标体系，最佳的企业升级路径或许是从OEM开始，升级到ODM，再升级到OBM（见图1）。

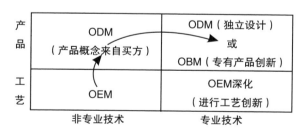

图1 企业从OEM到ODM再到OBM的企业升级路径

资料来源：汪建成、毛蕴诗：《从OEM到ODM、OBM的企业升级路径——基于海鸥卫浴与成霖股份的比较案例研究》，《中国工业经济》2007年第12期。

在这一升级过程中，企业将逐步形成独立设计能力与专有产品的创新能力，从而提升企业的价值链。为了赶超国外先进企业，通过持续的学习和创新形成自身的核心技术和研发能力，在此基础上培育自主的全球品牌，实现从OEM到ODM再到OBM的转型与升级。在企业OEM—ODM—OBM发展上，越向上游前进，对企业的要求也越高，特别是OBM阶段，需要企业拥有自己的全球营销网络和渠道以及企业自己的研发能力。而从OEM到ODM再到OBM是一个逐步学习、阶段性积累技术和经验的过程，避免了后发企业在产品创新、技术创新的初级阶段走弯路，降低其开发成本，并积累技术基础。

2. 第二种路径：OEM—ODM—OBM的变形与扩展

OEM企业要想真正做大做强，主要可以通过两条途径：一条是进行转型升级（产品技术创新），包括从OEM到ODM（技术路线）和从OEM直接到OBM（品牌路线）的转型；另一条是做大OEM，进行OEM多元化（经营方式创新）。OEM企业转型升级的路径归纳如图2所示。

OEM—ODM是第一种，走技术路线的；OEM—OBM是第二种，走品牌路线的，它们本质上都是价值链内部的个体性攀升，谋求高附加值。

向左升级的ODM导向意味着生产技术升级，通过研发和自主创新，增加企业生产技术的科技含量。优秀的ODM厂商不仅要有业界领先的规模，以便能够有效降低制造成本，同时还需要有强大的研发和设计能力，表现为可以不断为客户提供迎合市场需求的新产品，从而提升企业的综合竞争力。向右升级的OBM导向意味着逐步拓展自己的品牌或并购其他品牌，打造完整产业链，并提高企业的利润水平。这种模式实际上是在原有制造的核心竞争力上进一步拓展品牌销售能力，提高产品的附加价值。

V1—V2是OEM企业的多元化经营，它本质上是价值链间的横向跨越，这一方面是为了获取高附加值，另一方面是出于分散风险的考虑。

3. 第三种路径：混合路径

OEM企业的转型升级并不局限于单一路径，也可以是几种模

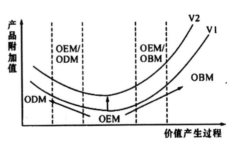

图2 OEM企业转型升级的路径

资料来源：根据作者整理而得。

式相结合的混合路径，如向ODM转型的OEM企业也可以同时进行OBM，或进行OEM多元化发展；而且在OEM向ODM、OBM转型的过程中还存在很多OEM／ODM、OEM／OBM并存的过渡现象。对于每个企业个体来说，在进行实际的创新和升级过程中，会根据企业的具体情况而采取不同的操作策略。

（五）以产业集群、园区为载体，促进企业升级

激烈的市场竞争下，产业集群、园区已经成为企业发展的重要载体。产业集群的发展和园区的建设对于推动企业升级起到了关键作用。以美国的硅谷为例，美国的硅谷不仅仅是一个科技园区，也是一个生态系统和一种机制。在硅谷机制下，小企业与独立发明者的首创技术成果得以迅速市场化，成长为世界级大公司。企业升级拥有充足的养料和肥沃的土壤。而在缺少硅谷机制的情况下，许多集群和园区只能体现企业地理上的聚集，难以发挥园区的科研优势和网络优势，这方面的例子举不胜举。产业集群、园区以及园区的生态环境为企业提供了创新载体。

1. 集群和园区的生态系统：构建完善的要素供给、服务体系

以台湾的科学园区产业集群为例，之所以它在培育企业方面取得成功，可归因于科学园区提供了较好的投资设厂环境，技术开发、资本市场和高效专业化的中介服务，以及良好的社区服务。举例说明，台湾工业技术研究院既承担台湾经济部的前瞻性研究项目，也承担由园区企业发起、主持的中短期研究项目。它以台湾地区的产业利益为目标，扫描、跟踪全球科技发展的前沿，通过技术的联合开发，吸收、消化并在科学园企业的项目中利用这些新技术，最终通过产品、设备和技术诀窍来推动商业进程，联华电子（联电）、台湾积体电路（台积电）等世界知名企业就是由工研院衍生出来的[①]。

2. 集群和园区内大型企业的带动作用

园区的建立推动了地方企业的发展，首先从产业层面上表现为大型企业入驻园区带动当地产业的升级，其次这种产业升级又带动了本地企业面向高科技的蜕变和发展。例如，在台湾有许多南部企业，特别是以往南部基础深厚的精密机械产业，因台南科技园设立高科技技术、研发、产学合作等相关机制，

---

① 根据作者于2008年11月18日在台湾工业技术研究院的调研所得。

而兴致勃勃地希望升级后加入明日产业的团队。

（六）国内市场的天生OBM企业

还有一类企业为"天生的OBM企业"，它们在进入国内市场时，就采用了自主品牌，有助于企业在国内市场与跨国公司竞争，获取较高的附加价值，并为企业利用自主品牌进入国际市场创造条件。如李宁有限公司作为国内体育产品的著名品牌，在成立之初依托"李宁"的知名度面向中高端的体育服装市场，并且制定了"立足本土的国际化进程"的专业化发展道路，通过在国际赛事上赞助国内运动员，继而打开国际市场赞助国外运动员。借助名人效应，李宁服装在技术研发、生产设计、终端销售等方面不断创新为提高品牌知名度做出努力。

此外，对于传统产业中的企业，也可借助本土的传统文化、特色农业，推出具有地方特色的自主品牌，带动相应产品和配套企业的转型升级。我国幅员辽阔、物产丰富，很多地方都拥有自己的特色农副产品，这是当地企业的宝贵资源。如素有"荔枝之乡"雅称的广东东莞正可以借助本地优势，打造地方品牌，催生天生的OBM企业，通过精细化加工制造生产高附加值的荔枝产品。

（七）通过技术积累，带动企业升级

技术能力的积累和发展是一个漫长、艰苦的学习过程（Chen和Qu，2003）。为构建和发展技术能力，企业需要主动开展系统的技术学习从而不断提升企业在各个技术功能上的专业技能并不断深化技术知识（Bell和Pavitt，1995）。金麟洙（1998）通过对韩国半导体行业等的研究，提出技术引进—消化吸收—自主创新的技术能力提高过程模式。安同良（2004）指出技术发展能力存在五个阶段：技术选择、技术获取、消化吸收、技术改进和技术创造。而企业产品附加值的提升以及品牌的强化，需要建立在强大的资金和技术积累的基础上。以东莞龙昌玩具有限公司为例，尽管金融海啸影响着中国的制造业企业，但是，拥有8000多名员工的龙昌玩具公司目前生产销售正两旺，销往国内外的拳头产品智能机器人每个售价高达2000多元，生产订单排到了第二年[①]。龙昌正是从玩具贴牌企业开始，通过提高自身的研发设计能力、收购专业的

---

① 据新华网2008年11月21日报道，http://www. gd. xinhuanet. com / dg / 2008-11 / 21 / content—14984941.htm.

研发设计公司，积极引进人才，增强研发实力，成功实现了技术积累和企业升级。1998年龙昌成立了高新产品研发部，2000年成立了高科技智能产品研发部，2000年以1800万港元收购了台商在东莞开设的创艺精机有限公司，并与外部科研机构及院校合作，开展技术研发及新产品开发。1997年成功上市，为升级提供资金支持。与此同时，龙昌注重外部技术、知识的引入和消化吸收，与香港中文大学合作获得"遥控不倒翁技术"，与武汉理工大学、清华大学、哈尔滨工业大学获得智能科研的相关技术成果，等等，并在消化之后将其产业化、产品化。

五、启示

我国制造类企业以低端的中小型企业居多，呈现粗放型的增长态势，在金融风波的冲击下，它们首先应声而倒。其实我国企业长期依靠丰富的劳动力资源和低成本的竞争优势的成长方式早已为制造类企业的危机埋下了伏笔。然而有些企业在危机来临前进行了企业升级的尝试，走在同类企业的前列，因而能够在危机中生存下来，甚至逆势成长。如台湾阿托科技公司面对金融危机加大研发投入、收入高速增长，又如我国东莞的龙昌集团较早具备自主研发实力并拥有自主品牌，能够在玩具厂商一片倒声中屹立不倒；还有深圳的一些高新技术企业也具备一定的抵御风险的能力。做有所准备的企业，不仅能够未雨绸缪，在危机来临前具备防御能力，而且从企业长期发展来看，这也是企业保持持续竞争力、转变增长方式的关键所在。

（原载于《中山大学学报（社会科学版）》2009年第49卷第1期，第178—186页）

参考文献

[1] Bell，M. & Albu，M. . Knowledge Systemsand Technological Dynamismin Industrial Clustersin Developing Countries. World Development，1999，27（9）：1715–1734.

[2] Chen，Z，&Qu，L. The status of acculture biotechnology in China. Beijing：Peking University，2003.

[3] Forbes，Wield. From Followers to Leaders：Managing Technology and In Novationin Newly Industrializing Countries. Routledge，2001.

[4] Gary Gereffi. International Tradeand Industrial Upgradingin the Apparel Commodity Chains. Journal of International Economics. 1999, （48）：37–70.

[5] Humphrey, J. , Schmitz, H. . Governance and upgrading: Linking Industrial cluster and globalvalue chainresearch. IDS Working Paper120, Brighton：Institute of Development Studies, 2000.

[6] Humphrey, J. , Schmitz H. . Howdoes insertionin global value chains affect upgradingin industrial clusters? Regional Studies, 2002, 36（9）：27–101.

[7] Humphrey, J, Schmitz, H. . Chain governance and upgrading: taking stock. in Schmitz, H（ed）. Localenter prisesin the globale conomy: issues of governance and upgrading. Cheltenham：Elgar, 2004：349–381.

[8] Kaplinsky, R. , Morris, M. . A handbook for value chain research. Prepared for the IDRC. 2001：38–39.

[9] M Bell, K Pavitt. The Development of Technological Capabilities：Trade, Technology and International Competitiveness. EDI of the worldbank, 1995.

[10] Poon, TSC. Beyond the global production networks: acase of furtherup grading of Taiwan's information technology industry. Technology and Globalisation, 2004, 1（1）：130–145. 186

[11] Raphael Kaplinsky, Mike Morris. A Handbook for Value Chain Research. Prepared for the IDRC. 2001.

[12] Takahiro Fujimoto. The evolution of amanufacturing systemat Toyota. Oxford：Oxford University Press, 1999：271.

[13] Teece, Pisano, Shuen. Dynamic Capabilities and Strategic Management. Strategic Management Journal, 1997, （18）：7.

[14] 安同良：《企业技术能力发展论——经济转型过程中中国企业技术能力实证研究》，人民出版社2004年版。

[15] 曹群：《产业集群的升级：基于动态能力的观点》，《学术交流》2006年第9期，第121—123页。

[16] [韩]金麟洙：《从模仿到创新——韩国技术学习的动力》，新华出版社1998年版。

[17] [日]林武：《技术与社会》，张健、金海石译，东方出版社1989年版。

[18] 毛蕴诗、李洁明：《替代跨国公司产品：中国企业升级的递进》，《学术研究》2006年第3期，第44—48页。

[19] 毛蕴诗、汪建成：《基于产品升级的自主创新路径研究》，《管理世界》2006年第5期，第14—20页。

[20] 毛蕴诗：《公司经济学（第2版）》，东北财经大学出版社2005年版，第31页。

[21] 梅丽霞、柏遵华、聂鸣：《试论地方产业集群的升级》，《科研管理》2005年第5期，第147—151页。

[22] 梅丽霞、蔡铂、聂鸣：《全球价值链与地方产业集群的升级》，《科技进步与对策》2005年第4期，第11—13页。

[23] 唐海燕、程新章：《企业升级的路径选择——以温州打火机企业为例》，《科技管理研究》2006年第26卷第12期，第113—116页。

[24] 熊建明、汤文仙：《企业并购与技术跨越》，《中国软科学》2008年第3期，第81页。

[25] 张辉：《全球价值链理论与我国产业发展研究》，《中国工业经济》2004年第5期，第38页。

从"市场在中国"剖析扩大消费内需

一、问题提出：从"中国制造"到"市场在中国"

"经济全球化的一个重要特征就是'中国制造'（Made in China）。然而，近年来，特别是国际金融危机以来，经济全球化出现了另一个重要特征：'Sold in China'——'市场在中国'"。[1] "Sold in China"最早由麦肯锡全球研究所（McKinsey Global Institute, MGI）在2006年发布的*From Made in China to Sold in China: The rise of Chinese Urban consumer* 报告提出。该报告指出，中国因城市中等收入群体的出现，将由全球制造业大国成为全球最主要的消费型经济体之一。有外媒评论，跨国企业不再把中国视为"低工资生产基地"，而是当成了"市场"。波士顿咨询公司认为，中国同时拥有庞大的市场规模和增长潜力，因此全球企业均将中国市场视为"必赢市场"。[2]国内学者毛蕴诗（2010）在这个基础上，进一步分析了中国扩大消费内需的源泉，以及国内外企业布局两个市场的战略，2010年5月在《中国商报》上发表文章《从"中国制造"到"市场在中国"》。文章首次把"Sold in China"翻译为"市场在中国"中文概念，并讨论了中国政府和企业层面的政策和决策含义。

许多学者从不同视角研究从"中国制造"到"市场在中国"的转变以及对中国企业的影响。依据权变理论，当企业所处的外部环境发生改变时，企业调整战略以适应环境的变化。特别是在金融危机、或是未预见到的经济重大衰退出现时，为了避免绩效的下降，企业需要在它们所处的环境中很快地

---

① 毛蕴诗：从"中国制造"到"市场在中国"，《中国商报》2010年5月23日。
② http://fzwb.ynet.com，《中国从世界工厂变身世界市场》，2010年1月6日。

适应这种急剧的变化（Lee和Makhija，2009），因而企业选择升级（毛蕴诗、吴瑶、邹红星，2010），或开拓新市场（王孝松、谢申祥，2009），或加强区域经济合作与融合（居占杰，2009）。多元化的市场经营被认为是一种防范潜在威胁的手段或面对特定竞争对手的生存战略（Bernheim和Whinston，1990）。随着国际经济格局改变所培育出的新兴经济体崛起使企业多元化市场经营的目标市场更加明。新兴经济体以其经济快速发展和经济自由度高为特征（Hoskisson等，2000），引发全球经济重心向其转移。新兴经济体，如"金砖四国""钻石11国"①所开创的新兴市场成为世界经济发展的主要引擎（陈凤英，2009）。新兴经济体市场从20世纪90年代开始大规模扩张（王孝松、谢申祥，2009），形成了"新兴经济群体"，成为发达国家的新市场（谷源祥，2010），全球消费力量也正开始从美国等少数几个发达经济体向新兴经济体转移（倪建伟、何冬妮，2009）。从1990年到2007年，新兴经济体进口占世界总进口的份额持续攀升，已经成为世界贸易体系中不可忽视的产品销售市场，这些经济体的进口在很大程度上是由发展制造业并进行出口驱动的（王孝松、谢申祥，2009）。中国是当前世界上最大的新兴经济体和增长最快的市场（Luo，2001）。世界经济中中国的经济增长最显著（Ralston等，1999），以中国为核心所形成的"中国经济区"（Chinese Economic Area，CEA，包括中国大陆、台湾和香港），从20世纪80年代末以来日益取代日本成为亚洲经济中心（Wang和Schuh，2000）。有学者从国际市场战略的角度分析，指出中国经济发展给在中国投资的企业带来了机遇和挑战（Chan，2005）。自20世纪90年代以来，随着经济全球化的发展，全球市场加速融合，要素流动更加频繁，充分利用国际市场加快自身发展成为世界各国的选择，许多国家甚至把开拓国际市场上升为国家战略（傅自应，2009）。沃什（Walsh，1997）认为，企业进入外国市场，不仅为了获得资源和市场，还为了实现企业战略转移。一些学者从国际市场进入战略、时机、路径等视角研究跨国企业进入中国市场的战略和路径选择，认为中国市场制度约束、环境政策影响、新兴产业（如

---

① 美国高盛集团关注和研究中国、印度、俄罗斯和巴西的经济发展，在2003年发表了《与"金砖四国"一起梦想——2050年之路》研究报告，提出了"金砖四国"的概念。又于2007年提出了"钻石十一国"，指菲律宾、孟加拉、埃及、印度尼西亚、伊朗、韩国、墨西哥、尼日利亚、巴基斯坦、土耳其和越南。

清洁能源、低碳产业，Zhuang，2006）兴起等均对跨国企业开拓中国市场造成影响（Meyerd等，2008，Tan等，2007， Lau等，2007， Reid等，2003，Vanhonacker，1997）。随着国外直接投资流入的增加，中国商品市场的国际化趋势愈加明显，并将继续发展（毛蕴诗，1997）。罗和布鲁顿（Lau和Bruton，2007）、高德斯登和拉迪（Goldstein & Lardy，2005）等从跨国公司在中国直接投资（FDI）的模式、动因、路径等分析，认为跨国公司通过对中国直接投资，除把中国作为其全球的生产基地外，主要目标是扩大中国国内市场销售，如大多数投资中国的美国企业，麦当劳、宝洁、通用汽车等，把他们的目标市场放在中国的国内市场，而不是出口回美国或欧洲。毛蕴诗等（2006）从国内外市场融合的角度，认为中国潜在市场规模巨大却又远未充分开发，所以各外国企业不仅可以通过向中国输出其产品来占领中国市场， 而且更愿意在中国设立独资企业， 利用中国当地的资源和市场获得更大的发展。

学者和业界从国内或国外单一市场视角去分析企业行为有较多的研究。但是对于国内外两个市场互动、融合则研究不多。毛蕴诗等（2006，2010）从国内外两个市场结合的战略、国内外两种资源开发利用的角度，为研究中国市场、促进企业转型升级开辟了新视角。本文在分析中国消费市场内需源泉的基础上，立足国内外两个市场，探讨通过市场培育技术、培育品牌促进发展方式转变的策略。

二、世界主要研究咨询机构对"市场在中国"的前景分析与预测

（一）中国消费增量是美国的两倍

瑞信（瑞士信贷第一波士顿银行，Credit Suisse First Boston，CSFB）对中国消费增量预测认为，在2005—2015年间中国每年新增的消费支出将达到5240亿美元，而相比之下美国只有2620亿美元，到2015年中国消费者将取代美国消费者成为促进全球经济成长的首要动力。[①]图1所示的预测印证了这一观点。

据一项对中国消费市场的新调查，未来10年，中国消费市场价值将从

---

① The Rise of the Chinese Consumer revisited. http://emagazine.credit-suisse.com. 2006.06.

2009年的1.72万亿美元增长到15.94万亿美元，到2020年中国将超过美国成为世界最大市场。

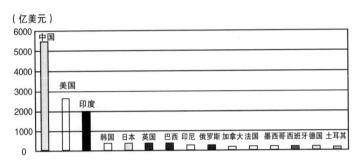

图1 各国家庭消费每年新增额

资料来源：IMF·世界银行和CSFB预测，2006，拓扑产业研究所整理，2007年7月。

（二）中国经济总量及消费总量占全球份额不断增加

根据英国经济学人信息部（Economist Intelligent Unit，EIU）2006年出版的*Foresight 2020：Economic，Industry and Corporate Trends，2006*预估，中国未来10年占全世界GDP的百分比——以购买力平价（PPP）①计算，将超过16.6%，至2020年更与美国及欧盟并驾齐驱，以19.4%的占比成为全世界GDP领先国家之一。高盛集团（Goldman Sachs）2003年发表的*Dreaming with BRICs-The Path to 2050*，将金砖四国与G6（美国、日本、英国、德国、法国、意大利）作比较，认为金砖四国在未来50年将对世界经济造成极大的影响力，其中，中国将是未来成长最快速的国家，成为全世界最强经济体。台湾经济部科技处2008年发表的《2015年台湾产业发展——优质平价商品市场策略》指出，中国GDP的成长率在2015年以前平均有7.8%的成长率，即使在2025年前还将维持5%以上，而其中消费对此成长率的贡献，将占40%—50%的高比率。

瑞银（CSFB）根据国际货币基金组织（IMF）的资料，2005年作出预测，2015年前中国将以家庭总消费超过3.73万亿美元、占全球总消费的11%，超过日本、德国等，跃升为全球仅次于美国的第二大消费国。2008年3月，瑞

---

① 以美元计价的购买力平价（Purchasing Power Parity），即以美国的物价为1，在相同的标准下计算各国所得水平。

银修正了这一预测结果，由于2006年中国就以占全球总消费5.4%的比例和意大利并列第五名，预计在2015年中国消费占全球总消费比重达到14.1%，[①] 国家商务部也预测，到"十二五"末期，我国将有望接近或成为全球最大的消费市场。

（三）中国市场发展潜力巨大

2009年我国实现社会消费品零售总额12.53万亿元，扣除价格因素实际增长16.9%，增幅比上年提高2.1个百分点。[②]图2为我国2004—2008年社会消费品零售总额的增长情况，显示我国市场容量大，消费力发展迅猛。

尽管社会消费品零售总额呈现出了快速增长的态势，但消费占GDP的比重却出现了下滑（如图3所示），2008年消费占GDP的比重仅为36%。而据麦肯锡全球研究所（MGI，2006）分析，随着中国扩大内需政策实施，以及改善投资、消费、出口的结构，消费占GDP的比重将从2006年的37%，到2015年达到41%，到2025年更达到45%。[③]尽管在今后15年消费占GDP的比重不断上升，但仍然远低于美国和日本的比重（2006年美国和日本的消费占GDP的比重已分别达到71%和57%，见图4）。也就是说，如果我国消费占比要达到美国或日本的水平，消费对经济增长的拉动还有很大空间。从目前的趋势看，我国消费成长力度强劲，已达到足以影响并刺激经济增长的程度。

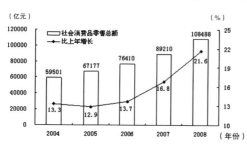

图2 2004—2008年社会消费品
零售总额的增长情况

资料来源：国家统计局。

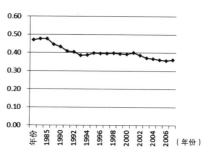

图3 社会消费品总额占GDP的比重

资料来源：根据国家统计局数据整理。

① 转引自《2015年台湾产业发展 优质平价商品市场策略》2008.04。

② 数据来源：国家统计局。

③ McKinsey Global Institute. 2006，November. From "made in China" to "Sold in China"：The rise of the Chinese urban consumer.

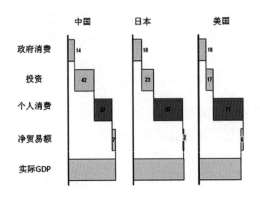

图4 中国、日本、美国2005年消费占GDP比重

资料来源：麦肯锡全球研究所（MGI）经济分析局，全球视野：中国消费需求模型V2.0 。

三、"市场在中国"的消费内需源泉分析

（一）市场在城市——中等收入群体兴起，消费结构改变，优质平价产品市场庞大

世界银行对中等收入群体[①]的定义，是指4个成员的家庭年收入在1.6万—6.8万美元之间的族群。MGI分析认为，随着中国城市化进程加快，乡村人口往城市、城镇集中，预计2006年至2015年中国城市将产生庞大的中等收入群体，将从当前占城市人口43%，到2015年占69%，到2025年达76%，届时城市中等收入群体可支配收入达22.7万亿元人民币。[②]卢中原等（2009）分析指出，城市化率提高1个百分点，就有1000万—1200万人口进入城市。经

---

① 2005年1月，来自国家统计局城调队的一份调查显示 "6万—50万是界定我国中等收入群体家庭收入（以家庭平均人口3人计算）的标准"。这个结论被媒体认为是我国对"中产阶层"首次清晰的数字化界定，但随后国家统计局否认公布过这个数据，并表示统计口径没有"中产阶层收入"这个项目。中产阶层，是从财富、权利和声望三个指标来衡量，包含生存状态和精神状态，更多的是从精神状态和生活方式去判断，本文仅从收入角度研究消费力，因此使用"中等收入群体"这一表述。

② McKinsey Global Institute. 2006，November. From "made in China" to "Sold in China"：The rise of the Chinese urban consumer.

验数据表明，1个城市人口的平均消费需求是农村人口的2.7—3倍。据台湾经济部科技处预测，2015年我国城市新兴中等收入群体消费力将占总消费力的66.2%。[1]

据MGI分析，家庭年收入5000美元是人们可以消费各种非必需品的临界点。随着中等收入群体兴起，他们的消费结构发生很大变化。刘世锦（2010）认为我国仍将处于工业化和城镇化的快速推进时期和居民消费结构的快速升级时期，存在着巨大的需求潜力。美国市场趋势研究公司研究发现，中国中等收入群体的生活品质虽然与发达国家还有一段距离，但生活水平已与发达国家拉近。在美国和瑞士需要"月"收入5000美元才负担得起的生活水准，在上海和布拉格却以"年"收入5000美元就可享有。[2]中等收入群体庞大而且消费力强，虽对价格比较敏感，但也有能力和意愿消费世界级产品。以广东省为例，2009年全省城镇居民人均可支配收入21574元（人民币）[3]，按一个3口之家计算，年家庭收入达到9200美元，远远高于年家庭收入5000美元的临界点，成为消费各类非必需品的主力。

台湾IEK/MIC[4]发表的《2015年台湾产业发展愿景与策略v1.0》，根据个人年所得规模，把全球市场由低到高分为四大区域，分别为：1500美元以下之落后贫穷市场、1500—5000美元之新兴平价市场、5000—20000美元之小康市场以及20000美元以上之上流社会市场。分析认为，到2015年1500—5000美元之间的"优质平价市场"区间的人口成长率最显著，规模成长率高达83%，由于这区间人口极具消费力，即使每人消费金额都不高，但人口规模大，市场潜力巨大。针对这种趋势，我国台湾、韩国企业正在大力开发优质平价商品市场。优质平价商品市场中的领导品牌也进行重新洗牌，例如星巴克（Starbucks）、ZARA、GAP、宜家（IKEA）、EASY JET、 欧莱雅

---

① 台湾"经济部"技术处， 2015年台湾产业与科技整合研究计划小组，2015年台湾产业发展——优质平价商品市场策略，2007年4月。

② 台湾"经济部"技术处， 2015年台湾产业与科技整合研究计划小组，2015年台湾产业发展——优质平价商品市场策略，2007年4月。

③ 数据来源：广东省统计局。

④ IEK（Industrial Economics & Knowledge Center）是台湾工业技术研究院（Industrial Technology Research Institute，ITRI）下属的工业技术研究院产业经济与趋势研究中心。MIC（Market Intelligence & Consulting Institute）台湾产业情报研究所。

（L'ORÉAL）等以平价或低价创新定位，同时诉求文化内涵、优雅品位、智慧生活等主要精神，深受新兴中等收入群体的青睐。

（二）市场在农村、在西部——农村、西部等欠发达市场高速成长

在欧美等传统市场需求不足的背景下，中国等金砖四国、埃及等钻石11国所带领的新兴市场，成为全球消费的新增长点。我国国内市场也出现同样情况，当东部经济发达地区的市场竞争日趋激烈、需求趋向饱和的情况下，农村、西部等欠发达市场将成为新一轮扩大国内消费需求的目标。中国发展的不平衡性通常被认为是缺点，但这一特性可以使庞大的需求潜力分阶段释放，从而使国内需求对经济增长的拉动作用持续更长时间（刘世锦，2010）。

我国农村市场容量大、潜力大，农民的边际消费倾向比城市居民高。2009年，我国农村县及县以下地区消费品零售总额为40210亿元，比2008年增长15.7%；占全社会消费品零售总额的比重为32.1%，比2008年提高0.05个百分点。[1]近几年国家加大了对县及县级以下地区的投入，如2009年中央财政用于"三农"的支出达到7161.4亿元，比上年增长20.3%，其中用于对农民的"四项补贴"[2]达1230.8亿元，比上年增长19.4%，[3]这些措施既降低了农民的生产生活成本，也提高了他们的收入。自2008年下半年实施家电、汽车摩托车下乡政策，带动了农村消费达692亿元（2009年数据）。[4]

我国西部幅员辽阔，自然资源丰富，但发展水平较低，蕴藏着巨大的发展潜力。国内有相当一部分资金、技术和劳动力需要寻求新的生产领域、新的市场、新的发展空间。自1999年实施"西部大开发"战略以来，西部国内生产总值由1998年的14647.38亿元增加到2008年的58256.58亿元，年均增长率11.42%；人均国内生产总值由1998年的4122.6元增加到2008年的15857.18元，年均增长率14.42%；2008年实现进出口总额1068亿美元，同比增长35.8%。[5]这几项指标的增长率均高于全国和东部的平均水平。随着西部大开发战略从过

---

① 《在统筹城乡发展中扩大农村市场消费》，《经济日报》2010年2月24日。
② 指粮食直补、良种补贴、综合生产资料补贴和农机具购置补贴。
③ 数据来源：国家农业部。
④ 数据来源：国家商务部。
⑤ 《西部崛起——写在西部大开发十周年之际》，《光明日报》2010年2月23日。

去10年的"打基础"到今后10年的"抓富民"转变，北部湾、成渝经济带、关中—天水经济区等重点经济区建设，西部广大未开发的市场必将成为拉动消费内需的战略高地。

（三）市场在高端——中国高档品、奢侈品市场方兴未艾

世界奢侈品联合会的数据显示，2008年中国消费了全世界1/4的奢侈品，达86亿美元。而且，中国将在5年内超过日本，成为全世界第一大奢侈品消费国，每年消费额达140亿美元。贝恩咨询公司（Bain & Company）2009年11月发布的《2009年中国奢侈品市场研究》分析，受到全球经济衰退的影响，全球奢侈品市场预期在2009年将下滑8%，只有中国市场有望保持12%的适度增长，占全球市场份额的27.5%。[1]波士顿咨询公司（The Boston Consulting Group，BCG）在2009年12月发表的报告称，到2015年中国奢侈品市场将占世界总量的29%。如今上海和北京奢侈品门店的数量已和纽约、芝加哥相当。很多奢侈品品牌已经在中国的二级城市建立了大量的销售点。[2]据中国品牌策略协会（China Association of Branding Strategy）称，中国有1.75亿消费者有能力购买各种品牌的奢侈品，占总人口的13.5%，其中有1000万—1300万人是活跃的奢侈品购买者。值得关注的是，根据波士顿咨询公司的调查[3]，奢侈品购买者中有近70%的人更愿意在海外旅游期间购物，比如内地消费者的消费额已经占到香港高档品、奢侈品销售收入的一半以上。英国经济学人信息部（Economist Intelligence Unit，EIU）则认为，2004年中国境外旅行的消费总量高达250亿美元，2008年该数字达到305亿美元。[4]

（四）市场在"经济区"——以中国大陆为中心的亚洲经济贸易区正在形成

毛蕴诗（2006）研究表明，经济全球化与经济区域化（北美、欧洲、亚洲三大经济区）并存，而且区域内的贸易与投资增长大大超过区域之间的贸易

---

[1] 贝恩咨询公司（Bain & Company），2009年11月，《贝恩观点：2009年中国奢侈品市场》研究。

[2] 波士顿咨询公司（The Boston Consulting Group，BCG），2009年12月，《后地盘争夺战时代的中国奢侈品市场》。

[3] 波士顿咨询公司（The Boston Consulting Group，BCG），2009年12月，《后地盘争夺战时代的中国奢侈品市场》。

[4] Economist Intelligence Unit. 18 July，2005. China Industry： Travelers to/from China multiply.

与投资增长。2010年1月1日，中国与东盟间的"自由贸易协定"正式生效，多种商品互免关税，经济一体化程度将达到一个新高度，以中国大陆为中心的亚洲经济区正在形成。

基于对中国大陆成为亚洲经济中心重要性的认识，韩国、日本、新加坡、中国台湾等亚洲各国和地区加快对中国大陆市场布局进程。如韩国政府非常重视与中国市场的依存关系，并将其作为国家战略。2001年，中国大陆已超越日本，成为韩国第二大出口市场，以及第二大对外投资国；2003年，中国更是成为韩国第二大出口市场，以及第二大对外投资国。日本也早就长期布局中国，是对华直接投资最多的国家之一。目前，日本采取以进军中国为轴心的亚洲战略，以解决其国内因金融危机及人口减少导致的需求和供给不足、经济衰退的困局。新加坡积极进军中国市场，主要以政府集团在苏州、大连、广州等城市投资兴建科技园区、参与电信和金融等国营企业入股，以及投入基础设施建设等，在中国市场抢占先机。台湾制造业20世纪90年代开始，为维持成本竞争优势，把产业转移到中国大陆，台湾对大陆的经贸依存度持续上升。目前台湾是中国大陆的第五大贸易伙伴。

四、金融危机的"诺亚方舟"：国内外企业抢滩中国市场

金融危机促使跨国公司加快开发中国市场的步伐。中国市场不仅成为国外企业庞大的吸金地，同时也是各国企业开展竞争的战场。众多跨国公司在金融危机中遭受沉重的打击，其海外市场出现了大幅度亏损，而在中国市场的经营业绩却增长迅猛。这一消一长，促使跨国企业加快扩张中国市场。

在饮料行业，中国市场是百事可乐公司食品业务方面增长最迅速的市场，也是除美国本土外最大的饮料市场。今后百事可乐将进一步加大在华的投资力度，未来两年将在中国再成立5家饮料生产厂。可口可乐公司也将中国作为其头等重要的市场，2009年1季度，可口可乐全球业务增长率为2%，而在中国的增长率则为11%。[1]可口可乐认为，尽管拉美、亚洲等地区的新兴经济体也在保

---

① 《可乐两巨头加快在中国拓展》，《北京日报》2009年6月29日。

持较快的经济增长，但中国市场的增长态势在世界上是独一无二的。[①]

全球的化妆品行业也是如此。根据2008年的欧莱雅业绩报告，其在金融危机下利润同比下降26.6%，但在中国大陆却实现了69.52亿元的销售额，比上年增长27.7%。另一家化妆品牌巨头雅诗兰黛集团2008年的业绩报告显示，集团在2008年10—12月间盈利下降30%，但中国市场却始终保持两位数的增长，成为仅次于日本和韩国的第三大亚洲市场，也是集团重点发展的新兴市场之一。宝洁在中国市场的销售也呈现出了强劲的增长态势，为其全球业绩做出了重大贡献，销售额在全球市场中排名第二位，而销售价值则处于全球市场的前五位。[②]

汽车行业在金融危机的市场销售情况也出现类似的现象。2009年中国汽车产销量全球第一，达1300万辆，以300多万辆的优势超过美国。本田公司2008财年的数据显示，本田在全球的纯利润是15亿美元，中国市场就有13亿美元，亚洲市场成为该财年中唯一逆势上扬的地区。日本第一大企业丰田汽车公司2008财年亏损44亿美元，但一汽丰田和广汽丰田这两个合资企业在2008年的利润则在10亿美元左右。通用汽车2009年巨亏309亿美元，但其两个合资公司上海通用、上汽通用五菱仍然大幅盈利。为大众汽车带来全球80%利润的中国市场在2009年上半年的销量更是超过德国本土，成为全球第一大市场。[③]

跨国公司纷纷在中国成立子公司，由最初的生产制造向研发、营销等方向扩展。以全球第一大机电系统供应商科孚德为例，它在中国的子公司生产的产品主要服务于中国市场。科孚德近几年加快开拓中国市场，一方面，受到金融危机的影响，欧洲市场疲软，需求不足，没有足够的增长空间；另一方面，中国市场的快速增长也让企业对全球市场的布局产生了新的思考。因此，科孚德在中国的经营从以往单纯的生产投资转向技术投资，从欧洲不间断地把更多技术转移到中国，实现中国子公司的升级。2009年，科孚德全球的订单额为12亿欧元，其中约有1亿欧元来自中国市场。科孚德计划今后将中国市场的比重提高到20%或者30%。[④]因为，科孚德在中国生产的产品主要面向国内客户，而中国国内市场的

① 可口可乐董事长穆泰康：《中国在全球战略中最重要》，《Foreign Investment in China》2009年7月。
② 邓雪灵：《中国市场能否成为外企"救命稻草"？》，《信息时报》2009年4月20日。
③ 王灿彬：《中国市场挽救了本田的全球命运》，《大洋网—广州日报》2009年8月10日。
④ 《法国机电巨头加快投资中国步伐》，《中国商报》2009年8月14日。

巨大需求潜力以及出口的广阔前景，对科孚德等外资企业来说都是巨大的诱惑。

我国企业面临在本土与跨国公司的竞争与合作。经过金融危机对全球市场的重新洗牌，中国市场异军突起使我国本土企业面临日趋激烈的国际和国内市场竞争。这些企业以中国市场为依托，主要通过三种路径实现两个市场协调发展战略，以应对与跨国公司的竞争与合作。中兴、华为、上海贝尔等通信设备制造企业，实施先国内市场后国外市场的国际化经营路径，在做大做强国内市场的基础上向海外市场扩张。以代工生产方式为主的出口型企业则实施先国外市场后国内市场的市场转移路径，在这一过程中，代工企业学习发达国家的管理理念、生产工艺等，获取对企业升级有利的资源，实现了从OEM到ODM再到OBM的升级后，在国内市场有了更强的生存能力和更大的发展空间，从而实现了市场的转移。有些企业则借助金融危机下国家出口转内销政策的支持转战国内市场。如家电企业美的就把国内市场作为重点战略市场，缩小与主要竞争对手的差距。联想也将经营重心重新从国际转向了国内市场，在"家电下乡"计划中，联想获得了近半数的订单，而其主要竞争对手惠普、宏碁等的销量占比都不足1%，回归国内市场初见成效。

五、启示与建议

1. 从战略高度看"市场在中国"宝贵的内需资源，以此促进中国产业升级及企业能力提升

消费内需是宝贵的资源，要善于利用和保护。日本"泡沫经济"破灭后，多次希望通过内需拉动经济，但消费疲软，"无路可修""无房可建"，经济至今萎靡不振。中国在改革开放后经济迅猛发展，得益于内需强大，投资和需求能量源源不断地释放，形成了经济发展的强劲动力。因此，要利用全球市场格局变动，利用"市场在中国"的有利契机，加快企业自有品牌和核心技术的发展，通过创新占领全球产业链高端，促进企业能力演进，加快我国产业升级。过去以"市场换技术"，并未收到好的效果，现在要通过市场培育技术、培育品牌、培育世界级的企业。

2. 统筹国内外两个市场关系，稳住、扩大外需市场和进一步扩大内需市场

尽管当前国际经济格局正在发生变革，但是经济全球化与经济区域化仍然是主流趋势，稳住、加大开发外需市场仍然具有重大的战略意义。受金融危机的倒逼机制影响，国内市场和生产扩大、产业竞争力和配套能力提高，以及出口产品技术含量和附加值提高，我国稳住对外贸易乃至扩大海外市场的基础得到巩固。以广东为例，尽管出现了金融危机，但是广东外贸出现V形回复，从2009年初进出口下降幅度超过30%到年底实现32.3%的增长，同时促使广东省外贸结构不断优化，2009年广东省高新技术产品出口占全省出口总额比重为38.8%，同比提高2.0个百分点；对东盟等新兴市场出口逆市上扬，全年增长8.2%。①"广东制造"不仅重新占领原有的市场，还开辟了新的市场。而且，积极参与国际竞争与合作，既是提升企业竞争力的压力，也是动力。

同时，在"市场在中国"背景下，需要进一步确立内需的主导作用，加强开发我国内需市场的力度。金融危机发生后，"外需不足内需补"的势头非常明显，如2009年广东内需拉动了广东经济增长近12个百分点②，明显高于2008年的内需拉力，部分抵消了外需不足的负面效应。在扩大内需的措施中，除了转变经济发展方式宏观政策调整外，鼓励企业的自主创新、产业升级和企业能力提升，在高新科技、新兴战略性领域开拓内需市场尤为重要。

3. 针对中等收入群体开发优质平价商品市场

借鉴韩国、我国台湾的经验，针对国内外中等收入群体，将开发优质平价商品作为重要的发展战略；支持自主品牌的优质平价商品快速进入和占领国内外市场。企业可学习西班牙ZARA、台湾达芙妮布局全球市场的经验，开创优质平价品的创新经营模式，建立产品创新中心，专门针对优质平价商品研发、创新、生产、销售。加快调整出口产品结构，通过加快产品和产业链的升级，逐步从低端市场走向中高端市场。

在具体措施上，要大力培育新兴的中等收入群体，在调整收入分配的同时，减轻中等收入群体的税务负担，提高社会福利，通过释放和转移农村的劳动力，提高他们的收入，进一步扩大中等收入群体，使之成为国内主要消费力量。当前，我国居民收入分配结构逐渐由"上尖下广"的金字塔型，转变为"中段独大"的钻石型模式，这种模式蕴含着极大的商机，必将改变传统的市场生态和商业模式。

4. 针对农村、西部等欠发达地区、开发适销对路商品，加大基础设施投入，使其需求与供给相对接

近年来，农村消费增速比城市快，西部地区的消费需求也不断提高。但

是，由于存在技术性与非技术性的市场分割，农村、西部等欠发达地区存在需求与供给不能对接的矛盾，各类收入群体的有效需求得不到满足。因此，要针对这些地区，开发适销对路商品以满足消费需求的增长与变化。同时，为了打破市场分割，要加大基础设施投入，重点建设区域的市场中心，从而带动县域及小城镇市场、农村市场发展。

5. 培育形成高档品、奢侈品市场

针对高档品、奢侈品消费增加，在国外市场消费额比国内市场消费额高得多的现象，要充分规划和发展好海南国际旅游岛，发挥其吸引全球投资和消费的聚集效应。同时增加北京、上海、广州等作为国内免税高档品、奢侈品市场。这样，不仅可以把我国的高档品、奢侈品消费留在国内，还可以把东盟地区、亚太地区的高档品、奢侈品消费吸引过来。而且，随着高档品、奢侈品市场的发展，可以整合带动相关产业和配套商业的发展。通过举办各类展览和节庆活动，如奢侈品展、电信展、汽车展等，培育形成多个全国高端市场、时尚商品市场。

6. 在亚洲区域经济贸易的发展中，中国应当发挥更积极的作用

金融危机让世界重新审视中国的大国地位，也让亚洲成为关注的焦点。亚洲拥有金砖四国中发展速度最快的中国和印度，经济发展的潜力巨大。但亚洲经济的发展也存在很多不稳定的因素，如产业技术水平偏低、区域发展不平衡等。亚洲经济需要从量变向质变转化。随着中国的产业和贸易与周边国家和地区的依存度越来越高，作为亚洲经济圈中心的中国应当在推动亚洲经济一体化的过程中发挥更大的主动性，在新一轮世界经济布局中抢占先机。

（原载于《中山大学学报（社会科学版）》，2010年第5期）

[1] Bernheim，B. Douglas & Whinston，Michael D. 1990. Multimarket Contact and Collusive Behavior. RAND Journal of Economics，The RAND Corporation，Vol. 21（1），1-26.

[2] Chan，Ricky Y.K. 2005，May. Dose the Natural-Resource-Based View of the Firm Apply

---

① 广东省对外贸易经济合作厅：《广东外经贸发展报告（2009—2010）》2010年4月。
② 《广东的"V"形：GDP增速9.5%意味着什么？》，《南方日报（网络版）》2010年1月24日。

in an Emerging Economy? A Survey of Foreign Invested Enterprises in China. Journal of Management Studies, 42: 3, 625–672.

[3] Child, John and Tsai, Terence. 2005, January. The Dynamic Between Firms' Environmental Strategies and Institutional Constraints in Emerging Economies: Evidence from China and Taiwan. Journal of Management Studies. 42: 1, 95–125.

[4] David McHardy and Walsh, John. 2003, May–June. Market Entry Decisions in China. Thunderbird International Business Review, 45（3）: 289–312.

[5] Eichengreen, Barry. 2006. China, Asia, and the World Economy: The Implications of an Emerging Asian Core and Periphery. China & World Economy. 14（3）: 1–18.

[6] McKinsey Global Institute. 2006, November. From "made in China" to "Sold in China": The rise of the Chinese urban consumer.

[7] Goldstein, Morris and Lardy, Nicholas R. 2005, March. China's Role in the Revived Bretton Woods System: A Case of Mistaken Identity. Working Paper Series, Number WP 05–2.

[8] Hoskisson, R. E., Eden, L., Lau, C. M., & Wright, M. 2000. Strategy in emerging economies. Academy of Management Journal, 43（3）: 249–267.

[9] Lau, Chung Ming & Bruton, Garry D.. 2008, November. FDI in China: What We Know and What We Need to Study Next. Academy of Management Perspectives, 30–44.

[10] Lee, Seung–Hyun & Makhija, Mona. 2009. Flexibility in internationalization: is it valuable during an economic crisis?. Strategic Management Journal Strat. Mgmt. J., 30: 537‐555.

[11] Luo, Y. 2001. Determinants of Entry in an Emerging Economy: a Multi–level Approach. Journal of management Studies, 38（3）: 443–472.

[12] Meyer, Klaus E., Saul, Sumon., Bhaumik, Kumar., & Peng, Mike W.. 2009. Institutions, Resources, and Entry Strategies in Emerging Economies. Strategic Management Journal. Strat. Mgmt. J., 30: 61–80.

[13] Ralston, D. A. et al. 1999. Doing Business in the 21st Century with the New Generation of Chinese Managers: a Study of Generational Shifts in Work Values in China. Journal of International Business Studies, 30（2）: 415–428.

[14] Tan, Danchi., Hung, Shih–Chang., & Liu, Nienchi. 2007. The Timing of Entry into a New Market: An Empirical Study of Taiwanese Firms in China. Management and Organinzation Review. 3（2）: 227–254.

[15] Vanhonacker, Wilfried. 1997, March–April. Entering China: An Unconventional Approach. Harvard Business Review.

[16] Walsh, J. 1997. Marker entry strategy and success: UK companies in the Republic of Korea and East Asia [Thesis]（pp.1–317）. University of Oxford, D.Phil.

[17] Wang, Zhi & Schuh, G. Edward. 2000. Economic Integration among Taiwan, Hongkong and China: a Computable General Equilibrium Analysis. Pacific Economic Review, 5（2）: 229–262.

[18] Zhuang, Guiyang. 2006. Role of China in Global Carbon Market. China & World Economy. 14（5）: 93–104.

[19] 毛蕴诗：《从"中国制造"到"市场在中国"》，《中国商报》2010年5月23日。

[20] 毛蕴诗、吴瑶、邹红星：《我国OEM企业升级的动态分析框架与实证研究》，《学术研究》2010年第1期。

[21] 毛蕴诗、李洁明：《替代跨国公司产品：中国企业升级的递进》，《学术研究》2006年第3期。

[22] 毛蕴诗、戴勇：《经济全球化与经济区域化的发展趋势与特征研究》，《经济评论》2006年第4期。

[23] 毛蕴诗：《论中国商品市场的国际化趋势》，《学术研究》1997年第5期。

[24] 傅自应：《实现扩大内需与稳定外需的有机结合》，《求是》2009年第12期。

[25] 吴瑶：《中国出口企业基于国内外两个市场的资源构建、升级战略与经营绩效研究》，中山大学博士论文，2010年版。

[26] 倪建伟、何冬妮：《新兴经济体发展模式转变步入关键期》，《中国经济导报》2009年11月24日。

[27] 谷源祥：《新兴经济体崛起及世界格局变动》，《亚非纵横》2010年第1期。

[28] 王孝松、谢申祥：《新兴经济体能拯救全球经济危机吗——基于进口贸易视角的评估》，《国际贸易问题》2009年第9期。

[29] 居占杰：《试论国际金融危机背景下中国与东盟的经济合作》，《青海社会科学》2009年第4期。

[30] 国务院发展研究中心课题组（卢中原，隆国强，任兴洲，张承惠，陈昌盛）：《中国：在应对危机中寻求新突破》，《管理世界》2009年第6期。

[31] 刘世锦：《"十二五"应以发展方式的实质性转变为主线》，《经济参考报》2010年2月24日。

[32] 台湾"经济部"技术处：《2015年台湾产业与科技整合研究计划小组》，《2015年台湾产业发展——优质平价商品市场策略》2007年第4期。

[33] 詹文男：2015年台湾产业发展愿景与策略v1.00.台湾资讯市场情报中心、财团法人资讯工业策进会，2007。

[34] 陈凤英：世界经济走势，http：//finance.huanqiu.com/roll/2009-01/344016.html.

[35] 中国从世界工厂变身世界市场，http：//fzwb.ynet.com，2010年1月6日。

[36] 毛蕴诗：《中国消费品市场体制转换与结构转换的特征趋势分析》，《学术研究》1995年第2期，第37—42页。

[37] 毛蕴诗：《论中国商品市场的国际化趋势》，《学术研究》1997年第5期，第31—35页。

制度环境、企业能力与OEM企业升级战略

一、问题的提出

改革开放30年来，加工贸易已经成为我国制造业企业进入国际市场的主要途径。随着国家政策调整力度的加大，我国加工贸易增速明显放缓[①]。然而，加工贸易企业所参与的国际产业分工仍然主要集中在产业价值链的加工组装环节。这表现为大量加工贸易企业从事国外品牌的OEM（Original Equipment Manufacturing，原始设备制造）生产，自有品牌实力差，难以有效控制核心技术和产品的市场销售。我国以较低的原料、劳动力成本建立起来的比较优势正在慢慢消失。20世纪八九十年代，东南亚国家和地区的OEM企业发展[②]为我们提供了重要启示：要化被动适应为主动出击，就必须对OEM模式实施升级。培养自主创新能力以扭转技术、品牌、渠道受制于人的被动局面，实现OEM企业的升级，是我国当前迫切需要关注与解决的现实问题。

从理论上来看，OEM企业的成功及其在东亚经济崛起中发挥的作用吸引了许多学者的长期关注。Amsden（1989）研究发现，新兴市场的企业实现升级和创新的最佳战略是从"简单的委托代工制造"到"研发设计"再到"最终

[①] 2007年我国加工贸易进出口为9860.5亿美元，增长18.5%，低于当年总体进出口增速5个百分点，占当年进出口总值的45.4%，比上年下降1.8个百分点；而海关总署最新数据显示，2008年我国加工贸易进出口10535.9亿美元，增长6.8%，占当年我国进出口总值的41.1%，所占比重比上年回落4.2个百分点。

[②] 例如，韩国三星公司在20世纪70年代时就是主要生产没有品牌的产品，而后来便逐步建立起了自己的全球品牌。台湾企业明基电子公司也是通过给著名企业（如美国电脑制造商戴尔和芬兰手机制造商诺基亚）生产零部件或产品而逐步形成制造和设计专长，最终令明基品牌为全球消费者所熟知。

建立自主品牌"。而Lee和Chen（2000）则认为，OEM企业可以采取两种不同的升级战略。一种战略是从OEM到ODM（Original Design Manufacturing，原始设计生产）再到OBM（Original Brand Manufacturing，原始品牌生产）逐步升级，这与Amsden（1989）的理论一致。另一种是通过构建营销能力、研发能力和设计能力直接向OBM升级的战略。那么，在当前全球经济动荡和国际产业新一轮分工格局即将形成的历史机遇下，OEM企业究竟应该如何选择适应于自身的升级战略呢？影响OEM企业升级战略选择的主要影响因素有哪些？这些因素是如何影响OEM企业的升级过程的？

尽管以往研究已经对OEM企业升级战略的影响因素进行了研究，但更多的是从OEM企业能力演化上来进行分析的，例如，Forbes和Wield（2001）认为OEM能够为ODM和OBM提供资本积累；Lee和Chen（2000）指出，OEM业务能够为ODM业务和OBM业务带来规模经济性效应，而OBM业务同时也能为ODM业务带来市场信息反馈从而提升企业的设计能力。然而，市场变迁和地区创新政策等制度环境同样是影响OEM企业升级战略的重要因素。

当前，我国东南沿海地区正在积极推进"加工贸易企业升级"的重要发展战略，这为我国加工贸易企业升级带来了新的机遇。本文在文献回顾的基础上构建了一个OEM企业升级战略影响因素的整合分析框架，选取了深圳佳士科技和顺德东菱凯琴两家企业进行比较案例分析，试图揭示我国OEM企业升级所面临的内外部影响因素，并讨论和比较了两家企业基于制度环境和企业能力差异的不同升级战略。

二、OEM 企业升级战略影响因素的整合分析框架

在研究OEM企业升级战略时，许多学者分析了影响OEM企业升级和自主创新能力的因素。Lee和Chen（2000）运用基于竞争力的OEM企业成长模型分析了OEM企业所具备的条件和所处的环境对其转型升级模式的影响。他们指出，条件与环境不同，企业所需要为转型升级所构建和延伸的竞争力也不同，因此其所需的升级模式也不同。Yoruk（2002）通过对比罗马尼亚与波兰的服装OEM企业发现，企业的内部能力与资源和外部因素共同决定了企业采取何种转型升级模式。通过对东南亚一些国家和地区（包括新加坡、韩国、中国台

湾）OEM企业的调查研究，Sturgeon 和Lester（2002）也发现，企业自身条件和所处的环境因素决定了OEM企业具体选择哪条适合于自己的升级战略。企业所处的行业不同，升级战略可能不同。即使行业相同，由于企业所具有的内部能力和所面对的外部环境不同，企业所选择的升级战略也可能不同。国内学者王一鸣、王君（2005）指出，企业自主创新能力在受到内部条件影响的同时，也会受到外部环境因素的约束，主要包括产业发展阶段、市场环境、技术链和创新链、国家创新体系、知识产权保护等。这些研究表明，影响OEM企业升级战略选择的因素主要包含外部制度环境和内部资源与能力条件两类。

（一）企业外部制度环境因素对OEM 企业升级战略的影响

影响OEM企业升级战略的外部因素主要表现为OEM企业所处的制度环境。首先，随着我国东南沿海加工贸易经济的连年快速增长，市场环境发生了急剧变化，土地和劳动力等生产要素供应日趋紧张，加工贸易企业的成本不断攀升，企业在原有制度安排下难以得到获利机会，从而给OEM企业的生存带来了挑战，迫使其要么进行转型升级，要么迁移或停产关闭。其中，原材料价格、劳动力成本、市场竞争、全国性能源紧张、产品市场空间、消费心理变迁与需求升级等市场环境变化所带来的制度不均衡往往可以通过市场的诱致性创新，如重视技术和人力资本，要素和产品相对价格改变，产品附加值提升等来解决。这些市场环境要素可以归纳为林毅夫（1989）所定义的诱致性制度变迁[①]。诱致性制度变迁对OEM企业升级战略的影响效应是间接的，但这种效应是时间的函数，随着其不断累积加强，企业不得不做出新的制度安排来适应市场的变化，否则就会被市场所淘汰。而人民币升值、出口退税下调、贸易壁垒、节能减排等市场环境要素的变化带有政府强制性推动的特点，因此，可以被归纳为林毅夫（1989）所指的强制性制度变迁。在这些强制性要素中，任何一项

① 道格拉斯·C.诺斯（1990）指出制度变迁是一个制度不均衡时追求潜在获利机会的自发交替过程。通过拓展Ruttan（1978）、North（1970、1979、1981）等提出的制度变迁理论，林毅夫教授（1989）提出了诱致性制度变迁和强制性制度变迁两类制度创新方式。诱致性制度变迁是指现行制度安排的变更、被替代，或者是新制度安排的创造，它由个人或一群（个）人，在响应获利机会时自发倡导、组织和实行。与此相反，强制性制度变迁由政府命令和法律引入和实行。有些制度不均衡则会因为私人（企业）和社会在收益、费用之间有分歧而继续存在下去。这时，便需要政府来弥补制度创新的供给不足。当然，政府也会按其效用函数（其中将包含税收净收入、政治支持、社会发展等）来衡量是否供给一种新的制度安排。

变化都可能使OEM企业的经营状况迅速发生改变，因此，其对OEM企业的升级战略具有直接的影响效应。

OEM企业的升级与其自主创新能力的提升紧密相关（刘常勇，1998）。除了市场环境要素外，国家（地区）创新系统和相应地方政府政策所形成的技术创新环境也是影响OEM企业升级和创新的重要外部制度因素。迈克尔·波特（1998）在《国家竞争优势》一书中指出，"国家应该创造一个良好的经营环境和支持性制度，以确保投入要素能够高效地使用和升级换代……公司的许多资源和技能事实上来自于公司所在的地域环境"。英国学者克里斯托夫·弗里曼也认为"技术创新不仅仅是企业家的功劳，也不是企业的孤立行为，而是由国家创新系统[①]推动的"。具体到技术创新环境的构成要素，Joshua Gans 等（2003）研究指出，加快信息与通信设施建设、对企业进行技术自主创新提供税收优惠、提供更多风险资金并保证其有效配置、加强知识产权保护等可以促进企业的自主创新。Philip J. Vergragt等（2006）也认为，政府可以采取多种措施来促进企业积极进行技术自主创新，如制定激励政策、补贴制度、税收优势，投资基础设施建设，并为企业提供相关引导等。国内学者路甬祥（2005）也指出，政策环境、创新体制和国家的科技投入等宏观环境显著地影响企业的自主创新行为。

此外，Fuller（2009）研究认为，中国企业的技术创新活动不仅受到了国家创新系统的影响，也受到了跨文化、跨国界的技术网络和金融政治的影响，特别是外资企业以及外国资本对中国技术进步发挥了巨大的推动作用。这是因为技术创新是一项复杂性活动，难以由单个企业独自完成，即使是大型企业也很少独立开发技术，而多为企业间的技术合作。因此，技术联盟和合作关系作为一种外部网络资本同样影响着OEM企业的升级。Jin W.Cyhn（2000）通过将OEM与其他技术转移或技术学习的方式进行对比研究，发现与OEM受托企业在技术方面的有效交流能促进企业顺利地从OEM向ODM、OBM过渡。Poon（2004）通过对台湾ICT产业的研究发现，台湾企业通过技术转移与

---

① OECD将国家创新体系定义为由政府、企业、公共研究和开发机构、教育与培训机构以及金融机构5个部分相结合组成的网络系统。克里斯托夫·弗里曼则认为国家创新系统是参与和影响创新资源的配置及其利用效率的行为主体、关系网络和运行机制的综合体系，在这个系统中，企业和其他组织等创新主体，通过国家制度的安排及其相互作用，推动知识的创新、引进、扩散和应用，使整个国家的技术创新取得更好绩效。

知识扩散逐渐地升级了其技术能力（通过为网络领导企业扮演OEM/ODM角色）。Kaplinsky等（2008）在研究全球家具价值链时，分析了买方对家具企业功能升级、产品升级和过程升级的影响。他发现，这些买方会通过设计和制造业务外包、提供人员培训、提供技术和财务支持、制定产品标准等方式帮助家具企业实现升级。综上所述，市场环境、技术创新环境和技术联盟与合作关系是影响OEM企业升级战略选择的重要外部制度环境因素。

（二）企业内部资源与能力因素对OEM企业升级战略的影响

依据传统能力理论的"能力决定战略"的思想（Andrews，1971），企业所具备的资源与能力对OEM企业的升级战略具有重要影响。OEM企业在向ODM、OBM升级的战略过程中，必须做好充分的组织资源准备，包括一定的资本能力、技术知识、创新人才和营销能力等。Nelson（2000）就曾提出在关注网络式技术创新模式的同时不应忽略对企业内部资源的利用，同时他还强调企业技术创新的成功主要靠企业自身的努力。OEM企业的升级，核心是要持续地进行技术创新，使产品和工艺得以不断升级，从而在技术上实现ODM，并最终升级为OBM。因此，OEM企业通过学习过程逐步构建技术能力，是一个获得技术能力的动态过程，其在长期的学习、积累技术知识后才可以逐步地开展新的活动、获取新的能力。台湾学者刘常勇（1998）认为，分别代表价值链上"制造""研发"和"销售"环节的OEM、ODM和OBM最能体现企业创新能力演进的3个关键阶段。也就是说，企业从OEM到ODM再到OBM的升级过程实质上是企业创新能力不断提升的过程。刘志彪（2005）也指出，我国企业需要不断地提升其自主创新能力才能实现从OEM向ODM和OBM的升级。

以企业创新行为主体为视角，Leonard-Barton（1992）把创新能力看成是由技术人员和高级技工的技能、技术系统能力、管理能力、价值观等要素的组合。回顾技术能力的文献发现，技术与组织因素都被认为是技术能力的一部分（Leonard-Barton，1995；Teece和Pisano，1994；Teece等，1990）。Westphal等（1985）认为技术能力是"有效使用技术知识的能力……它原本不是被掌握的知识，而是存在于那些知识的使用中，以及在生产、投资、创新中其使用的熟练程度"。这一概念已经涉及技术知识的储备与使用，应该属于组织维度的视角。而Bell和Pavitt（1995）的定义则使技术能力的组织维度更加清晰了，他们把技术能力作为"引发与管理生产中所使用的技术变革的内部能力，这些能力大多是基于特定的资源——这些资源需要通过慎重的投资去积累——这是一个管理问题"，他们还从纵向上依据技术职能将技术能力区分为投资活动、生产活动、建立企业与机构的联系与互动机制、生产资本商品4个方面，从横向上依据技术能力提升活动的难度将技术能力区分为生产制造能力与创新技术能力。Leonard—Barton（1995）也指出，"技术能力本质上很少依赖于技术信息，而更多地依赖于所有创造技术知识的活动与系统"。这正如Pavitt（1998）所强调的，"技术知识的缺乏很少是OECD国家中大企业创新失败的原因，主要的问题还是出在组织中"。进一步地，Yam R. C. M.等（2004）透过企业创新过程研究了技术创新能力，他们把技术自主创新能力看作是研发能力、生产制造能力、营销能力、组织能力、创新决策能力、资源分配能力以及学习能力的综合体现。由此看来，技术能力的内涵经历了一个不断丰富和演化的过程，从一开始研究者偏向技术维度的视角逐渐发展到对技术能力中技术要素与组织活动并重的视角，进一步地，随着技术网络组织的出现和技术信息的快速流动，研究者们又开始偏向强调组织维度在技术能力形成中的重要性。因此，无论是从传统的视角还是从现代的视角来看，技术能力都将包含技术维度与组织维度，技术信息及要素是技术能力形成的基石，组织活动则在逐步构建技术能力的过程中非常重要。

Cyert和March（1963）还强调，企业的抱负是影响企业实施自主创新从而达成升级的重要因素，这个抱负水平的高低由企业文化以及企业家创业精神等因素决定。这一观点得到了Winter（2000）的认同，他认为进取、创新的企业文化与企业家的创新精神，能加速企业的升级进程。王一鸣、王君（2005）也认为，创新人才和企业家精神是制约我国企业自主创新的重要因素。此外，Forbes和Wield（2001）认为强大的资金实力和时间积累是品牌战略实施的基础。

由此看来，企业家精神、创新人才、资本能力、技术能力、生产制造能力、营销能力、管理能力、组织能力等都是影响OEM企业升级战略和自主创新的重要内部资源与能力因素，但学者们往往依据自己研究的侧重点不同而强调了某一特定资源与能力要素的影响。就OEM企业来讲，构建自主创新能力实现企业升级不仅要求其拥有良好的生产制造能力与技术基础，而且需要企业做好充分的组织准备，包括资本能力、营销能力、创新人才储备、管理能力和企业家精神等。因此，本文将影响OEM企业自主创新和升级的企业资源与能力要素区分为生产制造能力（Bell和Pavitt，1995；Yam R. C. M.等，2004）、创新技术能力（Bell和Pavitt，1995）、企业家精神（Cyert和March，1963；Winter，2000；王一鸣、王君，2005）、资本能力（Forbes和Wield，2001）、创新人才（王一鸣、王君，2005）、营销能力（Yam R. C. M. 等，2004）和管理整合能力（Leonard-Barton，1992）7 个方面。综合上述研究，我们可以构建如图1 所示的OEM 企业升级战略影响因素的整合分析框架。

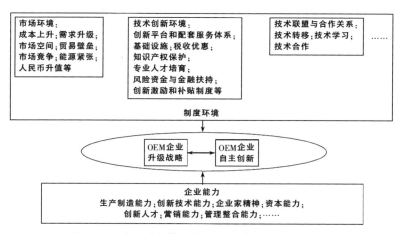

图1 OEM企业升级战略的影响因素整合分析框架

三、研究设计

（一）比较案例的选择

在案例研究中，选择所研究的案例是最困难的步骤之一（罗伯特·K.殷，2004）。被选择的比较案例需要具备代表性和差异性。在前期调研资料积累的基础上，我们对东莞、深圳和佛山等地若干家OEM企业进行了筛选，最后从备选企业中选择了广东东菱凯琴集团和深圳佳士科技有限公司展开比较案例研究。之所以选择这两家企业，首先是因为它们都是由OEM 起步的企业，且都实施了从OEM向ODM、OBM升级的战略。但是，两家企业的OEM、ODM、OBM业务的产值比例分布在时间序列变化上存在显著差异（如图2、图3所示）。一方面，在OBM业务的推行力度和递增比例上佳士科技要远远超过东菱凯琴；另一方面，东菱凯琴始终在维持较高比例OEM 业务的同时不断扩大ODM业务的比例，而佳士科技则从一开始就十分注重ODM、OBM业务的发展，并快速地降低了OEM业务的比重。因此，可以说两家企业实施了不同的升级战略。佳士科技逐渐成长为以OBM为主导的企业，而东菱凯琴则成长为以ODM为主导的企业。

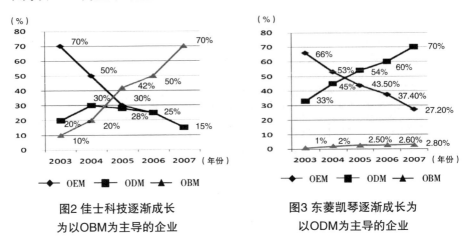

图2 佳士科技逐渐成长
为以OBM为主导的企业

图3 东菱凯琴逐渐成长为
以ODM为主导的企业

（二）资料收集方法和研究的信度与效度

在案例访谈过程中，由于各种客观与主观因素，受访企业代表的回答可能会带有一定的主观性。遵循罗伯特·K.殷（2004）、Eisenhardt（1989）等学者的建议，笔者努力尝试采用多种措施来避免或弥补这一影响，如请受访者尽量提供事实和数据，并通过访谈记录、企业内部报告、档案记录和文献构成研究中的证据三角形，以使得所收集资料能最大限度地反映研究对象的真实情况。在面对面的半结构化访谈中，我们每次都保证至少有3个人参加，一人为主访谈者，两人为辅访谈者并负责笔录，对于某些问题，主辅访谈者在访谈过程中会根据情况进行追问以进行信息的深度挖掘；同时，我们还采取记录与录音同时进行的方式确保访谈信息尽量不遗漏、不失真，以强化证据之间的互相印证，保证访谈过程的信度和效度。我们坚持在访谈当日（一般访谈当日的记忆和理解最为深刻）进行访谈录音的整理，填写访谈提纲中各个问题的答案，就信息不清楚、理解不一致的问题进行讨论，通过反复听录音或反馈给受访者进行求证并最终达成共识，从而保证了资料整理分析过程的信度与效度。此外，我们还运用电话访问对先前一些访谈关键性问题进行进一步确认，并通过电子邮件调研获取企业深入的内部报告与资料。

四、比较案例分析

广东东菱凯琴集团成立于1998年，是一家民营企业，拥有员工2万多名，生产场地面积达40万平方米。2007年销售额达40多亿元，是国内小家电行业的"隐形冠军"，被广东省经贸委列为由"广东制造"到"广东设计"的典型案例，同时拥有"东菱""威力"2个核心自主品牌以及"凯琴"等其他多个自主品牌。深圳佳士科技有限公司成立于1993年，是一家外资企业，拥有员工730多人，生产场地面积超过1.2万平方米，是国内焊接行业的龙头企业，2007年销售额达2.5亿元，拥有"JASIC（佳士）"自主品牌。下文将运用OEM企业升级战略影响因素的整合分析框架，分别对东菱凯琴和佳士科技进行比较分析。

（一）案例企业的外部制度环境比较分析

1. 市场环境变迁的比较分析

两类市场环境变迁对东菱凯琴和佳士科技的影响效应是一致的，但两家企业受市场环境变化影响的程度却存在差异（见表1）。东菱凯琴所在的小家电行业市场竞争激烈，以出口为主的战略受人民币升值、出口退税下调和关税壁垒的影响很强；而佳士科技所在的工业焊接行业国内外竞争相对较弱，人民币升值和出口退税的实质性影响较弱，但技术等非关税壁垒的影响较强。同时，原材料价格变化、劳动力成本上升、节能减排和全国性能源紧张等因素都会导致案例企业的利润空间不断缩小，迫使其实施升级。当然，消费者品牌意

表1 市场环境变迁对安全企业升级战略的影响效应与程度分析

制度创新方式及对OEM企业升级战略的影响效应	市场环境变迁	对OEM企业升级战略的影响程度	
		东菱凯琴	佳士科技
强制性制度变迁，对OEM企业升级战略具有直接影响效应	节能减排	强	强
	贸易壁垒（关税）	强	弱
	贸易壁垒（非关税）	强	强
	人民币升值	强	弱
	出口退税下调	强	弱
诱致性制度变迁，对OEM企业升级战略具有间接影响效应	市场竞争	强	弱
	劳动力成本上升	强	强
	原材料价格变化	强	强
	全国性能源紧张	强	强
	产品市场空间	强	强
	消费心理变迁与需求升级	强	强

识的不断增强和需求升级、产品广阔的市场空间等也为案例企业展开自主技术创新的升级战略带来信心。

2. 技术创新环境的比较分析

表2对东菱凯琴与佳士科技的技术创新环境进行了比较分析。研究发现，

表2 东菱凯琴与佳士科技的技术创新环境比较分析

	东菱凯琴（顺德勒流）	佳士科技（深圳）
创新基础	2005年，顺德区高新技术产品年产值达630亿元，科技对经济的贡献率达60.2%，历年累计专利申请量超过3万件，授权量达2万多件，专利申请量和授权量指标连续9年居全国同级地区首位；2005年，全区专利申请量超6350件，授权量3790件，连续多年居全国同级区域首位；勒流镇为"广东省科技示范镇"	2006年深圳高新技术产品产值达6294亿元，具有自主知识产权的高新技术产品产值占全部高新技术产品产值比重为58.9%，均居全国第一，全社会研发投入占GDP比例达3.4%，专利申请量增长42%，达到29739件，居全国第二；其中发明专利申请量增长75.3%，居全国第一，PCT国际专利申请量移居全国榜首
地方创新平台与配套服务体系	顺德区拥有国家级企业技术中心及博士后工作站5个、省级工程技术研究中心17家；鼓励龙头企业设置"创新资源社会化服务试点"，引导同类企业开展共性技术研发；成立了中国工程院（顺德）院士咨询活动中心；举办了中国（顺德）国际科技成果交易会和顺德国际家用电器博览会，搭建了华南家电研究院、顺德科技工业园、国家火炬计划顺德家用电器产业基地等公共服务平台、行业工艺、信息提供等技术创新服务平台	规划建设了高新技术产业园区、高新技术产业带、240多家创新企业孵化器；创建了中科院深圳先进技术研究院、虚拟大学园、大学城等一批大学科研创新系统；举办了9届深圳中国国际高新技术成果交易会和两届的科博会，形成了一整套科技中介服务系统，包括技术创新服务、科技评估、检测认证、技术经纪、信息咨询服务等机构，高新技术开发和大学园区的创业中心、行业协会、会计事务所、金融机构、资产评估所、风险投资公司
知识产权保护	建立由行政管理机关、社会中介服务组织、企业组成的较为系统的知识产权工作体系；推出多项知识产权保护政策措施，率先建立全国第一个给企业使用的中外专利专题数据库；勒流镇还成立了知识产权研究会	颁布了关于技术秘密保护、无形资产评估、计算机软件著作权保护等法规和规章，并从评估、仲裁、审判等方面，营造保护知识产权的良好法制环境
风险资金与金融扶持	除了个别实力雄厚、经营规范的企业通过上市融资外，一般企业的筹资手段单一，多以自有资金和民间资本为主	大力发展中小型金融机构；组建"高新技术产业投资服务有限公司"，为企业提供研究开发专项贷款和流动资金贷款担保，完善的风险投资进入与退出机制；出台了"股改＋托管＋私募—成长＋公募＋上市"的科技企业成长路线图计划
专业人才教育与培养	制定了对国内外高层次人才到顺德工作的优惠政策，政府机构协助企业建立校企双方沟通互动平台、共同培养应用型人才；成立高校教学基地和博士后工作站；成立了勒流职业学校职业人才培训基地	坚持自我培养与引进相结合的人才政策方针，实行自主开发与引进并重的技术政策方针；制定各种优惠政策，创办人才市场，完善人才流动机制；与中科院、清华、北大、香港科大、哈尔滨工大合作建立多个研究院，搭建人才平台
创新激励与补贴制度	从政策上倾斜，从资金上扶持，鼓励支持科技进步和高新技术产业发展。区政府每年在财政支出总额中列支3%设立科技三项费用和科技发展专项资金；勒流镇每年从财政支出总额中列支不少于2%的科技发展专项资金	政府大力推动企业科技创新的实践，先后颁布了关于企业技术开发经费提取和使用、技术入股、奖励企业技术开发人员等9项法规、规章，并从多方面营造良好环境，促进区域创新体系的健康发展

就技术创新的硬环境（包括创新基础、地方创新平台与配套服务体系、知识产权保护等）而言，东菱凯琴所在的顺德区和佳士科技所在的深圳市相差不大。但值得指出的是，深圳市政府对R&D的投入十分少，由政府建立的研发机构只有5个，科技活动人员只有88人；全市90％以上的研究开发机构设在企业，90％以上的研发人员属于企业，此外，全市38个工程技术开发中心、21个博士后工作站全部设在企业。在投入方面，企业的科技经费内部支出超过政府经费支出的600倍。然而，正是如此少的政府支出和如此大的企业投入，创造了十分可观的高新产品产值，2006年高新产品销售收入达14330035万元，居广东省首位。

同时，在技术创新的软环境（包括风险资金与金融扶持、专业人才教育与培养、创新激励与补贴制度等）方面，顺德和深圳的差异较大。相对来说，佳士科技所处的深圳市拥有较为高效、发达的融资市场，具备完善的风险投资进入与退出机制，而且中小型金融机构发达，很好地解决了企业（尤其是创业风险较高的高科技企业）融资难的问题，免除了发展资金不足的后顾之忧，企业敢于走自主品牌生产的道路。

3. 技术联盟与合作关系的比较分析

研究发现，东菱凯琴与飞利浦、Kenwood、Morphy Richard、Breville、Russell Hobbs等众多知名品牌企业建立了相对稳定的长期合作关系，在合作过程中，长期合作伙伴会派出常驻QC到企业进行技术指导和质量监控。东菱凯琴通过与合作企业间技术、人才的较为密切的交流以及自身的技术学习和知识累积，实现了技术从受托企业向自身的转移，并逐渐形成了自主创新能力。而佳士科技通过与多家世界级专业厂商密切的技术与人才交流合作，采取"干中学"和"用中学"等方式，吸收专业厂家在管理和技术方面的先进经验，使得其产品在技术上、生产工艺上及品质控制上都做到了与发达国家接轨的水平。

受访者认为，技术学习与技术合作对其所在企业的升级战略制定和实施都具有较强的影响。在接受委托企业技术转移的力度上，东菱凯琴采取的策略是在国外以ODM发展为主、在国内极少量自有品牌生产的升级战略，这样既避免了与国外委托企业品牌的竞争，又很好地获取了委托方技术转移和自身技术发展的空间。而佳士科技则采取在国内外力推自主品牌的同时承接国外

OEM、ODM 生产的升级战略，此发展策略同样获得了巨大成功，"JASIC"品牌获得了迅速发展。据受访者解释，这一方面是因为佳士科技进入电焊机行业初期至今，市场竞争并不激烈，企业有足够的利润支持自主创新技术的发展；另一方面，电焊机行业核心技术的更替与变迁为佳士科技进入数字化电焊机领域提供了历史性机遇。

（二）案例企业的企业能力状况比较分析

1. 生产制造能力的比较分析

反映企业生产制造能力的最为直接的指标为产量。由于案例企业的产品种类较多，本研究主要以产值为衡量企业生产制造能力的指标。从表3所描述的两家企业产值增长情况来看，东菱凯琴增长迅速，已具备了相当规模的生产制造能力。佳士科技的产值自2003 年开始也连年高速增长，尽管2007年总产值只有2.5亿元，但与国内同行相比，已颇具规模[①]。

表 3 东菱凯琴与佳士科技的生产能力比

单位：亿元

年度	2003	2004	2005	2006	2007
东菱凯琴	16	24	32	40	48
佳士科技	0.2	0.5	0.9	1.5	2.5

2. 创新技术能力的比较分析

表4从吸收学习能力与开发设计能力两方面对案例企业的创新技术能力进行了对比分析。研究发现，两家案例企业都具有较强的吸收学习能力和开发设计能力。但是，东菱凯琴侧重于关键部件的创新设计，而佳士科技则在整机的创新和开发方面更为突出。这一方面从技术人才来看，东菱凯琴专门从事产品开发的人员只占0.5%，而佳士科技则达到了16%。另一方面也体现在技术研发资金投入方式和比重的差异上，东菱凯琴2007年研发费用高达1.54 亿元，比2006 年增长43.3%，占销售收入的3.94%，但重点投入在关键部件技术创新开发上，而佳士科技对科研的投入主要以产品开发专项费用方式支出，公司每年

---

① 据了解，在焊接行业的生产企业销售额5000万元是一大瓶颈，很多焊机生产企业一直徘徊在销售额2000万—3000万元，极少企业的销售额能达到5000万元。

根据市场需求开展多个产品研发项目。

表4 东菱凯琴与佳士科技的技术创新环境比较分析

	东菱凯琴	佳士科技
创新学习能力	*与合作企业间保持技术、人才的密切交流，吸收其技术与经验，逐渐完成了技术学习和知识累积，并实现了技术从受托企业向自身的转移 *2006年建立了博士后流动工作站，致力于构建产、学、研结合的创新平台，并与吉林大学和合肥工业大学等高校开展多个技术合作项目	*与多家世界级专业厂商合作，通过"干中学"和"用中学"等方式，吸收其在管理和技术方面的先进经验，使得在技术上、生产工艺上以及品质控制上都做到了与国际发达国家接轨的水平 *与清华大学、华南理工大学等高校和国内外相关配套企业开展多个技术合作项目
开发设计能力	*拥有工程师2000多人，占全体员工比例1%，其中专门从事产品研发的接近100人，占全体员工比例0.5% *拥有多个创新研究开发与设计中心以及通过UL、GS等权威认可的国家级实验室 *平均每年开发产品近300种，累计超过1000种，拥有发明专利4项，国际专利8项，国内专利60多项，每年新增专利数约50项 *"电热水壶性能要求及试验方法"国家标准制定的组长单位	*从事研发设计的人员116人，共占员工的16%，其中高薪引进10多名有多年焊机开发经验的专业人才 *拥有深圳研发中心和太原研究所两个主要的研发机构 *平均每年开发并投入市场的产品数为5—10种，拥有国内专利20多项 *参与国内电焊机标准的制定工作，瑞凌之星焊机已经成为国内V—MOS管焊机和民用焊机的一个通用标准

3. 企业家精神的比较分析

东菱凯琴董事会主席郭建刚先生从一开始就有非常强的进取精神和创新激情，讲求诚信与合作。正是通过与飞利浦等众多知名品牌企业建立长期互信合作关系，才使得东菱凯琴获得了源源不断的客户订单，企业规模与实力迅速扩大和增强。郭建刚主席先是以"励志创新，追求卓越"作为企业的核心经营理念，将东菱凯琴定位为"高品质生活供应商"，并建立了5年内实现全球销售规模100亿元的宏伟目标。在意识到建立品牌的重要性后，又迅速制订了"以OEM发展、依品牌腾飞"的发展战略，以求实现产业良性扩张和自有品牌升值。

而深圳佳士科技总经理潘磊自公司成立起便订立了"科技立业、持续创新"的经营原则。世界排名第一的美国林肯电气公司曾开出了佳士科技可能在未来10年内也赚不到的价钱，希望收购它。面对如此具有诱惑力的条件，当时很多股东表示同意，但潘磊总经理力挽狂澜，通过多种方式获取了股东和董事会的信任与支持，化解了这次收购风波，毅然选择自主创新，发展自有品牌。在潘磊总经理推动下，佳士科技已在28个国家和地区成功注册了"JASIC"佳士商标。

4. 资本能力的比较分析

表5从销售收入、利润规模和融资能力等方面比较分析了案例企业的资本能力。从绝对值来看，东菱凯琴在销售收入、利润规模上均比佳士科技要大，但电焊机行业相对小家电行业来说，规模要小很多，佳士科技年销售额超过2.5亿元，已经是行业龙头企业。同时，佳士科技的销售额增长率和利润率都远远高过于东菱凯琴。因此，相对而言，佳士科技比东菱凯琴拥有更为充裕的现金流和更强的资金实力。

从融资能力上看，由于拥有稳定客户基础和良好上游供应商关系，为了短时期内迅速扩大OEM产能，东菱凯琴把自主资金和银行借款基本都投入在产能扩建等固定资产投资中，主要是通过灵活的短期票据工具来融通日常运作资金，因此，其研究开发和市场品牌运作等长期投资资金十分有限。对于佳士科技，由于其保有较高的利润率水平，企业自主资金充足，同时公司利用自身在行业中的龙头地位积极引入战略投资，如招商局科技集团等，因此，其一直以来以OBM生产为目标，能够较好地保证研究开发和市场品牌运作的长期性投资。

表5 东菱凯琴与佳士科技的技术资本能力比较分析

	东菱凯琴	佳士科技
销售收入	2007年销售总额接近40亿元，较2006年增长25%，近年平均增长率超过30%	2007年销售总额超过2.5亿元，国内排名第五，较2006年增长69%，年平均增长率为64%
利润规模	2005—2007年平均利润率约为4.75%	全行业平均利润率为10.73%
融资能力	以自主资金为主，其他主要资金来源为银行负债供应商（应付账款）；有效利用票据金融工具，使东菱凯琴、银行、供应商达到三赢；旗下子公司"新宝电器"正在筹备上市	2007年11月26日，引入招商局科技集团战略投资，并筹划上市，此前一直是自主资金

5. 创新人才的比较分析

基于OEM、ODM生产为主的战略发展路径，东菱凯琴在人才需求上主要是熟练技术工人和管理人才，因此，主要以内部培训来培养这类人才。自2004年7月开始，东菱凯琴便斥巨资成立了培训管理学院——东菱学院，一方面充分挖掘企业现有资源，另一方面合理引进人才、课程和先进管理机制，为公司培养有较强实践技能的技术人才和管理人才。目前，东菱凯琴拥有专业技术人员2000多人，占员工总数的10%以上，然而，从事研究开发的人员比例却只有0.5%，这说明东菱凯琴在创新人才的引进和积累上做得不足。

相比而言，佳士科技则十分注重外部人才特别是高层次管理人才和技术创新人才的引进。如其先后引进10多名有多年焊机开发经验的高级工程师专门从事产品的研发设计；从造船等行业引进多名资深技术人员参与新产品的开发。目前，佳士科技研究开发人员占8%，技术工程人员占8%，从事专业技术工作的员工占全体员工的35%，超过250人。

6. 营销能力的比较分析

表6从企业销售服务网络、销售队伍规模和宣传推广3方面比较分析了案例企业的营销能力。从销售服务网络分布来看，东菱凯琴逐步撤销了海外分公司，仅仅通过香港办事处来负责海外市场的运作，同时近年来在国内迅速建立自己的销售网络，包括推行会员制、进行电视直销等；而佳士科技主要是在打造较为完善的国内市场网络和营销服务体系的同时，与国外客户保持良好的合作关系。从销售队伍规模来看，佳士科技的营销人员的比重达到了12%左右，而东菱凯琴的营销人员比例仅为1.4%。此外，在宣传推广上，东菱凯琴把营销重点主要放在国内市场，对海外市场的推广仅限于参加各种展览会，而佳士科技则在国内外市场的资源投入比较平均，但主要是通过参加国内外的各种大型专业展览会提升"JASIC佳士"的海内外知名度。

表6 东菱凯琴与佳士科技的营销能力比较

	东菱凯琴	佳士科技
销售服务网络	海外：海外分公司均已撤离，仅保留了香港办事处 国内：已建成包括4个销售大区、18个省级分公司、300多家客户、1000余个终端卖场的独立、完备的销售体系，售后服务网络也覆盖全国所有销售区域，在营销方式上推行会员制，进行电视直销等	海外：与50多个国家和地区的近80个客户建立了良好的合作关系 国内：拥有北京、上海、重庆、广州、东莞5个分公司、10个办事处、14间代理间、300多名分销商，实施全代理式运营模式，服务网络完善，在全国实施3种层次的全国联保方案，并许下"技术支持的响应时间为2小时内，上门服务响应时间为24小时内到达现场"的承诺
销售队伍规模	市场营销人员共计达280人，占员工总人数的1.4%	拥有市场营销人员90人，占员工总数的12%左右
宣传推广	海外市场主要集中于参加各种展览会，以及派出少量人员"敲门"，主动寻求知识品牌采购商合作，国内市场推广方式比较丰富，力度也大得多，通过各种展会等平台，聘请名人代言，通过广告等手段大力推广品牌	主要通过参加国内外的各种大型专业展览会提升"JASIC佳士"的海内外知名度，如历届"北京—埃森焊接技术与美国焊接学会焊接展"；此外，还经常举行经销商会议及各种表彰大会

7.管理整合能力的比较分析

表7 从组织效率（Burgelman Robert A.，2003）和创新管理能力（Elias G.Carayannis等，2004；Yam R. C. M. 等，2004）两方面对案例企业的管理整合能力进行了比较分析。研究发现，案例企业通过扁平化管理、引入管理信息系统来提升组织效率，是其从OEM向ODM、OBM升级的重要基石。然而，在创新管理能力上，东菱凯琴更注重创新管理制度的建设和推行，而佳士科技则在一开始对品牌和知识产权保护不到位，随着品牌影响力的进一步提升，其创新管理能力也得到了进一步的提升。

表7 东菱凯琴与佳士科技的管理整合能力比较

	东菱凯琴	佳士科技
组织效率	组织架构相对扁平；部门的自主权较大，实施独立核算；建立了以K3软件为信息支撑的高效、透明的财务动作与管理体系	组织规模较小，架构扁平，办公地点集中，沟通成本低；引入多个软件与系统，提高了企业的信息处理效率
创新管理能力	建立了规范的知识产权管理制度，科研创新成果产业化程度很高，并设立了多种鼓励创新的制度，如每季度评选技术创新与合理化建议奖励等	早期不注重知识产权和商标保护，导致"瑞凌"品牌受到不法厂家仿冒，品牌形象严重受损；目前十分重视保护知识产权，已在28个国家和地区注册了"JASIC"商标，并计划在国外注册专利

五、事实发现

通过构建OEM企业升级战略的影响因素整合分析框架，本文对东菱凯琴和佳士科技两家企业进行了比较分析，试图探讨影响其升级战略的内外部因素。研究发现：

（一）制度环境的异同性对OEM企业的升级战略选择具有重要影响

首先，市场环境变迁对于不同升级战略选择的两家案例企业表现出不同程度的影响。这可能是因为两家企业在行业与产品类型上存在差异，东菱凯琴处于竞争激烈的小家电行业，产品主要面向家庭消费者，而佳士科技处于竞争尚不激烈的电焊机行业，产品主要面向工业用企业客户。这一差异导致了企业的利润水平和适应性程度不一样，使得采取出口导向型（由OEM向ODM升级的战略）的东菱凯琴受到了人民币升值、出口退税下调和关税壁垒的强烈影响，而对于在国内市场大力发展自有品牌（由OEM 向OBM 升级的战略）的佳士科技则受上述因素的影响较弱。

其次，地方政策所形成的地区技术创新环境对OEM企业的升级战略选择具有重要影响。地方政府通过颁布各项法律法规、政策扶持与引导、财政资助等措施构筑起以企业为主体、产学研紧密结合的技术创新体系，可以为企业营造一定的技术创新环境。不同的技术创新环境对OEM企业的升级具有不同程度的影响。从东菱凯琴（顺德）和佳士科技（深圳）的技术创新环境比较分析可以发现，在推动企业进行技术创新的过程中，政府采取的关键措施并非一味加大在科研方面的财政支出，而应该是以体制创新推进技术创新，也就是建立和完善企业科技开发体系，使企业成为科技进步、技术创新、R&D经费投入的主体。同时，政府在知识产权保护方面的监控和管理力度十分重要，否则窃取知识产权的成本太低、代价太小将会严重打击企业自主技术创新的积极性。

最后，OEM企业与合作企业的良好关系十分重要，长期良好的技术联盟与合作关系的维系有利于OEM企业"干中学"和"用中学"的开展，进而实现其升级战略。通过与多家全球知名大型企业建立紧密合作关系，东菱凯琴和佳士科技不仅获得了稳定的销售渠道，还给自己提供了接触、了解和学习合作企业先进技术和管理经验的优秀平台，很好地实现了资本与技术的双重积累，从而大大加速了它们的升级进程。实际上，企业在替先进品牌企业OEM的过程中，通过对生产过程的学习，可以慢慢积累起自己的制造经验；同时，通过反求工程，对引进的设备、工艺进行摸索、探求、仿制和改进，可以逐渐形成自己的设计和初步研发能力，进而向ODM、OBM发展。因此，合作中创新和消化吸收再创新是OEM企业构建技术创新能力实现升级的主要策略。

值得指出的是，一方面作为供应关系，案例企业与委托方的合作是纵向链条上的联系与合作。另一方面作为自主品牌生产者，案例企业与委托方又是横向上的市场竞争关系。因此，这种纵向的技术交流、合作乃至转移必须是一种可控的利益分配，否则委托方的行为就会格外保守。

作为受托方的OEM企业要想从利益分配（包括利润和技术外溢）中获取更多，并实现可持续的发展，必须做好两方面的投资。一是要做好专用性资产投资，以充分满足委托方订单需求。只有在生产能力和专用性资产的投资上足够强大、灵活，OEM企业才能在双方合作谈判中占据主导地位，从而获得自身发展的主动性[①]。二是要做好信誉和信任投资，把相互间的信任作为持续发展的前提。据受访企业反映，其初始的资本实力、生产能力（包括管理能力、生产技术与规模）和企业家精神是建立初期信誉的基石，而要持续获得委托方的订单就必须能够做到高质量地（及时、优质）完成指定的生产任务，并灵活应对委托方的变化（技术改进与变化、订单变化、成本变化等）。更为关键的是，OEM企业要慎重处理好升级过程中与委托企业间的信任关系。OEM企业一旦生产自主品牌产品，就会立刻引起委托企业的警惕和不再信任，随之而来的便是委托企业对OEM企业的技术封锁和订单减少。因此，OEM企业要十分重视升级过程中的信任投资，采取适宜的发展策略。

（二）基于"适应性学习"的企业能力的异同性决定了OEM企业的升级战略

通过从生产制造能力等7个方面对东菱凯琴和佳士科技的比较分析，我们发现：一方面，具有不同能力状况的案例企业选择了适应于自身的升级战略，另一方面，升级战略又进一步地影响着OEM企业的能力演化。就OEM企业而言，其企业能力始终处于不断演化发展的"适应性学习"（杰克·J.弗罗门，2003）过程中。因此，基于"适应性学习"的企业能力决定了OEM企业的升级战略。下面结合表8中的7个方面能力对两个案例的异同性进行比较分析。

第一，出色的制造能力是OEM企业赖以生存的比较优势。东菱凯琴和佳士科技都具有较强的生产制造能力，能够为OEM企业争取到更多的订单。凭借不断增强的生产能力，东菱凯琴的OEM产品在海外市场的占有率不断提升。这一方面使得东菱凯琴在与国外品牌采购商的谈判中握有足够的话语权，另一方面，它在OEM业务中获取的价值能够支持它进入价值含量更高的ODM、OBM领域。就佳士科技而言，过往几年在OEM方面的业绩不仅让

---

① 但值得注意的是，大量的专用性资产投资也会导致OEM企业对订单的依赖极强，OEM生产模式的固有风险加大，因此，OEM企业既要注重专用性资产的投资，又要保持其生产组织的灵活性，包括在客户与订单获取的弹性、熟练技工和劳动力的配置等方面采取一些灵活有效的策略与手段。

企业实现了资本积累，更为其产品质量打造了良好的口碑。2007 年，其正式开始的"品牌转换"工作已收到了显著效果，公司的OEM业务比例已迅速降至15%的水平。因此，优秀的生产制造能力，不但有利于企业OEM业务的壮大，而且能帮助企业积累资本和管理经验，助推OEM企业向ODM、OBM的升级。

表8 基于适应学习视角企业能力演化比较分析

	东菱凯琴		佳士科技	
	能力演化	基于适应性学习视角的分析	能力演化	基于适应性学习视角的分析
生产能力	生产能力不断增强，但主要服务于 ODM 业务规模的扩大，变化比例参见图 2	目的是迅速扩大规模、获取更多订单，在提升生产能力同时，实现更大程度的规模经济性	生产能力不断增强，但主要服务于 OBM 业务规模的扩大，变化比例参见图 3	生产能力的扩大主要以适应企业自主品牌的发展战略为目的
创新技术能力	重点拓展关键部件技术创新开发能力	重视技术转移，目的是实现技术的学习、消化、吸收、再创新	专注于新产品开发、参与标准制定	重视技术合作、技术学习，目的是实现自主技术创新和新产品开发
企业家精神	初期专注于 OEM、ODM 生产，逐渐意识到品牌的重要，并将公司战略逐渐调整为"以 OEM 发展，依品牌腾飞"	企业家注重学习，能敏锐把握和较好适应市场的变化，以灵活的现金流量和满意利润为追求的发展目标	从一开始就重视技术研发和自主品牌，以"科技立业、持续创新"为经营原则，坚定地走自主创新和自有品牌的道路	企业家具有强烈的技术创新和自主品牌意识，专注执著，勇于承担风险
资本能力	以自主资金和票据短期融资为主，正筹备上市，以获取长期发展资金	短期资金难以保证企业长期性的技术创新投入，随着战略调整，企业正谋求长期发展资本	以自主资金和引入战略投资为主，长期性投资资本充裕	重视长期性投资资本的获取，长期资本充裕有力地支撑了企业自主创新
创新人才	研究开发人员比例占 0.5%	创新人才的引进和培育能适应于企业的发展战略	研究开发人员比例占 8%	在创新人才的引进力度上很大，重视人力资本
营销能力	营销能力软弱，营销人员仅占 1.4%；海外营销逐渐萎缩，国内营销能力在增强	国外营销借助委托方力量；国内营销依循 OBM 业务的拓展而逐渐发展	营销能力很强，营销人员占 12%，国内外的营销网点和资源投入在不断增长	十分重视营销能力的培育，品牌动作意识很强
管理整合能力	采取现代化管理系统，具有较强的管理整合能力	能很好地适应于当前的企业业务发展，随着公司战略的调整，将会给企业的创新管理能力带来挑战	组织效率较高，具有较强的管理整合能力	组织效率不断得到提升，随着品牌保护意识的增强，创新管理能力不断得到提升

第二，两家案例企业各自的创新技术重点不一样，所形成的创新技术能力也存在差异，并最终导致了不同的升级战略选择。佳士科技从一开始就非常重视自主品牌生产和创新人才的引进与培育，强调技术的合作创新和自主研

发，把创新重点放在整体创新和原始创新上，着力于积累制造经验、技术开发能力和发展拥有自主品牌的创新产品，因而采取了从OEM 到OBM 的升级战略。相对来说，东菱凯琴则更加注重企业生产能力和规模的扩张，把创新的重点放在关键部件的创新设计上，着力于积累资本、制造经验与技术设计能力，因而，采取了从OEM到ODM的升级战略。

第三，企业家精神对两家OEM企业的升级战略选择有不同影响。佳士科技的企业家潘磊先生从一开始就具有强烈的创建自主品牌的愿望。这使得佳士科技在后来发展过程中拒绝被美国林肯电气收购，坚决地走从OEM向OBM升级的道路，形成了以OBM为主导的战略。东菱凯琴郭建刚先生的企业家精神具有较强的"适应性"特征，从一开始的"高品质生活供应商"到"以OEM发展、依品牌腾飞"的企业经营理念变化，就反映了郭建刚先生基于环境变化的"适应性企业家精神"①。正是两位企业家在企业发展的关键时期形成了适应于企业自身的新的意识形态，并触发了相应企业能力的演化，才使得其升级战略得以成功实施和推进。

第四，佳士科技在资金实力和融资能力上更强，可以在研发设计、宣传推广等方面进行大力投入，以提升技术创新水平和企业产品品牌形象，因而采取了从OEM向OBM升级的战略。同时，OBM战略成功所带来的高利润回报又可以进一步充实其资本能力。东菱凯琴则主要以短期票据来融通日常运作资金，自主资金有限，缺乏进行大规模持续投入的品牌运作资金，因而，采取了资金需求较少的从OEM向ODM升级的战略。因此，OEM企业要实现升级向ODM、OBM企业发展，必须具备相应的资本实力。特别是OBM企业进行原始性、基础性的技术创新，开拓市场，树立品牌，都需要大量的持续性资本投入。

第五，东菱凯琴和佳士科技在人力资源结构上的差异，在很大程度上决定了企业的升级战略，并将影响到企业的进一步发展。相比较而言，东菱凯琴更多地拥有技术性人才和设计人才，缺乏那些能够引领企业在新领域内继续发展的高级管理人才和技术创新人才，因而难以在短期内实施向OBM升级的战

---

① 或者称之为企业家精神的适应性调整，它体现了企业家的权变思想。台湾地区的诸多企业家如施振荣、郭台铭等都具有这样的企业家精神特质。

略。而佳士科技十分重视创新人才的引进和培育，通过充分发挥创新人才的作用，佳士科技很好地实现了从OEM向OBM的升级。

第六，营销能力是决定OEM企业升级战略选择的关键能力。一方面是因为，营销能力的构建需要长期大量的资源投入。另一方面OEM向OBM升级的过程，实际上是一个生产型企业向品牌营销型企业转变的过程。案例企业中，东菱凯琴的营销能力比较弱，难以推动其OBM业务的拓展，尽管其在国内市场的营销推广上进行了大量投入，但整体营销能力仍不强，因而主要走向ODM升级的道路。佳士科技则拥有很强的营销能力，在海内外都铺设了自己的销售网络，并经常开展一系列的营销推广活动，以宣传"JASIC"的品牌形象。由此可见，两家企业营销能力的差异在很大程度上决定了其升级战略的选择。

第七，管理整合能力的强弱决定着企业战略与资源、能力能否有机融合并高效运转。从案例企业的分析发现，OEM企业的升级不仅意味着企业要面向全新的目标客户和市场竞争对手，还涉及企业整个经营体系的转变，从生产流程到组织结构，从内外部供应链到企业文化，各方面都在考验着转型中OEM企业的管理整合能力。所以，如何将各种生产资源和要素合理配置起来，使其发挥最大效用，并适应战略转型所带来的经营管理体系的重大变革，也是OEM企业在升级过程中必须重点解决的问题。

综上所述，组织资源与能力是OEM企业升级的重要因素。一个信息沟通顺畅、训练有素、有所准备的组织必然会在技术能力构建上比临时应付式组织更有效力。通过组织的适应性的学习与准备能够更好地帮助OEM企业顺利实现升级。从两家企业的能力演化来看，东菱凯琴是一家具有较强生产制造能力的企业，通过大规模的OEM、ODM生产获得了较为充裕的现金流，但企业在组织资源的配置上倾向于进一步迅速扩大产能和强化委托设计创新，而相对地弱化了自主品牌创新，因此，其在营销能力和创新技术能力上的积累和准备不足，OBM业务成长滞缓，企业重点向ODM升级。而佳士科技则在创新人才引进、战略融资、营销能力建设等方面进行了充分的组织准备和投入，从而为其推进自主品牌创新战略提供了强有力的支持。因此，OEM企业在实施向ODM、OBM进行升级的战略过程中，必须做好充分的组织准备，包括可持续发展的资本能力、创新人才储备、营销能力和管理整合能力等。

佳士科技在技术创新能力、创新人才储备、营销能力和资本能力上表现出了良好的组织准备与积累，这些能力对于OEM向OBM升级具有关键性决定作用。因此，尽管佳士科技在发展过程中也有ODM生产，但ODM一直呈萎缩状态（见图2），其主要是为OBM发展进行技术累积的过渡，佳士科技的目标是要朝向高附加值的自主品牌发展，即从OEM向OBM升级。而东菱凯琴虽然也有少量OBM产品（见图3），但其以日常生产和设计能力见长，因此，企业将大量的组织资源配置在ODM业务上，期求获得客户信任与更多的订单，以保持企业规模的高速成长，选择的是由OEM向ODM升级的战略。事实证明，东菱凯琴和佳士科技两家具有不同能力状况的企业选择的不同升级战略都是成功的，企业也因此获得了快速的发展。由此可见，具有不同能力状况和组织准备的企业可以选择适应于自身的不同升级战略。

通过以上分析，我们发现OEM企业的内外部影响因素和升级战略之间确实存在某种理论联系（Lee和Chen，2000；Sturgeon和Lester，2002；Winter，2000；Nelson，2000；Yoruk，2002，等）。这在一定程度上体现了本文提出的OEM企业升级战略影响因素整合分析框架（见图1）的应用参考价值。它有助于我们更好地去理解当前背景下我国OEM企业的升级战略选择。

（原载于《管理世界》，2009年第6期，第135—145页）

参考文献

[1] Amsden, A. H., 1989, "Asia's Next Giant: How Korea Competes in the World Economy", Technology Review, 92（4）, School Press, 1996.

[2] Andrews, K., 1971, "The Concept of Corporate Strategy", Homewood, IL: Irwin, pp.18-46.

[3] Bell, M. and K. Pavitt, 1995, "The Development of Technological Capabilities", in I.U. Haque（ed.）, Trade, Technology and International Competitiveness, Washington, DC: The World Bank, pp.69-101.

[4] Burgelman, Robert A., 2003, "Strategy Making and Evolutionary Organization Theory: Insights from Longitudinal Process Research", Stanford University, Graduate School of Business Research Paper, No.1844.

[5] Eisenhardt, K. M., 1989, "Building Theories from Case Study Research", The Academy of Management Review, Vol.14, No.4, pp.532-550.

[6] Elias G. Carayannis, Patrice Laget, 2004, "Transatlantic Innovation Infra- structure Networks: Public-private, EU-US R&D Partnerships", R&D Management, Oxford: Vol. 34, Iss.1, p.17.

[7] Forbes and Wield, 2001, From Followers to Leaders: Managing Technology and Innovation

in Newly Industrializing Countries，Rutledge.

[8] Fuller, D.B., 2009, "China's National System of Innovation and Uneven Technological Trajectory: The Case of China's Integrated Circuit Design Industry", Chinese Management Studies, Vol.3, Issue.1, pp.58—74.

[9] Jin W. Cyhn, 2000, "Technology Development of Korea's Electronics Industry: Learning from Multinational Enterprises thro - ugh OEM", The European Journal of Development Research, 12（1）.

[10] Joshua Gans and Scott Stern, 2003, "The Product Market and the 'Market for Ideas': Commercialization Strategies for Technology Entrepreneurs", Research Policy, Vol.32, No.2, pp.333—350.

[11] Kaplinsky, R., Readman, J., Memedovic, O., 2008, "Upgrading Strategies in Global Furniture Value Chains", Working Paper, UNIDO.

[12] Lee, J. R., Chen, J. S., 2000, "Dynamics Synergy Creation with Multiple Business Activities: Toward a Competence based Growth Model for Contract Manufactures", In Sanchez R. and Heene A. (Eds) Theory Development of Competence—based Management: Advances in Applied Business Strategy, Stanford, CT: JIA Press.

[13] Leonard—Barton, D., 1992, "Core Capabilities and Core Rigidities: A Paradox in Managing New Product Development", Strategic Management Journal, 13, pp.111—125.

[14] Leonard—Barton, D., 1995, Wellsprings of Knowledge, Boston, MA: Harvard Business School Press.

[15] Nelson R., 2000, "National Innovation Systems", in Regional Innovation, Knowledge and Global Change Ed. Zoltan Acs, London and New York, Pinter, pp.11—26.

[16] Pavitt, K., 1998, "Technologies, Products and Organisation in the Innovating Firms: What Adam Smith Tells Us and Joseph Schumpeter doesn't", Industrial and Corporate Change, 7 (3), pp. 433—452.

[17] Philip J. Vergragt and Halina Szejnwald Brown, 2006, "Innovation for Sustainability: The Case of Sustainable Transportation", SPRU 40th Anniversary Conference —The Future of Science, Technology and Innovation Policy: Linking Research and Practice.

[18] Poon, S.W. Reporting an accident [EB/OD]. Presentation to SMILE —SMC Dissemination Workshop on 18 September 2004, CICID —HKU, available from http: //147.8.81.158: 8080/events/workshop2.htm, 2004.

[19] Richard M. Cyert, James G. March, 1963, A Behavioral Theory of the Firm, Englewood Cliffs, New Jersey, Prentice—Hall, Inc.

[20] Sidney G. Winter, 2000, "The Satisficing Principle in Capability Learning", Strategic Management Journal, Vol. 21, Iss. 10/11, p.981.

[21] Sturgeon, T., Lester, R., 2002, "Upgrading East Asian Industries: New Challenges for Local Suppliers", Paper Prepared for the World Bank's Project on the East Asia's Economic Future, Industrial Performance Center, Working Paper, pp.25—36.

[22] Teece, D. and G. Pisano, 1994, "The Dynamic Capabilities of Firms: An Introduction", Industrial and Corporate Change, 3 (3), pp.537—556.

[23] Teece, D., G. Pisano and A. Shuen, 1990, "Firm Capabilities, Resources and the Concept of Strategy", Working Paper, 90~98, Consortium on Competitiveness and Cooperation, University of California, Center for Research in Management, Berkeley.

[24] Westphal, L., Kim, L., Dahlman, C., 1985, "Reflections on the Republic of Korea's

Acquisition of Technological Capability", In Rosenbery, N. and Frischtak, C. Eds. International Technology. New York: Praeger Publishers, pp. 167-221.

[25] Yam R. C. M., Guan J. C., Pun K. F. et al., 2004, "An Audit of Technological Innovation Capabilities in Chinese firms: Some Empirical Findings in Beijing, China", Research Policy, 33, pp.1123-1140.

[26] Yoruk, D. E., 2002, "Patterns of Industrial Upgrading in the Clothing Industry in Poland and Romania", Working Paper in school of Slavonic , east European studies, (19), pp.2-38.

[27] 林毅夫：《关于制度变迁的经济学理论：诱致性制度变迁与强制性制度变迁》，《Cato》，1989 年。

[28] [荷]杰克 · J. 弗罗门著，李振明、刘社建、齐柳明译：《经济演化——探究新制度经济学的理论基础》，经济科学出版社2003年第1 版。

[29] 迈克尔 · 波特：《国家竞争优势》，华夏出版社1998 年版。

[30] 刘常勇：《后进地区科技产业发展策略探讨——以台湾半导体产业与光碟机产业为研究对象》，《南开管理评论》1998年第3期。

[31] 刘志彪：《全球化背景下中国制造业升级的路径与品牌战略》，《财经问题研究》2005年第5 期。

[32] 罗伯特·K. 殷：《案例研究：设计与方法》，重庆大学出版社2004年版。

[33] 路甬祥：《提高创新能力，推动自主创新》，《求是》2005年第13 期。

[34] 王一鸣、王君：《关于提高企业自主创新能力的几个问题》，《中国软科学》2005年第7期。

跨国公司在华投资、撤资、再投资行为分析

——比较案例研究

一、问题的提出

改革开放30年来，中国已成为世界上吸引外资排名第一的发展中国家，世界500强的大型企业中已有480多家先后通过合作、合资或者独资的形式进入中国市场。伴随对外直接投资的增加，外商撤资现象也不断发生。自20世纪90年代中后期，外国跨国公司在啤酒业、乳业、家电等行业都出现了大规模集体撤资现象。与此同时，若干跨国公司撤资后又再次回到中国市场。如法国标致汽车退出中国市场5年后于2001年宣布回到中国，丹麦家电巨头伊莱克斯在2003年6月从南京伯乐撤资后又全资收购长沙中意，达能集团从豪门、西湖啤酒撤资后，再投资光明、娃哈哈和乐百氏。2002年起世界前十位的啤酒企业也纷纷以"资本介入"的方式重返中国，如安海斯—布希（Anheuser-Busch，简称A-B公司）持股青岛啤酒、哈尔滨啤酒，荷兰喜力控股粤海啤酒等。

本文以同一跨国公司在华撤资一段时间后再投资同一业务的现象为研究对象，在回顾国内外对撤资、再投资的相关研究基础上，采用比较案例的研究方法对法国标致、美国惠而浦和丹麦嘉士伯三家跨国公司在华投资、撤资和再投资行为进行剖析，得出跨国公司再投资的模式、动因及其理论解释。

二、文献回顾

（一）对撤资行为的研究

多年来国内外学者就对外投资理论已经搭建了较为完善和成熟的理论体

系，故在此不再列述。而撤资理论自20世纪70年代受到学者关注，其中特别是Boddewyn（1983）的撤资条件说[1]影响较大，其通过逆转Dunning的"国际生产折中理论"指出，企业只要具备以下三个条件中的任意一个，撤资行为便会发生：（1）企业的国外经营不再拥有比当地企业更强的竞争优势；（2）企业凭借其内部化的竞争优势在国外进行生产已不再有利可图；（3）企业还拥有竞争优势，但认为与其在国外内部化这些优势不如通过其他方式出口和许可协议来获取外国市场。Caves和Porter（1976）等人用产业组织理论分析了企业退出障碍和条件，形成了系统的撤资障碍说。[2]Hamilton和Chow（1993）[3]通过对新西兰最大的94家上市公司在1985—1990年间业务剥离的情况进行实证研究，强调了撤资不仅受自身经营不善或母公司整体战略等主观因素外，还受到一般经济环境变化影响。Michlle Haynes、Steve Thompson和Mike Wright（2003）的研究将撤资与全球范围的公司重构联系起来，认为撤资是众多大公司战略调整、业务剥离的一种手段。[4]

国内学者结合中国的外资撤资现象也进行了相关研究。杨宇光和刘夏明（1995）[5]、马全军（1997）[6]等人从跨国公司在华撤资的方式、原因以及对中国的影响进行了分析；毛蕴诗、蒋敦福等（2002、2005）对撤资理论进行了梳理，并对日本、欧美跨国公司在华撤资进行了理论上和经验上的研究；[7][8]徐艳梅、李玫（2003）[9]、曹晓蕾（2006）[10]等分析了惠而浦、韩资企业和啤酒行业的撤资现象。总体上，国内学者主要集中在分析撤资的方式和原因，以及宏观层面上撤资对中国经济的不良影响和防范措施，较少对撤资之后行为进行持续关注。

（二）对撤资、再投资行为的研究

对于撤资、再投资行为，当前国外学者鲜有研究。笔者以Divestment & Reinvestment和Divest & Reinvest分别作为关键词，对国外著名的商业信息数据库ABI/INFORM（Abstracts of BusinessIn for mation）中收录的期刊杂志进行检索，发现ABI中收录的文献暂未对撤资、再投资这一连续行为进行研究。

国内对撤资、再投资研究亦存在此类空白。笔者以"撤资&再投资"为关键词对中国知识资源总库（www.cnki.com）下属的中国期刊数据库、中国博士学位论文全文数据库、中国优秀硕士学位论文全文数据库进行相关文献检素，只有两篇针对撤资后再投资进行研究。刘阳春、毛蕴诗（2006）首次关注跨国公司在华撤资后的再投资行为，认为中国巨大的市场是再投资的主要诱因；刘阳春、蒋敦福（2007）详述了啤酒行业的跨国公司撤资、再投资行为，但并未对再投资的模式和动因进行归纳和概括。文献研究表明，国内外学者对跨国公司在华撤资，特别是撤资后再投资行为少有研究。中国改革开放已30年，中国经济正处于转型、起飞过程，其经济环境也在发生变化。如何在全球化与中国经济环境的框架下探讨跨国公司的撤资、再投资行为，其动因与模式对于国际直接投资理论具有重要价值。

三、研究方法

根据以上对文献的回顾和分析，跨国公司在华撤资、再投资行为这一研究属于探索性研究，兼具描述性和探索性解释的特征。按照Glaser和Strauss（1973）、Bradshaw和Wallace（1991）、Schöllhammer（1994）[11]的观点，此类研究最适合采用比较案例研究方法。其作为一种有价值的定性研究方法，可从经验分析的角度检验先前的理论，也可用来为研究的现象建立新的理论解释。本文选取此方法，希望通过对三家跨国公司在华投资、撤资、再投资行为进行分析比较，验证撤资的相关研究，并建立对跨国公司在华再投资行为的动因和特点的初步理论解释。

在样本选择方面，笔者通过汇总国内学者关于撤资和再投资的研究结果，选择了跨国公司在华撤资行为发生较普遍的汽车、家电、啤酒三大行业，通过对其中前人提及的撤资企业——进行资料更新和查证，最终选择了法国标致、美国惠而浦和丹麦嘉士伯。选择主要基于以下两个因素：（1）代表性。这三家企业分别来自欧美不同的国家，代表不同的管理理念和经营方式；三家均是国际化程度较高的行业内排名前十的企业，在一定程度上能够较好地体现跨国公司行为的共性。（2）资料的可获得性与准确性。三家企业中笔者曾对标致在华的第一家合作伙伴广州标致进行走访调研，拥有详尽的一手资料，而嘉士伯、惠而浦也有较多的二手资料，如网站信息和财务报表等。

四、案例分析

（一）标致、惠而浦、嘉士伯在华发展历程

法国标致（Peugeot）汽车公司是世界十大汽车公司之一。1985年标致与广州市政府合资成立广州标致汽车有限公司，总投资额为8.5亿法郎，法标占股22%。1992年标致雪铁龙（PSA）集团[1]又和第二汽车制造公司（后来的东风汽车公司）在湖北成立了神龙汽车有限公司，负责生产并销售雪铁龙品牌，其中标致雪铁龙集团占股25.6%。在广州标致成立后的10年中，其成为当时国内主要的小轿车生产基地之一。但由于车型过时、技术滞后、质量不过关等产品问题和管理上意见分歧，广州标致从1995年开始亏损，至1997年其亏损额高达10.5亿元人民币。最终法国标致于1996年10月退出广州标致，其全部股份由中方以1元的价格收购。2002年10月，标致雪铁龙集团与东风汽车公司签署扩大投资协议，将与东风汽车的合作由雪铁龙全面扩展至与标致品牌的合作。2004年又增持神龙汽车公司股份至50%。2006年10月，标致在华成立了其在华全资子公司"标致雪铁龙中国有限公司"。2007年6月携手哈飞汽车，以50：50比例成立合资公司生产经济型小汽车。

惠而浦（Whirlpool）公司是美国白色家电第一品牌，1995年进军中国家电市场，先后投资4亿美元与北京雪花冰箱、上海水仙电器合资成立了惠而浦雪花冰箱和惠而浦水仙洗衣机厂，分别持股60%和55%。[2]同时惠而浦还持有广东顺德蚬华微波炉65%股份、深圳蓝波空调75%股份，并几乎全部接管合资公司的经营管理权。两年之后，因其一成不变的管理模式和销售方式，惠而浦雪花冰箱巨额亏损2.7亿元。至2000年惠而浦水仙洗衣机连续四年亏损，总额高达4.6亿元。1997年惠而浦将其在惠而浦雪花中60%的股份转让，1998年转让其在蓝波空调的全部股权。2001年惠而浦宣告重返中国，2002年收购上海水仙电器在惠而浦水仙洗衣机剩余的20%股份，更名为上海惠而浦家用电器有限公司，并向广东顺德迁移了部分微波炉生产线，在深圳建立了研发中心和生产基地。

---

① 标致雪铁龙（PSA）集团为法国标致的集团公司，PSA拥有标致和雪铁龙两个汽车品牌。
② 1997年持股比例上升至80%。

丹麦嘉士伯（Carlsberg）1995年收购原惠州啤酒有限公司后成立了嘉士伯啤酒（广东）有限公司，主要生产嘉士伯系列品牌和本地龙八啤酒。同年嘉士伯联合香港太古集团，以5000万美元投资兴建了嘉酿（上海）啤酒有限公司。自1998年建成投产，两年间嘉酿（上海）共亏损1.7亿元，在华占有率也仅为1.82%。2000年8月，嘉士伯以1.5亿元向青岛啤酒转让了嘉酿（上海）75%的股权。2003年1月嘉士伯以8500万元整体收购了昆明华狮啤酒的全部股权，开始了其在华再投资之路。同年6月整体收购大理啤酒，进而收购拉萨啤酒厂50%的股份和新疆乌苏啤酒34.5%的股份。2004年12月收购兰州黄河啤酒，同时与之通过股权转让和共同投资两种方式组建了兰州、天水、酒泉和青海西宁4家合资啤酒企业。2005年12月，嘉士伯又与宁夏农垦企业集团签订了总投资2亿元的生产合作经营项目协议。

表1 案例中三家跨国公司在华投资、撤资、再投资行为比较[①]

		标致	惠而浦	嘉士伯
第一阶段投资	始点	1985 年 3 月	1995 年 2 月	1995 年
	对象	广州汽车公司	雪花冰箱、水仙电器、德蚬华微波炉、蓝波空调	惠州啤酒有限公司,嘉酿（上海）啤酒有限公司
	模式	技术作价持股22%,1994 年前法方任总经理,将"广标"作为自己全散件的装配厂	与中方合资,并作为大股东直接接管合资公司的经营管理权,建立自己的销售渠道	购入原惠州啤酒有限公司,联合香港太古集团合资成立上海嘉士伯
撤资	时间	1996 年 10 月	1997 年, 1998 年	2000 年 8 月
	模式	以一元价格转让所持股份	1997 年转让惠而浦雪花 60% 股份。1998 年转让在蓝波空调的全部股份	以 1.5 亿元人民币，转让了所持有的喜酿（上海）75% 的股权
	动因	产品过时且质量不佳、成本过高、竞争激烈、管理无效和决策体制弊端、融资困难	竞争激烈;低估了市场短期潜力;营销策略失误;管理成本过高;筹供渠道不畅	市场竞争激烈;高估了中国消费者的消费能力;成本过高、资金消耗高
再投资	始点	2001 年 10 月	2002 年 7 月	2002 年 12 月
	对象	东风汽车集团、哈飞汽车	上海惠尔浦水仙洗衣机	西南、西北大型啤酒企业
	模式	增资扩股神龙汽车,成立中国全资子公司,与哈飞汽车合资建厂等	全资收购原控股的惠而浦水仙洗衣机,在华建立全球波炉技术中心和整合供应链	整体收购、股份收购和合资建厂

---

① 笔者根据调研和相关二手数据整理而得。

（二）撤资动因及模式的比较分析

1. 撤资动因分析

总结前人研究结果，撤资动因一般可简单分为投资失败和业务重构。在以上三个案例中，经营不善导致的巨额亏损是三家公司在华撤资的最直接原因。法国标致撤资广州标致时合资企业亏损高达10.5亿元人民币，惠而浦退出惠而浦雪花冰箱时亏损3000万美元，而嘉士伯变卖嘉酿时也亏损1.7亿元。虽然引起撤资的具体原因各自不同，但从企业自身经营和外部一般市场环境（Hamilton和Chow，1993）分析，三家企业撤资行为又有着以下几点共同的原因。

（1）市场估计与营销策略失误导致市场表现不佳。对中国市场的估计错误及基于此的营销策略失误，直接影响了三家企业在华产品销售、市场占有和利润获取，也是亏损撤资的关键原因。嘉士伯高估了20世纪90年代中期中国对啤酒的消费能力。如1994年中国人年均消费啤酒为11升（北京、上海和广州为20—30升），而美国与欧洲是90—130升。[8]同时嘉士伯当时错误投放每支5元以上的高档啤酒，广大中国消费者无力消费。标致则低估了中国消费者对汽车的偏好，引进的标致504、505均是20世纪70年代开发的产品，甚至在引入时已经在法国停产或者即将停产。陈旧的车型，加之不容许对引进车型进行改进和技术开发，广州标致的市场占有率从1991年的1.6%跌至1996年的0.7%。而惠而浦在营销渠道方面，全部抛弃了雪花、水仙原有的成熟的拓展渠道，急于建立自己的销售网络，导致销售无力，其1998年在中国冰箱市场占有率仅为0.33%。[12]

（2）合作伙伴及合资方式选择失误削弱了跨国公司在华投资的内部化优势。根据Boddewyn（1983）的撤资条件说，企业不再拥有内部化优势是撤资的一大条件。案例中的三家跨国公司均是改革开放前期进入中国，受制于政府对外资合资的各种管制和中国本土企业质量，无法选择或没有优秀的本土企业进行合资。法国标致投资的第一个对象是广州汽车集团。广州汽车原是生产公共汽车和卡车的企业，缺乏小汽车生产经验，合资后消耗了大量的培训成本和设备改造成本。与惠而浦合作的雪花电器当时在全国仅排名15，而嘉士伯合资的惠州啤酒厂前身是无酒精啤酒饮料厂。合作伙伴的质量极大程度地影响了三家跨国公司母国先进生产技术和管理理念的转移，削弱了其内部化优势。此外，合资方式带来的管理冲突也影响了内部化优势的发挥。如标致、惠而浦、嘉士伯均控制了合资企业的经营管理权，不利于发挥本土员工的积极性和其丰富的中国市场知识。

（3）中国本土企业的迅速成长和其他跨国公司的涌入导致市场竞争激烈。随着外资在华投资的技术溢出效应，中国本土企业高速成长。某些行业（如家电、啤酒等）的本土企业在国内很大程度上替代和挤占了外资市场。如家电中海尔、格兰仕、长虹和格力等的迅速崛起使美国三大家电巨头——惠而浦、通用电气和美泰克在华都遭遇了不同程度的失败。同时这种激烈竞争也来自其他在华经营的跨国公司。

20世纪90年代中后期欧美跨国公司纷纷涌入中国，如与惠而浦同期进入中国的还有收购长沙中意的瑞典伊莱克斯、收购苏州香雪梅的韩国三星和收购安徽扬子的德国博西等。汽车业中除较早进入中国市场的德国大众外，通用、福特、戴姆勒—克莱斯勒、丰田、日产等国际汽车也陆续来华投资。啤酒业亦同，1998年底在中国境内生产的外国啤酒品牌有46个，全国中外合资啤酒企业95个，数量占中国啤酒企业总数的17.2%，产量占中国总产量的32.9%。[8]本土企业和其他跨国公司同时带来的激烈竞争使得三家企业无法获得预期投资回报，最终引发撤资行为。

2. 撤资模式比较

撤资问题的另一重点便是撤资的模式，一般包括转让或出售、管理层收购和清算。其中转让或出售是跨国公司普遍采取的形式，也是案例中三家企业的撤资模式。但三家企业转让的对象有所不同：法国标致、美国惠而浦将其股权转让给了中方企业；丹麦嘉士伯通过招标形式将股权转让给了竞争对手青岛啤酒。深层次分析三家企业的撤资行为，不难看出撤资动因、撤资模式之间存在一定的内在关系。法国标致属于亏损特别严重，合作关系僵化，合作经营无法继续，被迫撤资型；而惠而浦是在亏损的早期便邀请咨询公司对业务进行评估，得到不容乐观的报告后主动决定撤资；嘉士伯亦是在经营不佳的情况下主动寻找转让方进行撤资。可以说惠而浦和嘉士伯是在亏损情况下主动进行业务的剥离和调整，故其在撤出时能够选择更优的方式和避免更大的损失，也削弱了撤资对其他在华业务的不良影响。

（三）再投资动因及模式的比较分析

1. 再投资动因分析

（1）基于对中国市场重要性重新认识的跨国公司全球业务重构。近年来欧美发达国家经济增长缓慢，甚至些微下降。各类市场的饱和、低利润率等特点迫使各大跨国公司加速向发展中国家扩张。而中国凭借广阔市场和高速增长已成为全球经济体中最重要的市场之一。基于对中国市场重要性的重新认识，三家企业在全球业务重构过程中均加重了中国的市场地位。惠而浦CEO费迪2002年表示"中国必将成为惠而浦全球网络中一个非常重要的生产和出口的基地"，[13]2005年惠而浦将亚洲总部从香港搬迁至上海便是中国成为其全球战略重心之一的标志。标致雪铁龙集团CEO斯特雷夫2007年提出的"CAP2010"复兴计划中也表示将注重扩大在中国的份额。[14]嘉士伯除在中国西北、西南相继收购大型啤酒企业外，还于2006年在印度合资成立了"南亚酿酒公司"，印证了其将中国—东盟贸易区作为全球业务新中心的战略规划。由上可见重返和大力发展中国市场是其全球业务重构的一个必然结果。

（2）中国本土企业的迅速成长为跨国公司再投资提供了更佳的合作对象和合作方式。对比首次投资，三家企业在再次投资过程中拥有更多优秀的中国本土企业作为合作伙伴。如标致新的合作伙伴哈飞汽车拥有良好的生产布局和较强的产品研发能力、生产管理能力，嘉士伯新的收购对象都是西北、西南地区的龙头啤酒企业。同时再投资双方合作关系较第一阶段更加融洽，在权力划分、利益分配、责任承担等方面加重了中方企业的地位。如法国标致将东风汽车作为其在中国的战略性合作伙伴，再没有控制合资企业的整体经营管理权。嘉士伯也限于资本运作，没有干涉合资企业的经营管理。

（3）跨国公司自身在华经营经验的积累为再投资创造了可能性。通过在中国市场十几年的经营，案例中的三家企业加深了对中国市场的熟悉及驾驭能力。它们对中国宏观政策和市场的变化、对中国消费者行为等有了较为清晰的分析与判断，并不断通过整合在华业务和调整在华经营管理理念推进本土化进程。如惠而浦在华提出"用全球化技术做本土化产品"，根据中国消费者的消费习惯重新调整洗衣机功能、工艺和流程等，标致推出的标致307也是专门为中国消费者设计的。

2. 再投资模式比较

概括三家企业的再投资历程可以得出两种直接再投资模式对原有的合资公司进行增资扩股或全资收购和通过资本运作方式收购、兼并其他中国本土企业。增资扩股或全资收购是跨国公司撤资再投资最直接的方式。法国标致重返中国后，增持神龙汽车公司股份至50%，惠而浦也全资收购上海水仙股份，所不同的是惠而浦是在原减资的企业重新注资，而法国标致是在另外的合作企业增资扩股。通过资本运作的收购、兼并和合作往往成为快速取得投资规模而采取的另一种再投资方式。案例中嘉士伯便是通过这种方式。由它发起的一连串收购、股权转让及共同合资等不仅规模大、速度快，而且有效地避免了自己投资建厂所花费的巨额成本，也是对嘉士伯第一阶段投资行为的修正。

除以上这两种直接的再投资行为外，三家企业还通过两种方式辅助再投资，包括加强基础业务活动的整合和兴建投资性公司或地区总部。在华建设研发中心、物流中心等基础职能并对其业务活动进行整合是跨国公司基于之前投资失败的教训采取的行为模式，标志着跨国公司对在华再投资的长远战略规划。如惠而浦在深圳建立起其全球的微波炉研发中心和供应链中心，标致2006年开始在华兴建标致雪铁龙集团全球最大规模的工厂等。另一种被普遍采用的是在华兴建投资性公司或地区总部，通过其对在华业务进行更好的统筹。如法国标致成立的标致雪铁龙中国有限公司便作为在华业务整合的组织者，负责为在华公司提供法律、金融等平台支持，同时还负责进口车业务，用于补充国内生产的车型，以帮助标致和雪铁龙两个品牌在中国的拓展。惠而浦也将全资收购的上海水仙变成其在华业务的总部，协调各项在华投资。

五、结论与启示

通过上文以法国标致、美国惠而浦和丹麦嘉士伯三家跨国公司撤资、再投资的动因和模式分析，我们可以得到以下启示：

1. 跨国公司在华再投资行为既可看作是撤资行为的逆转，也可看作是投资行为的延续，其动因可用FDI中的某些相关理论进行解释。沿用FDI理论中经典的OIL范式分析，"所有权优势""内部化优势"和"区位优势"是再投资行为的前提条件。案例中三家企业也不例外，不同的是所有权优势相对在减弱，中国的区位优势在加强，且伴随着中国市场的规范化和中国本土企业素质的提高，内部化优势在加强。

2. 跨国公司在华再投资行为可用跨国公司全球战略变动、全球公司重构的相关理论解释。其中特别是与重构内容和方式相关的理论可解释再投资的模式选择。如案例中惠而浦在华建立全球微波炉研发中心便是其全球战略重心转移的体现之一。

3. 研究跨国公司在华再投资行为要充分考虑中国经济环境及其变动的影响。跨国公司母国及中国本身的市场环境变化，特别是中国市场的巨大容量、潜力、增长与开放等都可以解释跨国公司在华再投资行为，如市场准入制度、市场竞争、消费者偏好及行为等的改变。此外，政府政策、法律的改善等特殊行为以及跨国公司对中国市场熟悉程度的增加均对跨国公司再投资行为产生影响。

（原载于《学术研究》2008年第7期，第76—81页）

参考文献

[1] Jean J Bddewyn.Foreign and Domestic Divestment and Investment Decision：likeorunlike?[J]. Journal of Internation-al Business Studies，1983，Vol.14.

[2] Caves，R.E.，Porter，Michael E.. Barriersto Exit，in Essaysin Industrial Organizationin Honor of Joe S. Bain，R.Mas-sonand P. D. Qualls（eds）[M]. Ballinger，Cambridges.

[3] Hamilton，Robert T，Chow，Yuen Kong. Why managersdivest-Evidence from New Zealand'slargestcompanies[J]. Strategic Management Journal，1993，Vol.14.

[4] Michelle Haynes，Steve Thompson，Mike Wrighe. The Determinants of Corporate Divestment：Evidencefroma Paneelof UK Firms[J]. Journal of Economic Behavior& Organization，2003，Vol. 52.

[5] 杨宇光、刘夏明：《国际直接撤资理论探讨》，《世界经济研究》1995年第4期。

[6] 马全军：《试论国际直接投资中的撤资问题》，《外国经济与管理》1997年第3期。

[7] 毛蕴诗、蒋敦福：《跨国公司撤资理论及其新发展》，《四川大学学报（哲学社会科学版）》2002年第2期。

[8] 毛蕴诗、蒋敦福、曾国军：《在华撤资——行为、过程、动因与案例》，中国财政经济出版社2005年版，徐艳梅、李玫：《跨国公司投资转移及撤退的实证分析》，《管理评论》2004年第2期。

[9] 曹晓蕾：《跨国公司撤资问题探讨——以在华韩资企业为例》，《世界经济与政治论坛》2006年第5期。

[10] Alex Rialp，Josep Rialp，David Urbano，Yancy Vaillant. The Born-Global Phenomenon：A Comparative Case Study Research[J]. Journal of International Entrepreneurship，2005，Vol.3.

[11] 黄汉英：《惠而浦、美泰中国折翼》，《南方报业》，http：//www.nanfangdaily.com. cn/southnews/tszk/nfdsb/Jdzk/200508260792.asp.2005-08-26。

[12] 侯学莲：《惠而浦全球总裁部署中国战略》，东方财经，http：//finance.eastday.com/ epublish/gb/paper94/20020403/class009400002/hwz638392.htm.2007-04-03.

[13] 周远瞻：《标致"雄狮"的东方复兴之路》，网易，http：//auto.163.com/07/0621/13/3 HH1HKBS00081ROLhtml.2007-06-21.

强化重组企业功能　降低股市风险

一、股市存在泡沫与风险

当前我国股市呈现一片繁荣的景象，单就2007年来看，上证综合指数从2006年底的2675.47点一度飙升至2007年10月16日的6092.0640点，达历史最高点，增长一倍多，虽然近期股市不断调整震荡，但是股市整体结构面变化不大；截至8月上旬，沪深两市总市值突破21万亿元，首次超过国内生产总值（GDP）总量。与此同时，高市盈率的上市公司不断出现，截至2007年11月12日，共有325家企业的市盈率在100倍以上，其中有22家企业的市盈率达1000倍以上，整体市场平均市盈率维持在50—70倍。如此之高的市盈率不得不引起我们的反思，虽然近两年上市公司盈利有所增加，但实际上大多数企业的盈利是新会计准则出台后通过变更会计报表所带来。此外，杭萧钢构、延边公路等股票的不规范（违规）交易时有发生，ST金泰等股票的非正常持续涨停，都暴露了当前股市所存在的一系列问题。然而，股民们炒股的热情依然高涨，新开户入市股民数量也呈大幅度增长，根据中国证券登记结算公司的统计，截至2007年7月末，中国证券市场投资者A、B股及基金开户总数已有1.1亿户。

在股民们满怀期待地参与分享中国经济发展成果的热潮之下，专家学者和资深业内人士普遍对股市积聚的潜在风险与泡沫心有余悸。"中国股市是否存在泡沫"也成为时下争论的热点话题。有学者认为当前股市已经出现了过热的征兆，好的预期比较足，而坏的情况准备不足。美联储前主席艾伦·格林斯潘在10月1日晚对伦敦政治经济学院（LSE）师生发表演讲时表示"中国繁荣的股票市场从各方面看都已经具有泡沫的特征"。中金公司认为目前股市存在明显泡沫，很多缺乏基本面支持的股票价格大幅上涨，炒作气氛明显回升。此外，包括瑞银证券（UBSSecurities）在内的其他金融机构以及中国人民银行行长周小川也都在近期表达了对股市可能形成泡沫的担忧。

事实上，泡沫、风险和股市与生俱来，没有风险与泡沫的股市可能是死水一潭。总是去争论股市的泡沫到底有多大，风险有多高，实际上是没有找到当前股市问题的症结，通过种种风险与泡沫的估算去给股民与投资者泼冷水，也不是解决当前股市泡沫的良策。

在当前牛市热潮下，股民们不断追逐着可能盈利的交易，但遗憾的是，很多股民对上市公司的质量与价值的判断力很弱，有些人甚至连自己所持有股票的公司从事何种业务都不知道，他们将股市当作包赢不亏的赚钱机器。这样的投资"理念"与"心态"必然导致股市泡沫和风险的积聚。虽然难以准确估计当前股市的泡沫与风险程度，但可以肯定的是中国股市的复苏和兴旺，并不完全是上市公司质量与业绩的真实反映，更不是上市公司在产业调整上的结构性优胜劣汰。

我们知道，过度的股票投资会导致股市风险急剧上升、投资回报快速下降，投资风险与投资收益严重失衡，进而加速股市资金的流失。因此，股市的风险与泡沫必须在合理的范围内移动。然而，从另一方面辩证地说，只要最终能得到纠正，股市泡沫甚至过度投资也并不一定是坏事。在高科技泡沫的巅峰时期（1999年达沃斯世界经济论坛期间），微软首席执行官比尔·盖茨在举行的一次新闻发布会上，一次又一次地被记者们问到相似的问题："盖茨先生，现在的网络股是泡沫股，对吗？它们难道不是泡沫吗？"最后，有点被激怒的盖茨对记者们说："它们当然是泡沫，但你们没有问到点子上。泡沫给网络行业带来了很多新资本，这必将更快地推动创新。"盖茨的话或许是对硅谷作用的某种注释。盖茨是对的，虽然泡沫从经济意义上讲是十分危险的，可能会使很多人赔钱，很多公司破产，但是它们也会越来越快地推动创新，并且即使是过度投资也能带来意想不到的积极效果。

二、企业重组可以降低股市风险

当前，随着我国股市股权分置改革的基本完成和一系列政策法规的颁发，股市发展正在实现战略性转变，进入了一个崭新的时期。但从资本市场的长期建设出发，股权分置改革之后，政府的注意力应该更多地集中到如何强化股市促进企业重组的功能上，只有通过强化企业重组，提升上市企业竞争力，优化股市存量资本配置，才能从根本上有效降低中国股市的风险系数。由于历史的、认识的原因，特别是我国股市建设时间短等原因，股市中存在重融资、轻企业重组的倾向，不利于促进资源优化配置，而这也相应增加了中国股市的风险。

中国股市要想深入发展，就必须在政策上强化重组功能。美国企业竞争力重新超过日本有一个原因值得重视：20世纪80年代以来，几乎所有美国老牌大型企业都进行了重组，重组使许多大公司度过了生存危机。例如，韦尔奇主持通用电气20年的重组（按同期销售收入的增加计算）相当于创造了3个新的微软；而20世纪90年代中后期IBM的重组，不仅化解了168亿美元的亏损，也使其重建竞争优势，相当于创造了两个新的微软。相反，日本企业对重组的反应明显滞后，变革力度也远不如美国强，即使是在亚洲金融危机造成的巨大压力下，日本企业更多的也只是被动地进行着企业重组。上市公司的优胜劣汰本应是非常正常的，但日本上市企业想要退市却非常难，而在美国恰恰相反。两种不同的机制给了美国和日本企业两种完全不同的命运。

三、股市推动企业重组功能的实现机制

股份制功能在于筹集资金，而作为资本市场创新的股市的建立则极大地扩展了其融资功能，使之市场化。随着股市的进一步发展、创新，股市在推动企业重组中体现出越来越重要的作用。股市推动企业重组功能的实现机制可以归纳为以下三个方面。

第一，对股市新的增量资产而言，企业为上市进行实质性重组推动了资源重新配置。公司股票申请上市（包括增发新股或配股）过程中，必须达到一定条件，完善企业法人治理结构，建立上市公司信息披露、会计标准等一系列制度，其实质是对企业资源、体制进行全面改造与重组的过程。例如，美国资本市场是世界上公司治理约束、会计管制和披露法则要求最严格的市场，其为新增资本投向新兴产业领域，对高科技企业的发展和经济增长做出了巨大贡献。

第二，对股市大量的存量资产而言，发现、披露代理问题，变更低效率管理或接管的动力、压力推动了企业重组。对股市大量的存量资产，有效的股市通过接管、兼并、剥离、分立、分拆、置换、退市和新上市等，使市场中的劣质企业减少、消失，优质企业不断增多、壮大。同时，如果公司代理问题严重（代理成本很大）或经营管理不善，也能被及时发现、披露。一方面，公司可能面临着被收购的威胁；另一方面，董事会要在公司绩效低下时立刻做出回应，采取包括进行重组、更换管理层等措施。这样有助于提高股市存量资产的质量和企业质量，优化存量资产的结构。

第三，股市推动企业重组功能的发挥与公司治理结构特征密切相关。玛格丽特·M·布莱尔（1999）将公司治理归纳为一种法律、文化和制度性安排的有机整合，包括决定上市公司可以做什么，谁来控制它们，这种控制是如何进行的，它们从事的活动所产生的风险与回报是如何分配的。2002年以来，相继发生了诸如美国安然公司倒闭、日本雪印公司东窗事发等一系列事件，促使人们开始重新审视公司治理结构的意义和重要性。投资者呼吁更为透明和有效的公司治理结构，他们的信心水平与公司治理结构的改进紧密相关，同时公司治理水平也影响着企业的股价表现。因此，一整套公司治理制度规则，包括独立性、透明度、公正性、责任感等要素的制定与执行，将决定股票市场的运行效率，影响着股市推动企业重组功能的发挥。

如果说股市的融资功能是与生俱来的，那么股市推动企业重组的功能便是需要后天培育并在制度、法规上进行建设和加以完善的。考察世界上不同国家的股市，我们发现其在融资方面功能相同，但在推动企业重组的功能上有巨大差异和完全不同的效果。例如，美国股市的高效能制度体系、"股东行动主义"和"机构投资者的觉醒"形成了企业被接管和收购的威胁，使得美国股市接管频繁，有效地推动了企业重组。而在日本，金融体系以银行为主导，公司间交叉持股的盛行，导致股市缺乏效率，日本公司面临的外部接管压力很小，企业重组缺乏动力。

据统计，2006年底中国股市的总市值约为1.1万亿美元，1996—2006年间的融资总额约为1250亿美元。与之相比较，到2006年底，美国股市总市值（纽约交易所和纳斯达克交易所之和）已达到19.3万亿美元，为中国股市的17.5倍；从1996年到2006年，美国股市融资总额已达到2万亿美元，是中国股市的

16倍。虽然中国股市已经持续了一年多的牛市，但相比较而言，目前我国股市规模还非常小，在融资方面的功能发挥还远远不够，还需要大大提高股市在融资方面的规模与比例。

由此可见，当前中国股市的泡沫与风险并不是单纯来自于股民"过度"投资，而关键是这些投资方向存在结构性问题，不完全符合市场中企业优胜劣汰的准则，或者说市场投机的成分过高。面对如此情形，政府的策略应该不是去压制投资者的积极性，而是应该严格规范、监管上市企业，努力提升上市公司质量与价值，引导市场资金合理有效配置，逐渐化解股市风险，促进经济的稳定与继续繁荣。

四、强化股市促进企业重组的功能，推动资本市场建设

1. 改变股市重融资，轻重组功能的倾向

我国股市设立之初，不少利益主体视股市为"圈钱"场所，"重筹资、轻回报"，甚至"假融资"现象严重，相当一部分资质不够的公司"跑步前进"，上市圈钱之后不久便亏损。尽管近年来这样的情况有所改变，但股市中重融资、轻重组的倾向仍然存在，需要提高上市公司的认识，上市公司必须重视对投资者的回报，并在制定政策、法规上加以引导。

2. 引导市场加大重组力度，改变重组手段较为单一的状况

企业重组包括企业创建、并购、剥离、分立、分拆、置换、股权切离、举债收购、紧缩规模、紧缩范围、内部市场等一系列手段，构造公司新的业务组合与新的地区分布、新的资产与债务结构以及新的组织体制。

我国上市公司年报对公司重组活动有所反映，但主要集中在并购方面。相对西方发达国家股市而言，我国公司重组次数和规模不大，而且重组手段较为单一。例如，退市机制缺乏，退市企业很少。所以也需要对企业重组活动进行更系统的披露和分析，在政策上加以引导。

3. 重组的目的在于化解企业危机，把市场做大，坚决反对、查处、杜绝非实质性重组

重组的目的在于化解企业危机，把企业做强、市场做大。因此，财务与资产重组、组织重组应落实在业务重组上。相当一段时期，我国上市公司缺少

实质性重组，存在以保"壳"、保"配"、圈钱以及二级市场炒作为目标的非实质性重组。上市公司并购的非市场化运作较为严重，存在不少的内幕交易和关联交易。另外，还包括通过债务的核销，资产的置换，做成账面上的盈利的报表性重组；年末突击重组；重组中的短期行为等。需要加大监管、查处力度，杜绝或减少非实质性重组。这将从根本上提高上市公司质量，提高上市公司回报投资者的能力，降低股市风险，保持股市稳定健康地发展。

4. 进一步完善公司治理结构，重视对投资者的回报

我国许多公司虽然已经上市，但并未真正转换经营机制。所以需要进一步完善公司治理，在董事会的结构、职责、作用以及董事会成员的资格与素质等方面加以改进。另外，上市公司必须重视对投资者的回报。这样，使董事会在企业绩效低下的情况下，能够及时做出反应；有效的治理结构与股市互动，使市场对企业重组逐步起到主要作用。

5. 提高股市参与者的素质，发挥机构投资者在重组股市中的作用

提高股市参与者特别是普通股民的素质，提升其对股市信息的掌握和分析能力，树立风险意识，对于股市的稳定有积极的意义。同时需要发展壮大机构投资者的队伍和力量，提升其资质、信用、专业素养，并对其加强监管。高素质、有信用、专业素养高的机构投资者有助于提高上市公司的质量，促使上市公司重视对投资者的回报，使之在股市和推动企业重组中起到积极作用。

（原载于《决策与信息：财经观察》2007年第11期，第40—43页）

ERP：管理而非技术

ERP（企业资源计划系统）是当代企业管理信息系统的最新成就之一。近年来，企业实施ERP已成为一种趋势。然而，联系到我国企业实施ERP的高失败率，我们不禁要问：有多少人理解ERP的内涵？

今天的许多管理专家、经理都可以高谈、附和诸如TPS（丰田生产方式）、JIT（准时生产）、BPR（业务流程再造）、LP（精益生产）、TQM（全面质量管理）、ERP等流行的现代企业管理方式。然而许多人是雾里看花、浅尝辄止，实践中徒求其形式而已。

命题1：任何企业的管理方式都有其背后的逻辑，福特生产方式是基于规模经济性基础的，丰田采用的是准时生产（JIT）的生产方式。

的确，当我们去考察这些流行的生产方式时，首先看到的是其表象，是其形式。正如日本研究汽车行业的下川浩一教授所说："从表面上看，以丰田生产方式营运的工厂也和采用传统福特式大量生产方式营运的工厂一样，吊挂式或地面上的输送带有条不紊，同期化地移动着，但是就在工厂的生产系统内，存在很大的想法转变。"

福特生产方式的逻辑是"大量生产成本下降—大众能接受的价格—大量销售"，这在当时是了不起的创新，其背后的理论解释是规模经济性。然而随着时间的推移、市场的变化，这种刻板的生产方式受到了严厉的批评。丰田生产方式的创始人之一大野耐一认为，大批量生产与低成本，傻子都能办到。历经几十年的发展、探索、试错，日本丰田公司形成了独特的丰田生产方式，逻辑是"在维持小批量生产的同时，提高生产效率，并降低单位成本"。背后的理论则不仅是规模经济性，还包括速度经济性与网络经济性。

按丰田生产方式对企业业务流程进行重组、管理，能较大幅度地提高效率、竞争力，降低成本。这种高生产性和高品质使得丰田公司的国际竞争力在

20世纪80年代显著提升，丰田生产方式取代福特生产方式，在国际上得到了认可，广为效法。然而，人们往往只注意到丰田生产方式的技巧和方法，却忽略了其思想之根本。

准时生产（JIT）是丰田生产方式的核心组成部分。若问准时生产的实质，人们往往都会回答，准时生产追求"零库存"。果真如此吗？

日本东京大学藤本教授对丰田汽车公司进行了长达几十年的研究。1984年夏天，藤本、下川浩一与大野耐一进行了长时期的接触，并参观了大发发电机公司的一个新工厂（隶属于丰田集团）。他们与大发工厂经理田中通和共进晚餐，这位丰田生产管理体系的先行者与大野耐一紧密工作过。田中通和那天晚上谈到，准时生产的实质"有三种可能的答案：初级答案很简单，准时生产减少存货成本；居中水准的回答是，准时生产揭示生产问题和引发拉动式生产。但高水准的答案是，准时生产把成本意识灌输给每一位员工，当准时生产迫使工人面对一个又一个的生产问题时，人们最终开始明白作为潜在成本资源和生产问题的这一切，然后积极找出问题。这就是我们要达到的水准"。

甚至一些丰田生产管理体系中的高层经理，也承认过去身为丰田体系的人，知道怎么做但常常不知道为什么要这样做。

另外，还要指出的是，丰田生产方式从提出到相对完善经历了几十年，并不是一开始就形成了一个什么系统、模式。这一生产方式的创立者、实践者也都把其视为一个学习、积累、试错、改进的过程，并且逐渐形成了健全的方法体系与分析工具。这也是丰田生产方式比其他一些管理方式受到较为广泛认可的原因。

相比之下，在全球以及我国广为流行的另一种管理方式——BPR（业务流程再造），就远不如丰田生产方式那么成熟，其背后也没有那么明确的理念和理论支持，甚至也没有健全的方法体系，分析工具也不得力。尽管BPR受到学术界的追捧，但它在企业界的实际应用并不那么成功。许多调查都表明，70%以上的BPR项目都没有取得预期的效果，有的甚至使事情变得更糟（BPR的奠基人哈佛大学教授哈默自己也承认这一点）。这其中的关键就是，BPR作为一种思想、理论创新，还远未成熟，其实质和内涵还需要进一步的探索。

命题2：我国企业实施ERP存在诸多误区，主要表现在两个层面，第一个层面是企业应用、执行ERP本身的问题，第二个层面是看待ERP的问题，即将ERP视为技术、方法而非管理层面的问题。

回到企业信息化或实施ERP的问题，大家都在问：为什么ERP实施的失败率如此之高？研究表明，我国企业实施ERP存在广泛而严重的误区。这些误区可分为不同的层面：

第一个层面：急于寻找有效的组织模式，实施企业信息化的目的不明确；不了解ERP本身的应用条件与局限性；对实施ERP的预期过高而对困难的估计不足；缺乏实施ERP的管理基础；缺乏实施ERP的组织承诺，实施不力；许多ERP项目在培训方面投入极少，管理者、企业员工缺乏成功实施ERP所需的知识和素质等，甚至有不少企业经理把实施ERP当作一种时尚，简单地追求形式。

第二个层面：也是最普遍的误区，是将ERP视为技术、方法层面的问题。许多企业实施ERP都是从技术层面切入的。而这些技术人员往往只见树木不见森林，不了解企业对ERP的需求与定位。正如彼得·德鲁克在《21世纪的管理挑战》中指出的："50多年来，信息技术一直以数据为中心，包括数据的收集、存储、传输和显示。在'信息技术'中，重点始终是'技术'。然而，新兴的信息革命的重点是'信息'。它们提出的问题是：'信息的内涵及其目的是什么？'这个问题很快促使人们在信息的帮助下重新定义要完成的任务，并重新定义完成这些任务的组织。"

由于将企业信息化视为技术、方法层面的问题，所以经理人也就自然地将ERP视为管理方式的软件化，甚至是现有管理方式的软件复制。这就导致经理人在实施ERP之前，没有对企业进行"扫描"，不清楚关键环节所在，也不清楚企业想通过ERP在市场上建立什么样的竞争优势。

事实上，许多世界跨国公司已意识到这一点，正在以管理理念来统率企业信息化，统率企业ERP的实施。2002年IBM以35亿美元并购普华永道的全球商务咨询和技术服务部门——普华永道咨询公司（PWCC）。在这个规模宏大的战略中，IBM计划将包括硬件、存储、网络计算在内的IT基础设施，包括操作系统、中间件在内的软件系统，与IBM的企业业务咨询服务全部整合在"On Demand"（随取即用式电子商务）旗下，针对企业级的IT应用及业务流程变革提供一种前所未有的"彻底整合方案"。简而言之,"On Demand"可以为企业提供从最底层的芯片到最高层次的业务流程变革。这就不仅要在其IT软件中体现管理需求,也要在其应用中注入管理理念。

命题3:ERP的真正内涵在于,ERP不只是技术层面的问题,要以管理来统率企业信息化。

如前所述,任何一种现代管理方式都有其背后的逻辑,缺少管理理念的管理方式、生产方式不过是没有灵魂的载体、躯壳。那么,企业实施ERP的内涵到底是什么?

第一,ERP对企业的影响,远比本文前面所列举的丰田生产方式、BPR、全面质量管理等更为广泛而深刻。信息技术和互联网正在改变我们的社会和我们的业务方式,信息化也在改变我们组织的规模、结构。信息作为一种共同的要素,犹如人体的细胞遍布于组织的产品开发、生产和供应系统之中。信息化把信息引入企业的每个角落,并延伸到组织之外。它需要把信息意识灌输给每一位员工,使企业向学习型组织迈进。就此而言,企业信息化已成为现代企业生存的必要条件。

第二,企业实施ERP不只是技术层面的问题。它绝不仅仅是业务过程的控制手段,也不仅仅是对生产系统的动态模拟。实施ERP,一方面对企业的基础管理、规范管理,甚至组织结构、业务流程、规章制度都提出了变革的要求;另一方面通过这一过程认识企业对信息化的系统需求,挖掘管理对信息的需求,从而实现信息化与提升管理水平的互动。

第三,在知识经济、信息时代、互联网时代,企业经济效率已从规模经济性、范围经济性转向速度经济性、网络经济性。通过企业信息化对企业业务活动、企业内外资源的整合,可以在更大范围以更快的速度、更好的方式配置资源。就此而言,ERP是企业实施战略目标的手段。

第四,企业是有个性的。现实中的企业在规模、资源的占有、竞争能力、潜力、目标、行为、领导者、文化等方面都存在明显的差异。正如认识产品的差异性是实施差异化战略的基础一样,企业信息化必须充分考虑企业的个性,考虑不同行业、不同特点、不同阶段的企业的现实情况,使所实施的ERP更能反映企业的管理需求,真正起到提升管理水平的作用。管理实践按其本性要求经营管理者,在应用理论和方法时要考虑现实情况——永远也不会有普遍适用的最佳模式。管理的精髓在于，依靠对自身和对环境的明智判断，不断提出新的管理模式和经营战略，并将其贯彻执行到底。就此而言，实施的ERP也需要创新。

第五，要充分认识管理在企业实施ERP中的统率作用，并将其贯彻到底。一种基本分析方式是围绕企业的资源、要素进行管理，使之得到有效利用。事实上，资源、要素的概念、内涵以及不同资源、要素的重要性，是不断扩展变化的。今天企业内部的资源、要素可以用6M+T来表示：人力资源（manpower）、资金（money）、机器（machine）、材料（material）、信息（message）、管理（management）、技术（technology）。一个重要的问题是：这些资源、要素中，什么最为稀缺？

人们现在普遍承认，信息作为一种资源，是企业取得竞争优势的源泉。管理技能和知识则已成为决定性的生产要素，越来越受到重视。诸如行之有效的经营管理体制、市场营销技能，以及财务、研究与开发、定价技能和经验，都可能使企业不断增强实力，取得优越的市场地位。

正如德鲁克所认为的："在跨国公司经济中，传统的生产要素——土地和劳动力，日益成为次要的东西；货币也由于其具有跨国性而随处可得，因而也不再是一国在世界市场上带来竞争优势的生产要素了；汇率也仅具有短期的重要性。管理已作为决定性的生产要素出现，正是在管理的基础上才能建立具有竞争力的地位。"

用一句话来概括：要以管理而不是技术来统率企业信息化。

（原载于《北大商业评论》2007年第3期，第22—25页）

替代跨国公司产品：中国企业升级的递进

一、引言

中国相当一部分企业是随着改革开放进程和市场环境变化，从模仿生产、替代外国进口产品开始的。目前，其中一些企业转而进入替代跨国公司在华生产的产品，或替代跨国公司在其本国生产的产品的替代升级发展新阶段。时下，学界对这一问题的关注很不够，本文从战略理论出发，对中国企业从替代进口产品到替代跨国公司产品的替代升级递进作一专题探讨。

加入WTO的中国经济将进一步融入全球经济体系中。加入WTO，对成长中的中国企业来说，意味着环境的重大变动。变动最明显体现在国内市场逐步与国际市场融为一体，即国内外市场的一体化（国内市场国际化与国际市场国内化）上，中国企业也因之而面临着市场全面开放的激烈竞争。竞争将在国内与国际两个市场同时展开。一方面，在中国国内市场上，更多更强的外国企业特别是跨国公司进入中国市场，来自国外企业的竞争将更加激烈。中国潜在市场规模巨大却又远未充分开发，所以各外国企业不仅可以通过向中国输出其产品来占领中国市场，而且更愿意在中国设立独资企业，利用中国当地的资源和市场获得更大的发展。另一方面，中国企业将在更大程度上进入国际市场，可以争取扩大出口或对外投资。市场环境的巨大变化特别是国内市场国际化，已经现实地摆在中国企业的面前。

二、主动的跟随战略与日本企业的实践经验

跟随战略（The Strategy of the Followers）是一种通过各种途径学习和模仿

跟随对象的先进之处，从而比自主创新更节约资源和时间的战略选择。根据跟随的对象不同还可以分为产品跟随战略、地区跟随战略、营销跟随战略等。

对于在国际市场竞争中处于较弱地位的中国企业，跟随战略可以具体理解为搜寻并研究外国或外资竞争对手或非竞争对手能够获得良好市场绩效的产品与技术，通过生产从国外进口的或跨国公司在华生产的产品，从而替代这些在国外生产或外资生产的产品，达到占领国内市场，进而开拓国际市场的目的。在创业初期或实力不够雄厚的时候，模仿和跟进跨国公司的现成产品和技术，这种做法在大多数中国制造业公司身上都可以看到，如我国通信厂商中90%就是跟随型企业。

但"跟随战略"并非长久之计，跟随企业的最终目的是追赶、超越领先的跨国企业。中国人民大学彭建教授曾指出企业要想由跟随者变为领先者，技术发展就要实现由技术跟进向技术领先的发展模式转变，产品发展就要实现以跟进和模仿向创新和改进相结合的模式转变。引进、消化吸收替代产品所含技术、生产替代性的产品只能缩小差距，自主的产品创新和技术创新才真正是竞争力的源泉。所以跟随战略之后还要采取追赶、超越战略，才不至于长期被笼罩在跟随对象的阴影下。

主动跟随战略，以超越为目标的跟随才是主动的应对环境变化的战略反应。我国的华为、宝钢、科龙、大唐、中兴、海尔一批知名企业就是这样成长起来的。即使是韩国和日本的许多企业，也经历了"从跟随到赶超"的过程。

在早期的日本，企业就运用该战略来提升竞争力。企业在引进、吃透欧美先进技术后迅速进行自主研发，占领了本国市场，提升了企业竞争力，再逐步走向世界市场，如日本计算机产业。

日本的计算机产业创建于1958年。最初因技术落后缺乏竞争力，国内使用的计算机主要是进口为主。为取得美国IBM公司的先进技术，日本政府允许IBM公司在日本建立一家独资公司，但作为交换条件，IBM公司必须向日本制造商出售专利。日本厂商获得IBM专利技术后，马上用于开发自有产品。当时富士通公司选择大型计算机为主导产品，而NEC和三菱公司主攻小型计算机。厂商利用从欧美引进的先进技术，开发制造满足本国市场需要的进口替代产品，同时凭借包括政府、银行界和相关大企业在内的强大的集团力量最终赢得市场。结果IBM公司的市场份额不断减少，最终其在日本大型机市场的领先地位被富士通公司取而代之；在个人机方面，仅NEC公司就夺得了40%的日本市场份额。随后日本厂商又进一步开拓发达国家市场和发展中国家市场，具有了向其他跨国巨头叫板的实力。跟随替代战略在日本还广泛地被钢铁、汽车、石化、家电、钟表、照相机、半导体及计算机等行业所采用。其他东南亚国家的企业也有得益于运用该战略的例子。

日本的实践说明：在实施跟随战略的过程中，积极提高自主技术创新的能力才是企业走得更长远的成长之道。政府在最初的市场保护只是一种临时性措施，国内的企业虽然可以在短时的保护时间里维持自己的市场份额，但市场最终会公平地向国内外竞争者开放。在市场开放后，只有拥有了领先技术、核心能力的企业才能在激烈的竞争中生存、发展下去并走出国门。

三、实施主动跟随战略与企业产品升级的路径

有研究表明，发展中国家，特别是我国，更加具有实施主动跟随战略的可能并更能取得较好的效果。一方面，因为我国具有许多发展中国家所不能比拟的广阔的国内市场，具有实施这一战略的良好条件。另一方面，我国许多企业具有较强的技术力量，有较深厚的技术积累，具有实施跟随战略的可能。具体而言我国采用跟随战略有如下优点：

1. 有利于实施国际国内两个市场结合的战略

一般而言，企业上新的产品项目有很大的市场风险，而采用跟随战略有利于规避市场风险。华为公司在路由器等网络产品的市场上，依照市场规律制定了跟随主流技术体系的研发战略，技术导向是模仿和跟进跨国公司现成的产品和技术，如跟随Cisco当时所研究的IP实时操作系统以及IP终端设备，比如交换机、路由器等产品。经过企业网络市场的激烈竞争，非主流厂商技术体系的网络产品逐渐被排挤出市场，最后在一些大型项目的路由器选型上，只剩下华为和Cisco两家。可以说，华为在通信业发展中的跟随战略和策略使它成为一个大赢家，减少了市场风险，并迅速缩小了与领先企业的差距，也减少了其走弯路的几率。而且华为所跟随生产的网络产品符合国际

标准，不仅是国内所需的，也是国外所需的，有利于实施国际国内两个市场相结合的战略，把自己的市场拓展到海外。

2. 有利于企业形成新的业务组合，有利于产业高级化

发展、运用新的技术装备，用附加价值高的产品替代附加价值低的产品，企业在高质产品的基础上进行产品、业务重组，形成新的业务组合，也有助于提高我国产业的技术水平，促进产业结构升级。

在国内市场上，如家电行业中彩电业厂商紧跟外资企业的步伐，产品从传统彩电升级到技术含量稍高的纯平彩电，然后是"朝阳产品"背投、等离子电视等。国内企业不断积极升级产品，提高产品技术含量，把产品定位在高附加价值上，与跨国企业在华生产的产品针锋相对，形成激烈的竞争，获取市场份额。这些产品相对于出口加工或出口一些低价值的产品而言有着更高的附加价值，提升了产业结构。

3. 有助于中国企业在赶超发达国家企业过程中进行技术积累

研究表明，产品创新、技术创新越来越依赖于资本积累与技术积累，特别是技术积累。Linsu Kim（1997）提出的后发国家技术能力成长的一般模式是：引进成熟技术—消化吸收—产品创新，技术成长表现为一个不断进化的过程。因为发展中国家的企业往往不具备很强的独立研发能力，很难自立门户。然而利用后发优势，使得后发企业进入某一个相对先进、高速发展的产业时，由于后发企业引进最新的生产设备和技术，相比先发企业来说，处于相对有利的竞争地位。[1]实施跟随战略，实质上是模仿式创新，是一个逐步学习、阶段性积累技术和经验的过程，避免了我国企业在产品创新、技术创新的初级阶段走弯路，同时降低开发成本，并积累技术。

从中国一些成功的家电企业产品升级路径（见表1）可以看到：企业从较低的起点开始，在产品升级的过程中，技术升级遵循一定的路径，即引进成熟技术、消化吸收—模仿创新、合作创新—自主产品创新，有助于技术的积累，也有助于企业的升级。

有一些学者也研究得出，像中兴、华为等国内通信制造业企业的技术能力成长道路基本如下：解构国外成熟产品—自主设计开发—引进设备、提高生产能力—软件开发—自主设计核心元器件，[2]这与家电企业有着相类似的技术、产品升级路径。

表1 中国一些成功的家电企业产品升级路径

	引进、消化吸收	模仿创新、合作创新	自主创新
科龙冰箱	1991年科龙公司以400万美元从日本一家公司引进了无霜电冰箱技术	1996年，跟随外国企业生产无氟节能电冰箱，其技术获国家科技进步二等奖	2002年，研发出划时代的"分立多循环"冰箱和"儿童成长"冰箱
海尔冰箱[3]	1984年，决定从德国Liebherr公司引进生产技术及设备，生产4星级冰箱	超节能全无氟冰箱；防噪技术；与日本人员共同设计开发出风冷冰箱等	数字变频电冰箱；网络电冰箱；语音开门电冰箱
格兰仕微波炉	1992年开始生产格兰仕品牌的微波炉，运用日本、韩国提供的生产线及设备	烧烤型微波炉；与欧美国家高分子材料科研机构联合开发特殊防微波泄漏材料，推出多重防泄漏微波炉	2001年格兰仕研制出并批量生产数码光波微波炉；2005年推出数码光波"一键通"微波炉
长虹彩电[4]	20世纪80年代初，引进松下的生产线，生产TA机芯的彩电	20世纪90年代初，与日本东芝合作创新，研制出NC-2和NC-3机芯的彩电	2000年长虹自主完成了数字高清电视及数字高清背投产品的开发工作

　　从中国一些成功的企业替代外国进口的实例可以看到：从替代外国进口的产品开始，到替代跨国公司在华生产的产品，进而在国际市场替代跨国公司的产品，即替代外国进口的产品—替代跨国公司在华生产的产品—替代国外市场上跨国公司的产品的过程。最初这些企业引入国外当期先进技术后，在中国市场上以价格优势生产产品，取代从外国进口的产品。随着跨国企业不断在中国国内投资并开设工厂，实现本土化生产，国内企业则不断通过模仿创新、合作创新来改进产品，积极与跨国公司展开竞争，生产、替代跨国公司在华生产的产品。

　　以科龙公司为例，1984年开始生产冰箱和空调，现时电冰箱年产达800万台，空调年产400万台，在国内冰箱及空调市场均占有重要地位，特别是冰箱市场的占有率连续十年全国第一。具体来看，科龙冰箱产品的发展可以分为三个阶段：第一阶段（20世纪90年代初），引进消化吸收技术、有效替代进口冰箱。1991年科龙公司以400万美元从日本一家公司引进了无霜电冰箱生产技术，1992年公司又以195万马克引进欧洲一家公司的另一种电冰箱生产技术，紧接着以200万美元引进了技术。凭借较高的冰箱产品生产技术，积累了相关的专业知识和生产经验，增强了产品的竞争力。[5]较高水平的产品，适应了当时的市场竞争需要，有效地替代了国外进口冰箱产品，提高了产品品牌知名度，同时也使业绩上了一个新台阶。第二阶段（90年代中期），模仿创新、合作设计，产品成为外资在华生产的冰箱的有力竞争产品。1996年，跟随外国企业生产无氟节能电冰箱，其技术获国家科技进步二等奖，其产品质量获得市场认可，具有一定的竞争优势，是可供国内消费者选择的替代产品，成为外资企业在华生产的冰箱的强有力的竞争对手。第三阶段（2000年以来），自主创新设计，出口并替代国外本土冰箱。2002年，研发出划时代的"分立多循环"冰箱和"儿童成长冰箱"，这使科龙产品在技术上始终处于国内领先地位，并具有国际先进水平。这些新产品出口到国外，并开始替代国外企业在其本土生产的高质量的冰箱。

科龙是从仿制第一台电冰箱开始的。1995年以来，科龙以自主开发为主，每年都有新开发和改型电冰箱产品30—50个，公司申请产品专利和技术专利近200项，逐步形成了3个门类，几十个系列，共600多个型号的有自主知识产权的产品。由此可见，科龙逐步从依赖模仿、引进技术的发展模式走上了自主开发和技术创新的道路。科龙的技术能力也因之而不断积累、提高，接近世界先进水平。所以科龙从生产替代外国进口的产品开始，到替代跨国公司在华生产的产品，进而生产出口产品替代跨国公司在本国生产的高技术含量产品——这一产品升级替代路径有助于国内企业从较低的起点开始，实现企业的升级。

4. 有利于实施"走出去"战略，开拓国际市场

有资料显示，我国企业在实施跟随替代转而实施"走出去"的战略方面已取得成功与经验。我国许多优秀企业在开发替代进口的产品，形成规模，占有较大的国内市场之后，又向国外市场扩展，对国内市场国际化，对经济全球化做出了主动的战略反应。这样，带动了出口增长，带动了产业的形成和经济增长。像我国企业生产的彩电、冰箱、空调、微波炉等都已发展成大规模的产业并大量出口产品，成为具有国际竞争力的产业，为经济增长做出了巨大贡献。科龙空调不仅在国内市场占有率上排第二位，而且出口成绩喜人。2004年上半年科龙的出口业务收入较2003年同期大幅上升约148.5%，对科龙整体营业额的贡献也从上年同期约25.6%上升至约42.8%。还有华为，其2003年销售额为317亿人民币，其中约有84亿（10.5亿美元）来自海外市场，这个数字占到了全部销售额的近1/3，完成了从完全面向国内市场到以国际市场为业务增长重点的转变。2004年，华为在海外市场突飞猛进，实现海外销售额20亿美元，

其海外业务已经覆盖了70多个国家和地区，全球已有274个运营商使用它的产品。华为NGM系统全球市场占有率已达18%，全球排名第一，交换接入设备全球出货量连续3年居第一。

四、有关我国企业实施主动跟随战略的进一步思考

改革开放以来，我国还有其他一些企业基本上是沿着跟随替代的思路获得发展，并取得了显著的成效，如家电、IT行业基本上沿袭了跟随替代、走出去的推动发展模式。家电行业的著名品牌、著名厂家都经历了由跟随替代而成长的过程，如海尔、长虹、美的等企业。虽然国内有部分企业依靠跟随替代取得了发展，并实现了企业实力的提升，但是国内还有其他行业、很多的企业并没有以积极的态度去看待跟随战略，很多潜在的发展机会没有被发掘。

首先，企业可以选择跟随生产、替代进口的商品有：据统计（见表2），2003年我国进口商品中有钢铁、塑料及其制品、有机化学品、车辆及其零件附件[①]、铜及其制品5类产品进口金额都在50亿美元以上，合计金额达782.12亿美元，折合人民币6491.6亿元。其中塑料及其制品进口额达210.3亿美元，相当于塑料制品业产值的56.97%；化学纤维长丝、化学纤维短丝进口量之和占化学纤维制造业产值的39.34%。特别是钢铁行业，进口额达222.23亿美元，相当于所有的黑色金属冶炼及压延加工工业产值的18.43%，其进口额在2003年超过了塑料及其制品的进口额。国内进口需求如此之大的原因是国内的企业没有技术，无法生产一些高端的钢板。有市场分析人士通过对比国内生产能力和市场需求预测，2005年热轧薄板（带）、冷轧薄板、涂镀薄板、冷轧硅钢片和不锈钢材是国内生产能力不足的产品，需要增加进口才可以解决国内的供需矛盾。特别是涂镀薄板，2002年国内的消费量为898万吨，进口占消费量的比例为51%，属于国内生产能力严重不足的产品，倘若不实施产品替代，这种大量依靠进口的状况是不可能有所改观的。[6]以上数据表明跟随替代产品本身就代表了一个巨大的现实的市场需求，有着巨大的市场潜力，值得深入发掘、扩展。另外，国家

---

① 但铁道及电车道车辆除外。

统计部门也指出我国每年进口的通用机械设备、专用机械设备、机电工业用零配件和元器件、纺织面料等产品多达数千亿美元，这些产品都是国内企业无法满足的国内有效需求。

表2 2003年若干重要进口商品在国内相关行业所占比例

进口商品名称	该商品所处行业	该进口商品总额（亿美元）	该进口商品总额占全国进口商品总额的比例	所处行业工业总产值（亿美元）	该商品进口总额占所处行业工业总产值的比例
钢铁及其制品	黑色金属冶炼及压延加工工业	255.96	6.22%	10007.37	21.23%
塑料及其制品	塑料制品业	210.3	5.09%	3063.83	56.97%
有机化学品	化学原料及制品	160.06	3.88%	9244.86	14.37%
车辆及其零件、附件	交通运输设备制造业	117.87	2.86%	11214.05	8.72%
铜及其制品	有色金属冶炼及压延加工工业	71.66	1.74%	3564.07	16.69%
航空、航天器及零件	交通运输设备制造业	44.61	1.08%	11214.05	3.30%
化学纤维（长丝）	化学纤维制造业	36.03	0.87%	1448.4	20.65%
化学纤维（短丝）	化学纤维制造业	32.61	0.79%	1448.4	18.69%
合计		929.1		51205.03	

注：（1）进口商品金额按1美元兑换8.3元人民币计算；（2）工业所处行业工业总产值统计范围为全部国有企业及年产品销售收入500万元以上企业；（3）进口商品总额的单位为亿美元，所处行业工业总产值的单位为亿元人民币；（4）资料来源于《中国统计年鉴》2001年、2002年、2003年、2004年。

其次，企业可以以境外企业、跨国公司在华生产的产品作为模仿、跟随对象，如家电、通信、计算机、电子、日用化工、饮料、零售、医药、汽车（客车）及零配件等诸多产业的产品。以手机为例，赛迪顾问的数据表明，2004年，中国手机市场依然保持强劲的增长态势，预测销量总规模将达到7300万部，同比增长8%。预测2005年中国手机市场销量将达到7600万部，增长速度将保持在4%左右。

另外，日本电子情报技术产业协会（JEITA）指出，2005年全球手机需求将增加至5.994亿部，将比2004年增长5.8%，[①]可见，无论是中国国内还是世界范围上，手机的市场需求容量大，仍然有很大的发展潜力。进一步对手机市场的需求结构进行分析，我们发现手机产品功能升级速度加快，产品设计、技术含量重要性提升的趋势。国内手机企业只有充分利用国际国内两种资源、两个市场，全面参与产品竞争，积极掌握核心技术，才能在未来的国际化竞争中占领优势地位。

参考文献

[1] 毛蕴诗、欧阳桃花、魏国政：《中国家电企业的竞争优势——格兰仕的案例研究》，《管理世界》2004年第6期。

[2] 杨志刚、吴贵生：《复杂产品技术能力成长的路径依赖——以我国通信设备制造业为例》，《科研管理》2003年第11期。

[3] 欧阳桃花：《中国企业的高起点经营——基于海尔的案例分析》，《管理世界》2003年第2期。

[4] 王毅：《企业技术核心能力增长：以华北制药、长虹为例》，《科研管理》2002年第3期。

[5] 李卫宁：《技术创新与科龙的发展》，蓝海林主编：《技术创新与广东工业技术发展的战略研究》，广东经济出版社2001年版。

[6]《钢铁行业2004—2005年前景分析》，《证券市场周刊》2003年。

---

① 这项预测范围涵盖46个国家，占全球手机需求的90%—95%。

基于产品升级的自主创新路径研究

一、引言

我国加入WTO已有将近4年的时间，更多行业和领域将逐步直至全面对外开放。在企业竞争空前激烈的今天，企业是否拥有自主创新能力，是否能创造具有高附加值的产品比企业单纯的产出数量要重要得多。但是目前我国企业自主创新的现状却不容乐观。我国是世界制造业大国，工业增加值居世界第四位，约为美国的1/4、日本的1/2，与德国接近。但是，我国制造业的多数产品和技术水平与发达国家相比有较大差距，大部分设计和制造技术依靠引进，从外国转移到我国的制造企业，大部分核心技术仍然被外国公司所控制；具有自主知识产权的技术少，原创性的产品和技术更少。与发达国家相比，我国产业竞争能力的最大差距是缺乏自主创新能力、缺乏具有自主知识产权的核心技术。另外，由于自主创新能力不足，我国的企业和产业正面临技术改造和产业升级的严峻挑战。改革开放以来，尽管我国通过大量引进技术，促进产业结构优化升级，但成效并不显著。据科技部的研究，我国科技创新能力在49个主要国家中位居第28位，处于中等偏下水平。我国在关键技术上自给率低，对外技术依存度在50%以上，而发达国家在关键技术上的对外依存度都在30%以下，美国和日本则在5%左右。由于不掌握核心技术，我国目前每台DVD售价的20%、每部国产手机售价的20%、计算机售价的30%、数控机床售价的20%—40%要付给国外专利持有者，全国上万家大型企业、1000多所高等院校全年专利加起来还不如某些世界著名的跨国公司一家多。由于自主创新能力薄弱，缺乏核心技术开发能力，国内一些行业和企业在国际市场竞争中处于不利地位。许多行业尽管拥有全球最大的市场，全球最大的生产制造规模，但具有自主知识产权的产品的市场占有率却很小。我国许多企业几乎成了跨国公司的组装车间，根本无法积极有效地参与国际竞争。

我国企业与产业在自主创新能力方面的缺乏也引起了中央和地方各级政府的高度重视。2004年12月6日中央经济工作会议提出，提高自主创新能力是推进经济结构调整的中心环节。2006年初发布的《中共中央关于制定"十一五"规划的建议》更是将自主创新提到了前所未有的高度，这一方面说明政府的高度重视，另一方面也说明该问题的严峻性。本文将重点探讨在当前环境下，我国企业实现自主创新的思路和具体的路径选择。

二、相关研究回顾

Schumpeter（1934）称创新是"创造性的毁灭"。德鲁克认为"创新的含义是有系统地抛弃昨天，有系统地寻求创新机会，在市场的薄弱之处寻找机会，在新知识的萌芽期寻找机会，在市场的需求和短缺中寻找机会"。从广义上来看，创新可以定义为由产品技术（根植于产品中的概念）和过程技术（在产品制造中涉及的概念或组合新的原材料以生产最终产品的必要步骤）组成的诀窍（Kotabe，1990）。美国企业长期以来都十分重视产品创新，强调以产品创新为中心的营销战略，不愿意在开发新的制造过程上进行大量投资，它们扮演着设计者的角色，提供产品和产品设计上的创新，让日本、韩国和新加坡的企业从事制造（Teece，1987）。日本企业则通过对先进的过程技术的开发来提高市场份额，对产品技术的价值进行补充（Mansfield，1988）。

技术创新学将创新模式分为三种：自主创新、模仿创新和合作创新（傅家骥，1998）。Gemser和Wijnberg（2001）认为，只有当同行业中的其他企业没有在之前提出过同样的或相似的观点时，才能称之为自主创新。自主创新的含义是主要依靠企业自身的力量完成技术创新全过程，关键技术上的突破由本企业实现，这与合作创新的行为模式区分开来。合作创新即不同企业、不同行为主体为进行某项技术创新共同努力。模仿创新是指企业通过学习模仿率先创新者的创新思路和创新行为，吸取率先者成功经验和失败的教训，引进购买或破译率先者的核心技术和技术秘密，并在此基础上改进完善，进一步开发。

目前的文献特别是大陆学者的研究较多从宏观层面去研究自主创新的问题，主要是从自主创新的政策环境、创新体制和国家的科技投入等方面去阐述（如路甬祥，2005；刘新民，2005）。王一鸣、王君（2005）认为，我国企业自主创新能力薄弱，既有外部环境因素，主要是产业发展阶段、市场环境、技术链和创新链、国家创新体系、知识产权保护等的影响；更主要的是受到企业盈利水平和投入能力、创新收益、创新人才、企业家精神和企业制度等内部条件的制约。

大多数学者认为模仿创新是企业成长初期的合理选择，自主创新是企业在成长过程中追求的目标（杨德林、陈春宝，1997；彭纪生、刘春林，2003）。由于我国在技术能力上的相对薄弱，国外技术的引进是改善自主技术能力、调整产业技术结构和发展经济的有效方式。也有一些学者认为，自主创新不能依靠跨国公司技术溢出效应，而应当立足自身能力的提高。如冷民（2005）分析了利用外资与提高自主创新能力之间的关系。他认为，由FDI的进入而导致的发展中东道国整体技术水平的提高是表现在宏观层面的，并不等于本土企业的技术能力也得到了提高；同时，即使本土企业购买跨国公司的技术设备，与跨国公司进行合作，引进的技术能力也不等于自主创新能力的提高。同时，他以台湾微电子产业技术能力的发展过程及FDI在其中的作用为例，提出了自主创新能力的形成主要来自于自身努力的结论。

根据对企业自主创新相关研究的回顾，我们发现国内学者更多地是围绕宏观要素和行业的结构特点，来论证企业创新能力的来源，较少从企业内部创新能力的构成和运作机制着力研究，更少具体探讨我国企业自主创新可选择的路径。

我们认为，面对外国产品和技术的迅速升级，我国企业要想迎头赶上，培育自主创新能力，可以实施基于产品升级导向的自主创新之路。这一产品升级路径有助于企业从已有的技术基础开始，在较小的市场风险下，培育企业的自主创新能力，实现企业升级。因为一方面，我国企业已经具有一定的技术力量和技术积累，具有实施产品升级的可能；另一方面，我国已有很多优秀企业如海尔、华为、大唐电信、TCL等积累了通过基于产品升级实现自主创新的成功经验，值得推广。

三、产品升级导向业务扩展与自主创新的互动

业务扩展的主要方式之一是横向一体化、纵向一体化、无关多元化和相关多元化，这些都是公司扩展的重要战略选择。在上述扩展方式之外，还有另一种扩展方式，即产品升级导向的业务扩展。产品升级导向的业务扩展是在原有业务基础上通过增加产品的技术含量，增强产品的功能、特征，改进产品结构的扩展。尽管这一扩展方式与原有业务有很大关系，但是产品升级的业务扩展在许多情况下可视为一个全新的产品扩展。这一扩展方式在许多行业，特别是高新技术、信息产业中已显得越来越重要，并被许多企业成功运用。

产品升级导向的业务扩展与自主创新的互动关系会为企业形成自主创新能力提供机会。信息产业、医药行业等公司往往都是依靠产品的不断升级获得扩展。例如，把照相机改进为傻瓜照相机，实际上需要大大提高其技术含量。又如，液晶显示器（LCD）的出现，使许多用户萌发出重新购置电脑的需求，而引导消费。产品升级导向的业务扩张的一种典型例证是电视机的发展，从标准电视，到高清、背投电视，再到等离子、液晶电视就是一个产品不断升级的过程，在每一次产品升级的过程中，均有企业抓住关键机会，培育了自主创新能力，及时推出新产品，建立并可以在相当长一段时期维持竞争优势。另一种情况是如微软等企业的产品升级，其产品的核心部分在相当长一段时期内并没有发生根本的改变，但其通过补丁、升级不断完善、更新产品，扩大生产与销售规模，扩大市场的覆盖面。这种产品升级方式减少了竞争企业，并可以充分发挥该产品的网络经济性，有助于公司对市场形成垄断或支配的能力，更有助于企业获得更高的利润，成功实施这一策略的企业均能在激烈的市场竞争中保持相当理想的利润率。总体来看，与其他的自主创新路径相比，基于产品升级的自主创新路径有以下几个方面的优点。

1. 基于产品升级的自主创新可以降低创新风险

一般而言，企业上新的产品项目有很大的市场风险，而采用基于原有产品的升级有利于规避市场风险。一方面，现有产品可能与原产品有相似之处，甚至于许多核心技术完全相同，产品升级只是部分技术的更新，因此可以提高创新的成功率。另一方面，尽管某些产品升级后的特征可能已有实质性的改变，其功能已有数量级的改变，拓宽了产品的业务领域和范围，因而会创造一

个全新的市场，但这一全新的市场与原有产品可能是具有相同的销售渠道，因此可以提高创新成果市场化的成功率。例如，个人电脑的出现改变了早期的大型中央计算机的应用范围、功能、结构，使计算机进入家庭创造了一个新的市场。计算机网络的发展又使大量新业务得以产生而展现出无限的商机。因此，基于产品升级的自主创新，可以降低创新风险，最大限度地利用企业已有的技术积累与市场经验。

2. 基于产品升级的自主创新可以避开直接竞争、缓解竞争压力

在一些产品生命周期较短，更新换代频繁的行业，竞争的压力巨大。新产品在推出一段时间后，竞争的焦点在于成本与价格，许多企业想方设法提高产品的生产规模，以期降低生产成本，获得价格优势，但这种做法往往带来其他企业的跟风模仿，最终陷入惨烈价格战的泥潭。但产品升级会带来产品特征、功能、成本的巨大变化，可以形成一个全新的市场，通过差异化避开直接竞争。这方面的例子很多，比如20世纪50年代索尼借助晶体管对传统收音机进行产品升级，推出袖珍型产品，迅速打开年轻人群这一新的市场。又如在生产成本迅速下降的背景下，2001年TCL通过工艺设计对移动电话进行产品升级，避开直接竞争，迅速占据了一定的市场份额。产品升级，可以与现有产品市场形成较好的区隔，一方面可以避开直接竞争、缓解竞争压力，避免陷入低层次的价格战，另一方面，率先升级的产品往往可以获得更大的利润，可以保证对创新的持续投入。

3. 基于产品升级的自主创新可以利用现有资源与能力

产品升级导向的业务活动之间具体的联系一般有以下几方面：由于生产、销售相似的产品，因而有相似的客户，相同的分销渠道，相同的管理技能等，部分加工技术、装配、生产准备的共享，部分相同投入的采购、采用等。这些都有助于资源共享与获取巨大的规模经济性，带来成本的节约，也有助于减少总体经营成本。更为重要的是，许多企业的案例表明，企业的自主创新能力的形成过程中，基础技术、经验、持续改进能力具有相当重要的作用，许多看似重大的创新均来源于其强大的基础技术开发能力。产品升级恰好可以充分进行基础技术的积累与沉淀。在产品升级的过程中培育自主创新能力，可以更有效地发挥企业的资源和能力优势，也可以改变我国企业长期以来忽视基础技术积累的不利局面。

4.基于产品升级的自主创新可以促进产业结构升级

企业面临培育自主创新能力的问题，而从产业的角度来看，则面临产业结构升级、优化的问题。发展、运用新的技术装备，用附加价值高的产品替代附加价值低的产品，企业在高质产品的基础上进行产品、业务重组，形成新的业务组合，也有助于提高我国各产业的技术水平，促进产业结构升级。如，在家电行业中，彩电业厂商紧跟外资企业的步伐，产品从传统彩电升级到技术含量稍高的纯平彩电，再是"朝阳产品"背投、等离子、液晶电视等。以海尔、TCL为代表的一批国内企业在这一过程中培育了一定的自主创新能力，甚至已经具有了一定的国际竞争力。通过产品升级提供的产品相对于出口加工或出口一些低价值的产品而言有着更高的附加价值，提升了产业结构。

四、基于产品升级导向的自主创新路径

（一）替代跨国公司产品的产品升级，实现自主创新

日本的计算机产业创建于1958年。最初因技术落后缺乏竞争力，国内使用的计算机主要是进口为主。为取得美国IBM公司的先进技术，日本政府允许IBM公司在日本建立一家独资公司，但作为交换条件，IBM公司必须向日本制造商出售专利。日本厂商获得IBM专利技术后，马上用于开发自有产品。当时富士通公司选择大型计算机为主导产品，而NEC和三菱公司主攻小型计算机。厂商利用从欧美引进的先进技术，开发制造满足本国市场需要的进口替代产品，同时凭借包括政府、银行界和相关大企业在内的强大的集团力量最终赢得市场。结果IBM公司的市场份额不断减少，最终其在日本大型机市场的领先地位被富士通公司取而代之；在个人电脑方面，仅NEC公司就夺得了40%的日本市场份额。随后日本厂商通过不断的产品升级，进而不断开拓发达国家市场和发展中国家市场，具有了向其他跨国巨头叫板的实力。跟随替代战略在日本还广泛地被钢铁、汽车、石化、家电、钟表、照相机、半导体及计算机等行业所采用。其他东南亚国家的企业也有得益于运用该战略的例子。

具体从我国的实际情况来看，替代跨国公司的产品应该包括两个层次。首先，企业可以选择替代跨国公司在海外生产的进口商品。据统计，2003年我国进口商品中有钢铁、塑料及其制品、有机化学品、车辆及其零件、铜及其制

品5类产品进口金额都在50亿美元以上，共合计金额达782.12亿美元，折合人民币6491.6元。其中塑料及其制品进口额达210.3亿美元，相当于塑料制品业产值的56.97%，化学纤维长丝、化学纤维短丝进口量之和占化学纤维制造业产值的39.34％。其次，企业可以以跨国公司在华生产的产品作为替代对象：如家电、计算机、电子、日用化工、饮料、零售、汽车（客车）及零配件等诸多产业的产品，跨国公司在华现场生产的比例很大。而目前国内市场呈现产品功能升级速度加快，产品设计、技术含量重要性提升的趋势，这也为相关企业提供了产品升级、替代，并培育自主创新能力的机会。

在1955—1960年间的中国台湾和1960—1966年间的韩国，1/3的制造业增长归功于进口替代，许多企业在出口扩张之前，都实施了进口替代工业化（Forbes和Wield，2001）。跟随替代鼓励企业深化生产，实现"干中学"。通过产品升级，企业可以从进口替代转向出口替代，"（出口变成了）技术学习的培训学校……跨国公司和其他买方都在寻求成本最低而质量最高的产品……利用出口加快学习、创新和工业发展的步伐"[1]。我国企业可以通过替代跨国公司产品，充分利用国际国内两种资源、两个市场，全面参与到产品提升竞争中去、积极掌握从工艺设计到核心技术的自主创新能力，才能在未来的国际化竞争中脱颖而出，真正替代跨国公司的产品。

（二）利用行业边界模糊的产品升级，实现自主创新

在传统的以工业为基础的经济体系中，行业与行业之间边界清晰，分立明显，并在很大程度上构成了政府产业经济政策制订与运行的基础。然而，自20世纪90年代以来，通信技术和计算机技术的迅速发展，推进了电信、文化娱乐、传媒出版等行业间的相互渗透、融合，也出现了信息、电信与金融证券、保险、零售、物流、旅游酒店等服务行业的渗透与融合。这些提供信息产品和信息服务的行业与诸多行业之间的边界正在由固化走向模糊。

行业之间相互融合、渗透以及边界模糊化的现象，是在实践上对传统产业分立理论的革命性的否定。现行的产业管制政策是建立在产业分立理论基础

---

[1] M. 霍布德：《东亚与东南亚的创新体制比较：以外包和跨国公司主导的电子产业发展为例》，L. 金和R.R.纳尔逊编：《技术、学习与创新》，剑桥大学出版社2000年版，第134、138、162页。

之上的。因此当出现行业融合后，现行的产业管制政策将由于不同产业间企业竞争合作关系的复杂化而逐渐失去原有的效力，并可能严重阻碍企业重组、产业调整升级和经济的发展。为此，1996年美国实施重大改革，将电信和媒体统一立法管理，引发出一场电信、互联网、媒体和文化企业的交叉兼并和产业重组。2000年1月，世界最大的互联网服务公司——美国在线与世界上最大的媒体公司——时代华纳通过换股方式实现合并，交易额达1840亿美元，成为互联网业与传统媒体业融合的标志性事件。

我们可以按照行业所提供的产品或服务的实物与非实物形态之间的关系，将行业边界模糊分为有形产品之间、无形产品之间、有形产品与无形产品之间这三种基本形式。

无形产品之间的行业边界模糊的最典型的例子就是电信、广播电视和出版业的融合。Greenstein和Khanna（1997）认为，这三个行业的融合是以数字融合为基础，"为适应产业增长而发生的产业边界的收缩或消失"。另外一个明显的例子就是银行业、保险业、证券业之间的互相融合，并进而形成一个混业经营的大金融业。目前，在欧美、日本等西方国家，由于金融业管制政策的放松，混业经营的大型金融企业已经逐渐成为业界主流。

有形产品间的行业边界模糊最明显的一个例子就是所谓的3C融合，即计算（Computing）、通信（Communication）和消费电子产品（Consumer Electronics）的融合。Alfonso和Salvatore（1998）的研究表明，20世纪80—90年代，计算机、通信、半导体以及其他电子产品行业发生了较明显的产业融合现象，并且与其他融合现象不明显的产业相比较，该产业的绩效得到了明显的提高，且产业绩效与技术融合状况存在正相关关系。

有形产品与无形产品间也出现了行业边界模糊的趋势。比如，最近几年"4C融合"概念的提出。所谓"4C融合"，是在3C融合提出的基础之上，加多了一个"Content"作为融合的元素，以满足未来人们在任何时间、任何地点、通过任何设备来实现计算、沟通和娱乐的需要。这表明信息产业中，设备制造商、网络运营商以及内容提供商之间，在业务方面已经越来越多地互相渗透与进入。这方面比较典型的例子有IBM、惠普等。IBM和惠普一直以来以设备制造业巨头闻名，但进入20世纪90年代以来，它们开始逐渐转型，转向以信息服务、咨询服务提供为主，而设备制造所占业务收入逐渐降低。这就是企业由有形产品行业逐渐向无形产品行业渗透、转化的典型例子。

技术进步导致了行业间的边界模糊，产业边界模糊以及产业融合为身处其中的企业带来了巨大的机遇与挑战，那些能够迅速把握产业发展动向，并采取措施适应产业环境变化的企业，往往能在产业格局变动的大潮中脱颖而出，成为开创新型业态的先锋与楷模，从而享有各种先动优势。对于我国企业而言，完全可以利用行业间的边界模糊，在产品升级过程中选择边界模糊的产业作为升级方向，延伸产品和服务，打破产品生命周期和传统业务在时空上的约束，形成新的业务增长点，并在此过程中培育自主创新能力。

（三）适应国际产业转移的产品升级，实现自主创新

国际产业转移，是指产业在国与国之间的移动，即某些产业由某些国家或地区转移到另一些国家或地区的现象。这种产业转移往往是从劳动密集型产业的转移开始，进而到资本、技术密集型产业的转移；往往是从相对发达国家转移到欠发达的国家，再由欠发达的国家转移到不发达的国家或地区。它主要是通过资本的国际流动和国际投资实现的。国际产业转移，既是发达国家调整产业结构、实现全球战略的重要手段，也是发展中国家改造和调整产业结构、实现产业升级和技术进步的重要途径。

从历史上看，国际制造业基地已经发生了五次转移。第一次是在19世纪末，由于美国的崛起，使得欧洲尤其是英国的工业基地向美国转移。第二次是20世纪五六十年代，美国等国家的制造业向日本转移，战后的日本把自己重建为一个低成本制造业基地。从60年代初开始，世界经济出现了两大趋向，一是发达国家进入后工业化阶段和信息时代，制造业面临转移；二是发展中国家全面启动工业化进程，需要新的产业支撑。因此，在七八十年代，出现了制造业基地向发展中国家的第三次转移。即日本制造业向韩国转移，韩国在七八十年代就成为国际制造业基地。80年代后期，东南亚国家包括中国的台湾又承接了第四次国际制造业转移。从90年代开始至今，正在发生第五次国际产业转移，这就是由于中国的快速发展，国际制造业开始大规模地向中国转移。日本贸易振兴会2005年5月进行的一项调查也显示，在接受调查的414家日本公司中，54.8%的公司计划扩张它们在华的现有业务。商务部研究院新近发布的2005—2007年跨国公司对华产业投资趋势调研结果也显示，82%的跨国公司将继续扩大对华投资，无论是生产、销售、技术开发的投资规模与速度，都在逐步提高；35%的跨国公司正处于投资准备，并计划开展新一轮的对华投资。综观几次产业转移，共同的特点是向具有成本和地域优势地区转移。而日本、韩国等国家的许多企业正是利用国际制造业转移带来的机会，形成了自主创新能力。

新一轮国际产业转移与经济全球化加速、信息与生物等新技术兴起相伴相生，既体现在制造环节的转移，也体现在服务业外包和高技术产业的转移。其中尤其值得关注的是高技术产业国际转移加快，研发全球化和本土化趋势明显。随着研发全球化和本地化的加速，高新技术产业转移大大提前和加快，其结果打破了传统的产品周期论，即高技术产业只有到成熟阶段、失去竞争优势时才向低成本国家转移。20世纪末以来，许多大型跨国公司纷纷在中国建立研发中心，争夺当地人才，利用当地资源，直接为其全球战略服务。

利用国际产业转移的趋势，在与跨国公司合作与竞争中注重知识的学习与积累，提高组织学习能力和管理能力。我国企业可以利用国际产业转移的机会，在与跨国公司的合作和竞争中，在学习对方的管理经验和先进技术时注重提高自身的学习能力和管理能力，要在"干中学"，从错误中学习，培育自主创新能力，使企业的核心竞争力不断得以提升。

（四）针对行业标准变化的产品升级，实现自主创新

在诸如电信、传媒、家用电器、互联网、计算机以及信息系统等产业，产业标准起着关键的作用。标准确定现代产品之间的界面，缺少这些标准的制定，网络产业的新市场、新业务难以成长起来。而且，标准在网络产业的竞争中也起着巨大的作用。行业标准的变化为企业产品升级提供了机会，也为企业实现自主创新提供了机会。"标准化活动在最初的时期，是在各种技术性问题被提出来以后，从技术人员之间坦率的交流开始的。但此后便是一场战斗。大家会拼命地使形势向有利于本公司的方向发展"（坂村健，2004）。那些支持成功的产业标准的公司其市场份额和利润一般都获得增长，而另一些公司则被迫采用业界标准或在一个不断萎缩的市场竞争。

20世纪90年代初期的研究将标准分为由委员会确立和由市场确立两类。委员会和市场在标准之间和标准内竞争中的作用，在由委员会选择相互竞争的标准的情形，是由参与委员会的组织所确立的。在这种情形下，委员会的规模和公开程度对业界标准的确立甚为关键。在由市场确立相互竞争的标准的情形，市场选择获胜的标准，而确立过程中网络的外部性起着重要的作用。在标

准之内的竞争发生在制造厂商之间。在由委员会所确立的情况下，公司之间的竞争着重在：（1）对于标准的理解；（2）公司技术已符合标准并可获取转证费；（3）与服务上一起开发，检测和实施新技术。在标准之内的竞争是市场确立的情形，公司之间的竞争者着重在：（1）导入高档产品；（2）向新客户推销其产品；（3）开发新的配送渠道；（4）实现规模的经济性。

通过参与行业标准的制定、针对行业标准的变化培育企业的自主创新能力，我国3G标准的确立就是一个很好的例证。2006年1月20日，我国信息产业部正式颁布，3G三大国际标准之一的"中国标准"TD-SCDMA为我通信行业标准。这一标准的推出，不仅是中国电信史上第一个完整的通信技术标准，也打破了电信市场欧美标准的垄断。作为TD-SCDMA的主要技术商，以大唐电信为核心，包括中兴、普天、华为、中国电子、南方高科、联想、华立等国内企业在内的产业联盟通过积极参与标准3G标准的制定，形成了很强的自主创新能力。

（五）加快模仿创新进程的产品升级，实现自主创新

自主创新与模仿创新之间并没有不可逾越的界线。自主创新并非从零起步，模仿创新也并非没有自己的专门努力和由此而产生的独到之处。自主创新与模仿创新本质上都是一种创新模式，这是它们的相同之处。两者关键不同点在于，模仿创新在多数情况下是在率先创新者具有知识产权的科技成果基础上的"模仿"，是在别人工作基础上的进一步努力，也被称为二次创新。"模仿创新"与单纯的"仿制"的根本区别在于仿制不含有自己的创新成分，而模仿创新具有自己的独创成分，推动了技术进步。

单纯模仿以及模仿创新战略是指搜寻并研究外国或外资竞争对手或非竞争对手能够获得良好市场绩效的产品与技术，模仿和跟进跨国公司的现成产品和技术，这种做法在大多数中国制造业公司身上普遍存在，如我国通信厂商中90%就是模仿或模仿创新型企业。许多本土企业通过反向工程对跨国公司的先进产品进行模仿，并基于此改进实现产品升级。

对于企业的发展而言，单纯模仿并非长久之计。只有最早的创新者才会有利可图并取得更好绩效，模仿不是取得良好绩效的一条捷径（Winter，1984）。模仿、跟随企业的最终目的是追赶、超越领先的跨国企业。企业要想由跟随者变为领先者，技术发展就要纯粹模仿、模仿创新向自主创新的发展模

式转变，而产品发展要实现以跟进和模仿向创新和改进相结合的模式转变。但现在阶段，我国企业引进、消化吸收国外先进产品所含技术，进行模仿创新，再到自主创新的产品升级过程显然过于漫长，如何加快模仿创新到自主创新的过程十分重要。短短十年时间，韩国现代汽车压缩式完成了从单纯模仿到自主创新的过程为我国其他企业树立了一个很好的标杆。

Kim（1996）对韩国企业从模仿创新迅速走向自主创新的过程进行了研究。现代汽车从一开始就专注于通过与福特的组装协议和与国外供应商签订的大量合同来吸收外国的技术。但最关键的是，现代通过先掌握后改进这些外国技术的方式来发展自己的内部能力，避免了对外国供应商的依赖，结果只用了十年，现代汽车就具备了开发自己的车型的能力。

五、启示

我国尽管涌现出了一大批优秀的企业，但真正能与世界一流企业一争高下、具有国际竞争力的企业仍然屈指可数。缺乏自主创新能力无疑是制约这些企业向世界级优秀企业成长的"短板"之一。本文在对我国自主创新现状进行总结分析的基础上，提出了企业基于产品升级的自主创新路径。另一方面，所有的企业都受制于或受益于政策环境，国家政策的目标应该定位于促进企业发展技术能力（Forbes和Wield，2001）。本文认为从政府的角度来看提高企业自主创新能力，必须着力抓好以下五方面的工作。

一要改善技术创新的市场环境。目前，我国还没有形成专利咨询市场，专利商业化往往要靠专利发明人自己去寻找机会。另一方面，许多技术创新由于缺乏资金而无法商业化。因此，应该加快发展创业风险投资，加强技术咨询、技术转让等中介服务，发展创业风险投资，完善自主创新的激励机制。

二要重视基础研究。只有基础研究创造出新思想，技术领域才能进行真正意义的自主创新。然而基础研究本身并不能带来任何商业价值，现有的制度没有足够的激励和措施推动基础研究。2004年我国科学研究与试验发展经费支出1843亿元人民币，占国内生产总值的1.35%，为历史最高水平，而其中用于基础研究的却只有102亿元。政府继续加大基础研究投入比例，引导企业重视基础研究具有长期的重要影响。

三要利用好全球科技资源。伴随国际产业转移以及中国市场的持续增长，越来越多的跨国公司将研发中心设立在我国。政府应该制定相关政策继续有选择、有目的地引进国外先进技术，积极参与国际科技交流与合作，而企业可以通过战略联盟等方式进行合作创新。

四要加强知识产权保护。王瑞杰和徐汉明（2005）认为，自主创新的基本标志是在技术创新过程中拥有自主知识产权。保护知识产权，对鼓励自主创新、优化创新环境具有十分重要的意义，也有利于减少与国外的知识产权纠纷。要建立健全知识产权保护体系，加大保护知识产权的执法力度。

五要大力开发对经济社会发展具有重大带动作用的高新技术，支持开发重大产业技术，制定重要技术标准，鼓励中国企业积极参与行业标准的制定，构建自主创新的技术基础。加强国家工程中心、企业技术中心建设，鼓励应用技术研发机构进入企业，发挥各类企业的创新活力，鼓励技术革新和发明创造。

（原载于《管理世界》2006年第5期，第114—120页）

参考文献

[1] Schumpeter，J.A.（1934）The Theory of Economic Development，Cambridge MA：Harvard University Press.

[2] Kotabe.M.（1990），Corporate Product Policy and Innovation Behavior of Europeanand Japanese Multinational：An Empiric Investigation，Journal of Marketing，54（April）.

[3] Teece，D. J.（1987），Vertical Integration and Risk Reduction. Journal of the Law，Economics，and Organization. 3（1），Spring.

[4] Mansfield，E（1988），Industrial Innovationin Japan and the United States. Science. 241（4874）.

[5] 傅家骥主编：《技术创新学》，清华大学出版社1998年版。

[6] Gemser，G.and Wijnberg，N.M（2001），Effect of reputation alsanctionson the competetveimitation of design innovateions. Organization Studies.22（4）.

[7] 路甬祥：《提高创新能力，推动自主创新》，《求是》2005年第13期。

[8] 刘新民：《提高我国自主创新能力的对策建议》，《宏观经济研究》2005年第7期。

[9] 王一鸣、王君：《关于提高企业自主创新能力的几个问题》，《中国软科学》2005年第7期。

[10] 杨德林、陈春宝：《模仿创新自主创新与高技术企业成长》，《中国软科学》1997年第8期。

[11] 彭纪生、刘春林：《自主创新与模仿创新的博弈分析》，《科学管理研究》2003年第6期。

[12] 冷民：《从台湾微电子产业的发展看利用外资与提高自主创新能力的关系》，《中国科技论坛》2005年第3期。

[13] Forbes and Wield（2001）, From Followers to Leaders：Managing technology and in novation in newly industrializing countries, Routledge, .

[14] Greenstein, S. and K hanna, T.（1997）, "What does in dustry mean?" in Yoffieed., Competingin the age of digital convergence, U. S. The Presedent and Fellows of Harvard Press.

[15] Alfonso, G, and Salvatore, T.（1998）Doestechnological convergence imply convergence in markets? Evidence from the electronics industry. Research Policy. Amsterdam. 27（5）.

[16] 坂村健：《全球标准与国家战略》, NTT, 2004。

[17] Winter, S. G.（1984）Schumpeterian Competitionin Alternative Technological Regimes. Journal of Economic Behavior&Organization.5（3-4）.

[18] Kim, L.（1996）, Imitationtoin Novation：the dynamoics of Korea' stech Nologicallearning. Boston：Harvard Business School Press.

[19] 王瑞杰、徐汉明：《开放经济中的中国自主技术创新能力培育》, 《辽宁师范大学学报（社会科学版）》2005年第5期。

技术进步与行业边界模糊

——企业战略反应与政府政策含义

一、引言

在传统的经济体系中，行业与行业之间边界清晰，分立明显，并在很大程度上构成了政府产业经济政策制订与运行的基础。然而，自20世纪90年代以来，通信技术和计算机技术的迅速发展，推进了电信、文化娱乐、传媒出版等行业间的相互渗透、融合，也出现了信息、电信与金融证券、保险、零售、物流、旅游酒店等服务行业的渗透与融合。这些提供信息产品和信息服务的行业与诸多行业之间的边界正在由固化走向模糊。

行业之间相互融合、渗透以及边界模糊化的现象，是在实践上对传统产业分立理论的革命性的否定。因此当出现行业融合后，现行的基于传统产业边界理论的产业管制政策将由于不同产业间企业竞争合作关系的复杂化而逐渐失去原有的效力，并可能严重阻碍企业重组、产业调整升级和经济的发展。

为此，1996年美国实施重大改革，将电信和媒体统一立法管理，引发出一场电信、互联网、媒体和文化企业的交叉兼并和产业重组。2000年1月，世界最大的互联网服务公司——美国在线与世界上最大的媒体公司——时代华纳通过换股方式实现合并，交易额达1840亿美元，成为互联网业与传统媒体业融合的标志性事件。

技术进步导致了行业间的边界模糊，这一正在世界范围内发生的过程具有哪些特征和趋势，产业政策该如何顺应此趋势进行调整？这正是本文所要讨论的。

二、行业边界模糊的特征与趋势

（一）行业边界模糊的三种基本形式

我们可以按照行业所提供的产品或服务的实物与非实物形态之间的关系，即按有形产品之间、无形产品之间、有形产品与无形产品之间这三种基本形式，讨论行业边界模糊的情况，如图1所示：

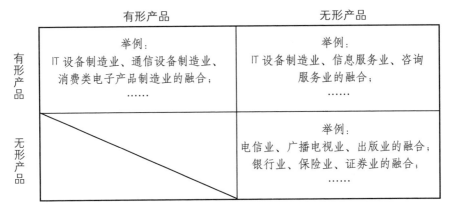

图1 行业边界模糊的三种基本形式

1. 无形产品之间的行业边界模糊

无形产品之间的行业边界模糊的最典型的例子就是电信、广播电视和出版业的融合。格林斯汀和卡哈那（Greenstein和Khanna）认为，这三个行业的融合是以数字融合为基础，"为适应产业增长而发生的产业边界的收缩或消失"。

奥诺和奥奇（Ono和Aoki）在1998年构建了一个理论框架，并用此来分析电信、广播等媒体信息服务融合的问题，指出：从专用平台到非专用平台的转换以及从低宽带要求到高宽带要求的转换基本上反映了产业融合的发展方向。

这两种转换，特别是从专用平台到非专用平台的转换，在电信、广播电视和出版三个产业融合中是十分关键的内容。因为从专用平台到非专用平台的转变，意味着三大产业运作都是在同一个操作系统中工作，是在这种互联的基础上，再加上从低带宽要求转向高带宽要求，电信、广播电视和出版三个产业才得以产生真正意义上的产业融合。否则，在各自专用平台上运作，这三个产业之间至多发生一种综合，而不是融合。从这一意义上讲，这两种转换基本上体现了三大产业融合的过程。

在电信、广播电视和出版三大产业融合过程中，不仅语音、视像与数据可以融合，而且通过统一的实现技术使不同形式的媒体彼此之间的互换性和互联性得到加强。这样，无论是照片、音乐、文件、视像还是对话，都可以通过同一种终端机和网络传送及显示，从而使语音广播、电话、电视、电影、照片、印刷出版以及电子货币等信息内容融合为一种应用或服务方式。

无形产品之间融合的另一个明显的例子就是银行业、保险业、证券业之间的互相融合，并进而形成一个混业经营的大金融业。目前，在欧美、日本等西方国家，由于金融业管制政策的放松，混业经营的大型金融企业已逐渐成为主流。

2. 有形产品之间的行业边界模糊

有形产品间的行业边界模糊最明显的就是3C融合，即计算（Computing）、通信（Communication）和消费电子产品（Consumer Electronics）的融合。

奥冯索和萨维托（Alfonso和Salvatore）等人在1998年的研究表明，20世纪80—90年代期间，计算机、通信、半导体以及其他电子产品行业发生了较明显的产业融合现象，并且与其他融合现象不明显的产业相比较，该产业的绩效得到了明显的提高，且产业绩效与技术融合状况存在正相关关系。

根据权威数据统计机构IDC在世纪末的一项调查显示：客户希望数字娱乐设备可以集传统的电视、电话、PC、游戏、影音娱乐等相关功能于一身，而现在大部分IT厂商和消费类电子厂商的产品也都在朝这个方向努力，即利用同一个终端实现所有移动信息的交互功能，整合尽可能多的应用。

3. 有形产品与无形产品之间的行业边界模糊

有形产品与无形产品间也出现了行业边界模糊的趋势。比如，最近几年"4C融合"概念的提出。所谓"4C融合"，是在3C融合提出的基础之上，加多了一个"Content"作为融合的元素，以满足未来人们在任何时间、任何地点、通过任何设备来实现计算、沟通和娱乐的需要。这表明信息产业中，设备制造商、网络运营商以及内容提供商之间，在业务方面已经越来越多地互相渗透与进入。

这方面比较典型的例子有IBM，惠普等。IBM和惠普一直以来以设备制造为主业，但进入20世纪90年代以来，它们开始逐渐转型，转向以信息服务、咨询服务提供为主，而设备制造所占业务收入逐渐降低。这就是企业由有形产品行业逐渐向无形产品行业渗透、转化的典型例子。

（二）行业边界模糊的趋势和特征

在工业化进程中，经济发展的主要推动力量是制造型企业的成长。各种不同工业产品的原材料、生产工艺和核心技术存在着非常明显的差别，因而产业分工能够显著提高整个社会的生产效率。然而，自20世纪90年代以来，计算机技术和互联网技术等信息技术迅速发展，兴起了一波信息化浪潮。数字技术的发展使各种信息表现形式发生融合，互联网技术兼容了传统的各种信息传递方式，传统的电话网、电视网和数据网三大信息网络逐渐趋向融合。信息技术的融合导致了许多行业之间的边界由清晰走向模糊，推进了信息、电信、文化、娱乐、传媒、出版、金融、证券、保险、医疗卫生、零售、物流、旅游、酒店等行业之间的相互渗透和融合，在全球形成了大规模并购和重组的浪潮。行业边界模糊首先出现在以信息作为主要产品载体的产业，进而波及对信息技术有广泛应用的各种传统产业。几乎可以认为信息化所带来的行业边界模糊已经波及几乎所有的第二、第三产业。下面仅就几个典型的产业融合加以论述。

1. 信息产业与文化产业之间的交叉融合

由于新闻出版、广播电视和音乐娱乐等文化产品最终表现为信息形式，信息技术的发展促进了文化产品的创新。数字技术为所有的信息产品提供了一个统一的平台，技术融合同时也导致了文化产品传播渠道的融合。例如，信息技术融入电影制作技术，使电影仿真效果得以加强，出现了3D电影等新的表现形式。数字技术和互联网技术的发展，使网络游戏成为青少年群体中的一种新兴娱乐形式。纸张作为书籍等出版物的传统载体逐渐被电脑和互联网所替代，电子书的出现对传统出版和印刷行业造成了巨大冲击。在数字化条件下，电视和电影的传统网络很大程度上与互联网发生了融合，数字电视已经成为电信运营商和传统媒体产业争夺的焦点。

信息产业与文化产业之间的融合直接体现为企业间的合并。例如，2000年美国在线和时代华纳的合并，成为传统媒体产业和互联网产业间融合的里程碑。尽管互联网泡沫的破灭让许多最早实施类似多元化战略的企业没有获得预期协同效应，但这些企业仍然非常重视技术发展以及行业边界模糊的趋势。

2. 金融服务业在信息技术支持下的融合

信息技术的发展提高了银行、证券、保险等传统三大金融部门之间的信息共享程度，各种金融信息能够利用先进信息技术更为全面迅速地披露。同时，经济发展带动了金融产业的需求增长。在这两方面的推动下，金融产品的创新加速，大量新型金融衍生产品得以应用，而这些衍生产品实际上很难沿用传统的银行、证券和保险三大类标准进行划分。金融服务业在信息技术支持下发生了边界模糊。

目前西方商业银行几乎全部都是全能银行，为客户提供综合服务。例如，花旗集团就把所有业务划分成九个核心类别。2003年，这九个核心类别业务盈利情况为：信用卡收益占集团收益的21%，消费者融资占11%，消费金融占24%，资本市场占26%，交易服务占4%，私人客户服务占5%，保险及年金占4%，私人银行占3%，资产管理占2%。[1]

3. 家电业与信息产业之间的交叉融合

Alfonso和Salvatore（1998）的研究表明，20世纪80—90年代期间，计算机、通信、半导体以及其他电子产品行业发生了较明显的产业融合现象，并且与其他融合现象不明显的产业相比较，该产业的绩效得到了明显的提高，且产业绩效与技术融合状况存在正相关关系。[2]

根据权威数据统计机构IDC在20世纪末的一项调查显示：客户希望数字娱乐设备可以集传统的电视、电话、PC、游戏、影音娱乐等相关功能于一身。2003年，美国数字家庭工作组对数字家庭框架提出一个完整的相关构想。数字家庭作为一场实现人类居住环境和生活方式的根本性变革，跨越建筑、环境、家电、信息和通信诸多行业领域，从另一个角度为3C融合提供了明晰的思路。

2006年初，英特尔在中国推出了新一代家用电脑平台欢跃（VIIV）。英特尔试图借此整合硬件、软件和内容供应，以构建统一的数字家庭解决方案。在新的价值网中，不仅包括传统的PC厂商，还容纳了像海尔、长虹朝华、TCL、海信等一大批家电厂商。

4. 新的业态的形成

行业边界模糊及其之间的交叉融合必然带来新产品、新服务的出现，从而形成新的业态。其中最为典型的是现代物流业。在20世纪80—90年代，物流产业的变化比自工业革命以来几十年所发生变化的总和还多。其主要推动力量包括微机和数据处理技术的商业化以及通信技术的发展。现代信息技术使分散在不同部门、不同地域之间的物流信息实现交流和共享，从而达到对各种物流资源进行有效协调和管理的目的。早在20世纪80年代，物流企业已经开始应用条形码和EDI技术将顾客和供应商连接起来。90年代末互联网的快速发展大大降低了数据通信成本，进一步推动了物流资源的整合。[3]发展现代物流需要充分利用信息技术，整合存量物流资源，从而构建一个以信息系统为基础的供应链体系。

5. 信息技术产品提升传统制造业

一方面，部分传统制造业企业进入相关信息技术产业，实施业务多元化战略。例如，韩国浦项制铁集团（POSCO）很早就做出了应对信息时代的战略部署，于1989年将浦项制铁的IT和技术部门独立出来成立浦项数据有限公司（POSDATA）。POSDATA目前大约40%的资源服务于POSCO本部，60%的业务对外。POSDATA最初致力于钢铁行业的ERP系统建设，现在业务范围已经囊括了ERP咨询、智能大厦、公安厅指纹识别系统、数字安防、电子商务、智能交通、智能家居等产品和解决方案。

另一方面，传统制造业纷纷加强自身企业信息化的实施力度，以信息化带动工业化发展。目前，信息化已经成为装备制造业发展的一个主要动向，数控机床（NC）、柔性制造单元（FMC）、柔性制造系统（FMS）、计算机集成制造系统（CIMS）、工业机器人、大规模集成电路及电子制造设备等的开发与推广应用，促进了装备制造业与信息产业之间的技术融合。

（三）学术界的关注与探讨

当实业界纷纷突破传统行业界限的桎梏，寻求新的运营模式，打造新的产业链的同时，学术理论界针对行业边界模糊的发展态势进行了一系列相关的讨论和研究：1994年，美国哈佛大学商学院举行了世界第一次关于产业融合的学术论坛——"冲突的世界：计算机、电信以及消费电子学研讨会"。1997年6月27—28日，在加州伯克莱分校召开的"在数字技术与管制范式之间搭桥"的会议对产业融合及其有关的管制政策也进行了讨论。1997年欧洲委员会"绿皮书"（Green Paper）针对三网融合，提出了电信、广播电视和出版三大产业融合不仅仅是一个技术性问题，更是涉及服务以及商业模式乃至整个社会运作的一种新方式，并把产业融合视为新条件下促进就业与增长的一个强有力的发动机。

这样一个深受学术界关注的经济现象，其形成的背景和原因是什么呢？

三、行业边界模糊的背景和原因

根据学术界近年来讨论的成果以及笔者的归纳，行业边界模糊产生的背景和主要原因可以归结为以下几点。

（一）信息技术的发展和互联网的应用使业务活动沿产业链扩展有了越来越强的关联性

随着信息技术的发展，近年来许多新产品的开发正跨越多重技术领域，并往往涉及信息技术方面的投入，以使企业的产品与其他企业的类似产品形成明显的差异，从而取得有利的市场地位。于是，以数字化技术为基础，出现了行业之间的交叉与渗透。

以电信、广播电视和出版业之间的行业融合为例，在信息化进程中，随着数字技术的发展，特别是计算技术和网络技术发展殊途同归，走向融合。这不仅使语音、视像、数据可以融合，通过同一种终端机和网络传送及显示，而且使不同形式的媒体彼此之间的互换性和互联性得到加强。这一现象一般被称为"数字融合"。

在数字融合基础上实现的电信、广播电视和出版业之间的行业融合，具有非同寻常的特殊意义。它突破了行业分立的限制，使资源在更大范围内得以合理配置。同时，它也给企业的经营活动带来了巨大的新的商机。受融合影响的各部门经营者正通过技术提升来寻找开展其传统服务业务和拓展新服务业务的机会，业务活动沿产业链扩展有了越来越强的关联性。

（二）不同行业的交叉使无关的非价值链上的业务活动有越来越强的相关性并形成价值网

行业之间的边界模糊化容易发生在高新技术产业和其他产业之间的交叉环节。高新技术融入到其他产业中，影响和改变其他产品生产特点、市场竞争状况以及价值创造过程，从而使两个或多个产业之间形成了共同的技术和市场基础，以往分处不同行业的企业得以在共同的技术和市场基础之上寻求交叉产品、交叉平台以及收益共享的交叉部门，从而导致以往独立的各个产业链产生交集，并互相缠绕，使得业务活动有越来越强的相关性，产业链逐渐演化为价值网。

价值网是一种以顾客为核心的价值创造体系，优越的顾客价值是价值网模型中价值创造的目标，核心能力是价值网得以存在和运行的关键环节，是合作关系建立的基础，在这个价值创造体系中，企业是其中的一个节点。由于体系的开放性，成员企业不但可以获得收入、知识和信息，而且都可以从相互交换过程中创造并分享价值。

在价值网形成的基础上，不同行业的企业之间相互融合、相互渗透，从而导致了行业边界的模糊。

（三）网络经济性使业务活动的融合能够获取规模经济性与范围经济性带来的经济受益，包括成长性、效率提升、市场扩展、成本节约等

当一种产品对一名用户的价值取决于该产品的用户数量时，这种产品就具有网络经济性的特点。信息产业就是具有网络经济性的一个主要例子：电话、互联网都具有明显的网络经济性。受网络经济性影响的技术受到正反馈的影响，当产品的用户数量达到临界容量时，就会出现爆炸性增长，从而获取规模经济性与范围经济性带来的经济收益，包括成长性、效率提升、市场扩展、成本节约等。因此，为了达到临界容量，产业内部的企业经常建立战略联盟或拉拢竞争对手共同建立标准，推广新技术，实现业务活动的融合。例如，CD技术的初始推广者索尼和飞利浦，与内容提供商（时代华纳）以及竞争对手（如东芝）联合起来，推广DVD技术。这种策略往往会导致产业内部重组和融合。

四、企业界的战略反应

"战略适应环境"，产业边界模糊以及产业融合为身处其中的企业带来了巨大的机遇与挑战，那些能够迅速把握产业发展动向，并采取措施适应产业环境变化的企业，往往能在产业格局变动的大潮中脱颖而出，成为开创新型业态的先锋与楷模，从而享有各种先动优势。

（一）延伸产品和服务，打破产品生命周期和传统业务在时空上的约束，形成新的业务增长点

面对产业融合带来的机遇，企业往往延伸产品和服务，以打破产品生命周期对企业的约束，形成新的业务增长点。这方面一个典型的例子就是携程网，这是一个由互联网信息提供商向传统旅游业渗透的企业。创立于1999年初的携程旅行网公司在刚成立时，主要提供旅游信息查询。经过一段时间摸索，携程网创新性地提出了其独特的盈利模式的定位——结合零售模式和媒体模式的盈利模式。2000年11月，携程网收购了当时国内最早、最大的酒店预订中心——北京现代运通订房中心，一跃成为中国最大的宾馆分销商。2002年3月，携程网又收购了北京最大的散客票务公司——北京海岸航空服务公司，并依靠自身的技术力量，建立了全国统一的机票预订服务中心，在十大商旅城市提供送票上门服务。2004年2月，刚刚在NASDAQ上市两个月的携程网又斥资收购了上海翠明国际旅行社。

从成长过程来看，携程网非常擅长于用网络资源整合传统资源，是国内当年众多互联网企业中最早找到盈利模式，实现"着陆"的企业之一。携程网的成长过程，其一系列的收购行动，是互联网信息服务业凭借品牌优势和客户资源，对传统旅游业蚕食扩张，进行反向整合的典型案例。

（二）进行相关多元化经营，以实现对相关行业的渗透

面对产业融合的大趋势，资金雄厚、研发能力强的大企业往往采取相关多元化经营，以实现对相关行业的渗透。

比如，21世纪初，摩托罗拉、惠普、戴尔等跨国IT巨头都相继进入家电领域，这与20世纪90年代末国内的海尔、海信、TCL等消费类电子巨头进军IT设备制造形成了有趣的相互呼应。这正反映了各相关行业的企业应对未来3C融合趋势所作的战略调整，无论是跨国大企业还是本土规模较小的企业，对这一趋势的认识，都是一致的。

而至于欧美、日本在20世纪90年代末立法放松对电信业、金融业的管制之后，所发生的一系列超大型的并购，如美国在线与时代华纳的合并、花旗银行与旅行者集团的合并等，都是企业通过重组，进行相关多元化经营，应对产业融合趋势的典型案例。

（三）战略联盟，以发挥价值网的协同效应

战略联盟也是企业在行业融合的趋势下，迅速把握机会，发挥价值网的协同效应，打造新的竞争优势的有效方式。

从最近十几年西方发达国家的成功电信运营商的发展历程来看，在融合趋势下，电信运营企业与相关行业的企业建立广泛的战略联盟，并主动、高效地对其进行管理和控制，从而在电信网络平台上面提供更多丰富多彩的应用与

服务，是电信运营商在产业融合的大趋势下提升网络价值，构建竞争优势的有效策略。

一般认为，战略联盟可以使得公司很容易和更有效地扩大产品线，进入一种新的产品领域，改善市场渗透并在现有的地区范围中提供更好的服务，或者在新的区域范围内营销他们的产品，开发新的技术，降低风险等。在行业边界模糊的趋势下，战略联盟可以很好地整合企业的内外部资源，从而构筑以消费者为导向的价值网，提供更多样、更便捷的服务，为消费者创造更大的消费者价值。同时，这种战略联盟的建立，在构筑参与企业的利益共同体的同时也构筑了退出壁垒。

例如，日本最大的移动信息运营公司NTTDoCoMo，通过与应用服务提供商之间的战略联盟，使其i—mode业务获得极大成功，丰富的多媒体增值业务迅速风靡全日本，有效地提升了用户的ARPU值，并为顺利开展3G业务打下了坚实的基础。

（四）部分发达国家和地区的反应与对产业政策的调整

根据学术界近年来讨论的成果以及作者的归纳，行业边界模糊产生的背景和主要原因可以归结为三个方面。第一，信息技术的发展和互联网的应用使业务活动沿产业链扩展有了越来越强的关联性。第二，不同行业的交叉使无关的非价值链上的业务活动有越来越强的相关性并形成价值网。[4]第三，网络经济性使业务活动的融合能够获取规模经济性与范围经济性带来的经济受益，包括成长性、效率提升、市场扩展、成本节约等。

行业边界模糊对传统产业组织理论提出了新的挑战，同时对基于这种理论的政府管制工作提出了新问题。由于市场边界的不确定，传统判定产业集中度和垄断的方法已经不再适合。因此，基于"结构—行为—绩效"的产业组织分析框架基础已经开始动摇，建立于此基础之上的政府管制方式也应随之调整。

西方发达国家是信息技术革命的发源地，也是调整产业政策的先行者。早在20世纪70年代，以卡恩（Kahn）教授为代表的一批西方学者就指出，传统政府管制模式压制技术革新，导致企业低效率运行，引发工资和价格相继上升，是资源无效率配置的重要原因。面对行业边界模糊的趋势，伴随着学术界的强大呼声，西方发达国家纷纷大刀阔斧地改革传统管制机制。这些政策调整措施有效促进了产业结构的调整，推动了边界模糊的企业之间实施兼并重组的步伐。美国是最早实行放松管制的国家，其后是日本和欧洲部分国家，而后又波及到许多其他发达国家和地区。[5]

在世纪之交，互联网大规模发展的浪潮进一步推动了各个国家管制改革的进程。例如，在西方发达国家的积极推动下，1996年12月，WTO签订了在2000年实现信息技术产品零关税的全球性协议。1997年2月，WTO又签订了在2000年全面开放电信市场的协议。1997年11月，WTO再次通过协议，全面开放金融市场。WTO这一连串开放协议，其基础是各个成员国家和地区已经开始顺应行业边界模糊的趋势，积极调整传统产业管制政策。

1. 美国政府放松管制促进产业融合

从20世纪70年代开始，美国已经开始对金融、铁路、航空货运、天然气、有线电视、原油、电气等行业开始放松管制（Deregulation）。例如，1975年5月1日取消证券市场的股票委托手续费规定，开始放松对证券业的管制；1976年，《搞活铁路业和管制改革法》成立，放松了对铁路运费、企业合并和线路撤销等方面的管制；1977年通过了《放松航空货运法规法》，放松了航空货运业的进入管制和费用管制；1978年成立的《天然气政策法》分阶段取消对井方价格的管制；1982年，《加恩—圣·杰曼存款金融机构法》成立，准许商业银行进入证券市场，扩大了银行资金筹措范围，扩大了金融机构的资金运用范围，放松了针对银行在地域上和业务上的管制，加强了金融业的竞争。到1988年，管制行业所提供的产品产值占美国GNP的比例从1971年的17％降到了6.6％。[6]

政府管制的放松和信息技术的发展加速了产业融合的进程，而新的产业结构需要新的管制体系以适应。从90年代开始，美国政府针对通信、金融和物流等发生边界模糊的行业，通过修订法律和改革管制机构等一系列措施，调整了管制体系。

1996年美国政府将电信和媒体统一立法管理，新电信法摒弃了1934年电信法中基于自然垄断理论的管制方式，旨在通过引入竞争而实现在新技术环境中放松管制。新电信法不仅通过一系列条款降低电信业的进入壁垒，而且打破了传统电信、广播和电视业之间的行业边界，允许电信公司以多种方式提供原来只有广播和电视业才拥有的业务。这一调整导致美国媒体企业和信息服务企业的规模空前扩大，产业迅速整合、集中。但是这种调整方式的基础是美国管制机构的统一以及对媒体内容管制的开放。早在1979年，联邦最高法院就已经判决停止公用有线电视的节目管制和无线电节目的内容管制。而联邦通信委员会从1934年成立伊始就已经拥有了对各种公共载体和广播的管制权。因此，尽管美国针对通信和媒体的管制政策改革取得成功，但对其借鉴仍需结合国情。

在金融业，美国政府于1999年通过了《金融服务现代化法》（Financial Services Act of 1999），废除了1933年制定的《格拉斯—斯蒂格尔法》，允许以金融控股公司的方式进行混业经营。这标志着美国金融业分业监管的时代已经过去，进入了混业经营的全能银行时代。[7]美国对发生边界模糊的金融行业采用了以银行为中心的"伞状"监管体系，美联储作为这一"伞状监管者"的最终目标就是保障整个金融体系的安全。由于金融行业的混业经营有可能带来系统性风险，中央银行参与对此类金融结构的监管显然是有其优势的。[8]

物流产业是一个伴随着信息产业发展起来的新兴产业，其中涵盖了包括仓储、运输、包装、报关和信息系统建设等多个行业的职能。美国政府尚未设立专门的物流管理机构，目前的运输部是与物流关系最为紧密的部门，下设的各管理局根据不同的运输方式各自行使自己的职能。为解决各种运输方式之间的衔接与协调问题，政府正在筹建"大运输部"，以实现对交通运输集中统一管理。

一系列的产业改革措施对美国经济产生了巨大的推动作用。第一，显著降低了电信、金融和物流等行业的价格水平。第二，许多行业的收费方式以及相关的新服务类型大量增加。第三，企业效率和服务质量有了很大改善。最后，改革带来了新一轮需求的放大，推动了经济增长。[9]

2. 欧洲各国以协商为基础，实施管制改革，促进产业融合

欧洲各国的金融业管制改革都得到欧盟相关文件的指引。1993年欧共体各成员国通过协商，全面推行全能银行制度。2002年由欧盟颁布的《金融集团指引》确立了针对全能银行等各种混业经营的金融集团的监管基础。各欧盟成员国必须在2004年8月前将其转化为国家法律，并且在2005年1月1日起生效。这些指引只是对各个成员国金融机构的最低要求，各成员国需要在此基础之上自行选择是否制定更为严格的规则。另外，这种针对金融集团的监管属于补充性质，金融集团内部的各单位个体仍要受到单独监管。

法规和政策的改变需要相应的管制机构配合。1997年英国金融服务管理

局（Financial Services Authority）的成立有力地推动了一体化金融监管模式的发展。2002年后，德国、奥地利、爱尔兰、比利时和荷兰等国相继成立了类似的一体化金融监管机构。然而，这些一体化的监管机构的监管要求和监管责任有较大差别，它们的监管方式也不尽相同。

顺应电信和广播电视业边界模糊的要求，欧洲电信业也发生了巨大的变革。例如，1997年欧洲委员会"绿皮书"（Green Paper）针对三网融合，提出了电信、广播电视和出版三大产业融合不仅仅是一个技术性问题，更是涉及服务以及商业模式乃至整个社会运作的一种新方式，并把产业融合视为新条件下促进就业与增长的一个强有力的发动机。[10]在"绿皮书"指导下，欧洲各国政府纷纷加大管制改革的步伐，下面以英国为例。英国政府于1998年7月发表《管制通信——处理信息时代的融合》绿皮书，初步明确了管制改革方向采取渐进式的管制改革措施。在这一文件指导下，英国政府实施了一系列管制改革措施。第一，为了更好地协调各种传统管制机构，实施了机构融合的措施。具体做法是在各传统管制机构之间建立协调小组，由公平贸易管理局牵头设置了两个常设委员会负责跨领域或重叠管理事项。第二，明确了消费者导向的改革路径，出台共有设施的检讨议案，明确政府保护消费者利益的责任，确定管制目标。第三，改革竞争法，加强了对反竞争行为的限制，加大了针对垄断势力的惩罚力度。第四，主管电信和媒体产业的部门共同寻求保障双方网络互联互通的法律。第五，针对一些领域重点改进管制框架，包括公众电视广播服务、内容控制、无线电频谱、从模拟广播向数字广播过渡，等等。英国政府这一系列渐进式改革措施推动了产业融合的发展，提高了管制的有效性，并且能够及时适应条件的变化。但这种经过改革的管制模式需要加强对细节的审查，有可能带来管制成本的提高。

3. 日本改革相对滞后，20世纪90年代开始加大力度

从20世纪80年代开始，日本开始在通信、航空、银行和运输等诸多行业实行放松管制的政策，但日本放松管制所带来的效果并不是非常突出。植草益认为日本产业管制改革中存在三个方面的问题：第一，大部分产业的改革措施都缺乏具体而系统的措施。第二，部分产业虽然名义上实施了放松管制的措施，但实际上仍然存在着诸如行政指导等方式，限制了实质性竞争。第三，部分企业在放松竞争管制后采取协调行动的措施，放松管制的政策并没有消除建

立卡特尔的其他可能。

90年代中后期，日本学者重新反思为何日本在80年代中后期以来的信息产业方面的竞争中，会被美国远远地甩在后面。不少学者指出，对于目前日本IT产业的相对落后状况，政府产业政策的失误难辞其咎。政府对新兴产业管制过多，限制竞争，直接导致企业缺乏创新动力，抑制了高科技产业的发展。痛定思痛，日本政府放松了针对通信业的管制政策，极大促进了日本移动通信服务市场的飞速发展。在2004年1月举行的日本政府经济财政咨询会议上，日本首相小泉纯一郎作出决定，责成有关部门立即研究组建信息产业省。该省将合并原总务省和经济产业省有关的信息技术的政府部门，组成一个统一的政府机构，专职促进日本信息技术的国际竞争能力的提高。[11]

金融业方面，日本也大张旗鼓地实施了"休克疗法"，着眼点和欧美一样，也是逐步取消银行、保险和证券的行业限制，加强金融业的国际竞争力。日本政府于1999年10月正式实施金融大改革计划，允许银行、证券、保险业相互交叉从业，鼓励银行以金融控股公司形式进行业务重组，允许控股公司拥有和控制不同行业的金融子公司。金融业的整合随后轰轰烈烈地展开。日本国内一些分析人士欣喜地指出，并购战折射出保守的日本银行业已经开始出现真正的竞争，银行业爆发出难得一见的积极主动，日本的经济变革已经改变了企业的竞争意识。

（五）对当前我国产业政策现状的思考

行业之间边界模糊以及相互融合、渗透的现象，是对传统产业分立理论的巨大冲击。现行产业管制政策是建立在产业分立理论基础之上的。在行业边界模糊的条件下，现行产业管制政策将由于不同产业间企业竞争合作关系的复杂化而逐渐失去原有的效力，并可能阻碍企业重组、产业调整升级和经济的发展。

我国现行管制框架，仍是基于传统的产业分立和自然垄断理论的管制模式，这种条块分割管理的模式，将会阻碍改革进程，不利于创新，不利于企业做大做强，不利于竞争力的提升。集中表现在以下四个方面：

1. 部门分割、业务分割和地域分割阻碍企业做大做强

目前我国的经济体制与产业管制政策，造成业务方面和地域方面的分割，企业难以获得规模经济性与范围经济性，资源效率难以充分发挥。例如在物流产业，它需要在信息技术（包括卫星空间与传输技术）支撑下，整合空

运、水运、铁路运输、公路运输、仓储等业务活动，其所涉及的业务部门多、地域广、整合难度大，致使大多数物流企业经营规模小、服务功能少、网络分散等问题。电信产业在现行产业政策下难以提供综合业务，难以向相关行业渗透。另外，由于财税体制和地方利益的缘故，一些行业或地方存在着许多保护性政策，大部分企业难以实现跨地域多元化经营，难以获取规模经济性，实现做大做强。

2. 新兴业态难以形成

目前的部门分割体制阻碍了新兴业态的形成。信息技术发展是行业融合的主要推动力，由于以信息为支撑的一些产业属于垄断性行业，因此当渗透与融合涉及这些行业时，发展进程中遇到的阻力相对更大。典型的例子是我国在当前网络经济中为实现"三网合一"所面临的协调困难。例如，国家广电总局在《互联网等信息网络传播视听节目管理办法》中，明确规定电信企业只能开展PC端的IPTV业务，而不能经营机顶盒与电视机捆绑的业务。这些严格的管制措施限制了整个产业链上各个企业的成长，阻碍了IPTV这一新兴业态在我国的发展。

3. 不利于传统企业的改造、升级，走新型工业化的道路

我国传统企业改造和升级的主要方向应该通过产业交叉，提供技术含量与附加价值。由于信息产业管理部门与传统产业管理部门之间存在的分割，相互间利益与目标的冲突，会阻碍传统企业的信息化进程，不利于企业升级改造。同时也造成了一部分新兴的互联网企业缺乏传统产业的支撑，由于盈利模式的创新不足而不能实现持续发展。

4. 不利于参与国际竞争

发达国家和地区产业政策已经及时调整，以适应新的技术环境下持续发展的需求。许多物流、金融、电信和媒体行业的跨国公司在新环境中，加快创新步伐，重新整合业务。相对而言，我国企业在原有的管制框架中难以实现创新，竞争能力逐渐衰退。例如金融业，欧美银行早已发展成为混业经营的"全能银行"。但在我国近10年的"分业经营、分业监管"体制下，银行、保险、证券等分业经营，业务范围上的不平等将使中国金融服务在激烈的竞争中处于不利境地，这不仅严重制约国内企业竞争力的发展与提高，长此下去将危及我国金融服务业的持续发展。

（六）产业政策调整的建议

我国学术界、企业界和政府等方面，对于由信息技术革命推动的行业边界模糊趋势及其对企业、产业的冲击和影响还未充分认识。我国现行的产业管制政策仍然建立在产业分立理论基础之上，因此其效力集中在产业内部。在行业边界模糊的条件下，由于不同行业间企业竞争合作关系趋于复杂化，现行产业管制政策将逐渐失去原有的效率。因此，面对不同行业之间相互交叉、相互渗透、相互融合，应该结合我国不同产业的现实情况，借鉴发达国家和地区政府的改革措施，对旧的产业管制政策进行及时调整，进而推进产业变革与社会生产的发展。

1. 深入调查、研究、评估信息技术进步对各传统产业的冲击

信息技术的发展已经渗透到了许多传统产业，行业边界模糊的趋势已经在通信、媒体、金融、能源以及运输等多个产业呈现。然而不同产业之间的边界模糊具有各自的特点，也存在着不同的现行管制模式。不同的管制模式根源于各个产业管制动机的特点。例如，政府对传统通信产业的管制主要是针对自然垄断现象，而针对金融产业的管制主要是为了防止信息不对称以及由此所产生的各种风险。信息技术的发展使得传统的产业划分规则发生改变，部分发达国家与地区已经适时调整产业政策。许多大型跨国公司也进行了相应的技术创新和管理创新，建立了新的行业标准和竞争优势。因此，有必要尽快成立由各方面专家组成的机构针对不同产业进行评估和研究，以寻求有利于参与国际竞争的产业融合对策。

2. 逐步放松某些行业内的分业管制

大量事实证明，放松管制已经成为发达国家与地区政府管制改革的趋势。放松管制有利于促进行业边界模糊和新产业的发展。各国经验表明，很难找到一种有效保持对各产业内不同业务独立管制的方式。在金融领域方面，可以逐渐对银行、保险、证券等业务实施统一监管，鼓励混业经营，以利于金融企业规模经济性和范围经济性的进一步发挥。针对各个通信运营商，可以通过新牌照的发放，实现移动、数据、固话等业务的统一经营。针对物流业，应尽快整合各相关部门的物流资源，尤其是加快整合物流信息资源，鼓励具备先进信息技术的物流企业尽快做大做强，提高竞争能力。

3. 调整条块分割的产业政策，加强信息披露

经济政策和产业政策的目的是促进我国国民经济健康快速发展，不是保护某个部门某个行业的利益。政出多门、条块分割等现象要彻底改变，对无法

适应新经济发展的法律法规，要加大清理的力度，对一些涉及部门利益或地方利益的"土法规"和"土政策"，要坚决废止。产业政策调整要求政府打破部门与业务的分割，特别是针对发生了行业边界模糊的领域，要对原有的部门设置和审批流程实施大刀阔斧的改革，以开放、公平、公正的行业政策促进各行业的融合和发展。

行业边界模糊和产业政策调整将导致许多新产业快速发展，并且使部分传统产业的利益转移到新产业。而由于发生边界模糊的行业都具有较强的垄断特征，产业政策调整所带来的利益转移势必遇到较大阻力。例如，某些部门为了维护原有利益和体制，掩盖重要信息，对新业务的实施采取消极措施。克服阻力、加速改革首先需要一个公平开放的环境，因此加强信息披露是调整产业政策和促进新产业发展的基础条件，特别是要规定传统产业部门全面、及时、准确地公布信息。

4. 扶持新兴产业，加大知识产权保护力度和利用力度

信息技术发展所带来的新兴业态，其成长需要有良好、规范的市场环境。为此要加大知识产权方面的保护力度，营造健康的市场环境。如对知识产权的尊重、对知识产权的合法利用、电子交易的法律保障、个人隐私的保护等，以保障新兴业态的形成和发展。

新兴产业在形成和发展之初，如信息技术、新材料、新能源等，往往投入较大，周期较长，国家通过制定鼓励发展的产业名册，引导投资和技术创新，完善基础设施建设，调整税收政策，加大推广力度，全力扶持新兴产业的成长，使之尽快产业化，形成规模效益。

5. 鼓励技术创新，加强信息支持与披露

产业融合的基础是技术融合，技术创新是促进产业融合和发展的动力。走自主创新的发展之路，就要加大舆论导向，形成创新的宽松环境；改革技术创新的机制，加快科技成果的转化；改革人才管理制度，允许科技人员的合理流动；建立激励制度，体现科技创新价值。

技术标准之争是未来最主要的竞争，制定符合我国国情的行业标准，既可以保护我国作为全球发展最快的市场，也可以引导我国科技发展。我国有VCD、DVD标准的教训，也有3G标准（TD—SCDMA）的经验。加强各种标准委员会的建设和管理，紧跟国际最前沿技术，积极参与技术标准的研究和制

定，保护民族工业发展，维护国家利益。

新技术标准推出之后，应辅以相关信息支持与披露，实现广泛的信息共享。标准的建立需要建立在广大企业和用户的参与基础上，而充分的信息披露有利于企业迅速做出反应或开发新产品，将标准的建立落到实处。

五、政府产业政策的调整——西方国家的经验

西方发达国家是信息技术革命的发源地，因此他们最早认识到产业管制政策必须进行调整，而且不仅仅本国要放松管制，实施开放政策，还要推动全球范围的改革开放，这样才能更大程度地推动全球经济一体化的进程，实现本国大企业在全球范围内的业务扩张和规模增长。

在西方发达国家的积极推动下，1996年12月，WTO签订了在2000年信息技术产品零关税的全球性协议。1997年2月，WTO又签订了在2000年全面开放电信市场的协议。1997年11月，WTO再次通过协议，全面开放金融市场。

WTO这一连串的全球开放协议的背后，是西方发达国家在本国积极调整产业管制政策，以更好地适应行业之间相互融合、渗透以及边界模糊化的趋势。

1996年美国实施重大改革，将电信和媒体统一立法管理，此后，引发了一场电信、电子、媒体和文化企业的交叉兼并和产业重组。如，美国在线与哥伦比亚广播公司联合，全国广播公司收购Snap，迪斯尼收购搜索引擎公司Infoseek等。最为壮观的要数2000年美国在线与时代华纳的合并，交易额达1840亿美元，不但以其创纪录的并购额震惊了国际经济界和带动了股市的全面扬升，更以强烈的产业融合信号刺激了业界，成为互联网业与传统媒体业融合的标志性事件。产业规制的调整，导致美国媒体企业、信息服务企业的规模空前扩大，产业迅速整合、集中。

在金融业的规制改革方面，欧美国家也先行一步。1997年，英国政府进行中央银行改革，将过去分开管理的银行、证券和保险等金融业务统一管理。随后，美国也展开了金融业的规制改革，结束金融业分门别类的历史。改革的结果是导致了金融业的一系列兼并整合：1998年花旗银行（银行业）与旅行者集团（保险业和证券业）合并成花旗集团（Citigroup），使花旗集团成为金融

业的超级巨人，同时拥有银行、保险及证券业务。金融业通过资产重组和结构调整，以实现多元化的经营战略，不仅能提供存贷款业务，而且还能提供证券、保险等投资方面的服务，向合业经营、超大规模方向发展。

　　日本政府在20世纪90年代中后期以来也对通信业、金融业等方面进行了规制政策的调整。通信业的管制政策的放松，极大地促进了日本移动通信服务市场的飞速发展。尤其是DOCOMO和KDDI等移动通信运营商，以营销创新、技术创新为手段，开创了I-MODE、FOMA等丰富多彩的无线增值业务模式，涌现了成千上万的围绕移动通信的内容提供商和服务提供商，媒体、通信、互联网的融合得到了迅猛发展，使得通信产业链演化为信息产业价值网。同时，金融业限制的逐渐放松，也进一步加强了日本金融业的国际竞争力。1996年，日本三菱银行与东京银行合并，组成东京三菱银行，总资产当时位居世界第一。时至2005年2月，东京三菱银行又打败了竞争对手三井住友银行，与日联银行达成了总金额约3.99万亿日元的合并协议。

六、对我国的政策建议

　　目前，我国经济的快速成长，我国的各产业尤其是信息产业的发展水平与西方国家的差距日益缩小，行业之间相互融合、渗透以及边界模糊化的趋势也越来越明显。但我国的政府方面、企业界、理论界均对于由信息技术革命引发的行业边界模糊及其对企业、产业的冲击和影响远未充分认识。尤其是政府的产业管制政策由于不同行业间企业竞争合作关系的复杂化而正逐渐失去原有的效率。

　　那么，面对行业边界模糊的趋势，政府应该如何对旧的产业管制政策进行及时调整，进而推进产业的变革与社会生产的发展呢？笔者有如下建议：

　　1. 改革行业管制政策，打破由于行政原因造成的业务分割和地域分割

　　在我国，业务分割方面最典型的要数电信业。如20世纪末我国政府对电信企业横切竖切式的改革，使得中国电信、中国网通只分别占有南北两地的固话运营权；中国移动只具有移动电话运营权；中国联通虽号称全业务运营商，但没有固定市话放号运营权。这种人为造成的电信业的业务分割和地域分割，使得各运营商都不具有电信全业务运营权，各企业均无法提供全面综合性的电信产品，不利于电信行业向相关行业的融合与渗透。

我国政府应采取积极的和开放的行业管制政策，尽快与国际趋势接轨，适应行业融合的大趋势。例如，应尽早给各电信运营商发放全业务运营牌照，同时逐步取消电信业和其他信息服务业之间的行业壁垒，从而实现电信业、传媒业、文化娱乐业的逐渐融合。

2. 调整管制机构，促进行业间的融合

同时还要调整管制机构，这是很多西方发达国家的有效经验。在坚持规制机构独立、高效、公正的原则下，对规制机构进行改革，将规制权利集中在一个机构，成立融合型规制机构，提供公平、公正的环境，实现最低限度的有效规制。比如，在金融领域方面，也可以逐步试点，逐渐对银行、保险、证券的实施统一监管，实现银行、保险、证券的混业经营，以利于金融企业的规模经济性和范围经济性的进一步发挥。

3. 营造良好的市场环境，促进新兴业态的形成和发展

信息技术促进的行业边界模糊与行业融合所带来的新兴业态，往往是增长快、效益好的企业，积极培育这些新兴业态对于提高信息产业的效率，促进产业结构的优化升级有着重要的作用。新兴业态的健康成长需要有良好的市场环境。如对知识产权的尊重、电子交易的法律保障、个人隐私的保护，等等，都需要政府通过立法来营造良好的市场环境。

4. 做好配套服务工作，主动引导行业融合的发展

面对行业融合，行业边界模糊的趋势，政府应该做好许多配套工作，如加大信息基础设施的投入；加强劳动力培训，使其掌握信息社会所要求的技术；对研究和开发活动给予充分的支持；等等。技术融合是产业融合最主要的推动力，政府应该积极鼓励和引导企业进行高新技术投资，通过多种形式加强基础技术的研究，加快我国高新技术，尤其是信息技术的发展，从而促进相关行业的成长和壮大，增强本国企业参与全球竞争的实力。

（原载于《中山大学学报（社会科学版）》2006年第46卷第4期，

第109—113页）

参考文献

[1] 周永发：《西方商业银行发展动向》，《现代商业银行》2005年第1期。

[2] Alfonso Gambardellaa，Salvatore Torrisib. Does technological convergence imply convergence in markets? Evidence from the electronics industry[J]. Research Policy. September1998，Volume27，Issue5.

[3] 骆温平：《第三方物流》，上海社会科学出版社2001年版。

[4] Kathandaraman，Prabakar，David T. Wilson.The Future of Competition[J]. Industrial Marketing Management. May，2001，Vol. 30 Issue4.

[5] 植草益：《微观规制经济学》，中国发展出版社1992年版。

[6] 张磊：《产业融合与互联网管制》，上海财经大学出版社2001年版。

[7] 蔡汉明：《浅析中国金融控股公司改革》，《湖北大学成人教育学院学报》2004年第4期。

[8] 中国银监会上海监管局政策法规处，欧洲对混合金融集团的监管，《国际金融报》2005年1月21日（第八版）。

[9] 周振华：《信息化与产业融合》，上海人民出版社2003年版。

[10] European Commission. Green Paperonthe Convergence of the Telecommunications，Media and Information Technology Sectors，and the Implication for Regulation. COM（97）623[Z]. Brussels：January 1998.

[11] 吴康迪：《条块分割弊病大，日本政府将建立信息通信部》，http://www. ccw. com. cn/news2/commu/htm2004/20040119_138TW. htm.

跨国公司对华直接投资策略：趋势与特点

自我国改革开放以来，跨国公司直接投资在我国国民经济中的地位日益突出。根据2004年《世界投资报告》中的数据，2003年中国吸收了535亿美元的外商直接投资。跨国公司投资企业的贡献巨大：其工业增加值占全国工业增加值的28%，税收达到税收总额的1/5，外商企业出口额已超过出口总额的57%，解决了全国11%劳动力人口的就业。"①AT Kearney 于2002年在一项对跨国公司的跟踪调查中发现，2002年中国第一次取代美国，成为跨国公司对外直接投资的首选国家②。优惠的外商投资政策体系、较低的劳动力成本、加入WTO 以及迅速发展的消费者购买力使中国成为了亚洲最有吸引力的地方。

跨国公司的进入给我国所带来的经济影响将是空前的。因此，研究跨国公司的行为，尤其是研究在我国这样一个市场潜力巨大、处于转轨经济条件下的跨国公司行为，深入剖析不同经济制度环境与市场约束下的企业选择，这对于理解跨国公司本质特征、提升我国相关企业的竞争力、加速我国市场培育以及加快融入世界经济都将有着不可估量的重要理论意义和实践作用。为此，对跨国公司的投资策略研究也成为近年来国内外学术界的一个持续热点。

一、分析框架

作者于1994年提出了对外直接投资过程分析模型。该模型指出对外直接

---

① 《人民日报》，2005 年1月28日。

② 东部地区包括：北京、天津、河北、辽宁、上海、江苏、浙江、福建、山东、广东、海南、广西。中部地区包括：山西、内蒙古、吉林、黑龙江、安徽、江西、河南、湖北、湖南。西部地区包括：四川、重庆、贵州、云南、陕西、甘肃、青海、宁夏、新疆、西藏。

投资决策的基本内容，即决策的五要素："产业选择""技术选择""区位选择""时机选择"和"方式选择"，它们分别表示对外直接投资在何产业、在何国家、在何时、以什么方式发生。作者于1999年提出了德国企业对华投资趋势、特点的分析框架。在此基础上，本文进一步提出跨国公司对华投资策略分析框架（见图1），从对外直接投资决策的要素出发，讨论跨国公司对华投资策略选择。

跨国公司对华投资的5个方面战略选择，其实施结果会体现为相应的若干特点：跨国公司进入时机选择会体现为时期分布、阶段特点；跨国公司区位选择体现为在华区位分布；跨国公司在华产业选择体现为产业分布与规模结构；跨国公司技术选择体现为技术先进程度、技术转移政策；跨国公司进入方式体现为对外贸易与对华直接投资的关系、股权安排、新建与并购、网络式进入、在华R&D等。

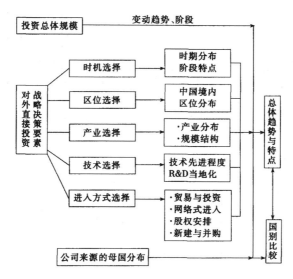

图1 跨国公司对华投资策略分析框架

本文将与产业有关的结构、规模与大型跨国公司的对华投资策略选择相互联系进行研究，以作为投资接受国的中国（指内地，下同）为基本面，分析跨国公司直接投资流入中国的趋势与特点。

二、跨国公司对华投资策略的趋势和特点

利用上述研究框架，作者通过公开资料和问卷调查、相关经济部门调研数据及具体案例研究等多种方法，概括出跨国公司对华投资策略的趋势特点。

（一）跨国公司对华投资呈现三阶段特点，自20世纪90年代以来一直保持很大的投资规模

《世界投资报告》提供的最新数字表明，中国自1993年以来连续5年成为世界仅次于美国的第二大吸引外资的国家，1998年被英国超过退居第三位。1999年中国实际利用外资出现负增长，为403.98亿美元，但仍保持很大规模。2001年中国（实际）利用外资超过美国，居于世界第一。跨国公司对华投资流量（按实际利用额）及增长趋势，如图2所示。

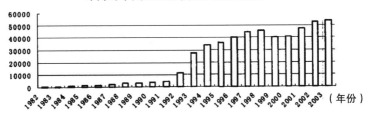

外商对中国直接投资流入量趋势图

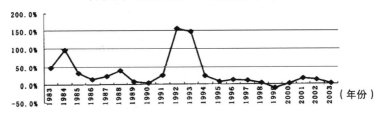

外商对中国直接投资年增长趋势图

图2 跨国公司对华直接投资流量与增长趋势图（单位：百万美元）

资料来源：《中国统计年鉴（1983—2004年）》，中国统计出版社。

从流入的投资规模和增长率来看，可以把外商在中国的直接投资分为3个阶段：

第一阶段，1988年及以前，外商投资规模增长较快，除了1986年外，年增长率都在20%以上，但规模很小。该阶段投资的年增长率在较大波动中呈

下降趋势，1984年投资增长率为97.8%，而1989年与1990年的投资增长率仅为6.2%与2.7%，从投资流入量来看，年增长率基本在13%以上。

第二阶段，1989—1991年，由于非经济因素的影响，这一时期外商直接投资流入量增长停滞，规模较小，增长幅度微弱。如图2所示，1989年、1990年、1991年的外商投资增长率分别为6.2%、2.8%、25.2%，外商投资流入量仅从1988年的31.94亿美元增长到1991年的43.66亿美元。

第三阶段，1992年及以后，这段时期外商直接投资规模增长迅速，并保持较大的规模。1992年和1993年的投资流入量增长率均达到约150%。尽管1993年后的增长幅度有所放慢，但每年外资流入仍继续增长并保持在很高的规模。尽管由于1997年以来亚洲金融危机的影响，1999年我国实际利用外资比上年有所下降，出现近年首次负增长。但与全球跨国投资急剧下降的趋势不同的是，2000年以来又出现回升的局面，2001年流入中国的外商直接投资增加了约15%，以后呈逐年上升的态势，中国成为唯一的外商直接投资大幅度增加的发展中大国。

（二）跨国公司在华投资集中于东部沿海地区

东道国的区位优势是吸引外商投资的重要因素，其变量包括自然禀赋和人为资源，以及经济、政治因素。经济因素包括税收、劳动力成本等；政治因素和社会文化因素，指一些软环境因素如贸易壁垒、民众对外资的态度、金融管理制度、法律完善程度等都影响国际直接投资在国家间和一个国家内部各地区间的分布。由于缺乏对东道国社会经济和文化环境的足够了解，外资十分关注选择特定区位以降低信息成本。中心地区由于长期积累的区位优势，更易于收集和发送各种信息；沿海沿边地区是国际交往的必经之路，更易于了解当地的文化和政治经济特点。因此，外商往往选择投资于一国的中心城市和地区，或边境地区。

中国大规模吸引外资是从20世纪90年代开始的，因此选取1990年、1995年、2000年、2003年的数据作为分析的基础，可以看出跨国公司在华地区分布的趋势特点：

---

① Untcad，World Investment Report，2003，p.44.

1.跨国公司在华投资集中在中国的东部沿海地区

方便起见，我们把中国分为3个地区：东部、中部、西部①。3个地区吸引外商投资额如表1所示。由表1中数据可看出，外商投资的地理集中现象极为显著。东部地区吸引外商投资额占全国的比重一直保持在85%以上，而西部地区只有3%左右，东部地区是西部地区的28倍以上，差距很大。其中，仅广东一省吸引外资占全国比重1990年达到41.87%，虽然随后几年有较大的下降，但仍保持在27%以上，是西部10个省市总和的9倍左右。中部地区和西部地区的总份额虽逐年有所增长，但仍只有12%—13%的水平，不到东部地区的1/6。

表1 跨国公司在华投资在3个地区的分布

单位：万美元，%

地区	1990 年		1995 年		2000 年		2003 年	
	吸引外资	所占比重	吸引外资	所占比重	吸引外资	所占比重	吸引外资	所占比重
全国	348711	100.00	3780569	100.00	4071481	100.00	5350467	100.00
东部	297410	85.29	3264139	86.45	3541115	86.98	4580473	85.61
西部	7171	2.04	114474	3.02	122172	2.99	121550	2.27
中部	12260	3.52	342936	9.07	370002	9.09	592000	11.06

注：①1990年、2000年、2003年外商投资只包括外商直接投资。② 1990年、1995年重庆还未被批为直辖市，其数值包括进四川省里。

资料来源：《中国统计年鉴》（1991年、1996年、2001年、2003年、2004年），中国统计出版社。

2.吸引外资的增长速度东部地区比中西部地区快

1990—1995年，东部地区吸引外资的平均增长速度远远大于中、西部地区，东部地区以平均每年增加59.33亿美元的速度增加，而西部地区平均每年只增加2.15亿美元，中部地区平均每年只增加6.61亿美元。1995年之后，东部地区增长速度有所减缓，但仍远远高于其他地区。此趋势表明，近几年跨国公司在华投资没有沿着政策引导方向增加在中西部地区的投资，东部地区仍然是投资的重点。中西部地区的投资环境，特别是交通、人力资源、信息方面，有待加大改善力度。

（三）东部地区投资重点由珠三角向长三角转移

进一步将东部沿海地区细分为以京津地区为中心的环渤海经济圈、以上海为中心的长江三角洲和以广东为主体的珠江三角洲，相应外商投资分布情况如表2所示。

从表2可看出，东部地区三大经济区域中，环渤海经济圈基本上跟全国外商投资的发展同步，保持在20%左右的比例；长三角呈现出较快较猛烈的发展速度，在全国外商投资中的比例从1990年的9.94%上升到2003年的39.27%，远远快于其他地区的增长速度；珠三角在改革开放的前期显示出吸引外资的强大力量，1990年其吸引外资的比例约占全国的1/2，后来则持续下滑到2003年的14.62%，甚至落在环渤海经济圈之后。

表2 沿海三大经济区域的跨国公司投资分布

单位：万美元，%

地区	1990年		1995年		2000年		2003年	
	吸引外资	所占比重	吸引外资	所占比重	吸引外资	所占比重	吸引外资	所占比重
环渤海经济圈①	74580	21.39	726119	19.21	854457	20.99	1353031	25.29
长江三角洲②	34660	9.94	934149	24.71	1119830	27.5	2101269	39.27
珠江三角洲③	146000	41.87	1026011	27.14	1128091	27.71	782294	14.62

注：① 包括：北京、天津、河北、辽宁、山东；② 包括：上海、江苏、浙江；③ 包括：广东。

资料来源：《中国统计年鉴》（1991年、1996年、2001年、2004年），中国统计出版社。

这一趋势说明，跨国公司正在逐渐将投资由珠江三角洲转向长江三角洲。新一轮投资热点是地区投资环境吸引力与外商投资战略决策综合作用的结果：一方面，以台资、港资为主的跨国公司在珠三角的投资优惠期限纷纷到期，随着经济全球化和中国加入WTO，珠三角在劳动力成本、优惠政策方面的优势逐渐弱化，以上海为中心的长三角凭借原有的经济地位、经济辐射力、人才和历史文化积淀等优势，近年来发展迅速，加上跨国公司对华直接投资策略：趋势与特点中国对外经济关系论坛招商引资的大幅度优惠政策，拉动了相当一部分外资向长三角的转移。另一方面，珠三角过去"三来一补"一步登天的发展模式，使得原有产业基础差，配套能力、产业链延伸功能相对较弱，跨国公司要在中国重新调整战略布局，便利以后的长远发展。

（四）跨国公司对制造业投资持续快速增长，第三产业发展迅速

改革开放以来，从产业结构看，外商投资主要集中在第二产业。外商直接投资在各个行业的具体分布如表3所示。截至2003年，外商直接投资在第二产业的项目数量占全部外商投资项目的73%之多。

从表3数据可看出，制造业在外商对华直接投资中所占的比重最大，每年都超过投资总额的50%，并呈逐年增长的局势。中国拥有广大的市场，拥有源源不断的低成本劳动力，而且制造业已经有了相当不错的基础，因此中国成为跨国公司制造业或者制造环节转移的首选之地。在制造业上游，即基本原材料和零部件等项目跨国公司也在加大投资。同时为了适应经济全球化和信息化潮流，为了增强自身竞争力，跨国公司"服务化"趋势加强。他们进入诸如物流等现代服务业领域，与此同时加强制造业链条中的营销、物流、研究开发、售后服务等服务环节，把一般制造业或者制造业中的制造、组装环节转移到发展中国家和地区。

表3 外商实际直接投资额的行业分布

单位：万美元

行业总计	1999 年	2000 年	2001 年	2002 年	2003 年
	4031871	4071481	4687759	5274286	5350467
农、林、牧、渔业	71015	67594	89873	102764	100084
采掘业	55714	58328	81102	58106	33635
制造业	2260334	2584417	3090747	3679998	3693570
电力、煤气及水的生产和供应业	370274	224212	227276	137508	129538
建筑业	91658	90542	80670	70877	61176
地质勘查业、水利管理业	452	481	1049	696	1777
交通运输、仓储及邮电通信业	155114	101188	90890	91346	86737
批发和零售贸易餐饮业	96513	85781	116877	93264	111604
金融、保险业	9767	7629	3527	10665	23199
房地产业	558831	465751	513655	566277	523560
社会服务业	255066	218544	259483	294345	316095
卫生体育和社会福利业	14769	10588	11864	12807	12737
教育、文化艺术和广播电影电视业	6072	5446	3596	3779	5782
科学研究和综合技术服务业	11013	5703	12044	19752	25871
其他行业	75279	145277	105106	132102	225102

资料来源：《中国统计年鉴》（1991年、1996年、2001年、2004年），中国统计出版社。

除了制造业，房地产业和社会服务业也保持着较高的比重，批发与零售业则有较大的增长。但总的来说，跨国公司直接投资在中国各行业的分布较稳定。随着中国加入世贸组织，我国将逐步扩大吸引对外直接投资的领域，逐步形成开放金融、保险、物流等知识密集型服务业。原禁止外商直接投资的电信、燃气、热力、供排水等城市管网被列为对外开放领域，进一步开放银行、保险、商业、外贸、电信、运输、会计、审计、法律等服务贸易领域①。这些举措将会使以往的国家垄断行业吸引到大量外商投资，市场竞争加剧，促使行业向成熟阶段发展。

（五）跨国公司在华采用技术普遍缺乏先进性，但转移技术的水平逐步提高

目前，转移、扩散技术和促进创新是我国期望从跨国公司投资中得到的最重要收益。以海默（Hymer，1960）为代表的垄断优势理论认为，跨国公司对外直接投资，主要是凭其技术垄断优势获取超额垄断利润，并采取各种措施控制技术外溢。跨国公司通常按照技术梯度转移原则，依次将先进技术从发达国家向发展中国家转移。美国学者帕拉哈拉德和利伯特尔（Parahalad和Lieberthal，1998）曾指出，在20世纪80年代第一次进入中国、印度、印度尼西亚和巴西等新兴市场的浪潮中，跨国公司"大多把那些巨大的新兴市场假定为它们的已过时产品的新市场。它们预视这些市场是它们现存产品能够增加销售额的一处'富矿'，或者是把它看成是它们的'夕阳技术'再榨取利润的一次机会"，而在这样的投资战略和经营理念的指导下，跨国公司获得的成功是有限的。20世纪90年代后期，特别是近几年，随着我国对外开放的深入，市场竞争加剧，跨国公司也开始重视技术的转移和投资，在华子公司的技术能力不断得到提升。

尽管缺乏全面和系统的数据支持，但许多局部的数据和例证表明，跨国公司对在华子公司的技术投入程度与其进入中国市场的规模是同步发展的。

作者于2003年8月对跨国公司在华投资企业开展了问卷调查。从跨国公司转移技术的行业差异来看，与全球竞争者相比，回答先进和较先进的企业在电子行业占16.34%，其次是机械行业占12.64%，化工橡胶行业占8.03%，汽车行业占6.14%；与本土竞争者相比，回答先进和较先进的企业在电子行业占14.9%，在机械行业占9.78%，在化工橡胶行业占9.11%。尽管此数据包含主观因素，但部分地说明绝大部分跨国公司将较为先进的技术转移到中国，在电子、机械、化工橡胶等高科技和传统行业投入的技术含量较高。

迫于竞争压力，跨国公司也会逐步提高对华技术转移水平。日本本田收购

---

① 参见王志乐主编：《2002—2003年跨国公司在中国投资报告》，中国经济出版社2003年版。

法国标致在广州的合资企业的案例证明了这一点。1998年广州本田以低价收购了严重危机中的广州标致。导致广州标致失败的一个致命因素是技术工艺和产品组装方式的落后,管理层没有将利润用于对其20世纪80年代的车型进行改进;选用产品的各项指标也较落后,发动机体积大、耗油量高、外观设计过时,价格偏高。1994年以后,各种轿车产品竞争加剧,广州标致于1995年开始亏损,截至1997年8月,亏损额高达10.5亿元人民币,终以法国标致撤资告终。1998年,本田公司与广州汽车集团合资收购成立广州本田后,沿用广州标致的生产线、设备和员工,转移了先进的生产技术到合资企业,改造了原先的生产线,设置了成车检验线。主打产品"广州雅阁"是1998年推出的第六代产品,是雅阁22年历史上改动最多的一次,采用本田美国产版本,技术含量相当高,达到同级车世界先进水平。加之价格合理,广州本田很快在中国汽车市场上争取到相当大的份额。

此外,跨国公司在华申请专利数量的增长也部分表明,跨国公司逐步将先进的生产技术和研发能力转移到中国。据中国专利保护协会课题组对医药、汽车、通信、家电等领域中的8家代表性跨国公司①的不完全统计,1985—2003年,8家跨国公司在中国申请专利的总量达到20350件。其中索尼和飞利浦最多,分别为5697件和5387件。20世纪90年代后,跨国公司在中国的专利申请量平均每年增长30%左右。在新兴领域,如通信、计算机、医药、家电等领域中的增长更为迅速②。可以看出,跨国公司越来越重视对华研发投入,不断将中国调整为全球战略重点,采取增强研发能力为主导的技术战略来提升产品竞争力,扩大在中国的市场份额。

(六)以贸易为先导对华直接投资

20世纪80年代初期,一些跨国公司开始进入中国,中国对于他们而言是一个陌生的潜在大市场。但是中国刚刚对外开放,市场发育不完善,进入中国具有相当大的风险。因此,跨国公司采取了循序渐进、逐步发展的策略。其典型的做法是首先在华销售产品,在这个基础上对中国市场进行了解;其次,对中国市场进行技术输出,通过风险相对较低的技术转让的方式进一步了解中国

---

① 这8家跨国公司分别是美国辉瑞、德国大众、诺基亚、摩托罗拉、IBM、法国汤姆森、荷兰飞利浦和日本索尼。

② 《跨国公司在中国申请专利情况及相关启示》,商务部国际贸易经济合作研究院网站,http://caitec.mofcom.gov.cn。

市场；接着对中国进行直接投资，包括建立合资、合作、独资企业以及跨国并购等方式；最后，将R&D移至中国本部。这种贸易—技术转让—投资生产—R&D的路线就是西方主要跨国公司在华投资进入方式的一种基本模式。

由于直接投资有较大风险，且投资者对中国投资环境需要一个了解过程，相当多的企业采取了以贸易为先导的进入方式。以德国为例，1998年作者与德国学者合作研究的调查表明，32家在华投资企业中有20家在投资前就已向中国出口商品。这说明大多数公司（62.5%）采用了以贸易为先导的方式。[①]2003年8—12月，作者对跨国公司在华子公司做的问卷调查，应答的395个企业中有125个在投资前就已经向中国出口公司产品，比例为31.6%。不同时期的调查统计结果部分地说明，随着跨国公司在华投资的经验积累和示范效果，出口贸易的先导作用有所下降，但在跨国公司对华直接投资中依然占据重要地位。

表4是根据英国、法国、美国、日本、德国、意大利和加拿大7 大工业国1985—2003 年的对华投资与贸易额数据进行相关分析的结果。

从表4中数据可知，7个发达国家对华投资与出口贸易之间以及投资与上年度出口贸易之间的相关系数较高，除了英国稍低，其他国家都高于0.75。这表明1986—2003 年间主要发达国家对华投资与出口贸易之间存在明显的相关关系，其中，英国对华投资与出口贸易相关性稍微不明显，但也达到显著水平；日本、加拿大和意大利的相关系数A明显大于系数B，表明这些国家的对华出口贸易对投资有明显的拉动作用。

表4 7个发达国家对华直接投资与对华出口的相关性（1986—2003年）

相关系数	对华直接投资						
	德国	英国	法国	意大利	美国	加拿大	日本
当年对华出口 A	0.764***	0.695***	0.905***	0.769***	0.965***	0.820***	0.890***
上年度对华出口 B	0.789***	0.683***	0.891***	0.835***	0.965***	0.899***	0.934***

注：①对《中国统计年鉴》历年出口与对华投资资料整理；②**p≤0.01，***p≤0.001。

---

① 毛蕴诗：《跨国公司战略竞争与国际直接投资》（第二版），中山大学出版社2001年版。

（七）技术策略由单纯技术转让到R&D活动当地化转变

跨国公司对外直接投资的最高阶段，在当地设立R&D机构逐步成为跨国公司，特别是大型跨国公司对华技术策略中的重要部分。具体而言，跨国公司在华研发的主要驱动因素有：（1）市场驱动，为了支持当地生产和销售，贴近市场适应消费需求开发产品，以适应中国市场变化，增强公司在华竞争实力。（2）资源驱动，获取先进技术，寻求短缺的开发资源和良好的研发环境。（3）竞争驱动，研发当地化可以减少产品开发时间，加快新产品进入市场。（4）政策导向，迎合东道国对技术当地化的强烈要求，缓和与东道国之间的矛盾和冲突[①]。总体看来，跨国公司在华R&D投资具有以下几个特征：

（1）近10年，大型跨国公司加大在中国R&D投资力度。20世纪90年代中后期，尤其是近年来，跨国公司越来越重视产品研究开发的本地化，其在华R&D活动有不断扩大的趋势。自1994年北方电信投资成立了北京邮电大学——北方电讯电信研究开发中心以来，跨国公司在华建立研发机构逐渐增多。1996年以来，跨国公司纷纷宣布在华设立独资的R&D机构，微软、西门子、摩托罗拉、IBM、英特尔、杜邦、宝洁、爱立信、松下、诺基亚、三菱、飞利浦等公司也相继在中国成立研究开发中心、技术开发中心和实验室，或宣布大型的R&D投资计划。据联合国贸发会议《2001年世界投资报告》，到2000年底，跨国公司就已经在中国设立了100多个研究与开发中心，其中规模较大的有40多家。

（2）美国、欧洲和日本跨国公司在中国建立的研发中心和机构占大部分。薛澜、王书贵和沈群红（2001年）对《商业周刊》1000强（1999年）的调查结果显示，有28家公司在中国大陆建立了33个（独立）研发机构，其中美国跨国公司在中国设立的独立研发机构数量是最多的，有16个，占了将近50%；其次是欧洲（8个，25%）和日本（5个，16%）。美国和一些欧洲国家（如德国、法国、瑞典等）的企业比较积极，主要是因为美国、欧洲国家距离中国比较远，文化差异较大，而且对中国的投资已经发展到成熟阶段，出于系统化投资的要求，需要在中国建立独立的研发机构，满足对中国市场的支持。而日本、韩国企业更倾向于在中国合资企业中建立研究开发部门，或者与

---

① 毛蕴诗、程艳萍：《跨国公司研究与开发相对分散化的动因与方式》，《中山大学学报（社会科学版）》2001年第5期。

中国企业合资建立技术开发公司。

（3）跨国公司R&D机构集中分布于北京、上海、广州3地，高新技术领域投资密集。跨国公司在华研发中心主要集中在北京、上海、广州、西安等科研力量比较集中的大城市。北京的中关村已成为跨国公司设立研发中心的一个集中地，45家跨国公司在京设立了独立和非独立研发机构48个，主要集中在计算机、软件、通信等领域；上海有14家左右，主要集中在化工、汽车、医药领域；一些跨国公司在广州也设立了以通信领域为主的研发中心[①]。

（八）股权安排由合资、合作为主向独资、控股合资为主转变，外方增资扩股行为频仍

国外学者关于跨国公司股权结构战略的研究往往存在一个明显的局限性，即大多是静态研究，只关注跨国公司初次进入海外市场时对股权战略的选择，忽视了时间因素和学习效应，没有动态地考虑跨国公司在海外经营若干年后，在股权战略上的重新选择问题。越来越多的合资或合作企业在中国经营数年后，通过增资扩股，转变为母公司控股型合资企业甚至是独资企业。跨国公司增资扩股行为本身是跨国公司对外部环境和公司内部要素等变化做出的战略反应。跨国公司在寻求组织效率、母公司资源与战略调整以及知识保护的动机下，结合中国市场吸引力、对外资政策放宽等环境因素的影响，采取增资扩股行动逐步实现企业总体目标。

我国外商直接投资的股权安排经历了由合资为主向独资为主的转变过程。根据1984—2002年的外商直接投资股权安排构成，绘制趋势图（见图3）。

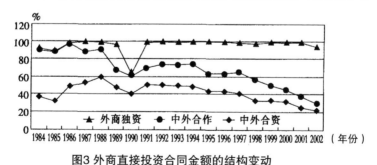

图3 外商直接投资合同金额的结构变动

资料来源：根据《中国统计年鉴（1985—2003年）》数据整理。

[①] 根据2002年作者收集的资料整理。

根据图3中所示的变化及地方政府部门整理的相关数据，可归纳如下特点：

第一，进入1990年以来，独资经营有明显上升趋势。独资经营的投资由1987年的不足5亿美元上升为1994年的219.49亿美元，在直接投资中所占的份额也由12.7%上升为26.5%；2000年该份额上升到55.0%，成为主导的股权安排模式。从投资企业的数量上看，自1992年起，尤其是1997年以后，新增独资企业已成为首选投资方式。据统计，1992—1996年间，我国批准新设的合资企业占总数的61.9%；但1997—2001年10月间，形势发生了明显的变化，独资企业在我国批准新设外商投资企业的比例达到51.6%，超过了合资企业，处于主体地位。

第二，合资部分所占整个直接投资的份额，在1994年以前大体保持在50%以上，是所占份额最高的投资方式。但到1998年该份额下降为33.2%，2000年进一步下降为31.5%，虽然其份额仍然占据第二位，但其下降趋势已经日趋明朗。

第三，合作经营方式投资有明显下降。分析表明，合作经营方式投资所占投资总额的份额下降了约10个百分点。但从绝对额看，合作经营增长也很快，由1988年的16.24亿美元，增加至1994年的203.01亿美元；在1998年仍有116.6亿美元，所占份额略有下降。至2000年，合作经营投资方式无论是金额还是所占比率都有大幅下降。

此外，在合资企业中，外商也越来越倾向选择多数股权。2003年8—12月对跨国公司在华投资进行问卷调查，回收的428份问卷中，有36家企业有过外方增资扩股的股权变动行为，占样本总数的8.41%。34家回复具体时间的企业的增资扩股活动都发生在1997年及以后，其中2001—2003年发生的数目最多，有20家企业外方增资扩股。

（九）全方位、系统性进入中国市场，以迅速完成对中国市场的战略布局

跨国公司在全球的经营网络是一个整体，对华投资过程经历着从生产基地向研究开发转化的过程。与这种趋势相符，跨国公司进入中国的一个显著特点是大型跨国公司较集中地、成批地建立合资企业、独资企业，形成公司网络。因为大型跨国公司多元化程度较高，为了获取内部交易的利益，获取范围经济性，全方位、系统性对华直接投资是大型跨国公司的全球竞争战略。成批地建立外资企业形成网络的另一标志是许多大公司已在并正在中国成立投资性控股公司（Holding Company）。投资性控股公司一般负责投资、再投资，以及对该地区的子公司进行管理协调，信息、服务支持等职能。为支持系统进入，大型跨国公司还往往在中国设立了自己的培训中心，以满足管理与技术方面的需要。

德国跨国公司进入中国的一个显著特点就是较集中地、成批地建立合资、独资企业，形成公司网络。因为德国大型跨国公司多元化程度较高，为了获取内部交易的利益，获取范围的经济性，是大型跨国公司的全球竞争战略，不断寻求优化"全球增值链"的必然趋势。西门子是多元化程度很高的全球大型跨国公司，其业务涉及250个领域。到1997年4月为止已在中国建立了41家合资企业，其中1993年成立7家，1994年成立8家，1995年成立11家。西门子（中国）有限公司成立于1994年，旨在为其在中国的合资企业提供管理和投资支持，协调西门子在中国的各种商务活动。此外，它还在北京、南京建立了自己的培训中心，以培养员工成为符合企业发展所需的人才。

日本是中国外商投资的一个主要来源国。根据日本《东洋经济》（2002）资料，按照子公司数目排名的前58家日本跨国公司中，在华法人企业数在其各国法人企业数中排名第一的有21个，如三菱电机（17家，占全球法人企业总数的18.5%）、日立（26家，28.3%）、三洋电机（16家，22.5%）等。日本跨国公司大规模在华建立合资、独资企业，不仅是为了利用中国的制造能力和优势，还预测到中国巨大的市场潜力，而将中国作为全球战略重点，不惜投入较多的资源。较早进入中国的日本松下是一个很好的例证。松下自1987年在中国成立第一家合资公司以后，几乎每年都成批建立在华子公司。截至2002年7月，已经在中国（香港除外）建立了45家有独立法人资格的公司，其中松下电器（中国）有限公司为中国总部，其他还有39家生产型独资、合资企业，2家从事研发的公司，以及3家机电公司。到2003年底，松下电器在华投资的独立法人数进一步跨国公司对华直接投资策略：趋势与特点中国对外经济关系论坛增至51个，表5是松下在华建立合资、独资子公司的时期分布。

表5 松下各年在华成立法人企业数

单位：个

年份	1992	1993	1994	1995	1996	1997	1998	1999	2000	2001	2002	2003
建立在华子公司数	3	8	10	12	2	1	2	0	0	7	2	3

资料来源：根据松下电器（中国）有限公司网站及其他相关网站资料整理。

从表5中数据可看出，日本松下电器对华投资呈现阶段性、成批设立子公司的特点，1992—1995年是大规模进入中国的阶段；1996—2000年这一增长速度减缓；2000年开始又进入新一轮大批投资项目阶段。每一阶段投资的项目都反映了松下为适应中国环境变动而进行的在华业务经营策略的调整，例如，2001—2003年，成立的法人企业多为通信、汽车行业和从事研发的公司，其间还有原有公司的分拆或合并，这些活动说明中国市场潜力和政策环境变化拉动了松下的对华投资，并影响其在华经营的战略调整。

（十）跨国公司重组在华业务并强化在华总部的职能

先期进入中国的跨国公司，投资大多因相机而动而过于零散。随着政策等外部环境的变化，以及对中国市场驾驭能力的增强，跨国公司需要对其在华业务进行大规模整合。同时，对中国总部职能的要求进一步提高，需要其成为一个能够协调、整合母公司在华所有业务的平台，同时便于根据中国市场的变化捕捉新的投资机会，扩大在华业务。为了快速响应中国市场和调动资源，它们代表母公司拥有较大的决策权和指挥权。因此，很多跨国公司在中国经营了多年以后，都纷纷整合在华业务，并加强中国总部的地位和作用。

跨国公司整合在华业务的方式主要有两个特点：（1）组建在华的地区总部——控股公司。这些控股公司是跨国公司的全资子公司，它们通常被命名为"某某（中国）公司"。组建控股公司既可以收编、整合在华的存量资本，也便于根据中国市场的变化捕捉新的投资机会，扩大在华业务。（2）把同一业务部门下分立的子公司进行合并，精减不必要的人员，降低原料采购、产品分销等方面的费用，提高规模效益。

2001年底，法国大型轮胎制造企业米其林将自己在沈阳的4个合资公司合并，并于2001年4月与上海轮胎橡胶集团合资成立上海米其林回力轮胎股份有限公司。同时还在北京建立了自己的营运中心，把原来分别负责两个品牌推广的骨干人员会集于此。在米其林的计划里，未来所有"米其林"和"回力"的营销人员都将整合到一个公司里去，使之完全从沈阳公司和上海独立出来，作为米其林在中国的销售公司。

2001年底，国际著名制药企业罗氏公司也将分别成立于1995年、1996年的3家生产维生素的合资企业合并，成为"罗氏（上海）维生素有限公司"。合并同一业务部门下分立的合资公司在多个方面都意味着更低的运营成本，化解原先存于3家公司间内部交易的纳税。与公司的合并同步，罗氏也在裁减管理人员。原来3家公司各有1个香港人任总经理，缩减后变为1个，3个技术负责人也减少为1个。

（十一）大型主导企业带动小型配套企业陆续进入中国，扩大在华采购

在加大投资力度的同时，随着加入WTO后中国制造业及相关上下游产业的进一步开放，跨国公司围绕着先期的投资项目，开始着手完善产业链条，增强在中国内部的配套能力。跨国公司与中方合资建立主导企业，以此为核心的龙头产业带动以往为跨国公司配套的企业来华投资，实现产业链整体本土化过渡，为降低加工成本与提高产品价格的竞争力提供了重要保证。据统计，日本跨国公司在中国的配套率已经达到51.3%，而美国和欧盟的跨国公司在中国的配套率在60%—70%之间[①]。例如，摩托罗拉目前在华投资34亿美元，带动供应商投资40亿美元，并制定了"未来5年内实现在华本土采购总额达到100亿美元"的目标。通用电气公司董事长兼首席执行官杰夫·伊梅尔特访沪时也表示，到2005年，通用电气在中国的采购金额将达到50亿美元。

以汽车产业为例，加入WTO后中国汽车业的进入限制明显放宽，跨国公司明显加强了对配套生产的要求，开始全面进入汽车产业链条的各个环节。截至2004年5月，在全球范围内与本田汽车有着数十年合作关系的50多家本田核心零部件配套企业，目前大部分落户广州或已有落户广州的计划。作为广州支柱产业之一的汽车产业，对整个经济的拉动和支撑作用日益显现，成为广州经济发展的一个重要支点。2002年，广州本田汽车有限公司销售收入142.8亿元人民币，利税合计50亿元，上缴国税入库2.1亿元。2003年初，随着天津丰田项目的正式启动，天津开发区汽车整车制造带动了整个汽车产业的发展，到2004年第一季度，已有日本爱信、富士通天电子、东海理化、矢崎汽配等35家丰田配套商在天津开发区落户，日本丰田汽车公司表示要将所有的零部件配套厂都带到中国。

2002年8—10月，作者对日本在华投资的母公司的问卷调查了解到，1191家日本在华投资企业中，汽车、机车领域有26家整车装配公司，而汽车零部件

[①] 在华跨国公司呈现7大变化，《中国信息报》，2003年2月11日。

305

行业就有包括汽车装配企业在内的99家日资公司。汽车的核心部件如发动机和部分零部件由整车制造公司的独资、合资公司或其他外资公司提供，还有一部分零部件由日本合作伙伴在华投资企业配套。一方面，中国汽车消费市场的现状和前景带动日本零部件加工企业对华投资和再投资；另一方面，一些整车制造企业以前在母国有固定的配套合作伙伴，为保证自己产品的质量水平并降低运输成本，它们要求其众多的零部件配套供应商随其进入中国，就地提供产业配套。

（十二）对华投资形式以绿地投资为主，外资并购比重较低，但近年呈明显上升趋势

与国外不同，现阶段并购尚未成为跨国公司进入中国的主要方式，跨国公司仍以绿地投资（Greenfield）的形式建立在华企业，但是并购方式已经逐渐变得重要，这种趋势说明跨国公司对华投资模式正在走向正规化。

表6给出历年外资在华并购额及其在利用外资总额中的比例。可以看出，外资并购额基本呈逐年增长趋势：从1991年开始，外资并购占利用外资比例持续缓慢上升，2001年、2002年有小幅度下降，这与全球跨国并购的趋势基本保持一致。这说明并购在跨国公司对华投资方式中的重要性逐步显现。

（1）并购中国企业的规模。从外商直接投资的结构看，90%以上的外资是通过新建的方式实现的。

1999年，外资并购占中国吸引外商直接投资的比例达到5.94%，仍远远低于发达国家和发展中国家的平均水平。外资并购的绝对数

表6 历年外商在华实际投资额与外资并购额

单位：亿美元

年份	实际利用外资	外资并购额	外资并购占利用外资比例（%）
1990	34.87	0.08	0.23
1991	43.66	1.25	2.86
1992	110.08	2.21	2.01
1993	275.15	5.61	2.04
1994	337.67	7.15	2.12
1995	375.21	4.03	1.07
1996	417.26	19.06	4.57
1997	452.57	18.56	4.1
1998	454.63	7.98	1.76
1999	403.19	23.95	5.94
2000	407.72	22.47	5.51
2001	468.47	23.25	4.96
2002	527.43	20.72	3.93
2003	535.05	38.2	7.14

资料来源：《世界投资报告》（1994年、2000年、2001年、2002年、2003年）。

量也偏少，1999年以后年并购额才开始超过20亿美元，同亚洲的韩国、泰国和中国香港地区相比，属于较低的水平。但从外资并购的数量趋势看，1996年以后出现了显著的增长，1999年以来增长尤其迅速。外资并购的数量在总体上呈现稳步增长的态势。

（2）外资并购中国企业发展的3个阶段。从外资并购的数量，以及所对应的类型和方式看，1990年以来，外资并购中国企业大体经历了3个阶段。

第一阶段是从1990年开始到1995年。1990年外资并购中国企业的案例很少，交易额只有约800万美元。随着中国对外开放的深入，尤其是1992年确立市场经济的经济体制改革目标，增强了外资进入中国市场的信心，外资并购大幅增加，1994年外资并购的成交额7.15亿美元，比1990年增加近9倍，达到第一个高峰。这个阶段外资并购的特点是通过对国有企业的"合资嫁接"实现合资控股，还出现了以"中策"为代表的外资分地区、分行业大规模收购。参与并购的外资大多来自香港地区，其中有中资背景的香港公司并购活动尤为活跃，例如粤海收购深圳啤酒厂、麦芽厂和中山威力洗衣机厂，香港华润集团的一系列并购。外资并购的目标大多是一些中小型国有企业。

第二阶段出现在1995年下半年至1997年。外资并购交易额从1994年的7.15亿美元上升到1996年的19.06亿美元和1997年的18.56亿美元，增加了2倍以上。1998年外资并购额出现大幅度下降，只有7.98亿美元。这个阶段一些著名的大型跨国公司参与了并购活动，例如美国通用电气（GE）收购天津可耐、韩国三星收购北京雪花等。从并购的方式看，由于中国证券市场的建立和发展，外资开始通过协议转让、定向认购（如私募）等方式并购中国上市公司，如日本伊藤忠、五十铃株式会社收购北旅股份，法国圣戈班收购福耀玻璃等；对于非上市公司，大多采用增资扩股等更为隐蔽的方式完成并购。被并购的目标公司中，开始出现一些大型国有企业。同第一阶段相比，外资并购无论在数量、并购方式的市场化、以及目标企业的规模和行业影响上都有所发展。

第三阶段出现在1999年以后，并正在发展。1999年以来中国吸引外商直接投资出现下降，而国际直接投资通过并购方式流动的趋势越来越明显，外经贸部开始将外资并购作为引进直接投资的重要方式，上海、深圳等一些地方也开始积极制定地方性政策鼓励外资并购，大型资产经营公司也多次在海内外召开招商会，希望通过外资并购转化托管的大量不良资产，这些都促进了外资并购的发展。这个阶段的外资并购交易的支付手段更加多样化，除了使用现金并购的传统支付方式外，还出现了换股收购，例如香港Tom公司并购国内7家户外广告公司都采用了换股和现金收购结合的支付方式。1999年，外资并购达到23.95亿美元，2000—2002年外资并购基本保持稳定，2003年达到新高峰38.20亿美元。

（十三）全球战略和在华战略的调整以及环境变动所导致的跨国公司撤资

大量外商直接投资不断流入我国的同时，也出现了一部分外商减撤资的现象。经国家外经贸部初步统计，截至2002年11月底，在我国累计批准设立的42万多家外商投资企业中，中止或已停止运营的企业有20多万家，仍在从事生产经营的企业约18.9万家[①]。尽管存在一些外商属于被吊销营业执照或者企业购并等情况，但是大部分外商由于各种原因而撤资是主要原因，且撤资的外商不乏大型跨国公司。这些跨国公司撤资的原因主要来自两个方面：竞争压力增加，在华投资的目标未达成；集团业务战略的调整，在全球范围内退出某一行业。

由于数据、资料的缺乏，关于跨国公司对华撤资的研究仍处于初级阶段，在此仅以日本企业在华撤资的情况进行说明。日本企业的生产标准化和技术先进性使它们在全球市场上具有较强的低成本竞争优势，日本跨国公司对中国的投资规模也保持较高的水平。进入中国初期，日本跨国公司以其产品质量和领先技术占领了中国相当规模的市场。随着中国企业整体竞争力的提升，从事某些行业、特别是技术成熟行业（如家电）的日本跨国公司的制造优势日益弱化，一些跨国公司在与中国企业的竞争中，竞争压力导致部分日资企业退出中国市场。

根据日本经济产业省对日本企业海外撤资情况的调查，发现市场预测失效、当地企业竞争激化以及短期投资目标的完成，成为日本企业在华撤资的最重要原因。没有任何企业认为汇率变动构成日本企业在华撤资的原因。日本人员制约、关税自由化等方面因素对撤资的影响也较小。

在日本在华撤资的所有企业中，对其主营业务按重工业、轻工业、服务业和农业等行业分类见表7。在170家企业中，有58家重工业企业、52家轻工业

① 胡景岩：《中国吸收外资的新趋势》，《中国外资》2003年第1期。

企业、57家服务业企业和3家经营农业的企业。重工业、轻工业和服务业3个行业撤资的企业数量比较接近，而农业撤资的数量较少，主要由于日本在华投资企业中农业企业数量最少。

1987—2002年间日本在华撤资企业的地域分布见表8。在149家撤资企业中，环渤海地区有56家，长江三角洲有54家，日本企业从这两个地区撤资的数量占总数量的73.8%，珠江三角洲和其他地区在过去16年中，日本撤资企业分别为22家和17家，属于日资企业撤资数量相对较少的地区。

表7 1987—2002年在华日资企业撤资分行业数量统计

行业分布	1987年	1988年	1990年	1992年	1993年	1994年	1995年	1996年	1997年	1998年	1999年	2000年	2001年	2002年	合计
农业				1				1				1			3
重工业	1			1	1		3		2	3	10	11	14	11	58
轻工业			1	1						4	14	18	4	7	52
服务业	2	2				4				7	11	7	11	11	57
年度总量	3	2	1	1	4		9	2	3	14	35	37	29	29	170

资料来源：根据《东洋经济》（2002年）数据整理。

表8 1987—2002年日本在华撤资企业地域分布

地区	1987年	1988年	1990年	1993年	1995年	1996年	1997年	1998年	1999年	2000年	2001年	2002年	合计
环渤海			1	1	1	2	1	7	8	11	15	9	56
长三角				1	3			4	9	13	13	11	54
珠三角	2			2	2			2	5	4	1	4	22
其他		1					1		5	7		3	17
合计	2	1	1	4	6	2	2	13	27	35	29	27	149

资料来源：根据《东洋经济》（2002年）数据整理。

根据以上数据可以得出较为粗略的结论：第一，日本企业在中国发生了两次撤资高峰，第一次是因为政治因素，第二次是由于世界经济环境的波动，因此可以认为，政治和经济环境的稳定对企业撤资有重大的影响；第二，日本企业在华撤资的动因较为丰富，越来越多的企业把撤资看作是市场环境和企业战略协调的过程，而不是简单地归咎于某一原因。

三、结语

本文较为整体、全面地剖析和验证了跨国公司对华投资策略，特别反映了我国加入WTO以来跨国公司对华投资的动态特征。跨国公司对华投资活动的内容和形式是不断变更的，因此对其研究的视角和路线需要不断更新和发展。本文提出的研究框架和概括的趋势特点仍处于吸纳和完善过程中，并需要收集更为翔实和客观的资料加以补充。

参考文献

[1] Prahalad, C. K. & Lieberthal, K., 1998, "The End of Corporate Imperialism", Harvard Business Review, Jul/Aug 1998, pp.68-78.

[2] Hymer, S., 1960, The International Operations of NationalFirms, Cambridge, Mass.

[3] 胡景岩：《中国吸收外资的新趋势》，《中国外资》2003年第1期。

[4] 毛蕴诗、程艳萍：《跨国公司研究与开发相对分散化的动因与方式》，《中山大学学报》（社会科学版）2001年第5期。

[5] 毛蕴诗：《跨国公司战略竞争与国际直接投资》（第二版），中山大学出版社2001年。

[6] 薛澜、王书贵、沈群红：《跨国公司在中国设立研发机构影响因素分析》，《科研管理》2001年第4期。

跨国公司研究与开发相对分散化的动因与方式

一、跨国公司研究与开发由集中走向相对分散化

研究与开发（以下简称研发或R&D）是跨国公司（TNCS）全球竞争优势的重要源泉，R&D战略必须与公司整体战略一致，因此长期以来，跨国公司普遍将其R&D职能高度集中在国内，在空间上则具有很强的国内指向性。传统的观点认为，公司的战略发展和R&D活动具有紧密的地理联系，而公司战略决策多由总部做出，因此R&D机构应与母国接近。R&D活动作为公司的核心，长期以来都是放在母国内进行的。过去，大部分公司，甚至那些销售和生产国际化程度较高的公司主要是在母国进行研发活动，母国的研究与开发机构成为主要研究力量。

技术开发和技术转移在跨国公司国际化经营中扮演着重要角色。维农（Vernon，1966）阐述的早期产品周期理论对此做出了解释。产品周期理论认为，技术革新的产生是相当连续的，其过程是从新产品在先进的母国市场开发（在维农的早期模型中是指美国），然后转移并适应海外市场——开始是适应其他先进国家，当产品成熟并成为标准化产品时就转移至发展中国家。然而，近来有越来越多的证据表明，维农的产品周期理论可能不再适用于描述今日全球市场上发生的全球化革新过程（Casso和Singh，1993年）。目前的研究揭示，跨国公司在全球范围开展革新，进行分散化R&D活动，跨国公司在不同国家的研发机构构成了一个研发网络系统。在这个系统当中，海外开发的新产品将会在当地或世界市场上生产。

20世纪70年代中期以来，公司开展经营战略的全球背景已经日益清晰。全球化战略的一个趋势是，越来越多的大型跨国公司已经将其R&D职能分散

化，或国际化（Casson和Singh，1993；Pearce，1989；Pearce和Singh，1992，Cantwell，1989；Granstrand、Hakanson、Sjolander，1992）。尽管目前跨国公司的技术开发职能仍远未实现全球化，并主要是在工业化国家中进行，但有证据表明大型跨国公司将来的技术活动会不断国际化。现有数据资料表明，R&D国际化过程在最近20年中确实在加速进行。

20世纪90年代以来，随着经济全球化与竞争加剧，在全球范围内组织开展R&D活动的能力已成为决定跨国公司成功的基本因素和进行经营创新的重要途径。跨国公司改变了以往将研究开发活动集中于母国的传统，在海外建立了不少R&D机构。美国哈佛大学教授瓦尔特·科默勒认为，过去大多数公司在母公司从事R&D活动，而现在这种集中式的研发方式不再有效。随着越来越多的相关知识资源在全球范围内出现，公司需要建立全球R&D网络体系，以便从外国大学和组织内的竞争者手中获取新知识并吸收新的研究成果，以更快的速度将研究开发的新产品投向市场。跨国公司的研发活动，从行业上看，目前仍然集中于医药、电子、化工、机械、计算机等行业，这主要是因为这些行业对研发投入要求高，产品更新快。但从研发活动的地域上看，国际化和分散化趋势日益明显。尤其是技术密集的行业如医药和电子行业中，越来越多的公司抛弃了研发管理的传统模式，运用新方式建立全球R&D网络。概括而言，跨国公司研发活动已由一国走向多国，呈现国际化趋势；研发职能由集中转向分散，具有全球网络化的特征。

二、研发职能分散化的表现

跨国公司研究开发职能的分散化不仅表现在研发的国际化，即海外研发费用提高，研发机构增加；也表现在海外研发的区域集中度降低，即研发机构所在地理区位的相对分散化。

1.跨国公司海外研发分支机构不断增加

跨国公司R&D的对外直接投资并不是一个新现象。但直到20世纪70年代后期，跨国公司R&D国际化现象才开始明显。尤其是80年代中期以来，跨国公司加速向海外设立R&D分支机构。一项关于32家国际医药和电子公司的研究显示，国外新设研究室的数量在1985—1995年期间几乎增长了3倍（Kuemmerle，

1997）。1986年，荷兰、瑞士跨国公司的国外实验室数量已超过国内（Pearce和Singh，1992）。1986—1990年，日本企业在海内外设立的研究与开发机构数量增加了86.6%，雇员增加了121.2%；日本公司在欧洲的R&D机构，1995年达300多家，是1989年的两倍多。日本公司在美国的R&D机构也由1993年的141家增加到1997年的251家（Dalton和Serapio，1999）。同时，由于其技术开发方面的雄厚实力和丰富的资源，日本也成为跨国公司竞相设立研究机构的热点地区之一。美国是当今拥有外资研发机构最多的国家，到1997年，美国已有86家跨国公司在22个国家建立了186家R&D机构；同期，有24个国家和地区的375家跨国公司在美国建立了715家R&D机构，雇用的科学家和工程师接近12万人，其中有一半以上的R&D机构是在1986年后建立的。

R&D国际化现象主要表现在发达国家之间的交叉投资，但近年来，新兴工业化国家和发展中国家和地区的企业也开始了海外R&D投资，在发达国家设立R&D机构。如韩国已有15家企业在美国建立32家R&D机构，其数量仅次于日本、德国、英国、法国和瑞士。韩国的企业还在日本、德国、英国、中国和俄罗斯建立了一些R&D机构。又如，中国的优秀企业近年来开始在海外设立R&D机构，目前联想、海尔、康佳、创维、科龙、TCL、华为、格力等一批知名企业都已在海外设立R&D机构，有的还不止一个。如海尔的海外研究设计分部就有6个，分别设在美国、加拿大、法国、荷兰、日本和韩国。

2. 跨国公司海外研发支出不断增加

跨国公司海外R&D支出的增加不仅体现在绝对量上的增加，也体现在跨国公司海外R&D支出占总R&D支出比例这一相对量的增加。美国跨国公司的R&D支出近年来已经增长了许多。根据美国商务部统计，美国跨国公司的国际R&D开支，1977年为15亿美元，1982年增至36.47亿美元，1989年则达70.48亿美元。同时美国跨国公司海外R&D支出占公司R&D总支出的比例，从1985年的6.4%，上升至1990年的9.7%和1997年的10.5%，呈逐步增加之势。上述情况与美国跨国公司过去在母国进行创新的偏好是相矛盾的。跨国公司越来越愿意进行海外R&D，使东道国得以从这些R&D的直接和外溢效果中受益，并提高其竞争力（Dunning，1981）。值得注意的是，美国跨国公司在不同国家的海外R&D活动有巨大差异，如1989年美国公司在德国和英国的R&D投入比在法国的投入大3倍。

与此同时，外国公司在美国的R&D支出的增长速度更是大大高于美国公司在国内R&D支出的增长速度。外国公司在美国的附属机构的R&D支出费用从1987年的65亿美元增长到1997年的197亿美元，增加了2倍多，年平均增长速度达11.6%以上。

3.跨国公司海外研发分支机构的专利不断增加

人们常用跨国公司海外R&D分支机构的专利数量来衡量R&D国际化程度。大量资料和研究表明，跨国公司海外R&D分支机构获得的专利正在不断增加。从20世纪80年代以来，美国专利和商标办公室（USPTO）和欧洲专利办公室（EPO）接受的国际专利申请增加了1倍多。80年代以来，在美国申请专利的国家和地区由8个增加到15个，包括日本、德国、英国、韩国、中国台湾、澳大利亚、以色列、巴西、爱尔兰、中国香港、中国大陆、新加坡、印度和马来西亚。1982—1996年间，这些国家和地区在美国申请的专利共达428867项。研究发现，1991—1995年，世界最大跨国公司在美国注册的专利有11%是在母公司以外的国家研究取得的（UNCTAD，1999）。1990—1995年，世界主要国家跨国公司在美国取得的专利平均88.7%来源于公司母国。

4.跨国公司研发地域集中度逐步降低

多年来，跨国公司在国外的R&D活动体现为跨国公司母国之间的交叉投资，投资区域多集中在美国、德国、日本和欧美其他发达国家。如美国跨国公司海外科研机构多设在日本、西欧和北美一些工业发达国家中。据美国商务部一项调查统计显示，1991年美国投资地国外科研开发的93.58亿美元中，德国占26.7%，英国占17.2%，加拿大占11.1%，法国占9.3%，日本占6.4%。[4]美国在这五个国家的科研开发投资额占其总海外投资额的70.7%。美国跨国公司海外R&D虽然集中于这五个国家中，但在各国的R&D投资又存在较大差异。

研究表明，跨国公司R&D投资区域集中度呈不断下降趋势。跨国公司R&D投资区域集中度是指跨国公司在美国、日本、欧洲和北美发达国家（不包括本国）的R&D投资占所有在国外的R&D投资的比例，它反映了跨国公司R&D投资的国际化程度。1982年美国跨国公司R&D国际化投资区域集中度为71%，1991年为70.7%，1993年为64%，1996年为59.4%，1998年为55.8%，呈逐年下降趋势。如，美国的拜尔公司在1985年其海外研发活动就广泛分布于美国、日本、德国、法国、意大利、英国、瑞士和其他欧亚国家。跨国公司

R&D投资区域集中度的下降，说明跨国公司的R&D国际化行为开始向其他国家和地区延伸，包括发展中国家。如20世纪90年代以来美国、日本、西欧都有大批跨国公司在中国设立了R&D机构。另一方面，新兴工业化国家和发展中国家也开始扩大其海外R&D投资，包括韩国和中国在内的国家和地区在发达国家的研究开发机构逐步增多。

三、跨国公司在华研发趋势

90年代中后期，尤其是近年来，跨国公司越来越重视产品研究开发的本地化，其在华R&D活动有不断扩大的趋势。自1994年北方电讯投资成立了北京邮电大学—北方电讯电信研究开发中心以来，跨国公司在华建立研发机构逐渐增多。1996年以来，跨国公司纷纷宣布在华设立独资的R&D机构，微软、西门子、摩托罗拉、IBM、英特尔、杜邦、宝洁、爱立信、松下、诺基亚、三菱、飞利浦等公司也相继在中国成立研究开发中心、技术开发中心和实验室，或宣布大型的R&D投资计划。表1显示了部分跨国公司在华设立研究机构的基本情况。

表1 部分跨国公司在华设立的研发机构基本情况

研发机构	成立时间	投资额	研发人员
贝尔实验室	1999 年 1 月亚太地区总部	不详	600 人
英特尔	1998 年 2000 年 10 月北京中国实验室	5 年投入 5000 万美元	40 人
摩托罗拉	1985 年香港 1993 年北京	18 个研发机构共 12.8 亿元人民币	650 人
微软	1993 年研发中心 1998 年研究院	未来几年内投入 8000 万美元	60 人
宝洁	1995 年广州 1998 年北京	目前投资 2 亿元人民币	100 多人
IBM	1995 年	不详	60 多人

资料来源：分别整理自2000—2001年《经济日报》《广州日报》有关报道。

跨国公司在华研发中心主要集中在北京、上海、广州、西安等科研力量比较集中的大城市。北京有20家左右，主要集中在计算机、软件、通信等领域。（《经济日报》2000年9月13日）北京的中关村已经成为跨国公司设立研究开发中心的一个集中地。继英特尔、摩托罗拉、微软等产业巨头之后，2001年2月日本松下电器又在中关村设立了网络通信技术研发基地。据北京市外经贸委的有关信息，2000年跨国公司在京设立地区总部、研发中心、采购中心都有增长。经政府有关部门认定的跨国公司地区总部11家，45家跨国公司在京设立了独立和非独立研发机构48个。（《经济日报》2001年2月12日）上海有14家左右，主要集中在化工、汽车、医药领域；一些跨国公司在广州也设立了以通信领域为主的研发中心。（《经济日报》200年9月13日）

据外经贸部跨国公司研究咨询中心主任王志乐研究员的统计，目前外国跨国公司已经设立的比较典型的研究开发中心有30—40个。从比较重要的25家著名跨国公司的30个项目看，有9个建于1997年以前，其余均建于1997年之后。30个项目中19个是信息行业，3个化工行业，3个机械行业，5个电子、电气行业。显然，包括通信设备制造、计算机硬件和软件在内的信息行业在华投资的研发项目最多，占所有项目的2/3。（《经济日报》2000年11月3日）

四、跨国公司研发分散化的动因

外部经济、技术、市场因素迫使跨国公司转变传统的技术开发战略，从全球化战略角度出发，实现技术开发的全球化。并形成全球研发网，实现系统化投资战略部署及全球化经营战略部署。跨国公司在国外从事研究活动的动机是多种多样的，跨国公司R&D分散化的动因主要有以下几个方面：

1. 适应当地市场需求及市场变化，实现当地开发、当地投产和当地销售；或对母公司产品进行本土化改造，以开发出符合当地人消费心理和习惯的产品

跨国公司R&D活动国际化的一个早期原因是为了支持当地生产和接近市场。通过接近目标市场开发一个新产品，可能将当地市场特征和独特性融入到新产品中。而且，公司就可能通过开发适合现在和将来当地需要的新类型产品，以快速适应不断变化的市场需求。如，飞利浦公司在上海和西安市建立的两座实验室，其主要研究目的就是开发适合中国及东亚市场特有标准及概念的数字电视、无线通信、光学存储及用户接口、网络信息家电及普通话、日语的语音接口等领域产品。

1975年，贝尔和豪威尔（Bell and Howell）公司前总裁Donald Frey 采取R&D职能分散化行动的理论基础是，集权化的R&D职能距离市场太远，无法

避免新产品不适应当地市场的失败；与客户的观念或影响相差太大；反应迟缓无法开发新技术（Frey，1989）。Bell and Howell在R&D职能集权的十年间未有任何重大技术创新，而在采取了分权化行动后的十年中，公司出现了许多创新并取得成功。

2. 减少产品开发时间，加快新产品进入市场

缩短新产品开发时间是赢得顾客，与竞争者抗争的关键。通过分散化的R&D活动，公司能够迅速了解当地需求，迅速响应市场变化，这将会减少产品开发时间，同时可能使新产品更快进入当地市场。许多研究者已注意到市场营销与技术在时间上的密切关系。如Ford和Ryan（1981）提出假设，认为理解技术的生命周期能使跨国公司及时引入新产品。认识到市场营销与技术战略具有重要的联系，Apon和Glazier（1987）提出，在迅速变化的世界格局中，公司的成功依赖于其将技术与营销战略相结合的能力。适应当地特征和习俗的产品要求较快的开发过程，本田摩托公司发现让设计者和工厂专家接近消费者能获得满意的效果。本田经理指出，在当地研发的新"雅阁"将比在6600哩外的原研发地快两个月的时间进入美国消费者手中（Taylor，1990）。例如，1988年丰田Corolla轿车即是从适合不同习俗中获益的产品。仅在当年，Corolla提供了289种基本型号以适合不同市场需求和不同使用条件的要求。这种车还在11个不同的国家生产。

3. 获取先进技术，寻求短缺的开发资源和良好的研发环境

充分利用国外雄厚的科技实力、人才资源或低廉的实验费用，从别国的科研资源受益已经成为跨国公司建立海外R&D 机构的另一个原因。Ronstadt和Kramer（1982）提出，企业需海外资源来增强其在全球的竞争能力。Granstrand（1993）注意到跨国公司建立R&D机构以"充分利用外国科研基础设施"，而且这一趋势正在"变得越来越普遍，不仅在技术密集行业如医药、电子和生物，甚至在一些机械行业也是如此。"挖掘当地人才也成为跨国公司进行海外研发的一个重要动机。卡瑞斯（1971）在评论霍切斯特（Hoechst）公司的海外R&D活动时指出，虽然规模经济性要求研究开发的集中化，但获取国外化工和医药方面的专业人才和进入研究前沿的需要构成了强有力的分散化的动机。如微软、英特尔、IBM等大公司在中国北京、上海设立研究机构的其中一个主要动机是为了获取优秀的人才资源并密切关注中国市场。而中国的

企业在海外设立R&D机构的主要动机是为了跟踪、储备和赶超最新技术。康佳集团在1997年底设立硅谷研究机构后，不到一年时间就推出了高清晰度数字电视。又如，中兴通讯在硅谷的研究机构也主要是进行移动通信方面的新技术跟踪与开发。

4. 迎合东道国对技术当地化的强烈要求，缓和与东道国之间的矛盾和冲突

R&D活动将创造直接的和外溢效应，因此东道国急切要求跨国公司在当地机构开展 R&D（Dunning，1981）。跨国公司是先进技术的载体和绝大多数前沿技术的创新者，也是世界技术转移和技术扩散的主体。由于技术具有广泛的外溢性，与跨国公司开展合作成为发展中国家获得技术、提高国家技术能力的重要渠道。为实现技术转移和享受与之相关的直接的和溢出的效应，一些东道国对跨国公司强行提出技术转移要求。如加拿大的"世界产品托管"（World Product Mandating）就是上述政策的一个例子（Rugman，Bennett，1982）。一些跨国公司通过在东道国开展R&D活动对上述政策做出反应（Behrman，Fischer，1980）。

在全球地域战略中分散研发设备的另外一个动因可能是分散风险。分散化R&D限制了货币汇率变动对公司造成的影响。同时，使研发设备定位于国际市场能抵消发生在其他国家的经济衰退的影响。

五、分散式研究与开发的方式

R&D的分散化能执行公司的全球战略计划，其实现方式包括国际许可证、国际合作、新建、兼并收购或股权控制。每种R&D方式在资源要求、控制权、风险和灵活性上均有各自特点。

1. 国际许可证

跨国公司通过国际许可证从另一国际企业或从对方国家的一家公司引进它需要的发明和技术。一家国际制药公司Simith-Kline Beecham利用R&D资源作为一种有吸引力的许可证从其公司引进而发展和推销产品，通过这种方式，Smith-Kline Beecham已经增加了其产品生产线。公司也可以选择使用交叉许可证，即公司之间相互交换其技术发明。通过从事互惠的许可贸易，跨国公司可以获得他们想要的技术"通路"。

2. 国际合作

通过与海外企业或研究机构合作研究，建立R&D战略联盟。跨国公司从事相互之间的合作研究计划，将会减少R&D成本和降低风险。同时，通过知识的结合，跨国公司能获得合作各方技术上的"通路"（Perlmuttert和Heenan，1986）。比如，尼桑汽车公司与福特汽车公司进行了一项研究计划去开发一种新的多功能的汽车，他们建立了一个R&D单位——尼桑研发中心（Nisson Research and Development mc），对汽车进行从设计阶段到制造过程的开发。这种合作研究将满足尼桑和福特快速增加新产品开发能力的要求。这种通过签订技术合作协议建立R&D战略联盟已成为跨国公司R&D分散化的重要方式之一。R&D国际战略联盟在20世纪80年代获得了长足发展。企业参与科学技术合伙以便进入外国技术和市场，同时减少风险和快速回收技术开发的高成本。从1980年到1994年，科学和技术联盟的总数量以每年10.8%的速度增加，其中大约65%的联盟包括了来自不同国家的两个合作者。通过建立R&D战略联盟，跨国公司之间可以共享彼此拥有的技术资源和设备，还可以分摊技术开发成本从而减少单个公司的研发风险。如AT&T与日本NEC在1990年达成相互交换技术的协议，AT&T向NEC提供计算机辅助设计技术，NEC则向AT&T提供计算机芯片技术，等等。又如，日本东丽公司与美国的基因技术公司共同研究与开发干扰素；美国波音公司与日本三菱重工结成联盟，共同开发波音767宽体民用喷气客机。

3. 创建

创建方式也称为"绿地投资"（GreenField），它是跨国公司建立海外研发分支机构的主要方式之一。创建方式的优点在于公司对R&D具有较大的控制权，但同时也必须承担相应的研发风险和研发费用。创建海外R&D机构主要分为两种类型：一是技术应用型研发机构，二是技术监测或技术开发型机构。前者主要是开展与本公司生产活动紧密相关的科研活动，以满足开拓当地消费市场的需要。后者主要是为了紧跟技术发展动态，进行前沿技术的开发，因此多设在东道国著名大学附近和高科技工业园内。如日本、西欧一些跨国公司近年来在美国"硅谷"设立的一些研发机构就是如此。

4. 兼并和收购

要进一步提高公司的R&D能力，跨国公司可能购买和兼并已有特别创新能力的外国公司。近年来在先进发达国家中逐步增长的外资控股研发活动的一个特征是，他们越来越通过兼并方式而不是创建方式（即"绿地"R&D投资）来获取现存创新资产。采取兼并、收购东道国当地同行业竞争者等方式，将部分研发活动从母国转移到海外子公司或分公司。通过在现有设施上增加新的能力，增强其海外创新能力。比如，CPC跨国购买瑞士的Knorr Foods，从而获得了新的技术能力来开发加工食品工业。曾在微电子领域享有盛誉的西欧高技术企业ACT公司、ICL公司至今都已被日本三菱公司、藤津机械公司兼并。

5. 股权控制

跨国公司通过创新技术入股设立一个股权单位的公司也能获得外部技术的"通路"。通过控制新建公司的所有权，母公司能以较低的成本获得对方拥有的关键性技术，从而增强其海外创新能力。在Bieri Pumpenbau A G Biral案例中，该公司拥有RCB的主要股份，它能利用RCB的几乎是独家拥有的生产高效电动机的技术为自己的产品生产服务，通过将RCB纳入其商业职能的一部分，国际Biral公司扩大了产品生产能力。

（原载于《中山大学学报（社会科学版）》2001年）

参考文献

[1] 赵曙明：《跨国公司全球化技术开发战略及启示》，《国际经济合作》2000年第1期。

[2] 冼国明、葛顺奇：《跨国公司R&D的国际化战略》，《世界经济》2000年第10期。

[3] 杜德斌：《论跨国公司R&D的全球化趋势》，《世界地理研究》2000年第3期。

[4] 梁启华：《跨国公司R&D国际化新走向及其动因分析》，《中国煤炭经济学院学报》2000年第6期。

[5] OECD. Globalization of Industrial R&D. Policy Issues（C）1999.

[6] Walter Kuemmerle. Building Effective R&D Capabilities Abroad. Harvard Business Review, March–April, 1997.

[7] Raman Muralidharan, Arvind Phatak. International R&D activity of US MNCS: AN empirical study with implications for host government policy. Multinational Business Review; Detroit; Fall 1999.

[8] Gary K Jones, Herbert J Davis. National culture and innovation: Implications for locating global R&D operations.Management International Review; Wiesbaden; First Quarter 2000.

[9] 毛蕴诗、程艳萍：《跨国公司的进入和中国企业的战略反应》，《学术研究》2001年第3期。

[10] 毛蕴诗：《跨国公司战略竞争与国际直接投资》，中山大学出版社1997年版。

[11] Perlmutter Howard V., Heenan David A..Cooperate to Compete Globally. Harvard Business Review; Boston; Mar/Apr 1986.

全球公司重构与我国企业战略重组

一、公司重构——20世纪90年代管理领域的重大挑战，高层管理重点关注的问题

世纪之交，世界企业管理正发生重大变化，呈现出明显的趋势、动向。20世纪90年代国际企业管理领域最重大的事件之一是美国企业的重新崛起与日本企业国际竞争力的下降。与往年相比，1998年《财富》全球500强中，美国增加了23家；日本减少最多，为26家；韩国减少4家；欧洲变化不大，日韩减少的数量基本上由美国填补了。然而，在20世纪80年代后半期，日本企业的国际竞争力是处于领先地位的。美国企业国际竞争力的上升有着深刻的经济、技术、制度变动的背景与理论上的渊源。从现象上看，20世纪80年代以来，美国许多企业特别是大型企业都陆续进行了重构，包括美国最大的1000家公司中的1/3都按照某种方式进行了业务重构（Bowman和Singh，1990）。其公司重构的数量、特点、方式受到广泛关注。1992年9月费城大学的沃顿学院（Wharton School）以公司重构为题举办了专题研讨会。众多的学者及企业界人士出席了这一会议。美国三家大公司的高级执行总裁也出席了研讨会。他们认为，公司重构是20世纪90年代管理领域的重大挑战，是高层管理重点关注的问题。研讨会强调了重构对于竞争优势、公司绩效和股东的重要性及后果，讨论了有关公司重构的理论观点、背景与研究方法。在此基础上，美国《战略管理杂志》（Strategic Management Journal）1993年夏天用专刊讨论了这一主题。

公司重构的英文为Corporate Restructure，在有的文献中也用Corporate Redesign或Recon figuring the Firm（可译为公司重组、公司再造、公司重新设计等）。它是以战略—结构—过程为思路，进行公司战略调整，结构重组，以及业

务、财务、组织方面全面跟进，是从总体到局部的全面变革。其内容包括业务重构、财务重构、组织重构，以及与之相伴生的组织紧缩（Downsizing）、范围紧缩（Downscoping）、兼并、剥离（Divestiture）、分立（Spin-off）、举债收购（LBO）等方式。广泛的公司重构的内容可分为三部分：

（1）业务重构（Business Portfoliore structuring）

要点在于立足于长期战略而对公司业务活动范围进行的调整、平衡，涉及放弃一些业务和兼并业务，即通过一系列兼并、剥离和分立等，构造公司新的业务组合。

（2）财务重构（Financialre structuring）

它涉及调整公司的资产、债务组合，调整现金收入结构等。财务重构的一个重要措施是举债收购或杠杆收购（Leveraged Buyout），简称LBO。LBO是管理层和/或其他人员主要通过举债购买公司的全部资产。在实践中，有三种类型的LBO。第一种方式为MBO（Management Buyout），即管理层收购，由企业管理人员结合投资群体，通过举债的方式从公众持股者手中购买股票，实现公司私有化。管理者由此取得较高的所有者权益，将会努力减少公司财务活动中的浪费。第二种方式为EBO（Employee Buyout），即全体雇员收购。第三种方式为LBO的一种特殊形式，即由另一家公司或合作伙伴进行收购。

（3）组织重构（Organizational restructuring）

它涉及公司结构、制度的变动，旨在提高公司管理队伍的效率。重构在20世纪80年代后期和90年代发展成为普遍采用的战略手段。进入20世纪90年代以来，公司重构并没有减退的迹象，这一趋势在世纪之交仍在继续。

二、全球公司重构的特点与趋势

（一）公司重构——20世纪80年代以来开始于美国，并发展成为遍及欧亚、席卷全球的浪潮

1981年以来，美国通用电气公司（GE）总裁韦尔奇（Welch）成功地进行了公司的组织紧缩，在剥离某些业务的同时，兼并另一些业务，通过重构投资组合，大大提高了公司的绩效。由此，引发了许多美国大型公司的持续重构过程。据统计，"从1980年1月1日到1993年12月31日，仅9家大公司（Exxon，

Ford，GE，GM，IBM，Mobil，Sears，Usx，Westinghouse）就减少了100多万个职位"。而上述9家公司长期以来都以提供稳定的职位著称。

1984年到1990年，美国电话电报公司（AT&T）开展一系列的重构。这一时期，AT&T裁员10万人，并进行了大量的收购和联合，强调在新产品和全球市场上建立新的竞争能力。1993年，西尔斯（Sears）公司关闭了113家零售店，裁员5万人。1995年，又将其Allstate保险业务分立出去，通过此项分立，西尔斯获得一笔资金注入其零售业；另一方面，Allstate不再受西尔斯零售文化的影响，也如愿增加了利润。1997年，摩托罗拉（Motorola）公司的手机在美国市场所占份额由1994年的60%下降到34%，公司的利润额由1995年的18亿美元下降到12亿美元。从1997年初开始，公司进行了新一轮改革和调整，包括调整一批重要的管理人员，同时进行机构重组。把公司业务集中到三大集团，以便加强协调，减少开支，有利创新。其他的如3 M，Melville，Hanson PLC，W. R. Grace，Tenneco，H&R Block等公司或进行业务分立，或剥除多元化业务，以增加股东收益。

在20世纪80年代后期和90年代，美国公司的重构浪潮蔓延到欧洲、亚洲，成为普遍的趋势，席卷全球的浪潮。在欧洲，德国西门子公司、瑞典爱立信公司、英国、荷兰的啤酒公司等都通过兼并、分立、剥离业务进行了战略重构。其目的在于适应经济全球化，特别是适应向新兴市场扩展的需要。

瑞士钟表业也通过企业重构方式来摆脱困境。到1983年，瑞士钟表业在全世界的市场占有率由1974年的43%降至15%以下，钟表业内的失业率一度高达20%。面对如此严重的商业危机，瑞士两大表业集团——ASUAG和SSIH于1984年合并组成SMH集团，通过实施一连串的内部合并、重组、架构重整、裁减员工，以及各式各样转亏为盈的举措，SMH集团在1992年生产了近一亿只手表和其他计时产品，并成功地将瑞士在世界钟表市场的占有率提升到53%，而且还在继续增长。[1]

20世纪80年代以来，泡沫经济的破灭以及随后的亚洲金融危机使得日本企业在海内外扩展过程中问题凸显。日本企业、银行的不良资产、债务问题严重，企业破产增多。各大公司希望在变革中寻找一条解脱之路。这些公司相继宣布了结构重构的计划。1998年日本有908家公司重构，比1997年多30%，是1993年的两倍。

---

[1]《中国经营报》1999年12月28日第23版。

东芝公司过去的业务生产计划从电梯到计算机的整个生产领域无所不包，并且完全以提高营业额为标准。现在东芝公司打算把业务日益集中在有利可图的商业领域。东芝公司把造成亏损的空调部门的40%卖给了美国的竞争对手凯利公司。在工业发动机方面，东芝公司作为该行业的第二大公司与大型企业三菱公司进行了合并。在家用发动机方面，东芝公司与中型公司尼德科公司进行合作。下一步，电梯生产这样无利可图的部门要被撤销。到1999年4月，15个业务部门被缩减成一个控股公司，下设9家首次自负盈亏的公司。由34名成员减至12名成员的董事会只负责作出战略性决定。

1999年2月，日本第二大轮胎制造商Sumitomo Rubber宣布同美国Goodyear公司的一系列合资计划。为了寻求规模经济性，日本能源和Showa Shell（壳牌石油的分公司）也开始合并石油分销系统，希望能通过平均分摊费用降低成本。尽管各公司进行变革的方式、重点有所不同，但是确实反映了其实施战略重构，逆境求生，重获竞争优势的努力。[①]

韩国现代、三星、大宇、LG、鲜京等"五大集团"也作出结构重整的决定，规定一个大企业集团只能涉及三至五个行业，其余的企业都要进行互换、合并、出售或关闭。其目的在于消除严重的重复和过剩投资，提高经营的透明度、减少相互间的支付保证、改善财务结构和确定核心优势企业，从而提高竞争力。1999年4月，大宇集团宣布将把34家下属企业减少到8家，其余企业将以整体或转让股份的形式出售，把所获资金用于偿还债务，降低负债率，并形成以汽车业为主，以贸易、建筑和金融服务业为辅的企业集团。但是由于大宇集团进行结构重构太迟，其总裁已于1999年11月辞职，最终导致面临解体的危机。[②]

（二）重构的范围由制造业扩展到通信、医疗护理公司、医院等领域，从绩效或财务状况不佳的公司扩展到一些财务状况较正常的公司

企业重构逐渐由被动转为主动。逐步转为并不因为公司面临危机（无论是生存危机还是权力危机）而把重构作为一种临时性的、保护性的机制，而是当作一种发展的机会，一种为保持和创造优势、提高竞争力的积极战略。即使是英特尔（Intel）这样在全球IT行业处于领导地位的公司，为适应整个PC

---

① 《香港文汇报》1999年8月15日。
② 《人民政协报》1999年7月12日。

市场的迅速变化，也要对自身的组织机构进行重大改组。Intel将把目前的台式PC事业部分为新的家用电脑事业部和商用平台事业部。Intel公司还将新成立两个事业部，其一专门负责为小型商业机构开发网络产品；另一个新部门将着力开发数字摄影和视频成像技术。[①]惠普公司则从客户需求和培育核心业务能力出发，于1999年3月2日宣布进行公司重构。原惠普公司业务主要分为打印、计算机和测试与测量仪器两部分，两部分分别占公司营业额的80%和20%，但两者在经营上完全不同。于是在1999年11月将测试与测量仪器业务分立出去，成立安捷伦科技公司，独立挂牌运作。[②]

（三）尽管重构包括兼并活动，但是剥离与分立已成为当今公司重构浪潮的重点

剥离的目的在于使组织摆脱那些不盈利、占用太多资金或与公司其他活动不相适宜的业务，使企业致力于加强自己的核心优势。分立是大企业将一些业务、一些职能部门分立出去成为独立的子公司以避免规模过大的缺点，并发挥不同业务、职能部门的能力。通过重构，越来越多的公司致力于那些具有专门知识、专业技能和长期承诺的业务。表1列出了1980—1990年美国企业兼并数目和剥离、分立数目及金额的情况。

表1 1980—1990年美国企业兼并数和舍弃卖出数

年份	1980	1983	1984	1985	1986	1987	1988	1989	1990
兼并数总计	1558	2395	3176	3489	4463	4024	4233	467	4168
兼并价值总额（百万美元）	32830	52708	126140	145978	205958	177900	240177	254020	172319
分拆后卖出数	104	661	794		1419	1221	1336	1333	1406
分拆后卖出金额（百万美元）	5090	12949	30572	43534	72427	57797	83979	66685	59605
分拆后卖出数占兼并总数（%）	6.7	27.6	25	29.8	31.8	30.3	31.6	32	33.7
分拆后卖出金额占兼并总（%）	15.5	2.5	2.2	29.8	35.2	32.5	35	26.3	34.6

资料来源：U. S. Department of Commerce Bureau of the Census： "Statistical Abstract of the United States"，Government Printing Office，Washington，1993，p.p543，转引自龚维敬：《企业兼并论》，复旦大学出版社1996年版，第66页。

---

① 《南方周末》1997年11月28日。
② 《经济日报》2000年1月15日。

从表1给出的数据可以看出，1986年是第四次兼并浪潮的峰值年，与1980年相比，企业的兼并数是1980年的2.9倍，而分拆（含剥离与分立）卖出的企业兼并数是1980年的13.6倍。1986年企业兼并价值总额是1980年的6.3倍，而分拆后卖出的价值金额是1980年的14.2倍。1985—1988年间，无论是从数量上看还是从金额上看，分立和资产剥离形式的企业兼并都占整个兼并的1/3左右。可以说，20世纪80年代的兼并活动是企业对20世纪60年代多元化扩展的一次逆向调整。[①]

1994年，美国公司又完成了总值达226亿美元的资产剥离。1995年上半年，相当于市场价值167亿美元的剥离已经实现，另有价值180亿美元的剥离有待实现。因此，业务重构已成为以缩减业务范围为特征，同时伴随着组织紧缩的企业活动。近年来，在世界啤酒行业的重构中，许多公司试图形成一种业务集中的全球公司，一方面分立或出售一些非核心业务，另一方面又购买对向某一市场扩张具有战略意义的资产。目的是强化以啤酒为主营业务的核心业务，弱化非啤酒方面的业务，以及有关的创业投资等。以Foster's酿酒集团为例，在过去几年，公司致力于业务组合的合理化，放弃那些低产出、非核心的资产，包括在英国的酿酒公司的股份。1997年，又将其在英国的Inntrepreneur Pub的地产卖给Nomuro，以及出售了在Scottish&Newcastle的股份，只让Scottish Courage在欧洲负责Foster's品牌。

（四）许多大型公司立足于长期战略调整公司业务范围，构造新的业务组合，产生了持续重构过程

无论是美国，还是欧洲和亚洲，许多大企业都进行了多阶段的重构，使组织结构日益符合公司战略的要求。

AT&T公司在1984年进行首次重构。随着电信业管制法规的经常变化，AT&T决定改变其原来在市场上维持统治地位以促进增长的方针，将兼并和联合作为增长和扩展的主要手段，以适应电信业务国际化趋势与日趋激烈的市场竞争环境。1994年，AT&T兼并了McCaw移动通信公司，从而进入了每年以25%—35%增长的无线电信服务市场，也使公司在提供全国范围内的无线服务方面占有优势。从1996年开始再次重构，AT&T分割为一家提供长途和移动通

---

① 龚维敬：《企业兼并论》，复旦大学出版社1996年版，第66页。

信服务的电话公司，即AT&T公司、一家制造电话线联通设备的公司，即网络系统集团和由NCR兼并而形成的计算机公司，即AT&T全球信息系统（GIS）等三部分。

德国西门子公司是一家具有150多年历史、多元化程度很高的大型跨国公司，其业务涉及250多个领域，190多个国家和地区。80年代以来，西门子公司进行了四次变革与重构。第一次始于20世纪80年代初期，为适应由电器工程向电子工程时代的转换，总公司由十几个部门削减为6个部门。第二次发生在90年代初，经济全球化的压力使公司开展了"重新设计"的活动，加强了其在计算机、光纤通信器材方面的研制与开发业务。1993年西门子又在全公司发起"最佳时效运作"的活动，包括提高生产力、工艺革新、财务增长和重塑企业形象四个方面。20世纪90年代末的第四次重构涉及某些业务的分立、剥离，某些业务的转移（跨国生产）、某些业务的加强。通过几次重构，西门子一方面变得更加愿意改变现状，从而发现可以开发的技术领域；另一方面，它变得更加善于学习，将那些与关键业务无关而又需占很多资金的部门分流出去，从而成为更具赢利能力和竞争性的公司。

索尼公司在1983年5月首次进行大规模组织改革，建立了"事业本部"，赋予事业本部长"生产、销售、商品开发的责任和权力"。在1994年进行了新一轮组织改革，实行"模拟公司制"。模拟公司制把19个事业本部和7个营业本部的组织合并为8个单位。同时，取消副职，将原来8个层次的企业垂直系统削减为4个层次。1996年4月，索尼进一步修改了"模拟公司制"，谋求"加强总公司的机能"。把8个模拟公司加以重新组合，为适应数字化潮流而建立了几个新企业，将事业机构改编成10个模拟公司。[①]

三、公司重构，中国企业所面临的一个现实课题

（一）逐步引入市场体制，使企业效率低下的问题日益暴露，企业环境日趋严峻

重构是当前我国企业所面临的一个现实课题。当前我国企业环境在很大

---

① 姚林青：《索尼面向21世纪的大规模改革》，《中外管理》2000年第1期。

程度上与西方国家在七八十年代的企业环境颇为相似。改革开放初期，由于向市场机制转换过程的渐进性，短缺经济、消费者的不成熟及对落后企业的保护使得企业环境的严峻性显露尚不充分。进入90年代后，分阶段实施了一系列改革政策，诸如财政体制改革，逐步引入市场体制，银行企业化等逐步到位，使企业效率低下的问题逐渐暴露出来。许多行业过剩能力迅速增加，企业间竞争日趋激烈，市场国际化，新的进入者（如外资企业）和技术创新、产品创新产生巨大压力，许多企业存在严重的生存危机。

1980年，国有工业企业的资产负债率仅为18.7%，流动负债率为48.7%；到1993年，国有工业企业的资产负债率上升到67.5%，流动资产负债率超过95.6%。1994年，在完成资产清查的12.4万户工商企业中，资产总额为41370亿元，负债总额为31047亿元，所有者权益为10321亿元，平均资产负债率为75.04%，企业流动资产基本依赖负债。[①]企业面临十分严峻的环境。

（二）许多企业过度多元化、发展分散化、失控严重

80年代以来，许多企业过度膨胀，过度多样化，甚至同一公司内相同业务分散化，将发展导向放在低水平层次的扩张上，使企业缺乏核心的竞争能力。特别是80年代末、90年代初，由于经济过热，许多企业大量投资，轻易进入不熟悉的行业，大量兴建各类公司，子公司又建孙公司，各公司之间存在业务重叠，最终造成分散失控。加上许多企业内部管理混乱，有相当多的企业因盲目发展而倒闭。

例如，1992—1994年，我国房地产市场热潮兴起，有着很高的投资回报，吸引了大批企业投资该产业。仅从上海证券交易所上市公司年报看，90%以上的公司都参与了房地产投资，而它们当中绝大多数的主营业务并非房地产或与此相关的业务。如主营房地产业的深深房，其经营领域就涉及国际贸易、国内商业、交通、电力、金融、旅游、医疗、酒店、报业等九个专业领域。报表显示1998年中期利润358万元，比上年同期下降94.43%，而净利润只有88万元，净资产收益率为0.04%，但其净资产却高达24.98亿元。这种不注重企业本身核心生产技术、不培养核心产品的功能所导致失败的风险，必将成为引发我国同类企业破产的直接根源。

---

① 郑海航：《国有企业亏损研究》，经济管理出版社1998年版，第73页。

（三）许多企业存在严重的财务风险

一方面，过度发展使许多企业资产负债率过高，企业的不良资产、呆账、坏账居高不下。并由于领导体制方面的原因，不能对企业主管的业绩作客观评论，导致国有企业一些逾期应收账，明知已成为坏账，却不予冲销；对于过去和现在出现的产品积压，完全不能实现市场价值，仍然在账面上保有很大一笔资产，造成巨大的财务风险，例如广东的粤海集团、白云山等。

另一方面，企业经营机制没有根据经济环境变化而进行根本转换。突出的表现是国内上市公司中存在的"三年现象"，即一些上市公司上市第一年业绩很好，第二年业绩平平，第三年出现亏损。

闽东电机股票上市第一年，企业实现利润3500万元，第二年利润为570万元，第三年公司开始出现亏损，到去年公司账面上亏损达到5000多万元，加上历年各种明亏和暗亏，亏损总额至少达到1.4亿元以上，公司的净资产几乎等于零，于是股票跌停，企业滑向资不抵债的边缘，半数职工下岗分流。这只是福建上市公司"三年现象"的一个缩影。全省上市公司1995年的平均每股收益为0.316元，1996年为0.299元，1997年下降为0.234元，1998年再降为0.168元，闽东电机、中福实业、厦海发、闽福发、厦门信达等13家上市公司的净资产收益率低于6%，失去了配股资格。

在目前国内1000家上市公司中，出现"三年现象"的企业不在少数。据上市公司公开披露的年报分析，由于同样原因，1997年上市的海南芒果产业股份有限公司，上市当年每股赢利是0.49元，第二年只有0.09元，1999年上半年每股亏损额达0.33元。1996年上市的吉林省吉诺尔股份有限公司，上市当年每股赢利为0.19元，第二年这家企业就出现亏损，每股亏损额达1.529元。[①]

（四）许多企业存在转换经营机制的需要，存在进一步发展的需要

改革开放以来，许多企业获得较快的发展，但是并未明确产权关系，也未能建立起现代企业制度，严重影响了这些企业的进一步发展。另一方面，企业做大以后，产品业务变得复杂，对于如何管理一个多单位的企业，过去的组织结构、产权结构、组织制度已不能适应。生产效率低下、冗员、过大的财务

---

① 《中国经营报》经贸导刊第140期，1999年10月11日。

风险等弊端，无法在现有的产权结构及组织制度下得到解决。在我国大部分企业都已实行了公司制，1997年5000多户国有企业进行了股份制改造，从形式上建立了股东大会、董事会、监事会和经理阶层，但企业经营机制并未真正全面转换。据中国企业家联合会、中国企业家协会1999年联合对千家企业经营者问卷调查显示，进行现代企业制度改制后，仅有13.79%的经营者认为效益明显好转，而认为公司内部管理制度更趋完善的仅占50.36%。另外，中国企业家调查系统调查还显示，企业"完善公司治理结构"改革的进展判断中，仅有29.5%的企业认为已经完成。企业需进行经营机制的转换。

（五）跨国公司的进入使国内市场竞争日益体现国际竞争特点

目前，全球最大的500家跨国公司中，已有近300家来华投资。在全球化战略目标下，跨国公司在华建立科学严密的生产经营体系的同时，还对同行业的我国民族企业进行了深入地研究，选择了"控股合资"作为进入我国市场的重要方式。所以，跨国公司的进入不仅与中国原有企业争夺有限的生产经营资源和市场，而且可以"消灭"中国原有企业这一竞争对手，为其长远发展开拓更大的空间。目前，我国国内市场中电子、石化和移动通信市场的90%，微型计算机市场的76%，高档集成电路市场的90%，微波通信设备市场的70%，卫星通信设备市场的80%，石化产品市场的50%，均被国外企业产品占领。激烈的竞争迫使我国企业面对巨大压力，面对如何加强竞争能力的重大问题。

（六）我国企业必须更主动地进行重构

近年来我国一些企业主动或被迫地进行了企业重构。例如，深圳特发集团为解决管理层次过多，管理幅度过宽，产业分散的问题，对资产、产品和企业组织结构进行重组和调整，通过破产、转让、托管、兼并和合并的办法，将属下企业由原来的287家调整为201家，其中二级企业由79家压缩为45家，三、四级企业由208家压缩为156家，形成了一批骨干企业和主导产品。丽珠集团自1998年以来，适时进行业务重组和组织重组，以解决在高速成长之后遗留的业务重叠、功能重叠和部门利益分割等问题。深圳万科则较早意识到多元化结构不适合公司的进一步发展。从1992年起，较早地进行了业务重构和财务重构，通过出售和放弃一部分业务，剥离一部分业务，归并相同的业务等重新确立房地产为核心业务。

在市政府的大力推动下，广州国有企业从1998年也开始进行了较全面的重组，大幅度扭转亏损，取得了明显效果。重组主要涉及三种类型：①利用先进的管理经验和资金优势，带动困难企业转换经营机制，进行资源的有效整合。1998年广钢集团对原冶金集团属下的南方钢厂等3家企业进行资产重组，促进了黑色金属冶炼加工企业的脱困，增强了集团在黑色金属冶炼方面的规模及技术优势。②抓有资产潜质企业的重组与发展，搞活一批原有名牌优质产品。广州汽车集团与本田公司的二次重组，不仅使原广标近30亿元的债务基本处理完毕，盘活了一个濒于破产的企业，而且稳定了广州轿车生产，对发展广东汽车工业将有较大推动作用。③抓企业集团内部的结构调整和重组，重获企业的竞争优势。1999年，广州摩托集团对内部20多个企业"关、停、并、转"，重新组建起5个分公司、4个专业工作中心，并实行裁员分流，使集团10月止扭亏为盈。④

　　鉴于上述情况，企业必须结合企业制度的建立，进行总体重构，把资本运作与企业结构调整结合起来，以市场需求为导向，对产品结构、资本结构和组织结构进行调整。调整包括对产品雷同、工艺重复的企业进行合并和重组，对产品无市场、管理不善、无发展前途的企业进行整顿、改组和撤并，使资源向优势企业、优势产品集中，盘活存量资产，提高资金营运效率。不仅处于困境的企业要通过重构，化解风险，即使是处境较好的企业也应主动进行重构，以更好地适应环境的变化，重获竞争能力，保持竞争优势。

（原载于《中山大学学报（社会科学版）》2000年第40卷第5期，

第17—23页）

参考文献

[1] 毛蕴诗：《企业重构与增创优势》，《南方日报（理论版）》1998年9月19日第9版。

[2] 毛蕴诗、王欢：《企业重构与竞争优势》，《南开管理评论》1999年第4期。

[3] 龚维敬：《企业兼并论》，复旦大学出版社1996年版，第66页。

[4] 李肃等：《美国五次企业兼并浪潮及启示》，《管理世界》1998年第1期。

---

① 《中国经营报》1999年12月28日第23版。

② 《香港文汇报》1999年8月15日。

③ 《人民政协报》1999年7月12日。

④ 《人民日报》广东工业特刊，2000年3月10日。

[5] 国家统计局课题组：《对大中型国有工业企业摆脱困境的战略思考》，《中国工业经济》1999年第1期。

[6] 中国企业联合会：《国有大中型企业三年脱困的对策研究》，《中国工业经济》1999年第8期。

[7]《国有企业管理现状调研报告》，《管理世界》1998年第3期。

[8] Bowman. Eand H.Singh（1990）.‘Overview of corporaterestructuring：Trends and consequences’.In L.Rock and R.H.Rock（Eds.）Corporate Restructuring. Mc Graw-Hill.New York.

[9] Porter，M.E.1980. Competitive advantage：techniques for analyzing industries and competitors. New York：Free Press.

[10] Tomasko，R.M.1987. Downsizing：reshaping the corporation for the future. New York：AMACOM.

[11] Stratigic Management’by Michael A. Hitt’etc’东北财经大学1998年影印版。

[12] [美] 戈登·唐纳森（Donaldson G）的著作Corporate Restructuring. Managing The Change Process From Within，但其译名为《公司改组》，中国对外翻译出版公司1998年版。

辑二
_____

主要著述

毛蕴诗主要著述目录

一、个人专著

1. 《Transformation and Upgrading of Chinese Enterprises》, Springer, August 2018.

2. 《立足本土、关注前沿（政协委员履职风采）》，中国文史出版社，2018年1月。

3. 《重构全球价值链——中国企业升级理论与实践》，清华大学出版社2017年版。

4. 《中国企业：转型升级》第3版，中山大学出版社2016年版。

5. 《跨国公司在华投资策略》，中国财政经济出版社2005年版。

6. 《全球公司重构——案例研究与中国企业战略重组》，东北财经大学出版社2004年版。

7. 《国际化环境与跨国经营》，环球国际出版有限公司2004年版。

8. 《Multinationals in China：Competition and Cooperation》, Universal Press Limited 2004年版。

9. 《成长中的中国企业》，四川大学出版社2003年版。

10. 《跨国公司战略竞争与国际直接投资》第二版，中山大学出版社2001年版。

11. 《公司重构与竞争优势》，广东人民出版社2000年版。

12. 《企业集团——扩展动因、模式与案例》，广东人民出版社2000年版。

二、与人合著

1. 《并购与重组》（毛蕴诗、郑奇志），机械工业出版社2011年版。

2. 《中国企业：转型升级》修订版（毛蕴诗、吴瑶），中山大学出版社2010年版。

3. 《跨国公司经营管理》（毛蕴诗、袁静），中山大学出版社2010年版。

4. 《企业信息化的管理导入：教程与案例》（毛蕴诗、姜岳新），中山大学出版社2009年版。

5. 《广东企业50强》（毛蕴诗、汪建成），中山大学出版社2005年版。

6. 《跨国公司在华经营策略》（毛蕴诗、李敏、袁静），中国财政经济出版社2005年版。

7. 《跨国公司在华撤资》（毛蕴诗、蒋敦福、曾国军），中国财政经济出版社2005年版。

三、译著

1. 《管理学：原理与实践》第10版、第9版、第8版、第7版，机械工业出版社；第6版，中国人民大学出版社；第5版、第3版，东北财经大学出版社。

2. 《组织行为学》第9版，中国人民大学出版社2011年版。

3. 《经济计量学指南》，贵州人民出版社1986年版。

四、教材

1. 《工商管理前沿专题》，清华大学出版社2018年6月版。

2. 《管理学原理》，高等教育出版社2014年版。

3. 《管理经济学：理论与案例》，机械工业出版社2012年版。

4. 《公司经济学前沿专题》，东北财经大学出版社2007年版。

5. 《公司经济学》第2版，东北财经大学出版社2005年版、2002年版。

6. 《管理学原著选读》，东北财经大学出版社2001年版。

7. 《公司经济学：理论与实践》，中山大学出版社1994年版。

8. 《中国宏观经济活动分析》，南开大学出版社1990年版。

9. 《现代经济计划与分析方法》，湖北教育出版社1988年版。

五、发表论文

1. 《双重网络嵌入、组织学习与企业升级》（毛蕴诗、刘富先），《东南大学学报（哲学社会科学版）》2019年1月。

2. 《技术市场的不完全性与科研人员动态股权激励——达安基因与华中数控的比较案例研究》（毛蕴诗、黄泽楷），《武汉大学学报（哲学社会科学版）》2017年11月。

3. 《企业研发网络与技术学习模式选择：一个文献综述》（毛蕴诗、黄程亮），《学术研究》2017年第6期。

4. 《创新追赶情境下技术学习推动产品升级的机制研究——以宝钢汽车板升级为例》（毛蕴诗、黄程亮），《吉林大学社会科学学报》2017年第5期。

5. 《从传统产业跨向新兴产业的制高点——广东德豪润达的跨产业升级案例研究》（毛蕴诗、孙赛赛、李炜），《学术研究》2016年第9期。

6. 《重构全球价值链》，《清华管理评论》2016年第6期。

7. 《论国际分工市场失效与重构全球价值链——新兴经济体的企业升级理论构建》（毛蕴诗、郑奇志），《社会科学文摘》2016年第5期，《中山大学学报（社会科学版）》2016年第2期。

8. 《技术创新与产品替代：中国企业国际化进程研究——基于格力空调的案例研究》（毛蕴诗、孙赛赛），《当代经济管理》2016年第4期。

9. 《企业升级路径测量量表开发》（毛蕴诗、刘富先、李田），《华南师范大学学报（社会科学版）》2016年第3期。

10. 《低碳发展视角下的企业转型升级——基于深圳南天油粕公司的案例研究》（毛蕴诗、郑泳芝、阳孝东），《产经评论》2016年第3期。

11. 《企业关键资源、权变因素与升级路径选择——以广东省宜华木业股份有限公司为例》（毛蕴诗、林彤纯、吴东旭），《经济管理》2016年第3期。

12. 《从ODM到OBM升级的阶段性选择》（毛蕴诗、郑泳芝、叶智星），《技术经济与管理研究》2016年第2期。

13. 《重构全球价值链：中国管理研究的前沿领域——基于SSCI和CSSCI（2002—2015年）的文献研究》（毛蕴诗、王婕、郑奇志），《学术研究》2015年第11期。

14. 《统筹国内外两个市场的天生国际化企业持续成长研究——基于奥马电器的案例分析》（毛蕴诗、陈玉婷），《经济与管理研究》2015年第10期。

15. 《新兴经济体企业逆袭 解构传统国际分工格局》，《中国工业评论》2015年第6期。

16. 《中小企业升级的专精发展路径》，《中国工业评论》2015年第4期。

17. Upgrading from OEM to OBM through Reverse Acquisition China's Emerging Economy: The Case of Lacquer Craft（Yunshi Mao, Tian Li, Yangchun Liu）, Frontiers of Business Research in China 2015（March）.

18. IT Enabled Organisational Agility: Evidence from Chinese Firms（Yunshi Mao, Jing Quan）, Journal of Organizational and End User Computing, 2015.01.24.

19. 《企业转型升级：中国管理研究的前沿领域——基于SSCI和CSSCI（2002—2013年）的文献研究》（毛蕴诗、张伟涛、魏姝羽），《学术研究》2015年第1期。

20. 《企业核心技术的标准竞争策略分析——以美日企业与本土企业竞争为例》（毛蕴诗、魏姝羽、熊玮），《学术研究》2014年第5期。

21. 《农业转型升级：产业链整合与延伸——基于台湾美浓镇的实地调研与启示》（毛蕴诗、陈嘉殷、李田），《产经评论》2014年第4期。

22. 《企业渐进式升级、竞争优势与驱动因素研究》（毛蕴诗，温思雅），《东南大学学报（哲学社会科学版）》2014年第2期。

23. 《行业边界模糊背景下的跨产业升级与S—O—S模型——基于乔布斯苹果成功实践的理论提炼》（毛蕴诗、李田），《中山大学学报（社会科学版）》2014年第2期。

24. 《基于核心技术与关键零部件的产业竞争力分析——以中国制造业为例》（毛蕴诗、徐向龙、陈涛），《经济与管理研究》2014年第1期。

25.《基于专用技术深化和应用领域拓展的企业升级——针对大族激光的案例研究与理论模型的提炼》（毛蕴诗、罗顺均、熊炼），《学术研究》2013年第9期。

26.《苹果：此前转型与成功的逻辑分析》（毛蕴诗、陈涛、李炜），《经济管理》2013年第6期。

27.《中小企业如何"专而精，精而强"——中国台湾小企业的启示》，《清华管理评论》2013年第4期。

28.《跨国公司在华战略演变研究——基于组织二元性和"市场在中国"的视角》（毛蕴诗、温思雅），《国际经贸探索》2012年第9期。

29.《基于产品功能拓展的企业升级研究》（毛蕴诗、温思雅），《学术研究》2012年第5期。

30.《系统观视角下的环保常态机制与企业竞争力提升研究——我国台湾地区的经验及启示》（毛蕴诗、温思雅），《东南大学学报（哲学社会科学版）》2012年第4期。

31.《基于微笑曲线的企业升级路径选择模型——理论框架的构建与案例研究》（毛蕴诗、郑奇志），《中山大学学报（社会科学版）》2012年第3期。

32.《提高上市公司对股东的现金分红回报促进资本市场健康发展》，《中国产业》2011年第9期。

33.《从我国台湾地区纺织业经验看大陆企业转型升级》（毛蕴诗、金娅婷、吴东旭），《当代经济管理》2011年第8期。

34.《劳动密集型产业升级研究——以台湾自行车产业整体升级及其竞合机制为例》（毛蕴诗、林晓如、李玉惠），《学术研究》2011年第6期。

35.《企业低碳运作与引入成本降低的对偶微笑曲线模型——基于广州互太和台湾纺织业的研究》（毛蕴诗、熊炼），《中山大学学报（社会科学版）》2011年第4期。

36.《从"市场在中国"剖析扩大消费内需》（毛蕴诗、李洁明），《中山大学学报（社会科学版）》2010年第5期。

37.《金融危机对我国中小企业的影响及企业应对策略研究——基于长三角与广东省的对比分析》（毛蕴诗、李田、谢琦），《广东社会科学》2010年第5期。

38.《我国OEM企业升级的动态分析框架与实证研究》（毛蕴诗、吴瑶、邹红星），《学术研究》2010年第1期。

39.《制度环境、企业能力与OEM企业升级战略——东菱凯琴与佳士科技的比较案例研究》（毛蕴诗、姜岳新、莫伟杰），《管理世界》2009年第6期。

40.《论股市的企业重组机制：中、美、日比较》（毛蕴诗、姜岳新），《学术研究》2009年第3期。

41.《在华跨国公司战略选择与经营策略问题研究》（毛蕴诗、汪建成），《管理科学学报》2009年第2期。

42.《企业升级路径与分析模式研究》（毛蕴诗、吴瑶），《中山大学学报（社会科学版）》2009年第1期。

43.《跨国公司在华投资、撤资、再投资行为分析——比较案例研究》（毛蕴诗、何欢），《学术研究》2008年第7期。

44.《在华日本跨国公司筹供体系的特色与影响因素》（毛蕴诗、王华），《现代日本经济》2008年第4期。

45.《从微软看标准之间的企业全球竞争》（毛蕴诗、舒兆平、吴瑶），《经济理论与经济管理》2008年第2期。

46.《基于行业边界模糊的价值网分析模式——与价值链模式的比较》（毛蕴诗、王华），《中山大学学报（社会科学版）》2008年第1期。

47.《"规模经济"抑或"规模经济性"——对新帕尔格雷夫经济学大辞典中的词条名"Economies and Diseconomies of Scale"汉译的商榷》，《学术研究》2007年第12期。

48.《强化重组企业功能，降低股市风险》（毛蕴诗、姜岳新），《决策与信息（财经观察）》2007年第11期。

49.《广东中小企业成长特点与影响因素的实证分析——基于中博会、广交会的问卷调查及与长三角和环渤海地区的对比》（毛蕴诗、莫伟杰、袁静），《广东社会科学》2007年第6期。

50.《基于时间因素的竞争与丰田生产方式解析》（毛蕴诗、吴瑶），《现代管理科学》2007年第3期。

51.《企业家与职业经理的心理特质差异——再论企业家与职业经理特征识别模型》（毛蕴诗、梁西章），《中山大学学报（社会科学版）》2007年第2期。

52.《我国企业信息化失败率高企的管理透析——以ERP为例》（毛蕴诗、许烁），《现代管理科学》2006年第12期。

53.《OEM、ODM到OBM：新兴经济的企业自主创新路径研究》（毛蕴诗、戴勇），《经济管理》2006年第20期。

54.《台湾台南科学园区调研报告》（毛蕴诗、袁静），《决策与信息（财经观察）》2006年第10期。

55.《跨国公司在华业务整合研究》（毛蕴诗、戴黎燕），《商业经济与管理》2006年第10期。

56.《基于时间因素的竞争优势分析》（毛蕴诗、耿薇），《经济理论与经济管理》2006年第9期。

57.《基于产品升级的自主创新路径研究》（毛蕴诗、汪建成），《管理世界》2006年第5期。

58.《经济全球化与经济区域化的发展趋势与特征研究》（毛蕴诗、戴勇），《经济评论》2006年第4期。

59.《技术进步与行业边界模糊—企业战略反应与政府相关政策》（毛蕴诗、蓝定），《中山大学学报（社会科学版）》2006年第4期。

60.《从美日企业在世界500强的变动看其竞争力消长》（毛蕴诗、戴黎燕），《首都经济贸易大学学报》2006年第3期。

61.《替代跨国公司产品：中国企业升级的递进》（毛蕴诗、李洁明），《学术研究》2006年第3期。

62.《跨国公司在粤投资特征研究》（毛蕴诗、戴勇），《广东社会科学》2006年第1期。

63.《TCL集团：在模仿与创新中形成研发能力》（毛蕴诗、李家鸿），《经济管理》2005年第17期。

64.《世界500强的"过人之处"》，《中国电力企业管理》2005年第9期。

65.《跨国公司对华直接投资策略：趋势与特点》（毛蕴诗、袁静），《管理世界》2005年第9期。

66.《谈统计信息公开披露制度》，《中国统计》2005年第8期。

67.《公司重构的企业制度比较——以美国、日本、德国公司为例》，《学术研究》2005年第6期。

68. 《加快国有企业战略重组》，《决策与信息（财经观察）》2005年第6期。

69. 《管理层持股与国有企业产权结构多元化的较优模式》（毛蕴诗、戴勇），《现代管理科学》2005年第6期。

70. 《公司重构与企业持续成长路径》，《中山大学学报（社会科学版）》2005年第5期。

71. 《正在兴起的日本公司重构及其效果分析》（毛蕴诗、舒强），《现代日本经济》2005年第5期。

72. 《企业家与职业经理特征识别模型——经济转型期中国企业家与职业经理的识别例证》，《新经济杂志》2005年第4期。

73. 《现代中国民营企业的工场管理——志高空调案例研究》（毛蕴诗、曾国军、欧阳桃花），《南大商学评论》2005年第4期。

74. 《深化中央与地方关系体制改革的建议》，《决策与信息（财经观察）》2005年第3期。

75. 《日本在华跨国公司竞争地位与竞争优势研究》（毛蕴诗、汪建成），《管理科学学报》2005年第3期、《中国软科学》2005年第3期。

76. 《中国企业海外R&D活动研究——以广东企业为例》（毛蕴诗、袁静、周燕），《中山大学学报（社会科学版）》2005年第2期。

77. 《以分拆为特征的公司重构》（毛蕴诗、徐志科），《首都经济贸易大学学报》2005年第1期。

78. 《20世纪80年代以来的全球公司重构：背景与动因》，《学术研究》2004年第11期。

79. 《多元化经营三维模型及多元化经营的几个命题》，《中山大学学报（社会科学版）》2004年第6期。

80. 《中国家电企业的竞争优势——格兰仕的案例研究》，《管理世界》2004年第6期。

81. 《日本跨国公司对华直接投资的动机与区位因素分析》（毛蕴诗、汪建成），《南开管理评论》2004年第5期。

82. 《日本企业的生存危机与公司重构及其启示——日本松下电器的V字回复与业务重构》（毛蕴诗、高瑞红、汪建成），《管理世界》2003年第8期。

83.《广东大企业集团的若干特征与公司重构》（毛蕴诗、汪建成），《广东社会科学》2003年第6期。

84.《日本企业的生存危机与组织重构——日本松下电器打破事业部制重新设计权责利的组织结构》（毛蕴诗、高瑞红、汪建成），《中山大学学报（社会科学版）》2003年第6期。

85.《三洋电机公司重构案例——全球化进程中的重构》，《首都经济贸易大学学报》2003年第5期。

86.《以剥离为特征的全球性公司重构及其对中国企业的启示》（毛蕴诗、舒强），《华南理工大学学报（社会科学版）》2003年第4期。

87.《大企业集团扩展路径的实证研究——对广东40家大型重点企业的问卷调查》（毛蕴诗、汪建成），《学术研究》2002年第8期。

88.《硅谷机制与企业高速成长——再论企业与市场之间的关系》（毛蕴诗、周燕），《管理世界》2002年第6期。

89.《世界五百强的特征及其对中国企业的启示》（毛蕴诗、孙景武、杜慕群、曾国军），《中山大学学报（社会科学版）》2002年第5期。

90.《当代跨国公司撤资理论及其新发展》（毛蕴诗、蒋敦福），《四川大学学报（哲学社会科学版）》2002年第2期。

91.《论知识经济时代的企业要素动员方式》（毛蕴诗、庄拥军），《经济与管理研究》2002年第1期。

92.《中国上市公司的亏损问题与重构研究》（毛蕴诗、蒋敦福、程艳萍），《管理世界》2001年第5期。

93.《跨国公司研究与开发相对分散化的动因与方式》（毛蕴诗、程艳萍），《中山大学学报（社会科学版）》2001年第5期。

94.《跨国公司的进入与中国企业的战略反应》（毛蕴诗、程艳萍），《学术研究》2001年第4期。

95.《美国企业竞争力超过日本企业之探究》（毛蕴诗、程艳萍），《南开管理评论》2001年第4期。

96.《出口贸易与国际直接投资关系研究》，《首都经济贸易大学学报》2001年第3期。

97.《范围紧缩为特征的公司重构与我国企业战略重组》（毛蕴诗、许倩），《中山大学学报（社会科学版）》2000年第5期。

98.《全球公司重构与我国企业战略重组》（毛蕴诗、王彤），《管理世界》2000年第5期。

99.《现代公司理论及其形成背景——兼论企业家与职业经理的区别》，《学术研究》2000年第1期。

100.《德国企业对华投资的趋势、特点与国别比较》（毛蕴诗、Kumar），《中国工业经济》1999年第11期。

101.《论企业与市场的关系》，《中山大学学报（社会科学版）》1999年第6期。

102.《德国企业对华投资研究》（毛蕴诗、B. N. Kumar，Ensslinger），《经济与管理研究》1999年第5期。

103.《企业重构与竞争优势》（毛蕴诗、王欢），《南开管理评论》1999年第4期。

104.《中国需求导向的消费品零售总量模型——及其对市场波动的应用研究》，《中山大学学报（社会科学版）》1999年第1期。

105.《从资本雇佣劳动到劳动"雇佣"资本——论知识经济中智力劳动的地位》（毛蕴诗、李新家），《经济与管理研究》1998年第5期。

106.《中国消费品市场的增长与波动特征及其原因》（毛蕴诗、刘旭、丁汉鹏），《广东社会科学》1998年第2期。

107.《论中国商品市场的国际化趋势》，《学术研究》1997年第5期。

108.《论企业的生存危机及其原因》（毛蕴诗、刘旭），《中山大学学报（社会科学版）》1997年第5期。

109.《中国煤炭市场供给导向模式研究》（毛蕴诗、丁汉鹏），《中国工业经济》1997年第2期。

110.《论公司扩展及其动因》，《广东社会科学》1996年第1期。

111.《中国消费品市场转换的特征与趋势分析》，《学术研究》1995年第2期。

112.《对外直接投资过程论——对外直接投资的四维分析模型及其应用》，《中山大学学报（社会科学版）》1994年第2期。

113.《论我国物资市场供需关系的研究途径与方法》，《武汉大学学报

（社会科学版）》1992年第6期。

114.《对我国货币收入—支出—货币结余关系的动态分析》，《南开经济研究》1991年第6期。

115.《论我国食品价格上涨的启动因素》，《价格理论与实践》1990年第3期。

116.《对改革前后农业增长因素的比较研究》，《江汉论坛》1989年第10期。

117.《中国购买力、消费经济计量模型》，《武汉大学学报（社会科学版）》1989年第4期。

118.《试论资源分配的最优组合问题》，《经济研究》1982年第5期。

后记

我自2003年开始，先后担任第十届、第十一届、第十二届全国政协委员。2017年3月在任期行将届满之际，中国文史出版社邀请我出版"政协委员履职风采"和"政协文库"。

"政协委员履职风采"于2018年8月出版。其中收录了我任3届全国政协委员以来的发言、提案，以及部分参政议政文章，媒体的采访报道。这些建议贴近我国现实经济管理问题，产生了积极的影响。

这本"政协文库"取名"管理研究与实践"。因为书中所选录的文章贴近现实管理问题。其中大部分文章是选录的学术论文，有几篇是应邀撰写的经济管理评论文章，还有一篇是刊载于"广东省政府参事建议"的调研报告。所有文章都按照发表时间顺序编排。

这些文章我都是第一作者或独立作者。许多当时在读的研究生是文章的第二作者或第三作者。他们参加了调研、资料收集整理、撰写部分初稿等。他们分别是郑奇志、温思雅、徐向龙、姜岳新、莫伟杰、何欢、李洁明、袁静、吴瑶、汪建成、王彤、蓝定、熊玮、魏姝羽、张伟涛、陈玉婷、耿薇、陈涛、李田、陈嘉殷、王婕等。这些研究大多是我所主持的研究课题，学生的参与使其科研能力获得很大提高，同时也为课题完成做出了贡献。有关文章、作者这里不再一一列举，有关信息可见于本书后面的作者主要著述目录。

感谢中国文史出版社积极推动"政协文库"的出版和李晓薇编辑所付出的辛勤劳动。

毛蕴诗

2019年4月27日

图书在版编目（CIP）数据

管理研究与实践 / 毛蕴诗著 . — 北京 : 中国文史出版社，
2019.6
　（政协委员文库）
　ISBN 978-7-5205-1206-0

Ⅰ . ①管… Ⅱ . ①毛… Ⅲ . ①管理学－文集 Ⅳ .
① C93-53

中国版本图书馆 CIP 数据核字 (2019) 第 160849 号

责任编辑：李晓薇

出版发行：中国文史出版社
社　　址：北京市海淀区西八里庄 69 号院　　　邮编：100142
电　　话：010- 81136606　81136602　81136603（发行部）
传　　真：010-81136655
印　　装：北京地大彩印有限公司
经　　销：全国新华书店
开　　本：710×1000　1/16
印　　张：22
字　　数：357 千字
版　　次：2019 年 9 月北京第 1 版
印　　次：2019 年 9 月第 1 次印刷
定　　价：58.00 元